Falken Handbuch Bewerbung

Claus Harmsen

FALKEN Handbuch Bewerbung

Optimale Bewerbungsunterlagen

Überzeugende Vorstellungsgespräche

Sonderkapitel: Bewerben im Internet

FALKEN

Im FALKEN Verlag sind zahlreiche Titel zum Thema „Bewerbung" erschienen:
Sie sind überall erhältlich, wo es Bücher gibt.

Sie finden uns im Internet: **www.falken.de**

Dieses Buch wurde auf chlorfrei gebleichtem
und säurefreiem Papier gedruckt.

Der Text dieses Buches entspricht den Regeln
der neuen deutschen Rechtschreibung.

ISBN 3 8068 7735 9

Umschlaggestaltung: Kraxenberger KommunikationsHaus GmbH, München
Koordination: Astrid Wilke
Herstellung: Ramona Burkart

Satz: Raasch & Partner GmbH, Neu-Isenburg
Druck: Ludwig Auer GmbH, Donauwörth

817 2635 4453 6271

Inhalt

Vorwort

Die berufliche Arbeit ist für die meisten Menschen ein zentraler und wichtiger Punkt, denn unsere Berufstätigkeit vermittelt zum einen Anerkennung und Zufriedenheit, zum andern verdienen wir mit unserer Arbeit schlicht das nötige Geld für unseren Lebensunterhalt und darüber hinausgehende Annehmlichkeiten. Umso schlimmer ist es, wenn man keine Arbeit hat und mehr oder weniger als Bittsteller vom Arbeitslosengeld oder anderer Unterstützung leben muss. Existenzsorgen, die Furcht vor sozialem Abstieg und so mancher Verzicht können psychisch wie physisch schlimme Folgen haben. Es ist, anders als früher, heute längst nicht mehr so, dass nur bestimmte Berufe z. B. in Krisenbranchen von Arbeitslosigkeit bedroht sind. Sieht man sich das Millionenheer der Erwerbslosen an, dann ist festzustellen, dass alle Schichten, Akademiker wie Arbeiter, und alle Berufszweige betroffen sind. Durch rasante wirtschaftliche Entwicklungen, starke Konzentrationsbestrebungen in manchen Branchen und Wandlungen in den herkömmlichen Berufsfeldern hat sich die Arbeitswelt in den letzten beiden Jahrzehnten enorm verändert. Die Vereinigung der ehemals beiden deutschen Staaten hat zudem in großem Umfang dazu beigetragen, dass viele ostdeutsche Betriebe Pleite gingen oder von Investoren gekauft wurden, die als Erstes Arbeitsplätze reduzierten.

Auf der anderen Seite ist zu sehen, dass mit Realisierung des europäischen Binnenmarktes völlig neue Perspektiven und Möglichkeiten eröffnet wurden. So ist es nicht mehr selten, dass man in den Stellenanzeigen großer Tageszeitungen auch internationale Stellenangebote findet. Ebenso hat sich der Ausbildungsbereich gewandelt. Neben herkömmlichen Berufsbildern werden besonders in größeren Unternehmen z. B. so genannte Trainee-Programme angeboten, die oftmals so konzipiert sind, dass die Absolventen zielgerecht an spezifische Aufgaben herangeführt und nach der Ausbildung entsprechend eingesetzt werden.

Dies alles erfordert von Bewerbern sowohl um qualifizierte Positionen als auch um Ausbildungsplätze nicht nur ein Umdenken, sondern auch eine durchdachte Vorbereitung. Wenn man bedenkt, dass – wie eingangs erwähnt – einer Arbeitsstelle eine elementare Bedeutung zukommt, dann muss man in der Praxis leider mit Bedauern und zum Teil auch mit einer gewissen Fassungslosigkeit feststellen, wie leichtfertig viele Bewerber hervorragende Chancen verspielen. Neben schlechter Vorbereitung auf Bewerbungsgespräche sind oftmals mangelhafte Bewerbungsunterlagen, allzu leger gehaltene Anfragen und nicht selten auch eine maßlose Selbstüberschätzung der Bewerber anzutreffen. Daneben werden Stellenanzeigen häufig nicht richtig gelesen. Wenn bestimmte Fachkenntnisse gefordert werden, müssen diese eben auch vorhanden sein. Es hat dann keinen Zweck zu schreiben, dass man zwar die Anforderungen laut Anzeige nicht erfülle, aber dennoch glaube, aus diesen oder jenen Gründen geeignet zu sein. Solche Briefe landen ziemlich schnell auf dem Absagestapel der Personalleiter. Die Frustration bei den Bewerbern ist dann entsprechend groß, nur selten gibt man sich allerdings die Mühe die eigenen Fehler zu hinterfragen.

Das vorliegende Buch will Ihnen hier eine Hilfe geben. Es will dazu beitragen, dass Sie Ihre Bewerbung optimal gestalten können, durch gute Gesprächsführung beim Bewerbungsgespräch überzeugen, und es zeigt Ihnen häufige Fehler auf, die Ihnen eben *nicht* passieren sollten. Der Ratgeber will Sie zudem heranführen an die Gedankenwelt der Entscheidungsträger, Ihnen verdeutlichen, wie und warum Personalleiter und Fachvorgesetzte ihre Entscheidungen treffen. Diese Hintergründe, die manch einem Bewerber verborgen bleiben, sollen Ihnen Sicherheit geben bei der Abfassung Ihrer Bewerbung und beim Bewerbungsgespräch selbst. Das macht die Stärke dieses Buches aus.

Die Beispiele, die Sie in diesem Buch finden, sind alle tatsächlich passiert, auch wenn das eine oder andere zum Kopfschütteln oder zum Schmunzeln anregt. Natürlich sind die Beispiele durch entsprechende Änderung der Namen, der Orte und ggf. der Daten anonymisiert worden, womit der Gehalt, auf den es hier allein ankommt, jedoch nicht verloren gegangen ist.

Ich bin seit 1969 in der betrieblichen Personalarbeit aktiv, war mehr als zehn Jahre in leitender Position Personalleiter im Verlagsbereich und bin seit Anfang 1999 als selbstständiger Personalberater tätig. Die nachfolgende Darstellung hat deshalb einen starken Praxisbezug, das Buch lebt von meinen gesammelten Erfahrungen.

Es ist für mich – auch eingedenk der hohen Arbeitslosenzahlen – immer wieder erschreckend festzustellen, wie leichtfertig Bewerber gute Chancen durch unüberlegtes Vorgehen aufs Spiel setzen. Solche Fehler müssen nicht sein, sie sind vermeidbar. Neben der – allein von Ihnen zu verantwortenden – Gestaltung der Bewerbungsunterlagen liegt der zweite Schwerpunkt des Buches auf dem richtigen Verhalten beim Bewerbungsgespräch; hier wird versucht, Ihnen die nötige Sicherheit zu vermitteln, und auch Sie an die Entscheidungskriterien der Arbeitgeber heranzuführen. Das vorliegende Werk geht zudem auf besondere Arbeitnehmergruppen ein.

Dr. Claus Harmsen

Bewerbungsgründe

Man könnte meinen, Ausführungen über Bewerbungsgründe seien in einem Ratgeber über Bewerbungen entbehrlich, weil ohnehin jeder weiß, warum er sich bewirbt. Diese oberflächliche Betrachtungsweise ist leider falsch. Und zwar in zweierlei Hinsicht. Zum einen prüft der Arbeitgeber stets sehr genau, warum sich ein Bewerber für eine ausgeschriebene Position bewirbt, und hinterfragt dies im Bewerbungsgespräch auch, wenn im Anschreiben keine besonderen Angaben gemacht worden sind. Zum anderen sollte auch der Bewerber darüber nachdenken, aus welcher persönlichen oder beruflichen Situation heraus er sich bewirbt, und in seiner Bewerbungsstrategie darauf eingehen. Das ist leider in der Praxis nicht die Regel. Nur allzu oft erleben Personalleiter gedankenlose Bewerbungen. Ein Beispiel mag dies veranschaulichen:

> Ausgeschrieben war im Stellenmarkt einer großen Tageszeitung die Position des Vertriebsleiters für Elektroartikel. Im Anzeigentext wurden ausdrücklich entsprechende Branchenkenntnisse und sehr spezifische Berufserfahrungen verlangt. Hierauf bewarb sich eine Frau, die bislang Kosmetika im Außendienst verkauft hatte. Sie war seit mehr als einem halben Jahr arbeitslos, machte dazu aber im Anschreiben keine besonderen Angaben. Stattdessen schrieb sie den fatalen Satz: „Ich erfülle zwar nicht alle Ihre Anforderungen, traue mir aber dennoch zu, die Position zu Ihrer Zufriedenheit auszuführen." Die Absage war sicher.

Der Arbeitgeber musste hier davon ausgehen, dass die Bewerberin zunächst die objektiven Anforderungskriterien, wie sie in der Anzeige ausgeschrieben waren, nicht erfüllte. Allein deswegen landete die Bewerbung bei den Absagen. Wenn man schon glaubt, fehlende Kenntnisse ausgleichen zu können, dann sollte man dies auch entsprechend begründen. Besser und möglicherweise hilfreicher wäre es im vorliegenden Fall gewesen, wenn die Bewerberin geschrieben hätte, dass sie über ein gutes technisches Verständnis verfüge, ihr leider wegen Auftragsrückgangs gekündigt worden sei, dass sie sich jedoch rasch und produktbezogen auf neue Aufgabenfelder – wie ausgeschrieben – einstellen könne. Doch Vorsicht, bei Bewerbungen auf Positionen, die Sie vergleichbar noch nicht ausgeübt haben, müssen Sie wirklich realistisch und für den Arbeitgeber nachvollziehbar darlegen, wie und warum Sie fehlende Kenntnisse ausgleichen können.

Dieses Beispiel macht deutlich, dass man stets auf den Grund seiner Bewerbung eingehen und sich selbst auch Gedanken darüber machen sollte. Dem Arbeitgeber sollte man diese Überlegungen im Bewerbungsschreiben nicht vorenthalten. Je klarer zum Bewerbungsgrund Stellung genommen wird, umso größer ist die Chance, darüber mit dem Arbeitgeber ins Gespräch zu kommen und als Bewerber verstanden zu werden.
Die Frage nach Ihren Bewerbungsgründen interessiert den Arbeitgeber in zweierlei Hinsicht. Zum einen will er wissen, warum Sie sich gerade für sein Unternehmen oder für seinen Betrieb interessieren, und noch mehr natürlich für die speziell ausgeschriebene Position, und zum anderen will er herausfinden, ob Sie nicht eventuell beim letzten Arbeitgeber aus von Ihnen zu vertretenden Gründen gekündigt worden sind oder per Aufhebungsvertrag das Arbeitsverhältnis beendet haben.
Vor diesem Hintergrund muss man sich schon sehr genau und eingehend Gedanken über seine eigenen Bewerbungsgründe machen und auch darauf vorbereitet sein, diese in einem Gespräch zu erläutern.
Es gibt heute vielfältige Möglichkeiten sich über Unternehmen genau zu informieren. Das fängt an beim aufmerksamen Studium des Wirtschaftsteils großer Tageszeitungen, geht über Firmenbroschüren und endet bei Auskünften der örtlichen Industrie- und Handelskammern.
Die nachfolgende Darstellung der möglichen Bewerbungsgründe soll Ihnen einen Anhaltspunkt geben, Ihre Bewerbung zielgerecht zu gestalten.

Arbeitslosigkeit

Wie eingangs erwähnt, ist die Zahl der Arbeitslosen in Deutschland sehr hoch. Es ist aufgrund der gesamtwirtschaftlichen Lage auch nicht zu erwarten, dass sich diese Situation insgesamt oder branchenbezogen mittel- oder gar kurzfristig spürbar verbessern wird. Im Gegenteil: Der monatliche Bericht des Präsidenten der Bundesanstalt für Arbeit wird auch künftig nicht rosig aussehen. Kürzere oder längere Phasen von Arbeitslosigkeit sind daher in vielen beruflichen Biografien nichts Außergewöhnliches oder Verdächtiges. Viel hängt davon ab, wie man als Betroffener damit umgeht. Dazu ein Beispiel:

Ein Vertriebsassistent bewarb sich um eine im Stellenmarkt ausgeschriebene Position aus ungekündigter Stellung heraus und machte in seinem Lebenslauf u. a. folgende Angaben:

1.1.1990–31.12.1993	Spedition Hahn	Vertriebssachbearbeiter
1.1.1994–31.3.1994	Auslandsreise USA	
1.4.1994–heute	Tyber Export	Vertriebsassistent

Im Bewerbungsgespräch auf die Zeit von Januar bis März 1994 angesprochen, erklärte er, dass er sich bei verschiedenen Firmen in den USA „fortgebildet" hätte. Die Frage, ob er denn während dieser Zeit in einem Beschäftigungsverhältnis gestanden hätte, verneinte er. Bei weiterem Hinterfragen kam heraus, dass der Bewerber in dieser Zeit arbeitslos war und schlimmer noch: sich auch nur vier Wochen in den USA aufgehalten hatte, und zwar zu Urlaubszwecken. Die Absage war sicher, denn mit Leuten, die nicht ehrlich sind, arbeitet kein Unternehmen gern zusammen.

Wenn man schon meint, Zeiten der Arbeitslosigkeit durch besser klingende Angaben kaschieren zu müssen, dann sollten diese Angaben auch der Wahrheit entsprechen. Aus der praktischen Erfahrung sei daher vor Vertuschungen gewarnt. Bekennen Sie sich zu Zeiten der Nichtbeschäftigung, denn jeder Personalchef weiß, dass es jeden – aus welchen Gründen auch immer – treffen kann. Arbeitslosigkeit ist heute kein Makel mehr, sondern leider Bestandteil unserer Arbeitswelt. Natürlich müssen Sie sich immer auf die Frage einstellen, *warum* Sie arbeitslos geworden sind. Meistens gibt das Zeugnis hier einen Anhaltspunkt, wenn dort z. B. steht: „Leider mussten wir Herrn Schmidt wegen Auftragsrückgang zum 30.6.2001 kündigen" oder „Der Produktionsbetrieb wurde ins Ausland verlegt, sodass wir uns von Frau Schulze fristgerecht trennen mussten".

Es gibt aber auch Fälle, in denen das Prinzip gegolten hat „den Letzten beißen die Hunde". Im Zeugnis liest sich das dann so: „Wegen Auftragsmangel mussten wir leider den Versand rationalisieren, der Arbeitsplatz von Herrn Müller musste demzufolge bedauerlicherweise entfallen." Hier fragt sich jeder Personalleiter sofort, warum wurde gerade der Bewerber Müller gekündigt, wurden auch andere gekündigt, und wenn ja, wie viele? Auf solche Fragen sollte man sich dann eingestellt haben.

Zurück zur Ausgangssituation arbeitsloser Bewerber, hier speziell derer, die sich aus einer Situation aktueller Arbeitslosigkeit heraus bewerben. Auch dazu zunächst ein Beispiel:

Eine Bewerberin für die Position einer Sachbearbeiterin in der Auftragsbearbeitung war seit mehr als einem halben Jahr arbeitslos. Ihr wurde vom vorherigen Unternehmen gekündigt, weil die Stelle wegen Rationalisierung entfallen war. Mit ihr wurde auch allen anderen Arbeitnehmern gekündigt, weil die gesamte Abteilung aufgelöst worden war und die weitere Abwicklung extern erfolgen sollte. Die Bewerberin traf also keine besondere Schuld an ihrer Arbeitslosigkeit. In ihrem Lebenslauf machte sie u. a. folgende Angaben:

1.7.1992–31.12.1999	Normatechnik Sachbearbeiterin
1.1.2000–heute	freiberuflich tätig

Tatsache war allerdings, dass die Bewerberin keineswegs freiberuflich tätig, sondern arbeitslos war. Auf näheres Befragen des Personalleiters konnte sie keine genauen Angaben zu ihrer angeblichen freiberuflichen Tätigkeit machen und verstrickte sich in Widersprüche. Trotz ihrer guten beruflichen Qualifikationen bekam sie daraufhin eine Absage.

Dieses Beispiel macht wieder deutlich, dass man mit Unwahrheiten nicht weit kommt. Viel besser wäre es gewesen, wenn die Bewerberin geschrieben hätte, dass sie seit dem 1.1.2001 arbeitslos ist. Eine solche Angabe versteht heute niemand mehr als persönlichen Makel. Sie können sogar als Bewerber oder Bewerberin Pluspunkte dadurch gewinnen, dass Sie bereits im Anschreiben einige erklärende Angaben zu Ihrer Arbeitslosigkeit machen.
Die Arbeitslosigkeit sollte immer auch ein Ansatz zum Nachdenken darüber sein, wie es um die eigene berufliche Qualifikation bestellt ist, ob man durch geeignete Fortbildungsmaßnahmen seine Startbedingungen verbessern kann, ob es berufliche Ansatzmöglichkeiten in verwandten – oder auch ganz anderen – Bereichen und Branchen gibt usw. Was damit gesagt sein soll, ist, dass man sich nicht seinem Schicksal ergeben, sondern initiativ auf neue Positionen zugehen sollte. Entscheidend für den Bewerber ist dabei, sich gegenüber neuen Arbeitgebern offen und ehrlich zu den Zeiten seiner Nichtbeschäftigung zu bekennen.
Schließlich ist in diesem Zusammenhang noch einzugehen auf zwar verständliche, aber wenig geglückte Eigeninserate, wie das nachfolgende Beispiel aus einer überregionalen (!) Tageszeitung deutlich macht.

Arbeitsloser
34 Jahre alt, sucht dringend Job in der Metallbranche.
Bin sofort verfügbar, flexibel und fleißig.
Chiffre: NN 69537

Verständlich und auch sehr begrüßenswert ist es, dass man als Arbeitsloser selbst initiativ wird. Nur: Das Schlagwort „Arbeitsloser" ist völlig ungeeignet, um das Interesse eines Personalchefs zu wecken. Zudem sind die weiteren

Angaben in der Anzeige alles andere als hilfreich. Zum einen fehlt die genaue Berufsangabe und zum anderen die Angabe zum Wohn- bzw. Arbeitsort. Besser wäre es gewesen, wenn der Betreffende z. B. gesagt hätte:

> **Karosseriebaumeister**
> 34 Jahre alt, seit einem halben Jahr durch Rationalisierung ohne Tätigkeit, flexibel, fleißig und fähig, sich rasch in neue Aufgabenfelder einzuarbeiten, sucht neue Tätigkeit, vorzugsweise im Großraum Wolfsburg/Braunschweig.

Verbesserung der beruflichen Position

Ein weiterer Bewerbungsgrund, und auch wohl der häufigste, ist der Wunsch nach Verbesserung der gegebenen beruflichen Situation. Die Bewerbung erfolgt deshalb aus ungekündigter Position heraus und hat für den Bewerber etliche Vorteile. Zum einen steht der Bewerber nicht wie der arbeitslose Stellensuchende unter Zug- oder gar Zeitzwang. Er kann sich also in Ruhe umsehen, welche Möglichkeiten der Arbeitsmarkt bietet, und entsprechend darauf reagieren. Eine Absage steckt ein solcher Bewerber leichter weg als einer, der dringend auf einen neuen Job angewiesen ist. Zum anderen kann der ungekündigte Bewerber – ohne dass er seine Position gefährdet – alternative Berufsmöglichkeiten ausreizen. Das heißt, er kann sich auf interessante Stellenangebote hin bewerben, muss sie aber nicht annehmen.
Wer sich beruflich verbessern will, sollte das klar und deutlich in seiner Bewerbung zum Ausdruck bringen und auch die Gründe dafür nennen.
Die Gründe können vielfältig sein. Zum einen kann es sein, dass man seinen jetzigen beruflichen Status beibehalten, sich aber in eine andere Firma verändern will. Zum anderen finden sich Bewerbungen, die sich positionsbezogen an andere Branchen richten. Oder es handelt sich um Bewerbungen, die aus rein finanziellen Gründen erfolgen, völlig unabhängig von der Branche. Dazu ein negatives Beispiel:

> Eine renommierte Firma hatte in der FAZ eine Position „Marketingleiter/in Kosmetik" ausgeschrieben. Darauf bewarb sich eine junge Frau von 30 Jahren, die rund fünf Jahre Disponentin im Anzeigengeschäft war. Sie gab in ihrer Bewerbung an:

„In meiner jetzigen Position verdiene ich nicht schlecht, größere finanzielle Entwicklungsmöglichkeiten sind jedoch in absehbarer Zeit nicht gegeben. Deshalb suche ich einen neuen Wirkungsbereich, in dem ich mich finanziell verbessern kann."

Im Anschreiben wurde weder sachlich begründet, warum sich die Dame von der Anzeigendisponentin zur Marketingleiterin verändern wollte, noch, welche Motivation – außer dem Wunsch nach finanzieller Verbesserung – sie dafür vorzuweisen hätte. Doch das war zu wenig: Das inserierende Unternehmen erwartete klare Aussagen zur ausgeschriebenen Position und auch einen „Innovationsschub". Für persönliche Belange war da wenig Raum.
Wer sich also bewirbt, um seine gegebene berufliche Position zu verbessern, sollte Gewissheit erlangt haben über das, was er eigentlich will. Die Selbstanalyse, die Definition des aktuellen Standortes und die klare Artikulation beruflicher Wünsche sind dabei wichtige Ansatzpunkte. Bei diesen Überlegungen müssen ggf. auch familiäre Belange einbezogen und die Frage nach beruflicher Mobilität geklärt werden.
Fragen sollte man sich auch, ob sich eine Bewerbung aus einem momentanen „Frust" heraus – z. B. weil der jetzige Arbeitgeber eine Gehaltserhöhung abgelehnt hat – tatsächlich lohnt. Zumindest sollte man kritisch prüfen, ob der Wechsel wirklich eine Verbesserung bringt.

Fachbezogene Verbesserung der beruflichen Position

Allen Unkenrufen zum Trotz gibt es sehr viele Arbeitnehmer, die ihre Arbeit wirklich gern ausüben, Freude daran haben und ihr spezielles Wissen mit Erfolg in den Dienst eines Unternehmens stellen. Spezialisten sind zudem von allen Unternehmen gefragte Mitarbeiter. Der klassische Fall einer fachbezogenen Verbesserung der beruflichen Position bezieht sich daher allein auf den erlernten Beruf und das sich daraus ergebende, oftmals sehr spezifische Aufgabenfeld. Solche Bewerber wollen „bei ihren Leisten" bleiben, suchen jedoch aus unterschiedlichen Gründen andere Unternehmen. Das kann die Möglichkeit eines beruflichen Weiterkommens sein (z. B. möchte ein Finanzbuchhalter gern in gleicher Funktion Gruppenleiter werden, was ihm aber in seiner jetzigen Firma nicht möglich ist), das kann ein finanzieller Grund sein (ein Organisationsprogrammierer hat gehört, dass er in einem anderen Unternehmen in gleicher Funktion mehr verdienen kann), oder es kann ein ganz persönlicher Grund sein (z. B., wenn das Betriebsklima nicht mehr stimmt).
Wer sich fachbezogen verändern will, ist deshalb immer in der Situation, sich dem neuen Arbeitgeber gegenüber zu erklären, und das sollte man auch ganz ehrlich und offen tun. Denn die Praxis zeigt, dass solchen fachbezogenen

Bewerbern sehr an ihrer Tätigkeit und ihrem Arbeitsfeld liegt. Und viele Unternehmen wissen es zu schätzen, wenn jemand mit sehr speziellen Fähigkeiten wechseln möchte, weil sie wissen – je nach Dauer der bisherigen Tätigkeit –, dass gutes Know-how eingekauft wird, um es einmal kaufmännisch zu sagen. Nicht selten kommt es deshalb gerade in diesem Bereich auch zu ganz gezielten Abwerbeversuchen – entweder von den Firmen direkt oder auch von Agenturen. Natürlich hat das im Rahmen der Legalität zu erfolgen.
Der Bewerber selbst sollte seinen derzeitigen Stellenwert definieren und Gründe für den Wechsel angeben können. Hierzu ein positives Beispiel:

> Eine Fluggesellschaft suchte per Anzeige einen erfahrenen Controller. Darauf bewarb sich ein 35-jähriger Bewerber mit fünf Jahren Berufserfahrung. In seinem Bewerbungsbrief schrieb er: „Die von Ihnen in der Anzeige angesprochenen Anforderungen kann ich erfüllen, weil ich in meiner jetzigen Firma das gleiche Arbeitsgebiet betreue und hierbei auch mit großem Erfolg wirtschaftlich sinnvolle Lösungen erarbeiten konnte. Ich möchte mich verändern, weil ich gerne einmal in einem anderen Unternehmensbereich tätig werden will und neue Herausforderungen als Controller suche."

Diese Bewerbung ist klar begründet und lässt deutlich erkennen, dass der Bewerber in seinem Arbeitsbereich bleiben will. Für den neuen Arbeitgeber ist dies ein willkommenes Indiz dafür, dass er mit Kontinuität und Zuverlässigkeit rechnen kann. Der Bewerber wird gute Chancen haben. Ganz anders nimmt sich dagegen eine andere Bewerbung aus, die keinen Erfolg hatte:

> Ein Kaufhauskonzern suchte per Anzeige einen Personalplaner, und zwar einen Betriebswirt mit Berufserfahrung und Kenntnissen in betrieblicher Personalarbeit. Es bewarb sich u. a. eine Frau, Ende 20, die in einem kleineren Unternehmen Personalsachbearbeiterin war, zwar Personalplanung nach Vorgabe gemacht hatte, jedoch als Bewerbungsbegründung angab, dass sie sich nicht mit ihrem Chef verstehe.

Bei dieser Bewerbung wurden gleich zwei Fehler gemacht: Zum einen war die Dame keine Betriebswirtin und erfüllte deshalb die objektiven Anforderungskriterien nicht, zum anderen wurde hier kein wirklich fachbezogener Wechsel angestrebt, sondern einer aus ganz persönlichen Gründen. Diese interessierten das suchende Unternehmen natürlich herzlich wenig.

Branchenbezogene Verbesserung der beruflichen Position

Ein weiterer häufiger Bewerbungsanlass ist der Wunsch vieler Arbeitnehmer, sich innerhalb ihrer Branche zu verbessern. Solche Bewerbungen sind von dem Bestreben gekennzeichnet, in einer spezifischen Branche zu bleiben und berufliche Erfahrungen weiterhin anzuwenden oder auszubauen oder in ähnlichen Unternehmen gleiche oder größere Aufgabengebiete zu übernehmen. Solche Bewerbungen sind für Bewerber wie Arbeitgeber gleichermaßen von Vorteil. Der Bewerber kennt sich in der Branche aus, weiß um Besonderheiten anderer Firmen, eventuell sogar um Personalbewegungen, neue Projekte und anderes. Je höher seine Position im jetzigen Unternehmen ist, umso größer ist seine Branchenkenntnis. Die Arbeitgeber hingegen können sich schnell ein Bild vom Bewerber machen, weil auch sie die anderen Firmen gut kennen und genau wissen, warum und wann sich dort etwas verändert. Denn nicht selten gibt es trotz der Wettbewerbssituation untereinander ein firmenübergreifendes Infonetz durch Branchennachrichten oder gar Erfa-Kreise, in denen man sich austauscht.

Wer sich branchenbezogen verändern oder, genauer gesagt, verbessern will, weiß in aller Regel sehr wohl, was ihn bei den einzelnen Firmen erwartet. Nicht selten erfolgen solche Bewerbungen entweder aufgrund interner Stellenausschreibungen, von denen der Bewerber Kenntnis erhalten hat, oder aufgrund anderer Informationen, dass entsprechende Vakanzen bestehen. Entsprechend ist die Erwartungshaltung der Arbeitgeber, sie wissen um die Firmen, aus denen die Bewerber kommen, und wollen natürlich das dort erworbene Fachwissen für sich nutzen. Demzufolge muss der Bewerber ausgesprochen firmenbezogen motiviert sein und auch seine Vorstellungen exakt zum Ausdruck bringen können. Mit anderen Worten: Die Erwartungshaltung des Arbeitgebers ist hoch und der Bewerber sollte entsprechend formulieren. Nachfolgend zwei Beispiele aus branchenbezogenen Bewerbungen, die diesen Punkt verdeutlichen:

> „Nach einer qualifizierten Ausbildung als Einzelhandelskaufmann war ich zuletzt sechs Jahre als Verkäufer im Bereich Herrenmode der Firma Bella tätig. Ich möchte nach dieser Zeit gern einmal einen anderen Aufgabenbereich innerhalb der Branche wahrnehmen und mich mittelfristig auch beruflich verbessern, was in meiner jetzigen Firma leider nicht möglich ist."

Bei dieser Bewerbung handelt es sich um einen Wechsel innerhalb der Branche (auch noch in der gleichen Stadt), verbunden mit dem (berechtigten) Wunsch, mittelfristig auch weiterzukommen.

> „Durch einen Ihrer Mitarbeiter erfuhr ich, dass in Ihrem Hause demnächst die Stelle eines Medizinischen Dokumentars frei wird. Da ich über eine entsprechende Ausbildung und über mehrjährige Berufserfahrung verfüge und mich zudem mit sehr speziellen Programmen vertraut gemacht habe, ist die bei Ihnen zu besetzende Position für mich eine gute Möglichkeit, neue Aufgabenfelder kennen zu lernen."

Hier kommen keine speziellen Bewerbungsabsichten wie Fortkommen, bessere Verdienstmöglichkeiten u. a. zur Sprache, sondern nur der Wechsel von einer zur anderen Firma. Allerdings wird sich der Bewerber fragen lassen müssen, warum er die Absicht hat zu wechseln.
Bewerbungen innerhalb der Branche zeichnen sich meistens dadurch aus, dass man seinem Metier treu bleiben will. Das ist durchaus positiv zu sehen. Bewerber sollten jedoch darauf achten, ihren gewünschten Firmenwechsel überzeugend zu begründen und hierbei auch ehrlich zu sein. Denn, wie oben erwähnt, sind die Arbeitgeber in aller Regel untereinander gut informiert. Es bringt also nicht viel, eine drohende Entlassung, z. B. wegen Auftragsmangels, zu verschweigen und stattdessen zu behaupten, man wolle seinen beruflichen Horizont in der Branche erweitern.
Schließlich sei noch erwähnt, dass manche Arbeitgeber auf Bewerbungszuschriften aus anderen Unternehmen sehr interessiert reagieren und die Bewerber auch zum Gespräch einladen, jedoch nur, um zu erfahren, wie die Konkurrenz in bestimmten Bereichen arbeitet. Seien Sie also vorsichtig, und erzählen Sie nicht zu viel von Ihrem jetzigen Job, bevor Sie nicht wissen, was Sie ganz konkret beim neuen Arbeitgeber erwartet.

Karrierebezogene Bewerbungsgründe

Ich mache Karriere. Erst die Karriere, dann die Kinder, Karriere geht vor Familie. – Wer kennt sie nicht, diese Floskeln, die signalisieren: Dieser Mensch will um jeden Preis beruflich weiterkommen. Ohne Zweifel ist das ein berechtigtes Anliegen, es will nur richtig geplant sein und sollte sich natürlich bei Bewerbungen auch in angemessenen Formulierungen und Vorgehensweisen wieder finden. Einem Bewerbungsschreiben wie dem folgenden z. B. wird kaum ein Arbeitgeber Beachtung schenken.

> „Nach meiner universitären Ausbildung zum Diplomkaufmann konnte ich ein Jahr bei einer Großbank erste Berufserfahrungen sammeln. Ich lernte schnell, dass die reine Sachbearbeitung im Anlagebereich nicht meine Welt ist. Ich weiß zwar, dass die Arbeit an der Basis notwendig ist und sicher auch nützlich sein kann, jedoch strebe ich eine höhere Posi-

tion an, weil ich glaube, mit meinem Wissen und meiner Persönlichkeit Ihrem Hause, z. B. als Vorstandsassistent oder Abteilungsleiter, effektiver dienlich sein zu können. Ich verfüge über gepflegte Umgangsformen, habe natürliche Autorität und Durchsetzungsvermögen und traue mir zu Menschen führen und motivieren zu können. Mein Ziel ist klar, ich will Karriere machen. In Ihrem Unternehmen, mit Elan, Flexibilität und neuen Ideen. Ich denke, für Ihr Haus als leitender Angestellter eine Bereicherung zu sein."

Es ist zwar lobenswert, dass sich jemand so temperamentvoll ins Zeug legt, jedoch ist das Verlangen nach einer im Unternehmensgefüge sehr hoch angesiedelten Tätigkeit bei nur einem Jahr Berufserfahrung doch etwas vermessen. Solche und ähnliche Bewerbungsschreiben, mit einer erheblichen Selbstüberschätzung und völliger Verkennung betrieblicher Gegebenheiten, findet man in der Praxis leider sehr oft, besonders bei Akademikern. Diese glauben, dass man sich mit einem Universitätsabschluss geradezu um sie reißen würde. Dabei ist es nur recht und billig, den Wunsch nach Karriere oder einem beruflich qualifizierten Aufstieg zu äußern. Es kommt nur darauf an, wie man es macht. Berufsanfänger und Branchenneulinge, und wenn sie noch so gute Zeugnisse oder Abschlüsse vorweisen können, sollten nicht gleich nach klingenden Posten streben, sondern ihr Unternehmensinteresse (auf das es allein ankommt!) durch eine Bewerbung signalisieren, die beim Arbeitgeber echtes Interesse weckt. Auch hierzu ein Beispiel, diesmal positiv:

„Am 2. November 2001 konnte ich mit gutem Erfolg meine Prüfung als Bilanzbuchhalter ablegen. Da mir in meiner jetzigen Firma keine Möglichkeiten gegeben sind, mich qualifiziert zu verändern, bin ich auf der Suche nach anderen Aufgabenfeldern. Ich möchte gern für Ihr Unternehmen tätig werden, weil ich mich mit Ihrem Unternehmensziel identifizieren kann. Ich bin sehr gern bereit, in einer zunächst sachbearbeitenden Tätigkeit die Besonderheiten Ihres Hauses kennen zu lernen, um dann später in eine verantwortlichere Tätigkeit zu wechseln."

Hier wird ein echtes Unternehmensinteresse deutlich. Nicht nach den Sternen greifen, sondern solide anfangen, lautet das Motto dieses Bewerbers.

Jobhopper

Zur anderen Gruppe der karrierebezogenen Bewerber gehören diejenigen, die um jeden Preis „nach oben" wollen, sich also nicht an eine bestimmte Branche gebunden fühlen und sich branchenkonträr bewerben. Anders ausgedrückt:

Es sind Bewerber, denen es nicht selten egal ist, in welcher Firma sie arbeiten, Hauptsache, sie haben durch Position und natürlich auch mehr Gehalt Vorteile. Nachfolgend als Beispiel der Auszug aus dem Lebenslauf eines typischen Jobhoppers:

1984–1986	Schallplattenfirma Rilliphon Hamburg	Controller
1986–1989	Tierfutterhersteller Schulz, Köln	Assistent der Geschäftsführung
1990–1991	Privatradiosender Prima 8, München	Geschäftsführer
1992–1996	Cargoex AG, Bremen	Abt.-Leiter Öffentlichkeitsarbeit
1997–lfd.	Schilling Werft AG Kiel	Bereichsleiter Personalwirtschaft

Die Namen der Firmen wurden geändert, alle anderen Angaben sind echt. Der Bewerber war übrigens diplomierter Betriebswirt. Solche Lebensläufe werfen stets eine ganze Reihe von Fragen auf, die für den Bewerber schnell zur Falle werden können – angefangen von den relativ kurzen Standzeiten in den jeweiligen Firmen bis hin zum Stellenwert der Tätigkeiten im jeweiligen Unternehmensgefüge. Immerhin: Der Bereichsleiter rangiert in der Firmenhierarchie hinter dem Geschäftsführer. Von daher könnte man annehmen, dass der Bewerber im Beispielsfall einen beruflichen Rückschritt gemacht hat. Das muss jedoch nicht so sein, weil der Geschäftsführer eines kleinen Radiosenders eben einen ganz anderen Stellenwert hat als derjenige in einer großen GmbH. Es soll keinesfalls gesagt werden, dass Jobhopper schlechte Bewerber sind. Nur muss man deutlich sehen, dass der typische Jobhopper in erster Linie seine persönliche Karriere und sein Fortkommen im Auge hat, während das spezifische Firmeninteresse, auf das es dem Einsteller ankommt, für ihn eher sekundär ist.

Ein geübter Personalchef erkennt bei solchen Bewerbungen schnell den wahren Grund der Bewerbung, auch dann, wenn mehr oder weniger pro forma ein ganz spezielles Interesse an der Firma oder dem ausgeschriebenen Aufgabenbereich vorgegeben wird.

Wenn Sie also unbedingt weiterkommen wollen, sollten Sie genau überlegen, was Sie in welchen Firmen machen wollen, um nicht Gefahr zu laufen, nach einer gewissen Zeit einen allzu bunten beruflichen Lebenslauf zu haben.

Schließlich sei noch erwähnt, dass viele Jobhopper dazu übergegangen sind, ihre vielfältigen Erfahrungen in eigenen Stellenanzeigen unter dem Stichwort „Generalist“ anzubieten. Das muss nicht immer positiv wirken. Positiv ist es, wenn man wirklich in mehreren Bereichen, und zwar nur in denen, die für ein Unternehmen auch wichtig sind, fundierte und umfassende Kenntnisse vorweisen kann. Negativ hingegen ist es, wenn sich hinter der Bezeichnung Generalist nur Halbwissen verbirgt oder die Unfähigkeit zum Ausdruck kommt, in bestimmten Bereichen gezielt weiterzukommen.

Mehr Geld

Wer wollte das nicht? Mehr Geld verdienen! Der Wunsch, die eigene finanzielle Situation zu verbessern ist deshalb als Bewerbungsgrund – verständlicherweise – häufig und wird nicht selten auch sehr offen angesprochen. Dazu ein Beispiel aus einem Bewerbungsschreiben:

> Seit 1995 arbeite ich in meiner Firma als Verkaufssachbearbeiterin. Obwohl mir meine Tätigkeit viel Freude macht, sehe ich längerfristig keine Möglichkeit einer finanziellen Verbesserung, sieht man einmal von den üblichen Tariferhöhungen ab. Deshalb suche ich eine gleichartige Tätigkeit, ggf. auch mit mehr Verantwortung, die mir bessere finanzielle Konditionen bietet.

Der Bewerbungsgrund ist hier klar und eindeutig umrissen: mehr Geld. Begreiflicherweise wird ein solcher Bewerbungsgrund allein keinen Arbeitgeber sonderlich begeistern, zumal das erwartete Firmeninteresse nicht zum Ausdruck kommt. Deshalb werden sehr viele Bewerbungen mit dem Hauptmotiv der finanziellen Verbesserung in diesem Punkt zurückhaltender formuliert. Allerdings spätestens beim Bewerbungsgespräch kommt dann die Frage nach der erwarteten Vergütung, bei der übrigens die meisten Bewerber gravierende Fehler machen. Doch dies soll in einem späteren Kapitel behandelt werden.
Hier kommt es lediglich darauf an, Folgendes festzuhalten: Wenn man sich finanziell verbessern will und sich deshalb irgendwo bewirbt, dann sollte dieses primäre Bewerbungsmotiv schon ehrlich zum Ausdruck kommen. Da das aber nun für den Arbeitgeber nicht alles sein kann, muss man diesen Grund kombinieren mit einem Interesse an der Firma oder an der entsprechenden Position. Das wird oft übersehen.
Übrigens findet man bei den rein finanziell begründeten Bewerbungen oft haarsträubende Fehler. Das fängt an mit völlig überzogenen Gehaltsforderungen (ohne Rücksicht auf das Gehaltsgefüge oder Tarifvereinbarungen) und hört auf mit Forderungen nach Festschreibung einer längerfristigen Gehaltsentwicklung. Dazu ein Beispiel:

Eine 30-jährige Finanzbuchhalterin bewarb sich in einem Zeitungsverlag. In ihrem Anschreiben hatte sie keine Angaben zu ihren Verdienstvorstellungen gemacht. Beim Bewerbungsgespräch fragte dann der Personalleiter danach und bekam folgendes zur Antwort: „Für das, was ich mache, werde ich total unterbezahlt, aufgrund meiner Erfahrungen und meines Alters (!!) denke ich, dass so um die € 3 000,– im Monat angemessen wären, wobei ich davon ausgehe, dass dieses Gehalt entwicklungsfähig ist." Auf die Frage, was sie jetzt verdiene, antwortete die Bewerberin: „€ 2 150,– Tarif". Der freundliche Hinweis des Personalleiters, dass man im Unternehmen auch einen Tarif und ein Gehaltsgefüge hätte, nach dem die hier relevante Position mit knapp € 2 500,– dotiert werde, interessierte die Bewerberin nicht. Da die Bewerberin fachlich wirklich qualifiziert war und der Arbeitgeber auch ein Interesse an ihr hatte, bot man ihr an, mit € 2 450,– anzufangen und nach der sechsmonatigen Probezeit auf € 2 600,– zu erhöhen, nach einem weiteren Jahr auf € 2 800,–. Hierauf ließ sie sich nicht ein. Es folgte eine Absage, was sicherlich nicht verwunderlich ist.

An diesem Beispiel sieht man, wie man sich trotz guter Voraussetzungen alle Chancen verderben kann, wenn man stur auf einer überzogenen Gehaltsforderung besteht.
Es ist deshalb in jedem Fall besser, die finanzielle Frage sekundär zu behandeln, denn wenn man Sie als Bewerber will, wird sich die Gehaltsfrage ganz von selbst ergeben und auch bei beiderseitigem Interesse meist einvernehmlich lösen lassen. Wie gesagt, Bewerbungen, die *lediglich* mit einem finanziellen Interesse verbunden sind, kommen selten gut an.
Im Übrigen sei an dieser Stelle erwähnt, dass fast alle Bewerbungen, die allein aus finanziellen Gründen geschehen, unüberlegt oder oberflächlich betrieben werden. Entweder sind die Forderungen überzogen oder es werden die betrieblichen Gegebenheiten falsch eingeschätzt. Deshalb sollte man ehrlich prüfen, wie angemessen das jetzige Gehalt ist und wie viel mehr man realistischerweise fordern kann. Sehr viele Unternehmen sind tarifgebunden und haben feste Gehaltsgefüge, das sollte nicht übersehen werden.
Gleiches gilt für gehobene Positionen, die zwar außertariflich dotiert werden, für die aber ebenfalls ein internes Schema vorliegt. Hier sollte man nicht mit markigen Jahresgehaltsforderungen aufwarten, sondern sich im Bewerbungsgespräch erst einmal anhören, welche Möglichkeiten das Unternehmen bietet. Es gibt viele Möglichkeiten sich kundig zu machen, bevor man sich mit finanziellen Absichten bewirbt. Ausgangsbasis ist immer das derzeitige Gehalt, das man übrigens bei Nachfragen immer auch korrekt angeben sollte. Man kann sich z. B. über Gewerkschaften oder Arbeitgeberverbände oder örtliche

Industrie- und Handelskammern über Tarifverträge und Gehaltsgefüge informieren, was viel zu wenig genutzt wird. Bei gehobenen Positionen geben auch Statistiken der Personal- und Unternehmensberater einen Anhaltspunkt oder die gelegentlich in Fachzeitschriften veröffentlichten Gehaltsvergleiche.
Schließlich sei noch erwähnt, dass man in finanzieller Hinsicht, und zwar bevor man Forderungen stellt, abfragen sollte, welche weiteren geldwerten Vorteile das Unternehmen bietet. Denn nicht selten kommt es vor, dass eine Gehaltsforderung zu sehr auf die monatliche Zahlung ausgerichtet ist und dabei die weiteren Leistungen übersehen werden, die man dann auf das ganze Jahr betrachtet zu würdigen hat. Das sind z. B. die Kostenübernahme für einen auch privat zu nutzenden Dienstwagen, die Kosten für eine Altersversorgung, für eine Unfallversicherung usw. Diese Zusatzleistungen werden leider sehr oft nicht genau geprüft und beim Bewerbungsgrund „finanzielle Verbesserung“ übersehen und vernachlässigt.
Zusammenfassend sei gesagt, dass bei Bewerbungen aus rein finanziellen Gründen die meisten und wohl auch gravierendsten Fehler gemacht werden, die aber vermeidbar sind, wenn man sich entsprechend vorbereitet und in seinen Forderungen realistisch bleibt.

Verbesserung der privaten Situation

Ein anderer Bewerbungsgrund ist der Wunsch nach Verbesserung der privaten Situation. Selten wird dieses Motiv klar formuliert, meist wird es nur umschrieben oder vorsichtig angedeutet; und das hat einen triftigen Grund. Die Unternehmen haben bei Bewerbungen natürlich in erster Linie ein Interesse daran, jemanden zu gewinnen, der oder die sich speziell für das Unternehmen einsetzt, privat bedingte Hintergründe sind da weniger gefragt. Andererseits ist nicht zu leugnen, dass die zunehmende Mobilität in bestimmten Berufsfeldern dazu führt, dass Familien oder Partnerschaften zwangsläufig belastet oder gar ganz getrennt werden. Hierzu im Folgenden zwei Beispiele:

Eine Kölner Firma suchte per Inserat eine(n) Organisationsprogrammierer(in). Hierauf bewarb sich eine seit fünf Jahren in dieser Funktion tätige Frau aus Berlin. Sie schrieb, sie wolle sich verändern, weil ihr Lebensgefährte nach Köln versetzt worden sei und sie weiter im gleichen Beruf, jedoch in der Nähe ihres Partners tätig sein wolle. Positiv erwähnte sie, dass sie sich rasch und zuverlässig in Firmenspezifika einarbeiten würde.

Diese Bewerbung machte auf den Arbeitgeber, eine Vertriebsgesellschaft, einen sehr guten Eindruck, sodass die Bewerberin zum Gespräch eingeladen und schließlich auch eingestellt wurde. Für den Arbeitgeber war von Vorteil, dass bereits eine Wohnung in Köln bestand und er daher keine Umzugskosten zahlen musste, sogar die Anreisekosten zum Bewerbungsgespräch entfielen, weil die Bewerberin ohnehin häufiger in Köln ein verlängertes Wochenende verbrachte.
Dieses Beispiel macht eines deutlich, was generell auch für alle Bewerbungen gilt: Man sollte immer mit offenen Karten spielen. Für viele Arbeitgeber ist es nur allzu verständlich, wenn man sich verändern will, um mit dem Partner oder der Partnerin zusammenzuleben. Hinzu kommt, dass in solchen Fällen nur sehr selten Umzugs- oder Bewerbungskosten zu zahlen sind, was im Kalkül des Einstellers immer eine Rolle spielt, wenn sich jemand von außerhalb bewirbt.
Auch für den Bewerbungsgrund „Verbesserung der privaten Situation“ bleibt festzuhalten, dass an erster Stelle das Interesse an einer Position oder Firma stehen muss. Erst an zweiter Stelle sollten Sie Ihre privaten Beweggründe deutlich zum Ausdruck bringen. Es macht auch keinen schlechten Eindruck, wenn Sie im Anschreiben sagen: „Ihnen entstehen bei einer Einladung, über die ich mich sehr freuen würde, keinerlei Kosten, da ich ohnehin an den Wochenenden bei meinem Partner bin.“

Die Verlockungen attraktiver Stellenanzeigen

Wer möchte nicht einmal etwas vollkommen anderes machen als bisher? Bestimmte Branchen oder bestimmte Angebote ziehen da die Bewerber geradezu an wie das Licht die Motten. Welcher „ausbruchswilligen“ Sekretärin würde nicht warm ums Herz, wenn sie folgende Anzeige zu lesen bekäme:

> **Ihr Job: der Film!**
> Bekannter Spielfilmregisseur sucht eine versierte Sekretärin, zuverlässig, unkonventionell und in hohem Maße belastbar. Englische und französische Sprachkenntnisse sind ebenso Voraussetzung wie die Bereitschaft zu Reisen in die ganze Welt. Arbeitszeiten kennen wir nicht, sondern nur das Engagement für das jeweilige Projekt.
> Die Dotierung ist überdurchschnittlich.

Auf solche und ähnliche Anzeigen gehen nicht selten mehrere Hundert Bewerbungen ein. Häufig wird dabei das erforderliche persönliche Engagement verkannt bzw. die eigenen Voraussetzungen maßlos überschätzt, Gleiches gilt für Kenntnisse und Fertigkeiten. Denn wer sich auf eine Anzeige wie die oben stehende bewirbt, der muss tatsächlich bereit sein, uneingeschränkte Mobilität zu zeigen und außergewöhnliche Belastungen auf sich zu nehmen. Eine allein stehende Bewerberin mit einem Kleinkind z. B. wäre deshalb wohl kaum die geeignete Kandidatin, ebenso wenig wie eine Bewerberin, die meint, für eine bestimmte Zeit ihre Familie verlassen zu können.
Damit sind wir bei einem weiteren Punkt, nämlich dem, dass solche recht attraktiv wirkenden Positionen oftmals projektbezogen und deshalb befristet sind. Man muss es sich also reiflich überlegen, ob es sich lohnt, eine gesicherte (wenn auch langweilige) Position gegen eine attraktivere einzulösen, die möglicherweise befristet ist. Der Reiz, in interessante berufliche Gefilde zu kommen, ist daher abzuwägen gegen die wenig geliebte Sicherheit des jetzigen Jobs. Das wird – mehr oder weniger leichtfertig – oft übersehen.
Außer dem Wunsch etwas Verlockendes zu machen, bei dem man z. B. mit interessanten Zeitgenossen in Berührung kommt, gibt es an „illusionsträchtigen" Einstellungen oft auch den Wunsch, mit möglichst wenig Aufwand relativ viel zu verdienen. Solche Hoffnungen sprechen Anzeigen wie die folgende an, die freilich in den seltensten Fällen das halten, was sie versprechen:

€ 10 000,– Monatseinkommen

Das glauben Sie natürlich nicht, aber bei uns werden Ihre Wünsche wahr. Wir vertreiben ein konkurrenzloses Produkt mit gesichertem Markt. Sie werden von uns geschult und eingearbeitet. Geringe, sich rasch amortisierende Kapitalbeteiligung ist Voraussetzung. Der Erfolg wird Sie überzeugen.

Bei einer solchen Anzeige wird sich mancher Bewerber sagen: Was soll's, wenn ich so viel verdienen kann, will ich auch eine Einlage oder Beteiligung dransetzen. Doch dafür seinen womöglich sicheren Arbeitsplatz aufzugeben, will gründlich bedacht sein. Hinter der eben genannten Anzeige verbarg sich der Vertrieb von Horoskopkalendern, die so ganz konkurrenzlos natürlich nicht sind. Die Kapitalbeteiligung lag bei satten € 5 000,–, die man für das Knowhow an Marketing bezahlen musste und für die Berechtigung, für die Firma X tätig zu werden. Die avisierten € 10 000,– Monatseinkommen konnte man nur erreichen, wenn man pro Monat mindestens 20 000 (!!) Kalender verkaufte (10 % Honorar vom Ladenpreis zu € 5,–), bei einer in der Anzeige verschwie-

genen starken Konkurrenz allerdings ein Kunststück. Die gezahlten € 5 000,– sind natürlich ein für allemal weg. Solche Vorgänge, die nicht selten sind, sind eher ein Fall für die einschlägig bekannten TV-Sendungen als für seriöse Bewerber.
Festzuhalten bleibt vor dem Hintergrund beider Beispiele, dass es den Inserenten solcher Anzeigen in erster Linie darauf ankommt, Bewerber zu finden, die sich mehr oder weniger widerspruchslos in den Dienst einer Sache stellen und auch bereit sind (wie im zweiten Beispielsfall) dafür noch zu zahlen.
Während Arbeitgeber, die hinter solchen Angeboten stehen, eingehenden Bewerbungen natürlich positiv gegenüberstehen, solange nur ihren Bedürfnissen Genüge getan wird, sollten Sie sich als Bewerber doppelt und dreifach überlegen, ob es sich tatsächlich lohnt, auf Verlockungen dieser Art einzugehen. Wenn Sie meinen dies tun zu müssen, dann erkunden Sie bitte sehr detailliert Aufgabe, Dotierung und auch eine mögliche Befristung der Tätigkeit. Lassen Sie sich jedoch niemals darauf ein, für einen Job auch noch eine wie auch immer geartete Beteiligung zu zahlen.

Wunschfirmen

Im letzten Abschnitt war von verlockenden Stellenanzeigen die Rede. Dabei spielt natürlich auch neben der eigentlichen Position das Image der Firma eine Rolle. Viele Menschen finden es – aus ganz unterschiedlichen Gründen – gut, in renommierten Firmen zu arbeiten. Man denke an Fluggesellschaften, an Medienunternehmen, große Autokonzerne, Bankhäuser und andere. Auch der öffentliche Dienst wird gern genannt, obwohl die Verdienstmöglichkeiten durch fest vorgegebene Strukturen (BAT oder Bundesbesoldungsgesetz) nicht immer sonderlich attraktiv sind. Jedoch mag hier der Gesichtspunkt eines sicheren Arbeitsplatzes ebenso ein Motiv sein wie die Tatsache, dass man z. B. sagen kann, man sei „im Innenministerium" beschäftigt. Ob Sie es glauben oder nicht, für viele Leute ist es sehr wichtig, mit dem Namen des Arbeitgebers im Bekanntenkreis oder sonstwo renommieren zu können.
Kein anderer Bewerbungsgrund ist so häufig Anlass für so genannte blinde Bewerbungen wie der Wunsch, in einem bestimmten Unternehmen tätig zu sein. Das ist auch nicht verwunderlich, denn zum einen werden gute Positionen in attraktiven Unternehmen oftmals ohne öffentliche Stellenausschreibungen vergeben, und zum anderen bleibt dem Bewerber deshalb auch gar keine andere Wahl, als sich durch direkte Nachfrage bei seiner Wunschfirma zu bewerben.

Es spricht sich natürlich in Bewerberkreisen herum, wie man von guten Positionen bei ebenso guten Firmen erfährt. Wenn frei werdende Positionen nicht öffentlich ausgeschrieben werden, dann werden sie in vielen Fällen jedoch zumindest intern ausgeschrieben. Und so ist es nicht selten, dass sich externe Bewerber, die von Freunden und Bekannten über interne Stellenausschreibungen informiert worden sind, hierauf bewerben. Bei solchen Bewerbungen wird häufig der Fehler gemacht, dass im Anschreiben nicht gesagt wird, wodurch man von der (intern) ausgeschriebenen Position erfahren hat. Viele Bewerber schreiben das Unternehmen dann allgemein an, beschreiben aber exakt das ausgeschriebene Aufgabengebiet. Allerdings wird spätestens im Vorstellungsgespräch die Frage gestellt, woher der Bewerber oder die Bewerberin von der Stelle wusste.
Der klassische Fall einer gezielten firmenorientierten Bewerbung ist jedoch der, dass man sich einfach durch eine ganz normale Anfrage bei denjenigen Firmen nach Beschäftigungsmöglichkeiten erkundigt, in denen man gerne tätig sein möchte. Ein solcher Brief (hier an die Lufthansa AG) sieht dann zum Beispiel so aus wie der folgende (Auszug):

„Seit vier Jahren bin ich mit gutem Erfolg im Kundenservice des Reisebüros Müller in Köln tätig. In dieser Zeit konnte ich mir umfassende Kenntnisse und Erfahrungen insbesondere im Bereich der internationalen Flugbuchungen aneignen und beherrsche sämtliche Richtlinien und Bestimmungen. Daneben spreche ich fließend englisch und französisch. Da mein jetziger Arbeitgeber, bedingt durch seine Größe, für mich keine weiteren Berufsperspektiven bieten kann, ist es mein Wunsch, mich zu verändern. Ihr Unternehmen ist mir durch meine jetzige Tätigkeit schon lange ein Begriff, und es würde mich sehr freuen, wenn Sie in Ihrem Hause eine Beschäftigungsmöglichkeit für mich sähen; wenn auch vielleicht nicht gleich, so doch mittel- oder längerfristig."

In diesem Beispiel wird deutlich, dass eine „Wunschfirma" angeschrieben wurde, aber auch, dass ein fachlicher Bezug vorhanden ist, der beim neuen Arbeitgeber zumindest Interesse wecken könnte. Solche Bewerbungen sind oft erfolgreicher als solche, die sich ohne Begründung nur auf eine bestimmte Firma beziehen. Auch dazu ein Beispiel:

Ein 38-jähriger Verlagskaufmann, Arbeitsgebiet Lizenzen, wollte sich verändern und um jeden Preis in einen öffentlich-rechtlichen Fernsehsender, weil er wusste, dass es dort eine Abteilung „Holi" (Honorare und Lizenzen) gibt. Für ihn war jedoch allein wichtig bei eben diesem TV-Sender zu arbeiten. Er schrieb u.a. Folgendes:

> „Ihr Sender ist mir seit Jahren ein Begriff. Es ist seit jeher mein Wunsch in Ihrem Hause tätig zu werden. Deshalb bitte ich Sie um Prüfung, ob Beschäftigungsmöglichkeiten bestehen. Ich bin sehr vielseitig und in jedem Fall belastbar. Über eine rasche Antwort würde ich mich sehr freuen, weil ich mich schnellstens verändern will."

Der Bewerber bekam eine Absage, und das, obwohl – was er jedoch nicht wusste – in seinem angestammten Arbeitsgebiet Lizenzen eine Position frei war. Leider hatte er es versäumt, seine speziellen Fähigkeiten zu erwähnen; einen kurzen, informativen Lebenslauf zum Beispiel hatte er seinem Anschreiben ebenfalls nicht beigefügt. Der Personalleiter musste deshalb von einer allgemeinen Anfrage ausgehen, wobei ihn noch störte, dass der Wechsel schnell erfolgen sollte. Denn das wird meistens als Indiz dafür gewertet, dass der Arbeitnehmer das Unternehmen wechseln *muss.*

Es ist durchaus nichts dagegen einzuwenden, sich bei Wunschfirmen zu bewerben. Nur sollte man dann wirklich so offen sein und die Gründe dafür mitteilen. Allein das Interesse an einer Firma ist jedoch nicht genug, man sollte schon von seinem jetzigen Aufgabengebiet ausgehen und dies als Ansatzpunkt für eine gleiche oder ähnliche Tätigkeit herausstellen. Außerdem ist es immer hilfreich, solchen blinden oder Kurzbewerbungen einen knappen, aber informativen tabellarischen Lebenslauf beizufügen, damit sich der Leser rasch einen Überblick verschaffen kann. Ist die Wunschfirma außerhalb des jetzigen Wohn- und Arbeitsortes, dann ist es stets auch angebracht, zu erwähnen, dass man gewillt ist, in eine andere Stadt umzuziehen.

Schließlich sei noch erwähnt, dass man bei diesen Bewerbungen bei so genannten Wunschfirmen leider sehr oft einen typischen Bewerberfehler feststellt, der etwas befremden mag: Es mangelt oft an der genaueren Kenntnis des Unternehmens. Denn wenn sich schon jemand für eine ganz bestimmte Firma bewirbt, sollte man eigentlich meinen, dass er auch über Produkte, Arbeitsweisen usw. Bescheid weiß. Doch dem ist erstaunlich häufig nicht so. Viele Bewerber schreiben blauäugig an Firmen, von denen oder deren Besonderheiten sie im Grunde überhaupt keine Ahnung haben. Informieren Sie sich deshalb vorher (in Branchenorganen, in den Wirtschaftsteilen der Tageszeitungen oder durch Firmenhandbücher). Es gibt inzwischen sogar Bücher über Unternehmen mit guten Berufs- und Karrierechancen. Ungenutzt bleibt häufig auch die Möglichkeit, gerade in größeren Unternehmen, sich über die Presseabteilung Material zusenden zu lassen oder im Internet die Websites großer und auch kleiner Unternehmen als Informationsquelle abzurufen. Nicht selten sind bereits dort freie Stellen markant angesprochen.

Reaktion auf Abwerbeversuche

Abwerbeversuche betreffen in aller Regel hoch qualifizierte Mitarbeiter, gelegentlich aber auch einfachere Positionen, so z. B., wenn sich ein ausgeschiedener Abteilungsleiter selbständig gemacht hat und „seine“ ehemaligen Mitarbeiter für sich und sein Unternehmen gewinnen will. Viele Arbeitnehmer reagieren überrascht und irritiert auf solche Abwerbeversuche, weil sie von sich aus keine Neigung zu einem Firmenwechsel haben. Der Abwerbeversuch dient deshalb dazu, jemanden zum Firmenwechsel zu motivieren. Je höher die Position, um die es geht, um so verlockender werden die Angebote sein, jemanden zum Wechsel zu bewegen (nicht selten zur Konkurrenz). Dass solche Abwerbeversuche nicht ungefährlich und auch rechtlich brisant sind, ist manchem nicht klar. Das Beispiel zeigt, wie so etwas ablaufen kann:

Hans Hoffmann, 45 Jahre alt, ist Leiter des Finanzwesens eines renommierten Großunternehmens, leitender Angestellter und direkt der Geschäftsführung unterstellt. Er ist Mitglied in verschiedenen Gremien und in einem Erfa-Kreis und zudem in der Branche als Fachmann für electronic-banking bekannt, das er in seinem Unternehmen erfolgreich eingeführt hat. Eines Abends gegen 18 Uhr, seine Sekretärin war bereits weg, klingelte das Telefon, und eine freundliche Dame bat ihn höflich um ein kurzes Gespräch. Sie erläuterte, für die Agentur X zu arbeiten, die diverse Kunden betreue. Bei einem dieser Kunden sei durch altersbedingtes Ausscheiden eines Geschäftsführers eine Vakanz mit Schwerpunkt Finanzwesen entstanden. Sie habe nun gehört, dass er ein branchenbekannter Fachmann sei, und erlaube sich die höfliche Anfrage, ob er schon einmal daran gedacht habe, von der zweiten in die erste Führungsebene zu wechseln. Hoffmann erfasste sofort die Situation, zeigte sich interessiert, erfuhr aber nicht, um welches Unternehmen es sich handelte, dies wollte die Anruferin erst bei einem Treffen offenbaren. Doch die Verlockungen gingen sehr geschickt weiter: Die Anruferin fragte mehr oder weniger dezent, ob er mehr als € 100 000,– im Jahr verdiene, was Hoffmann verneinte. Daraufhin sagte sie, dann könne er sich in jedem Fall verbessern, weil die Position mit satten € 150 000,– ausgestattet sei. Hoffmann bat sich Bedenkzeit aus, ließ sich die Telefonnummer der Agentur geben und sagte dann schließlich ab. Er verspürte keine Neigung zu einem Wechsel, weil er in seinem Unternehmen etliche Vorteile genoss und auch nicht in eine andere Stadt umziehen wollte. Aus Loyalität zum Unternehmen informierte er zudem seinen Geschäftsführer über den Anruf.

So oder ähnlich laufen viele Abwerbeversuche ab. Nicht immer aber reagieren die Angerufenen so besonnen wie im Beispielsfall. Geschmeichelt von höherwertigen Angeboten lassen sie sich nicht selten dazu hinreißen, ihre jetzige Situation und zum Teil auch Firmeninterna auszuplaudern. Das kann schief gehen, denn schließlich weiß man nie, wer hinter dem Anruf steckt, und außerdem ist allzu große Vertrauensseligkeit keine gute Visitenkarte für das andere Unternehmen. (Sie werden kaum glauben, was selbst gestandene Manager Headhuntern alles erzählen.) Manchmal erfolgen Abwerbeanrufe deshalb auch nur, um Firmeninterna herauszubekommen. Eine für alle Beteiligten gefährliche Sache. Denn die Abwerbung ist unter bestimmten Voraussetzungen wettbewerbswidrig und kann leicht zu hohen Schadensersatzforderungen führen. Nicht selten ergeben sich für den Umworbenen zum schlechten Schluss noch persönlich Nachteile, wie der folgende Fall zeigt:

> Ein Redaktionsleiter in einem Medienunternehmen wurde von einer Unternehmensberatung angerufen und ziemlich direkt gefragt, ob er Neigungen hätte, das Unternehmen zu wechseln. Angeboten wurde eine Geschäftsführerposition. Der Redaktionsleiter ließ sich darauf ein und versprach Rückruf. Am anderen Tage informierte er seine Vorgesetzten von dem Abwerbeversuch. Da bei diesem Gespräch auch seine Unzufriedenheit mit dem jetzigen Aufgabenfeld deutlich wurde, meinte der Geschäftsführer, wenn er gehen wolle, so könne er das tun, man werde ihn nicht hindern. Fortan hatte der Redaktionsleiter den Ruf des Unzufriedenen und potenziellen Wechslers, man vertraute ihm keine Planungsvorhaben mehr an. Der Nachteil für ihn war unübersehbar, obwohl er dem Abwerber einen „Korb" gegeben hatte.

Dieses Beispiel macht deutlich, dass man bei Abwerbeversuchen nicht vorsichtig genug sein kann. Prüfen Sie deshalb genau, worauf Sie sich einlassen. Zugegeben: Ein Abwerbeversuch kann für Sie ein willkommener Anlass sein, über andere Möglichkeiten nachzudenken, nur sollten Sie das für sich behalten und sich beim Anbieter erst dann förmlich bewerben bzw. Ihr Interesse bekunden, wenn feststeht, dass Sie sich wirklich verbessern können und auch in Ihrem jetzigen Beruf keine Nachteile dadurch haben. Wenn Sie sich auf einen Abwerbeversuch hin bewerben, dann sollten Sie gegenüber Ihrem jetzigen Arbeitgeber absolutes Stillschweigen darüber bewahren, warum Sie wechseln wollen. Kündigen Sie fristgemäß mit dem schlichten Hinweis, sich verändern zu wollen.

Beim Bewerbungsgrund „Abwerbeversuch" ist klar, dass der Bewerber oder die Bewerberin zunächst kein ganz spezielles Interesse an dem neuen Unternehmen haben kann. Das darf aber nicht darüber hinwegtäuschen, dass der neue Arbeitgeber dennoch schon bestimmte Erwartungen hat, auf die man eingehen sollte. Anders gesagt, auch bei einer Abwerbung muss man typische Bewerbereigenschaften herausstellen: Sachkunde und Erfahrungen in seinem Arbeitsgebiet, Interesse am neuen Arbeitsplatz und an der neuen Firma und das Betonen von Besonderheiten, die für die neue Firma wertvoll sein könnten.

Bewerbungsgrund: Mobbing

Viele Bewerbungsanschreiben enthalten heute, anders als früher, als Grund klar und unverhohlen die Angabe, dass im derzeitigen Betrieb ein schlechtes Betriebsklima herrsche und/oder dass man mit Vorgesetzten oder Kollegen nicht so gut zurechtkomme. Selbst wenn dieser Bewerbungsgrund im Anschreiben nicht auftaucht, wird man spätestens beim Bewerbungsgespräch Farbe bekennen müssen, und viele Bewerber tun das recht freimütig und offen. So lobenswert solche Ehrlichkeit auch ist, sie birgt natürlich auch das Risiko in sich, dass sich ein umsichtiger Personalleiter fragen wird, ob nicht der Grund für die Schwierigkeiten des Bewerbers auch in seiner eigenen Persönlichkeit zu suchen ist.

Persönliche Unzufriedenheit mit dem Arbeitsplatz, den Kollegen oder den Vorgesetzten war immer schon ein Bewerbungsgrund. Erst in neuerer Zeit kam der Modebegriff „Mobbing“ auf, weil Untersuchungen ergeben haben, dass viele Arbeitnehmer an ihrem Arbeitsplatz vor allem psychisch belastet sind. Sie sind einem mehr oder weniger gewollten Druck ausgesetzt, dem sie jedoch nicht standhalten können. Unter Mobbing versteht man im engeren Sinne ein Verhalten von Vorgesetzten oder Kolleginnen und Kollegen, das geeignet ist, einen Mitarbeiter körperlich, psychisch oder geistig zu belasten (oder alles zusammen), sozusagen ein „Fertigmachen“. Dabei gibt es natürlich immer ein Hauptziel: Man möchte den Mitarbeiter so weit bringen, dass er das Unternehmen verlässt. Das ist zwar eine unschöne und oft sehr grobe Art, die so neu zwar nicht ist, aber offensichtlich in der Praxis zunimmt, wenn man den vielzähligen Publikationen zum Thema Mobbing Glauben schenken darf und sich auch die zahlreichen Seminarangebote hierzu für Betriebsräte ansieht. Zunächst ein einfaches Beispiel dazu:

Eine Mitarbeiterin, 54 Jahre alt, arbeitete seit fast 20 Jahren in einem großen Produktionsbetrieb in der Registratur. Aufgrund manteltarifvertraglicher Vorschriften genoss sie, bedingt durch ihr Alter und die lange Firmenzugehörigkeit, absoluten Kündigungsschutz, sie konnte nur aus wichtigem Grund, also fristlos, gekündigt werden. Ihre Leistungen ließen im Laufe der Zeit gesundheitsbedingt nach, es gab mehrere Gespräche mit ihrem Abteilungsleiter, die jedoch ohne Ergebnis verliefen. Die Mitarbeiterin selbst sah keinen Anlass, von sich aus zu kündigen, weil sie auf den Verdienst angewiesen war. Fortan wurde sie von ihrem Abteilungsleiter nicht mehr mit den nötigen Informationen versorgt, er verlangte plötzlich Mehrarbeit zu Zeiten, von denen er wusste, dass die Mitarbeiterin Arzttermine hatte, er suchte nach Fehlern, die er zunehmend auch fand und der Frau prompt unwirsch vorhielt usw. Die Mitarbeiterin hielt diesem Druck irgendwann nicht mehr stand, wurde häufiger krank und kündigte schließlich selbst, weil sie sich nicht kaputtmachen lassen wollte. Der Abteilungsleiter hatte sein Ziel erreicht. Bei nachfolgenden Bewerbungen hatte die Frau stets Probleme zu erklären, warum sie denn in ihrem Alter aus einer gesicherten Position weggegangen sei. Auch ohne dass sie das eigentliche Problem explizit angesprochen hätte, stieß sie häufig bei neuen Arbeitgebern auf Vorbehalte, die Folge war eine länger andauernde Arbeitslosigkeit.

Man sollte nun nicht denken, dass, wie im Beispielsfall, nur ältere Arbeitnehmer vom Mobbing betroffen wären; es kann ebenso gut auch jüngere treffen. Manchmal soll ein vermeintlich lästiger oder unbequemer Kollege aus betrieblichen Gründen „verschwinden", manchmal fürchtet sich jemand persönlich vor interner Konkurrenz und versucht den anderen oder die andere auszustechen und nicht selten gibt es auch Teams, denen manche „Nase" einfach nicht passt. Es ist durchaus nicht so, dass immer nur der betroffene Mitarbeiter den Grund fürs Mobbing liefert, es kann auch die Unfähigkeit anderer sein, mit Menschen adäquat umzugehen. Nicht jeder Vorgesetzte hat Führungsqualitäten, und nicht jedes Team ist kompromissbereit.
Mobbing im engeren Sinne ist die Ausübung eines psychologischen Drucks (mehr oder weniger offenkundig) mit dem Ziel, jemanden von seinem Arbeitsplatz oder aus der Firma „wegzugraulen". Die Methoden können dabei sehr gemein und subtil sein, wie der nächste Fall zeigt:

Ein Marketingassistent, 30 Jahre alt und recht erfolgreich nach dreijähriger Tätigkeit in einem Medienunternehmen, sah einer sehr positiven persönlichen Entwicklung in der Firma entgegen. Dies störte einen anderen Assistenten, der wesentlich länger im Betrieb war, auch das Vertrauen der Geschäftsführung genoss und so etwas wie eine Hausmacht hatte, jedoch bei weitem nicht so kreativ war wie sein jüngerer Kollege. Als absehbar war, dass die Position des Marketingleiters vakant werden würde und man den kreativen Mitarbeiter in die engere Wahl zu nehmen gedachte, sah der Konkurrent seine Felle davonschwimmen und entwickelte eine erstaunliche Energie mit dem Ziel, die Beförderung seines Kollegen zu verhindern. Zunächst begnügte er sich damit, seinen Kollegen – natürlich, um sich selbst zu schützen, in dezenter Form – bei anderen Mitarbeitern verächtlich zu machen. Als dieser ihn für eine kurze Zeit vertreten sollte, gab er nur spärliche Informationen über wichtige Dinge. Die Folge war, dass unser „Opfer" Fehler machte, die aber so gestaltet waren, dass sich der Verursacher elegant aus der Schlinge ziehen konnte. Als sich der Erfolg immer noch nicht einstellte, nutzte der Konkurrent ein vertrauliches Gespräch bei seinen Vorgesetzten und behauptete, der Kollege hätte ein Verhältnis mit der Sekretärin des Geschäftsführers eines Konkurrenzunternehmens, und es sei ja nicht ausgeschlossen, dass da so manche Dinge publik werden würden. Tatsache war, dass der Kollege diese Frau nur über seine Freundin kannte und ansonsten keinerlei Kontakte zu ihr pflegte. Doch ein gewisses Misstrauen blieb, mit dem Ergebnis, dass er die Position nicht bekam.

Gegen solche diffamierenden Aktivitäten kann man sich kaum wehren, die Folge ist nicht selten ein Arbeitgeberwechsel. Viele Mitarbeiter werden versuchen, entweder bei ihren Vorgesetzten oder auch beim Betriebsrat – sofern einer besteht – Hilfe zu finden.
Bei Bewerbungen hingegen empfiehlt es sich, trotz der oftmals berechtigten Erbitterung über die Geschehnisse in der alten Firma, hiervon nicht allzu viel zu erzählen oder zu schreiben. Allzu leicht wecken Sie das Misstrauen Ihres Gesprächspartners und Ihre Offenheit schlägt zu Ihren Ungunsten aus. Bewerben Sie sich also nicht explizit als Mobbingopfer, sondern nur mit Interesse an der neuen Position, und stellen Sie Ihre Leistungen und Stärken und Ihr Unternehmensinteresse deutlich heraus. Probleme in der alten Firma interessieren den neuen Arbeitgeber in der Regel wenig; Sie können sich nur schaden, je mehr Sie sich durch erzählte oder beschriebene Probleme in einen neuerlichen Erklärungszwang bringen.

Wichtig:

- Geben Sie Ihre Bewerbungsgründe aufrichtig an.
- Üben Sie Selbstkritik in Bezug auf Ihren beruflichen Werdegang: Haben Sie nicht den einen oder anderen Misserfolg selbst verschuldet?
- Versuchen Sie Ihre Kenntnisse und Fähigkeiten objektiv einzuschätzen.
- Verscherzen Sie sich nicht Bewerbungschancen, indem Sie unangemessene oder unrealistische Forderungen stellen.

Die Startsituation des Bewerbers

Der Erfolg einer Bewerbung hängt in hohem Maße davon ab, dass die Bewerberin oder der Bewerber genau weiß, was sie oder er beruflich eigentlich will. Natürlich kommt es vor, dass man an einem Wochenende im Stellenmarkt einer großen Zeitung plötzlich genau die Tätigkeit ausgeschrieben sieht, für die man sich immer schon interessiert hat, und sich dann – obwohl es eigentlich gar nicht geplant und gewollt war – darauf bewirbt. Ähnlich liegen die Umstände, wenn Sie von Bekannten oder Freunden hören, dass in deren Firmen eine Position vakant geworden ist, und nun – vielleicht durch die positive Schilderung Ihrer Bekannten neugierig geworden – flugs eine Bewerbung losschicken. In wenigen Fällen haben solche spontanen Bewerbungen jedoch den gewünschten Erfolg, es sei denn, Sie sind wirklich zu einem beruflichen Wechsel bereit und suchen deshalb bereits seit geraumer Zeit mehr oder weniger intensiv nach Alternativen. Voraussetzung hierfür ist, dass Sie Ihre eigene, jetzige Position kritisch beleuchtet und sich auch Gedanken darüber gemacht haben, was sich an anderen Möglichkeiten für Sie generell oder in Ihrer Branche ergibt. Es gibt – wie im vorherigen Kapitel dargestellt wurde – eine ganze Reihe von Gründen für einen Wechsel. Nur unterbleibt leider bei vielen Bewerbern eine umfassende Auseinandersetzung mit der derzeitigen beruflichen Situation und damit auch eine gründliche Vorbereitung auf eine neue Tätigkeit.

Für die meisten Arbeitgeber ist es sehr wichtig zu wissen, *warum* man sich auf eine ausgeschriebene Position bewirbt, und zu irgendeinem Zeitpunkt des Bewerbungsgespräches wird dieses Thema auf jeden Fall angesprochen. Anders gesagt: Der neue Arbeitgeber macht sich anhand der eingesandten Unterlagen schon Gedanken darüber, was den Bewerber ausgerechnet zu seinem Unternehmen führt, und erwartet demzufolge plausible Begründungen. Klar ist, dass jeder Arbeitgeber die (optimal) zu besetzende Position im Auge hat, andererseits will er sich natürlich auch über die Vorstellungen des Bewerbers informieren. Vom Bewerber erfordert dies wiederum nicht nur eine klare Einstellung, sondern auch eine sorgfältige Vorbereitung; Punkte, die leider sehr oft übersehen werden. So mancher gute Bewerber ist schon gescheitert, weil er einfach seine eigene Situation nicht definieren konnte oder mit seiner Einschätzung der Dinge neben der Sache lag. Dazu gehören leider sehr häufig maßlose Selbstüberschätzung und mangelnde Auseinandersetzung mit dem eigenen Werdegang, den Fähigkeiten und Grenzen. Nachfolgend sollen die wichtigsten Punkte dargestellt werden, die für Ihre Ausgangsposition als Bewerber wichtig sind und mit denen Sie sich mehr oder weniger (selbst-)kritisch auseinander setzen sollten. Ohne klare Einschätzung Ihrer beruflichen Situation wird eine Bewerbung kaum Erfolg haben.

Eigene Profilierung und Einschätzung

Bevor Sie sich irgendwo bewerben, sollten Sie versuchen, eine realistische, aber auch selbstkritische Analyse Ihres bisherigen beruflichen Werdegangs vorzunehmen. Und so einfach geht das: Zunächst lassen Sie alle Ihre bisherigen Tätigkeiten Revue passieren; wo hat es Ihnen gefallen, wo nicht? Lesen Sie Ihre Zeugnisse noch einmal in Ruhe durch und seien Sie ehrlich: Wo mussten Sie gehen, wo hat vielleicht Ihr Verhalten Anlass zur Beendigung des Arbeitsverhältnisses gegeben, in welchen Gebieten liegen Ihre Stärken und Schwächen? Prüfen Sie für sich auch, welcher Natur Sie sind: Arbeiten Sie lieber als „Einzelkämpfer" oder lieber im Team? Wollen Sie durch Leistung beeindrucken und Karriere machen oder lediglich gute Arbeit leisten und/oder gutes Geld verdienen?
Das alles sind Fragen, die Ihnen auch in einem Vorstellungsgespräch begegnen können; man sollte also schon darauf vorbereitet und in der Lage sein, sich und seine Fähigkeiten selbst einzuschätzen und auf Befragen auch artikulieren zu können. Prüfen Sie für sich genau, was Sie eigentlich wollen, und beziehen Sie dabei alle erdenklichen Faktoren wie Familie, Ihr Alter, Ihren Werdegang, Ihr Können usw. mit ein, und setzen Sie sich auch mit den bisherigen Tätigkeiten auseinander. Je sicherer Sie in Ihrem Urteil werden, umso mehr Erfolg wird Ihre Bewerbung bei einem neuen Arbeitgeber haben. Bevor man objektive Kriterien wie Können, Mobilität, Sprachkenntnisse u. a. beleuchtet, sollte man den Mut und auch den Willen haben, seine subjektiven Merkmale in Bezug auf berufliche Tätigkeiten zu überdenken. Sind Sie z. B. ein Mensch, den es drängt, andere zu führen und zu leiten, oder fühlen Sie sich wohler, wenn man Ihnen sagt, was Sie tun sollen? Sind Sie lieber ordnend-administrativ tätig oder haben Sie eine ausgeprägte kreative Ader? Sind Sie konfliktfähig oder gehen Sie Problemen lieber aus dem Weg? Anhand Ihrer bisherigen beruflichen, aber auch ganz privaten Erfahrungswerte sollten Sie versuchen, ein realistisches Bild von sich selbst zu bekommen, eine gesicherte Basis für die Beurteilung Ihrer eigenen Persönlichkeit. Die Kenntnis eigener Stärken und Schwächen ist für Sie (nicht nur, aber hier besonders auch als Bewerber) enorm wichtig, um Ihnen in Ihrem Bewerbungsvorhaben Sicherheit und Selbstvertrauen zu geben.

Fachliche Kenntnisse und Fähigkeiten

Am wichtigsten ist es wohl, seine beruflichen Fachkenntnisse und Fähigkeiten genauestens zu kennen und sie auch beschreiben zu können. Ein Beispiel, wie man es im Bewerbungsgespräch nicht machen sollte, mag die Bedeutung untermauern:

> Eine Buchhalterin mit einigen Jahren Berufserfahrung hatte sich in einem größeren Unternehmen als Bilanzbuchhalterin beworben, obwohl der Abschluss ihres Fortbildungslehrgangs erst kurz bevorstand. Dass man sie dennoch eingeladen hatte, lag an der ansonsten sehr guten Bewerbung; sie war deshalb mehr oder weniger in der Situation, ihre noch nicht per Zeugnis dokumentierten Kenntnisse mündlich vorzutragen. Es zeigte sich dabei jedoch rasch, dass die Frau eine (völlig berechtigte) Chance suchte, ihr erlerntes Wissen in der Praxis einzusetzen. Das Unternehmen hingegen erwartete Berufserfahrung, zumindest aber fundierte Kenntnisse. Die Bewerberin hatte sich mit den praxisbezogenen Problemen ihres angestrebten Aufgabengebietes noch gar nicht auseinander gesetzt und auch sonst nicht berichtet, dass sie durch diverse weitere Lehrgänge qualifiziert sei, sodass ihr im Ergebnis abgesagt wurde.

Ähnlich gelagert sind die in der Praxis wirklich zahlreichen Bewerbungsschreiben, die wie folgt beginnen:

> „Obwohl ich die Voraussetzungen der ausgeschriebenen Position nicht erfülle, bewerbe ich mich bei Ihnen, weil ich glaube, mich rasch einarbeiten zu können."

Solche Bewerbungen landen in aller Regel sofort bei den Absagen. Man kann solche Enttäuschungen vermeiden, wenn man realistisch an die Sache herangeht und sich und seine Fähigkeiten kritisch einschätzt. Vergleichen Sie deshalb stets genau den Anforderungskatalog einer Anzeige mit Ihren Fähigkeiten und beruflichen Kenntnissen und bewerben Sie sich nur, wenn hier Übereinstimmung besteht oder wenn Sie durch bessere Qualifikationen und/oder Erfahrungen Know-how in die neue Firma einbringen können. Wichtig ist es auch, sich Fortbildungsmaßnahmen oder Seminare zu vergegenwärtigen, die man schon einmal besucht hat. Es reicht nicht aus, dies z. B. in eindrucksvoller Form in einer Bewerbung aufzulisten, wenn ein Großteil der besuchten Lehrgänge länger zurückliegt und demzufolge das Wissen eventuell längst überholt ist. Am besten ist es, wenn Sie sich eine kleine Checkliste

machen, in der Sie so etwas wie eine vollständige Bestandsaufnahme Ihres Könnens skizzieren.
Es wurde schon angesprochen, dass leider viele Bewerber sich selbst überschätzen; umso wichtiger ist die kritische Selbstanalyse. Wenn z. B. jemand gesucht wird, der ein bestimmtes Arbeitsgebiet in eigener Verantwortung bearbeitet hat, dann sollte dies aus Ihrem bisherigen beruflichen Werdegang auch so hervorgehen. Wenn Sie nur unter Anleitung eines Gruppenleiters tätig waren, könnte Eigenverantwortlichkeit schon nicht mehr gegeben sein.
Auch ein Arbeitszeugnis mit noch so guten Formulierungen ist nicht immer eine Garantie (für den neuen Arbeitgeber) dafür, dass die beschriebenen Kenntnisse wirklich so umfassend waren und erfolgreich eingesetzt wurden. Wenn man weiß, auf welche Weise viele Zeugnisse zustande kommen, und bedenkt, dass nicht jeder Personalchef gute Zeugnisse formulieren kann, dann sollte das Anlass für die selbstkritische Frage sein, ob die beschriebenen Fähigkeiten auch wirklich zutreffen. Auch wenn die Zeugnisse unter dem arbeitsrechtlichen Gebot der Wahrheit stehen, werden sie manchmal sehr entgegenkommend formuliert; entweder, weil der Arbeitgeber keinen Ärger mit dem ausscheidenden Mitarbeiter haben will, oder, weil er über den Weggang erleichtert ist und ihm ein gutes Zeugnis versprochen hat. Das wissen natürlich viele Personalleiter und stellen die entsprechenden Fragen.
Gewinnen Sie deshalb die nötige Selbstsicherheit als Bewerber durch eine klare Selbstanalyse und kritische Einschätzung Ihrer Kenntnisse und Fähigkeiten.

Sprachliche Kenntnisse

Auch über seine sprachlichen Kenntnisse sollte man sich differenzierende Gedanken machen. Wer kennt nicht den saloppen Satz „I speak English very well, bloß ich kann das nicht so schnell“? In vielen Personalfragebogen und auch in dem Bewerbungsvordruck der Arbeitsämter wird erfreulicherweise bei den Sprachkenntnissen unterschieden, z. B. folgendermaßen:

- sehr gute Kenntnisse in Wort und Schrift
- zur Verständigung ausreichende Kenntnisse
- Schulkenntnisse
- Grundkenntnisse

Auf diese Weise hat der Bewerber einen klaren Ansatzpunkt, seine Kenntnisse einzuordnen. Wenn deshalb in einer Stellenanzeige steht, dass perfekte Englischkenntnisse Voraussetzung sind, brauchen Sie sich nicht zu bewerben, wenn Sie nur Schulkenntnisse haben. Sehr oft wird auch übersehen, dass praktische sprachliche Kenntnisse erwartet werden, das heißt, sie müssen auch bisher in den vorangegangenen Tätigkeiten zum Einsatz gekommen sein.

Hinzu kommt, dass nicht selten spezifische Sprachkenntnisse notwendig sind; von jemandem, der sich beispielsweise für den Bereich „Foreign Rights“ in einem Medienunternehmen bewirbt, wird in aller Regel die Beherrschung der einschlägigen juristischen Terminologie ebenso vorausgesetzt wie absolute Sicherheit beim Aufsetzen von Verträgen.
Wenn es in einer Position entscheidend auf Sprachkenntnisse ankommt, sind viele Unternehmen vorübergehend dazu übergegangen, diese bereits in einem fremdsprachlich gehaltenen Bewerbungsgespräch unter Beweis stellen zu lassen.
Prüfen Sie deshalb für sich vor einer Bewerbung genau, welche Sprachen Sie in welchem Umfang beherrschen. Wenn Sie z. B. Französisch perfekt können und Kenntnisse einer weiteren Sprache laut Anzeige wünschenswert erscheinen, dann können Sie durchaus angeben, dass Sie Grundkenntnisse – beispielsweise – in Spanisch haben und diese kurzfristig (durch Schulung) ausbaufähig sind. Von einer Bewerbung sollten Sie aber Abstand nehmen, wenn diese beiden Sprachen beherrscht werden müssen.
Als Grundsatz bei der Einschätzung von sprachlichen Fähigkeiten gilt auch hier: selbstkritisch und realistisch bleiben.

Mobilität

Europa ist zusammengerückt, die Europäische Union erweitert worden. Nicht nur deshalb kommt der eigenen Bereitschaft zu Mobilität hohe Bedeutung zu. Denn auch im Inland gibt es sehr viele Arbeitgeber, die mehrere Niederlassungen haben und demzufolge Mobilität erwarten. Über diese nicht unwichtige Problemstellung machen sich nicht alle Bewerber ausreichend Gedanken.
Um es wieder an einem Beispiel auszudrücken: Wenn Sie jahre-, wenn nicht jahrzehntelang an nur einem Ort gelebt haben, dort Ihre Freunde und Bekannten und vielleicht durch Sport und andere private Aktivitäten auch Ihre festen Termine haben, werden Sie sich mit Sicherheit schwer tun, umzuziehen. Da mag die neue Tätigkeit noch so verlockend sein. Es gibt sehr viele hoch qualifizierte Bewerber, die in ihrem ganzen Leben noch nie aus dem Umfeld ihrer Stadt herausgekommen sind. Andererseits erfordern viele Berufszweige oder Unternehmen eine mehr oder weniger uneingeschränkte Mobilität oder Versetzbarkeit.
Deshalb sollte bei Ihrer Selbsteinschätzung als Bewerber oder Bewerberin dieser sehr wichtige Aspekt nicht fehlen. Prüfen Sie für sich unter Berücksichtigung aller persönlichen Umstände sehr genau, ob Sie gewillt sind, von Ihrem bisherigen Wohnort wegzuziehen oder auch nur eine mit längeren Reisen verbundene Tätigkeit anzunehmen. Spätestens beim Bewerbungsgespräch

werden Sie mit diesem Thema konfrontiert werden, und dann heißt es, klare Aussagen zu treffen.
Wenn Ihnen Ihr privates Umfeld wichtiger ist und Sie deshalb an Ihren jetzigen Wohnort mehr oder weniger gebunden sind, sollten Sie von Bewerbungen dieser Art absehen. Wenn Sie eine solche Position haben wollen, aus welchen Gründen auch immer, müssen (!!) Sie zum Umzug oder zu Reisen bereit sein. Wenn das nur als Kompromiss, befristete Lösung oder gar halbherzig angesehen wird, ist die Bewerbung in aller Regel vergebens.

Familiäre Situation

Schließlich ist – wie im vorangegangenen Abschnitt schon kurz angedeutet – auf die ebenso wichtige familiäre Situation einzugehen. Dieses Problem hängt eng mit dem der Mobilität zusammen, weil ein Umzug ja auch familiäre Belastungen mit sich bringen kann. Es ist daran zu denken, dass der Partner oder die Partnerin, soweit sie selbst berufstätig sind, ebenfalls eine neue Position finden müssen. Eltern haben auch an ihre Kinder zu denken, besonders, wenn sie im schulpflichtigen Alter sind.
In Bewerbungsgesprächen wird deshalb bei solchen Voraussetzungen die Frage gestellt, ob man sich mit seiner Familie abgesprochen habe und ob diese z. B. mit einem Umzug einverstanden sei. Die Antworten auf solche Fragen sollten Ihrem Gesprächspartner signalisieren, dass Sie sich mit diesem Thema ernsthaft auseinander gesetzt haben und zu einer tragfähigen gemeinsamen Entscheidung gekommen sind.
Deshalb ist es ganz wichtig und eigentlich auch selbstverständlich, dass Sie sich vor einer Bewerbung mit Ihrem Partner oder Ihrer Partnerin abstimmen und – je nach Alter – auch Ihre Kinder in die Überlegungen zu einem beruflichen oder gar örtlichen Wechsel miteinbeziehen. Zu bedenken sind, wie erwähnt, der Beruf des Partners, die Schulpflicht der Kinder und natürlich auch andere Kontakte und Verpflichtungen, die eine Rolle spielen könnten (z. B. Pflege der am Ort lebenden kranken Mutter usw.). Solche Erörterungen müssen auch dann angestellt werden, wenn die neue Position in derselben Stadt oder auch in der näheren, „fahrbaren“ Umgebung angesiedelt ist, denn es kann ja immerhin sein, dass sich durch Ihre neue Tätigkeit zusätzliche zeitliche und andere Belastungen ergeben, unter denen Ihre Familie nicht leiden sollte. Wenn Sie z. B. bislang eine geregelte Arbeitszeit hatten und um 17.00 Uhr im Haus sein konnten, könnte sich durch eine qualifiziertere Aufgabe durchaus mehr Verantwortung und auch mehr Arbeit ergeben, mit der Folge, dass Sie regelmäßig erst gegen 19.00 Uhr zu Hause sind und von Ihren kleinen Kindern kaum noch etwas haben. Dies alles will sorgfältig durchdacht sein. Behalten Sie deshalb bei einer Bewerbung, die mit einem Umzug oder mit Reisetätigkeit verbunden ist,

immer Ihre persönlichen und familiären Belange im Auge und versuchen Sie, neben der beruflichen Verbesserung auch eine Balance Ihrer privaten Situation herzustellen.
Ziehen Sie erst nach der Probezeit oder ausreichender Einarbeitungszeit um und prüfen Sie im Vorfeld mögliche Hilfen durch Ihren neuen Arbeitgeber. Nichts wäre fataler, als mit Frau und Kindern umzuziehen, um dann nach kurzer Zeit feststellen zu müssen, dass der neue Job doch nichts für Sie ist und Sie sich kreuzunglücklich fühlen.

Arbeitslose Bewerber

Die wohl denkbar schlechteste Bewerberposition haben Arbeitslose. Während sich andere Bewerber mehr oder weniger in Ruhe nach einer neuen Tätigkeit umsehen können, weil sie in ungekündigter Position sind, stehen Arbeitslose gewissermaßen unter Erfolgszwang. Dass das keine erfreuliche Situation ist, muss nicht extra betont werden, und es ist nur allzu verständlich, wenn sich z. B. ein gerade gekündigter Angestellter, vielleicht noch alleinverdienender Familienvater, in panischer Angst um die Sicherung seines Lebensunterhaltes alle möglichen Wege einfallen lässt, um wieder eine Arbeit zu bekommen, und sei es nur irgendeine. Dabei werden oft ganz einfache Grundregeln übersehen, die zur richtigen Einschätzung der Situation notwendig sind und vor allem auch zur eigenen Sicherheit beitragen.
Zunächst dieses eine: Es ist keine Schande und keine negative Leistungs- oder Persönlichkeitsbewertung, wenn Sie arbeitslos sind oder werden. In Anbetracht der Tatsache, dass in vielen Unternehmen Einsparungen, und strukturelle Veränderungen oder gar Schließungen ganzer Produktionszweige heute an der Tagesordnung sind, ist auch die Arbeitslosigkeit betroffener Mitarbeiter leider mehr oder weniger normal. Damit soll gesagt werden, dass Sie nicht an sich selbst zweifeln sollten, wenn Sie unverschuldet arbeitslos geworden sind. Je nach Branche und Tätigkeit wird jeder Personalchef Verständnis dafür haben, wenn Sie in der Bewerbung schreiben, dass Sie z. B. wegen Wegfall Ihres Abteilungsbereiches nach einer neuen, adäquaten Tätigkeit suchen. Es muss deshalb in erster Linie darauf ankommen, mit der Arbeitslosigkeit umzugehen. Hierbei ist – wie eben schon anklang – zu unterscheiden zwischen unverschuldeter Arbeitslosigkeit (durch Rationalisierung, Unternehmensverlegung usw.; also durch Dinge, die der Arbeitnehmer nicht beeinflussen kann) und verschuldeter Arbeitslosigkeit (z. B. durch Fehlverhalten, fristlose Kündigung o. Ä.).

Für die unverschuldete Arbeitslosigkeit kann der neue Arbeitgeber Verständnis aufbringen, weshalb man bei einer Bewerbung die eigene Situation ehrlich beschreiben sollte. Sobald Ihnen eine drohende Kündigung bekannt wird oder sie gar schon ausgesprochen wurde, sollten Sie unverzüglich aktiv werden. Der erste Schritt ist die der Sicherheit dienende Meldung beim Arbeitsamt. Doch erwarten Sie von dort keine Vermittlungswunder, denn je nach Art der Berufstätigkeit und nach den regionalen Besonderheiten gestaltet sich die amtliche Arbeitsvermittlung schwierig, besonders auch deswegen, weil die Mitarbeiter der Arbeitsämter häufig überlastet sind.
Für unverschuldete Arbeitslosigkeit wird jeder neue Arbeitgeber Verständnis zeigen, umso wichtiger muss es für Sie als Bewerber sein die Dinge sachlich und nüchtern zu beschreiben und aufgrund Ihrer bisherigen Erfahrungen Interesse an der neuen Firma zu bekunden. Wie man es *nicht* machen sollte, zeigt das nachfolgende Beispiel. Gesucht wurde ein Maschinenbauingenieur und es bewarb sich ein Arbeitsloser, der seit mehr als einem Jahr ohne Tätigkeit war:

Bezug: Ihre Anzeige in der FAZ vom 9.6.2001
Maschinenbauingenieur

Sehr geehrte Damen und Herren,

hiermit bewerbe ich mich um die ausgeschriebene Tätigkeit des Maschinenbauingenieurs in Ihrem Hause. Ich habe bislang sechs Jahre in der Firma A als Produktentwickler gearbeitet. Die Abteilung wurde leider zum 31.12.2001 aufgelöst. Seitdem bin ich arbeitslos, habe mich aber durch Seminare für Rhetorik, Englisch und Führungsverantwortung mit Erfolg weitergebildet. Ich suche deshalb eine Führungsaufgabe, gern auch leitend, und will mich auch gegenüber meiner früheren Tätigkeit verbessern. Als Gehalt stelle ich mir € 60 000,– per anno vor, ebenso einen Dienstwagen in Bezug auf den Besuch Ihrer weiteren Niederlassungen. Ich bin kurzfristig verfügbar, da ich arbeitslos bin.

Mit freundlichen Grüßen

Zur Bewertung dieser Bewerbung muss man noch wissen, dass der Bewerber beim letzten Arbeitgeber knapp unter € 40 000,– im Jahr verdiente (also die Hälfte mehr forderte), keinen Dienstwagen und auch keine Führungsverantwortung hatte. Die Forderungen waren im Hinblick auf seine Bewerbungssituation überzogen; die Hinweise auf die absolut nicht zur ausgeschriebenen Position passenden Seminare völlig unangebracht. Fazit: klare Absage!

Wesentlich geschickter ging ein anderer Bewerber in ähnlicher Situation vor, auch er war Maschinenbauingenieur (in einem Automobilkonzern), und auch er hatte (zum 1. 3.2002) seinen Job wegen Verlagerung seiner Abteilung in eine andere Stadt verloren. Er bewarb sich auf eine örtlich ausgeschriebene Position als Gruppenleiter Karosseriebau und schrieb Folgendes:

> Sehr geehrte Damen und Herren,
>
> Ihre Anzeige in den Stuttgarter Nachrichten vom 4. 8.2001 hat mich sehr angesprochen. Ich bin von Haus aus Maschinenbauingenieur und war bis Ende Februar 2001 in der Arbeitsvorbereitung der Firma X tätig. Da diese Abteilung nach Y verlagert wurde und ich aus familiären Gründen (Eigenheim vor Ort, nicht verdienende Ehefrau und zwei schulpflichtige Kinder) den angebotenen Wechsel ablehnen musste, wurde mir fristgerecht gekündigt. Deshalb bin ich auf der Suche nach einer adäquaten Position, in der ich meine bisherigen beruflichen Erfahrungen einbringen kann. Die von Ihnen ausgeschriebene Position scheint mir geeignet und ich glaube auch, dass ich mein berufliches Know-how erfolgreich in Ihrem Unternehmen einsetzen könnte. Finanziell möchte ich mich ungern verschlechtern (zuletzt habe ich € 2 800,– im Monat bei 13,5 Gehältern im Jahr verdient), bin aber bereit, vertretbare Abstriche für den Anfang zu machen und mich in die Besonderheiten Ihres Hauses einzuarbeiten.
> Eine Einladung zu einem Gespräch würde mich sehr freuen.
>
> Mit freundlichen Grüßen

Diese Bewerbung des arbeitslosen Ingenieurs hatte auf Anhieb Erfolg. In dem Anschreiben kam Verantwortungsbewusstsein für die Familie zum Ausdruck (wobei man dann davon ausgehen konnte, dass dieses auch fürs Berufsleben gelten würde), eine realistische Einschätzung der Situation und vor allem eine ehrliche Beschreibung derselben. Auch die finanzielle Seite hatte der Bewerber geschickt eingeschätzt und formuliert, denn mit dem Hinweis auf die Bereitschaft zur Einarbeitung in Besonderheiten der neuen Firma machte er deutlich, dass ihm wirklich in erster Linie an der Tätigkeit lag. Er wurde dann tatsächlich auch eingestellt und bekam nach einer sechsmonatigen erfolgreichen Probezeit wesentlich mehr Gehalt als beim letzten Arbeitgeber.
Fazit: Unverschuldete Arbeitslosigkeit ist heute (leider) normal; branchen- und positionsbezogen haben die meisten neuen Arbeitgeber Verständnis hierfür. Deshalb sollten Sie Ihre Bewerbung offen und ehrlich hierauf aufbauen und nicht der Versuchung erliegen, etwas zu verschweigen.

Denn beliebt ist es leider bei vielen Bewerbern, Zeiten der Arbeitslosigkeit im Lebenslauf zu „überspielen". Das kann bei näherem Hinsehen leicht zur Falle werden. Wenn Sie z. B. im Lebenslauf angeben, von April bis September 2000 auf Auslands- oder Studienreise gewesen zu sein, während Sie tatsächlich in dieser Zeit arbeitslos waren, dann kann sich daraus für Sie ein hohes Risiko ergeben, wenn Sie auf Befragen keine plausiblen Antworten parat haben. Auch dazu ein Beispiel:

> Ein Bewerber hatte in seinem Lebenslauf angegeben, für neun Monate, in denen er effektiv arbeitslos war, in New York auf Studienreise gewesen zu sein. Tatsächlich war er nur drei Tage dort. Der Personalleiter (New-York-kundig) fragte dann gezielt nach. Als darauf ausweichende Antworten kamen und dem Bewerber noch nicht einmal bekannt war, dass es in New York drei Flughäfen gibt, war klar, dass seine Lebenslaufangaben nicht stimmen konnten. Man hatte ihn ertappt, eine unangenehme Lage für ihn.

Nennen Sie also ruhig das Kind beim Namen und „schönen" Sie nichts; schreiben Sie nicht: derzeit ohne feste Tätigkeit (dann wird man sich fragen, ob Sie noch etwas „unfest" nebenher machen), sondern formulieren Sie präzise und nachvollziehbar: z. Zt. ohne Arbeit (wegen Wegfall des Arbeitsplatzes).
Schließlich ist einzugehen auf die Situation der verschuldeten Arbeitslosigkeit. Das sind Fälle, in denen der frühere Arbeitgeber aus in der Person des Arbeitnehmers liegenden Gründen gekündigt hat, fristgerecht oder auch fristlos. Für diese Bewerber ist die Versuchung, zu einer „Notlüge" zu greifen, besonders groß, denn wer gibt schon gerne zu, z. B. fristlos entlassen worden zu sein? Aber auch hier gilt für die Bewerber ehrlich zu bleiben. Versuchen Sie nicht Dinge zu vertuschen, indem Sie Ihnen genehme Gründe für Ihren Weggang aus der alten Firma erfinden, denn das kommt schnell heraus, besonders, wenn Sie sich in der gleichen Branche bewerben. Besser ist es, offen zu möglichen Fehlern zu stehen und in glaubwürdiger Form zu bekunden, dass man für den neuen Arbeitgeber seine ganze Arbeitskraft einsetzen werde. Wenn Ihnen gekündigt worden ist, weil man mit Ihren Leistungen nicht zufrieden war, mag ein anderer Arbeitgeber, der nicht so hohe Anforderungen stellt, ein Einsehen haben und Ihnen eine Chance geben.

Bewerber in ungekündigter Position

Während – wie oben erwähnt – arbeitslose Bewerber bei der Suche nach einer neuen Tätigkeit in einer schwierigen Ausgangsposition sind, tun sich Bewerber in ungekündigter Stellung leichter, denn sie können ihr Augenmerk ohne Druck auf eine neue Tätigkeit richten. Bewerbungen solcher Kandidaten sind nicht selten nachlässig, manchmal geradezu arrogant. Dass dabei dann viele Chancen verspielt werden, liegt auf der Hand.
Erfahrungsgemäß lassen sich Bewerber in ungekündigter Position in zwei Kategorien einteilen: solche, die mit ihrer jetzigen Tätigkeit unzufrieden sind, und diejenigen, die zufrieden sind. Für die Unzufriedenen liegt es nahe, sich über lang oder kurz nach etwas anderem umzusehen, die Zufriedenen dagegen sind oftmals nur bestrebt, reine Verbesserungen zu erlangen.

Unbefriedigende Position

Auch wenn Sie Ihre Arbeit gern machen, ergeben sich im Laufe der Zeit immer wieder Gründe, über einen Wechsel nachzudenken. Entweder bekommen Sie einen neuen Vorgesetzten, mit dem Sie sich nicht verstehen, oder Ihr Gehalt wurde nicht oder nur mäßig erhöht, oder Sie kommen einfach nicht weiter im Unternehmen, um nur einige Gründe für eine neue Bewerbung zu nennen.
Diese unbefriedigende Situation bietet immer einen ganz speziellen Grund sich nach einer anderen Tätigkeit umzusehen; in den Bewerbungen wird er aber meist nicht ehrlich ausgesprochen.
Wenn Sie jedoch eine Bewerbung ohne Nennung besonderer Gründe und vielleicht ohne den Hinweis auf spezielles Firmeninteresse abgeben, müssen Sie beim Bewerbungsgespräch mit eindringlichen Nachfragen rechnen. Wenn es jetzt zu Fehlhandlungen kommt, handelt man sich schnell eine Absage ein.

Eine Mineralölfirma in Hamburg suchte eine Telefonistin mit sehr guten Englischkenntnissen. Auf eine entsprechende Anzeige gingen fast 300 Bewerbungen ein, die Auswahl war denkbar schwer. Man lud dann rund 20 Damen zu Bewerbungsgesprächen ein, u. a. auch eine, die seit einigen Jahren in gleicher Funktion tätig war. In ihrem Anschreiben stand u. a. der lapidare Satz: „Ich bewerbe mich bei Ihnen, weil ich mich verändern möchte." Als der Personalchef dann beim Gespräch nach dem Grund des Wechsels fragte, kam es heraus: Die Bewerberin verstand sich nicht mit ihrem Vorgesetzten und sie ließ sich dazu verleiten, einige Konfliktsituationen bei ihrem jetzigen Arbeitgeber zu ausführlich zu schildern. Das war ihr Pech, denn es zeigte sich, dass sie nicht nur Interna ausgeplaudert hatte (für eine Telefonistin kein gutes Zeichen), sondern auch, dass sie eine Persönlichkeit war, die sich Anweisungen nur schwerlich beugte. Sie bekam eine Absage.

Diese Folge wäre vermeidbar gewesen, wenn die Bewerberin emotionslos und sachlich dargestellt hätte, dass sie zwar gern in ihrem Bereich arbeite, aber mit dem Vorgesetzten nicht übereinkomme, weil z. B. durch dessen (undurchdachten) Personaleinsatz immer wieder Überstunden anfielen. Je nüchterner Sie die Dinge angehen, umso größer ist die Bereitschaft des neuen Arbeitgebers, Verständnis aufzubringen. Bleiben Sie stets aufrichtig, aber verheddern Sie sich nicht in verfänglichen Einzelheiten, die erstens nicht interessieren und zweitens die Gefahr bergen, dass Sie zu viel Interna erzählen.
Der Hauptgrund der Unzufriedenheit in einer Position ist jedoch meistens die finanzielle Seite. Das ist einerseits verständlich, andererseits sollte man sich gründlich überlegen, ob man für ein paar Euro mehr gleich den Job wechseln will. Es empfiehlt sich außerdem – was oft übersehen wird – einen Vergleich der Nebenleistungen der Unternehmen vorzunehmen. Da man sich in einer sicheren Ausgangslage wähnt, werden oft voreilige Gehaltsforderungen formuliert, mit denen man sich so manche Zusage verscherzen kann. Höheres Monatseinkommen geht dann oft über langfristige Sicherheit und (unterschätzte) Nebenleistungen.
Im Ubrigen sei noch festgehalten, dass beim Bewerbungsgespräch Unzufriedenheitsaspekte stets genau unter die Lupe genommen werden und Ihnen nicht selten schaden können, nämlich dann, wenn sie Rückschlüsse auf Ihre Person oder persönliche Unfähigkeiten zulassen. Deshalb ist es umso wichtiger, bei Bewerbungen aus unbefriedigender Position aufrichtig und vor allem selbstkritisch zu bleiben.

Befriedigende Position

Sich aus einer befriedigenden Position heraus anderswo zu bewerben scheint doch eigentlich ohne Sinn! Das ist im Prinzip richtig, dennoch gibt es sehr viele Bewerber, die ganz einfach den Wunsch haben, einmal etwas anderes zu machen, ohne dass sie dafür triftige Gründe haben. Doch bei näherem Hinsehen verbirgt sich hinter solchen Bewerbungen sehr wohl ein besonderer Grund. Es gibt zwei große Gruppen von Bewerbern aus ungekündigter und befriedigender Position:
Die einen wollen einfach einmal etwas anderes machen und bewerben sich auf Verdacht bei Firmen, die ihnen gefallen und/oder interessant erscheinen oder von denen sie sich Vorteile erhoffen, die anderen versuchen, durch Bewerbungen bei anderen Firmen ihren Marktwert zu testen, um dann in der eigenen

Firma Forderungen zu stellen, denen sie möglicherweise durch Hinweis auf eine Kündigung noch Nachdruck verleihen.
Dieses Verfahren ist äußerst riskant, denn man kann sich dabei gewaltig verrechnen.

> Ein Programmierer, mit mehrjähriger Firmenzugehörigkeit und wichtigem Aufgabengebiet in seiner Firma, suchte das vertrauliche Gespräch bei einem Konkurrenzunternehmen, das an seiner Arbeitskraft generell interessiert war, aber keine feste Zusage machen konnte. Dabei spielte auch eine finanzielle Verbesserung eine Rolle. Der Mann kündigte seine Position fristgerecht in der bisherigen Firma, jedoch in der Hoffnung, dass man entsetzt über seinen Weggang sei und ihm möglicherweise ein Angebot zum Verbleib machen würde, natürlich verbunden mit finanziellen Verbesserungen. Doch weit gefehlt, die Firma bestätigte die Kündigung zum gewünschten Termin. Die neue Firma hingegen tat sich mit einer Zusage schwer, schließlich war der Programmierer mehr als ein halbes Jahr arbeitslos.

Es gibt Menschen, die einfach nur Lust haben, „etwas anderes" zu machen, und sich aufs Geratewohl bei Firmen bewerben, die ihnen interessant erscheinen. Die Anschreiben lassen erkennen, dass in solchen Fällen nur selten ein spezifisches Firmeninteresse vorliegt. Außerdem sind solche Bewerbungen in aller Regel von beträchtlicher Naivität gekennzeichnet.
Den Bewerbern aus befriedigender Arbeitsposition sei empfohlen sich umfassend über diejenigen Firmen zu erkundigen, bei denen sie sich bewerben wollen. Die gleiche Empfehlung gilt den unzufriedenen Bewerbern. Ihnen sei jedoch zusätzlich geraten, vor allem Vergleiche zwischen den Leistungen des alten und des neuen Arbeitgebers anzustellen. Festzuhalten bleibt schließlich, dass die Bewerber aus ungekündigter Position zwar gewisse Sicherheitsvorteile, keineswegs jedoch auch Bewerbervorteile haben.

Erstmalige Bewerber – der Start ins Berufsleben

Hier gilt es endlich einmal eine Lanze für die Berufsanfänger zu brechen, denn keine Bewerbergruppe hat es so schwer wie sie. Nicht selten verlangen aber gerade Personalleiter von den jungen Menschen Unmöglichkeiten, die kaum geeignet sind, ihnen Bewerbersicherheit zu geben. Das beginnt bei den überflüssigen Fragen nach einem Traumberuf und endet bei einfallsloser Wissensabfrage. Vergessen wird dabei, dass die Berufsanfänger eben keine Berufserfahrung und in aller Regel auch keine Berufsausbildungserfahrung haben und manchmal von Schule oder Beratern denkbar schlecht auf den Berufsstart vorbereitet wurden.

Dennoch findet man dank einiger Bewerbungsratgeber Bewerbungen auf Ausbildungsplätze, die recht gut aufgemacht sind und aus denen man den guten Willen ersehen kann. Man sollte an die schriftliche Bewerbung eines Berufsanfängers nicht denselben strengen Maßstab anlegen wie an die Bewerbung eines erfahrenen Arbeitnehmers, obwohl eine gewisse Ordnung durchaus erforderlich ist. Schließlich ist auch zu berücksichtigen, dass Berufsanfänger ja kaum über Bewerbungsunterlagen verfügen außer einem Abgangszeugnis der letzten Schule, einem kurzen Lebenslauf, einem Foto und allenfalls noch Bescheinigungen über Kurse o. Ä. Dem Personal- oder Ausbildungsleiter muss deshalb nicht selten eine Bewerbung wie die andere vorkommen mit dem Ergebnis, dass er nicht weiß, wo und wie er mit der Auswahl beginnen soll.

Viele, besonders größere, Unternehmen sind deshalb dazu übergegangen, Auswahltests durchzuführen, manchmal mit, manchmal ohne speziellen Bezug zum Unternehmen oder zur Branche. Ob das der richtige Weg ist für die Auswahl eines jungen Menschen, der sein Berufsleben erst beginnen will, muss stark bezweifelt werden. Denn zunächst liegen doch lediglich Aussagen über Kenntnisse, Fertigkeiten und Fähigkeiten vor, die kaum Rückschlüsse auf die Persönlichkeit des jungen Menschen zulassen.

Aber auf diese kommt es entscheidend an, denn weitblickende Arbeitgeber wollen nicht einfach Auszubildende haben, sondern junge Mitarbeiter, denen sie in ihrem Unternehmen eine Chance eröffnen und davon vielleicht auch profitieren wollen. Deshalb steht, um den erstmaligen Bewerber besser kennen zu lernen, bei dem verantwortungsbewussten Arbeitgeber das persönliche Gespräch im Mittelpunkt des Bewerbungsverfahrens. Nun werden Sie zu Recht fragen, wie Sie bei möglicherweise mehreren hundert Mitbewerbern dorthin gelangen. Der Weg führt über die übliche Bewerbungsmappe, und das Wichtigste darin ist das Anschreiben: Hier haben Sie die Möglichkeit, einen – wenn auch begrenzten – Einfluss geltend zu machen. Grundfalsch ist folgendes Beispiel:

> „Hiermit bewerbe ich mich auf die von Ihnen ausgeschriebene Ausbildungsstelle als Bürokaufmann. Zu diesem Beruf hatte ich schon immer Lust. Auch der Berufsberater hat mir zugeraten. Meine Unterlagen finden Sie in der Anlage. Über ein Vorstellungsgespräch würde ich mich sehr freuen."

Das klingt alles recht lustlos und wenig interessiert. Man sollte es kaum glauben, aber es ist wahr, es gibt einige Bewerber, die tatsächlich schreiben, „hiermit bewerbe ich mich auf Anraten meines Beraters/Freundes/Vaters usw. bei Ihnen“. Das lässt nicht nur mangelndes Interesse am Unternehmen erkennen, sondern auch Rückschlüsse auf eine gewisse Unselbstständigkeit zu. Viel überzeugender klingt dagegen das folgende Beispiel:

> „Hiermit bewerbe ich mich auf die Ausbildungsstelle ‚Bürokaufmann'. Ich habe mich über dieses berufliche Tätigkeitsfeld und die Ausbildungsinhalte informiert und kann mir gut vorstellen, mit Interesse und Fleiß an die Ausbildung heranzugehen. Ich möchte auch sehr gerne diese Ausbildung in Ihrem Hause machen, das mir u.a. aus der örtlichen Presse als sehr angesehenes Unternehmen bekannt ist."

Sie merken den deutlichen Unterschied beider Briefe! Wenn der zweite Bewerber den positiven Eindruck beim Vorstellungsgespräch noch vertieft, müsste ihm eigentlich ein Ausbildungsvertrag sicher sein. Natürlich muss man erst einmal einen Berufswunsch haben und seine Verwirklichung anstreben. Das ist die schwierigste Phase für junge Menschen vor der Ausbildung. Konzentrieren Sie sich deshalb auf zwei Schwerpunkte:

- Was will ich eigentlich?
  (Welche Ausbildung mit welchem Ziel)
- Wie erreiche ich ein Gespräch bei einem sehr guten Ausbilder?
  (Welche Firma bildet anerkanntermaßen nicht nur gut aus, sondern bietet mir auch danach Chancen?)

Diese relativ einfachen Überlegungen werden von vielen jungen Menschen leider oft vernachlässigt. Dann schreibt man unüberlegt drauflos in der Hoffnung, dass es vielleicht klappt. Das führt selten zum Erfolg. Überlegen Sie lieber einmal ganz genau, was Sie eigentlich beruflich gerne machen würden und wozu Sie auch Lust hätten. Schreiben Sie sich mehrere Berufsfelder auf und setzen Sie Schwerpunkte. Dann suchen Sie sich in Ihrer Stadt oder in der näheren Umgebung eine entsprechende Firma, von der Sie wissen, dass dort ausgebildet wird oder bei der Sie gerne tätig werden möchten. Sollten Sie selbst bei der Firmensuche nicht weiterkommen, so helfen Ihnen entweder die Arbeitsämter oder die örtlichen Industrie- und Handelskammern bzw. berufsständische Organisationen. Es ist natürlich auch nicht verkehrt eine Zeit lang die Stellenanzeigen zu studieren, einfach um sich mit den Firmen vertraut zu machen.

Der wichtigste Punkt, dies sei noch einmal wiederholt, ist jedoch Ihr Anschreiben. Sie sollten es so aufsetzen, dass der Personalchef am besten sofort mit

Ihnen reden will. Das Anschreiben ist die einzige Möglichkeit, die Sie haben, um beim Adressaten Interesse zu wecken. Es ist sozusagen der einzige Erfolgsfaktor, den Sie persönlich steuern können und mit dessen Hilfe Sie sich über die Menge Ihrer Mitbewerber herausheben können.
Eine ähnliche Vorgehensweise empfiehlt sich auch, wenn man die Ausbildung beendet hat und einen neuen Arbeitsplatz sucht. In dieser Situation haben Sie zwar schon einiges an Kenntnissen gesammelt und auch einen Überblick über die Firmen Ihrer Branche, doch dies teilen Sie mit etlichen tausend anderen Berufsanfängern. Von daher ähneln sich die Ausgangssituationen.

Schwerbehinderte Bewerber

Vor einiger Zeit fragte eine große Zeitung einmal „Sind wir ein Volk von Behinderten?“. Hintergrund war einerseits die Tatsache, dass viele Krankheiten und Leiden heute als Behinderung anerkannt werden, und andererseits, dass die Zahl arbeitsloser Schwerbehinderter ständig zunimmt. Das überrascht insofern, als die Arbeitgeber nach dem Schwerbehindertengesetz verpflichtet sind, 5 % und – abhängig von der Zahl arbeitsloser Schwerbehinderter – ab 1.1.2003 wieder 6 % ihrer Arbeitsplätze mit Schwerbehinderten zu besetzen, stattdessen jedoch lieber die so genannte Ausgleichsabgabe von DM 200,– bis DM 500,– pro Monat (gem. § 11 SchwbG ab 1.1.2001, entspricht € 100,– bis € 250,–) und unbesetzten Pflichtplatz bezahlen. Der Verfasser hatte bereits 1981 durch eine wissenschaftliche Untersuchung den Beweis erbracht, dass sich Arbeitgeber lieber freikaufen statt Behinderte einzustellen (Harmsen, Arbeitgeberverpflichtungen im Schwerbehindertengesetz, 1981, Athenäum, Königstein/Ts.). Grund dafür ist der Umstand, dass viele Arbeitgeber fürchten, schwerbehinderte Arbeitnehmer wegen einer Reihe von Schutzrechten nicht wieder entlassen zu können, und auch, dass sie Minderleistungen erbringen. Schwerbehinderte (mit einem Grad der Behinderung von 50 % und mehr) haben in der Tat eine ganze Reihe von Rechten: z. B. Sonderkündigungsschutz, Zusatzurlaub, Steuererleichterungen und Anspruch auf einen behindertengerechten Arbeitsplatz. Hinzu kommt, dass die Spruchpraxis der Hauptfürsorgestellen, die vor einer Kündigung regelmäßig angehört und um Zustimmung gebeten werden müssen, zum Teil recht realitätsfremd ist. Kurzum, der schwerbehinderte Bewerber findet zunächst einmal eine denkbar ungünstige Ausgangssituation vor. Dass der in vielen Stellenanzeigen formulierte Satz „Schwerbehinderte werden bei gleicher Eignung bevorzugt“ nicht selten Alibicharakter hat, verstärkt diese ungünstige Situation noch.

Viele Bewerber haben auch selbst Angst, ihre Behinderung offen zu legen, besonders, wenn diese nicht sichtbar ist. Spätestens beim Ausfüllen eines Personalfragebogens muss man aber die Wahrheit sagen, will man nachteilige Folgen vermeiden. Oft scheut sich der Bewerber auch, einem neuen Arbeitgeber gegenüber seine Behinderung in ihren möglichen beruflichen Auswirkungen darzustellen.
Mehr als jeder andere muss der schwerbehinderte Bewerber sich mit seiner Situation auseinander setzen und Möglichkeiten finden, sich dennoch im Berufsleben zu behaupten. Am wenigsten schwer ist es noch für diejenigen, die sich bereits beruflich bewährt haben und wegen eigener Kündigung eine neue Tätigkeit suchen, deren Behinderung sie beruflich nie beeinträchtigte und die über sehr gute, auch im Zeugnis dokumentierte Fachkenntnisse verfügen. Wird einem Behinderten vom Arbeitgeber gekündigt (eingedenk der besonderen Regelungen, die nicht selten eine noch so begründete Kündigung unmöglich machen), dann gestaltet sich seine Lage doppelt kritisch: in fachlich-beruflicher Hinsicht als gekündigter Arbeitnehmer und als Behinderter, der obendrein noch Zweifel an seinem Leistungsvermögen zu zerstreuen hat.
Der behinderte Arbeitsuchende ist nicht verpflichtet im Bewerbungsschreiben seine Behinderung anzugeben. Auch beim Vorstellungsgespräch muss er nicht darauf hinweisen, wenn er nicht gefragt wird. Aber es ist unklug die Behinderung zu verschweigen. Denn wenn es zur Einstellung kommt, muss sowieso der Behindertenausweis vorgelegt werden und es erschwert den Aufbau eines Vertrauensverhältnisses, wenn nicht von vornherein gegenseitige Offenheit herrscht. Ohnehin soll sich das Bewerbungsgespräch auf die fachlichen Qualitäten des Kandidaten konzentrieren, weshalb er sich gründlicher als der nicht behinderte Bewerber vorbereiten muss; denn er hat seine Fähigkeiten gegenüber möglicherweise auftretenden Beeinträchtigungen hervorzuheben. Aber auch diese sollte er offen erörtern, um einem späteren Vorwurf vorzubeugen, er habe wesentliche Umstände verschwiegen. Zwar steht er unter dem besonderen Schutz des Schwerbehindertengesetzes; doch mancher Arbeitgeber tut sich gerade deshalb schwer, einen behinderten Mitarbeiter einzustellen.

Ältere Bewerber

Eine schwierige Ausgangsbasis als Bewerber haben auch ältere Arbeitnehmer. Besonders hart sind diejenigen betroffen, die durch finanziell verlockende Vorruhestandsregelungen mit 55 oder 57 Jahren ihre Tätigkeit aufgegeben haben, sich arbeitslos gemeldet haben und deshalb der Vermittlung zur Verfügung stehen müssen. In aller Regel stellt diese – oftmals durchaus leistungsfähigen – Mitarbeiter niemand mehr ein, und wenn, dann höchstens befristet für Projektarbeit (man möchte ja kein Risiko eingehen). Wesentlich bedenklicher ist die Situation, wenn keine Vorruhestandsregelung und auch sonst keine finanzielle Absicherung vorliegt. Wer ohne sein Verschulden (etwa wegen Wegfalls der Abteilung, Konkurs, aber auch wegen lang andauernder Krankheit usw.) arbeitslos geworden ist und mit 55 oder auch schon früher auf der Straße steht, hat es extrem schwer, sein Können und seine Fähigkeiten anzubieten.

Wägen Sie deshalb, um sich Enttäuschungen zu ersparen, die Situation selbstkritisch ab, prüfen Sie, ob Sie überhaupt noch arbeiten wollen oder eher auf ein Finanzierungskonzept bedacht sind, das es Ihnen ermöglicht, ohne Arbeit, doch weitgehend gesichert, die Zeit bis zum Rentenbezug zu überbrücken. Wollen Sie aber arbeiten, so müssen Sie der schwierigen Ausgangssituation zum Trotz selbst aktiv werden. Scheuen Sie sich nicht, etwas ganz anderes zu machen; es könnte sich erweisen, dass Sie daran noch mehr Gefallen finden als an Ihrer gewohnten Tätigkeit. In diesem Falle brauchen Sie sich nicht mit der Zusammenstellung umfangreicher Bewerbungsunterlagen abzumühen. Wenn Sie Kontakt aufnehmen wollen, rufen Sie einfach an, oder versuchen Sie, ein persönliches Gespräch herbeizuführen. Lesen Sie dazu das folgende Beispiel:

> Ein Versandleiter wurde mit 56 Jahren in den Ruhestand verabschiedet, weil seine Abteilung aufgelöst wurde. Da weder tarifliche noch sonstige Regelungen vorlagen, zahlte der Arbeitgeber als Trostpflaster ganze € 10 000,–, die natürlich dem Gekündigten nicht viel weiterhalfen. Vom örtlichen Arbeitsamt hatte er keine Vermittlungshilfen zu erwarten. Er erinnerte sich an frühere berufliche Kontakte und rief bei einigen Speditionen an: Bei einer wurde er fündig, man engagierte den agilen Mittfünfziger für Lastwagentransporte von und nach Frankreich bei Bedarf. Trotz sporadischer Einteilung verdiente der Mann letztendlich sogar noch mehr als vorher.

Da gerade von tariflichen Regelungen die Rede war, noch ein Hinweis hierzu. Es gibt in den Manteltarifverträgen sehr vieler Branchen Klauseln, nach denen Arbeitnehmer in einem bestimmten Alter und bei einer bestimmten Firmenzugehörigkeit entweder gar nicht mehr kündbar sind (nur aus wichtigem Grund, also fristlos) oder doch zumindest Abfindungen zu erhalten haben. In aller Regel werden Auflösungsverträge frei verhandelt, und Sie sollten darauf bedacht sein, Ihre Position als älterer (und erfahrener) Mitarbeiter für sich zu nutzen. So lässt sich z. B. eine Vereinbarung treffen, nach der Sie bei Bedarf wieder in der Firma oder auch in anderen Betriebsteilen eingesetzt werden (befristet oder projektbezogen), oder eine Regelung, dass Sie außer Haus (z. B. als freier Mitarbeiter) mit Sonderaufgaben betraut werden.

Ausländische Bewerber

Ausländische Bewerber haben in ihrer speziellen Situation in erster Linie zu bedenken, dass die nötigen behördlichen und melderechtlichen Voraussetzungen vorliegen. Das sind üblicherweise die Arbeits- und die Aufenthaltserlaubnis, soweit nicht durch das Recht der Europäischen Union eine solche Pflicht national entfällt. Sinnvollerweise sollten Sie diese Punkte schon im Bewerbungsschreiben anführen, ebenso die Angabe der Nationalität und den Hinweis, wie lange Sie bereits in Deutschland gelebt und gearbeitet haben. Auch der Stand der Sprachkenntnisse ist von Bedeutung, denn je qualifizierter die angestrebte Position ist, desto besser müssen Sie die deutsche Sprache beherrschen. Jedoch können mangelnde Sprachkenntnisse auch bei sehr einfachen Tätigkeiten zum Hindernis werden, wenn sich etwa sicherheitstechnische Bedenken ergeben, weil der fremdsprachige Mitarbeiter Warnrufe oder Anweisungen nicht versteht.
In fachlicher Hinsicht stellt sich manchmal die Frage, ob im Ausland erworbene Kenntnisse denen im Inland entsprechen, ebenso muss geprüft und ggf. beantragt werden, dass ausländische Abschlüsse, Titel, Zertifikate usw. in Deutschland anerkannt sind und ggf. verwendet oder geführt werden dürfen. Besonders gut sollten Sie sich über steuer- und sozialversicherungsrechtliche Fragen informieren. Vor allem dann, wenn Sie z. B. von einem deutschen Unternehmen in eine Auslandsniederlassung entsandt werden. Es könnte nämlich der Fall eintreten, dass Sie einem so genannten Doppelbesteuerungsabkommen unterliegen, wie es die Bundesrepublik mit vielen Staaten geschlossen hat. Das bedeutet für Sie, dass von Ihrem Gehalt, das in Deutschland gezahlt wird, nicht hier die Steuer einbehalten wird, sondern dass Sie sie im Land Ihrer Tätigkeit selbst abführen müssen.
Gewiss haben Ausländer auf dem deutschen Arbeitsmarkt zurzeit größere Schwierigkeiten als Inländer. Gerade deshalb sollten Sie sich gründlich vertraut machen mit den Gepflogenheiten, die bei der Vorbereitung einer Bewerbung üblich sind.

Allein stehende Frauen mit Kindern

Je mehr Kinder eine allein stehende Frau zu versorgen hat und je kleiner sie sind, desto mehr ist die Mutter auf einen Hort- oder Kindergartenplatz angewiesen, damit sie ihrer beruflichen Tätigkeit nachgehen kann. Hat sie keine regelmäßige Betreuung für ihre Kinder gefunden, so wird der Arbeitgeber – wenn er den Tatbestand denn erfährt – befürchten, dass die neue Mitarbeiterin öfter ausfällt, als ihm lieb ist.
Als allein stehende Mutter müssen Sie, bevor Sie sich bewerben, folgende Fragen geklärt haben: Wie sind die Arbeitszeiten mit den Kindergartenzeiten zu vereinbaren? Wie ist, z. B. in den Ferien, eine zuverlässige Ersatzbetreuung zu organisieren? Wer kann einspringen, wenn die Kinder länger krank sind, als (Kranken-)Urlaub zur Verfügung steht?
Wenn Sie diese Probleme befriedigend gelöst haben, werden Sie auch die Vorbehalte des Arbeitgebers zerstreuen können.
Weil es in der Praxis immer wieder vorkommt, sei es noch erwähnt: Es gibt Bewerberinnen, die im Lebenslauf ihre Kinder einfach unterschlagen, um ihre Bewerbungschancen zu erhöhen. Dies ist aus vielerlei Gründen bedauerlich. Sinnlos ist es in jedem Fall, da die Anzahl der Kinder aus der Lohnsteuerkarte ersichtlich ist. Denn wenn die Bewerberin auch die Einstellung erreicht hat, so muss sie sich doch Unredlichkeit vorwerfen lassen. Ihrem Arbeitsverhältnis wird das nicht eben zuträglich sein.

Wichtig:

- Bevor Sie sich bewerben, werden Sie sich klar über Ihre Situation: Schätzen Sie sich realistisch ein?
- Überdenken Sie Ihre beruflichen Erfolge und Ihre Misserfolge, Ihre persönlichen Stärken und Schwächen. Ziehen Sie auch Ihre familiäre Situation in Betracht. Je genauer Sie über sich selbst Bescheid wissen, desto zielgerichteter können Sie sich bewerben und desto eher haben Sie Erfolg.
- Bleiben Sie sich selbst treu und überschätzen Sie sich nicht, weder was Ihre Fähigkeiten noch was Ihre Kraft angeht. Stehen Sie zu Ihrem beruflichen Werdegang.
- Gehen Sie an Ihre Stellensuche planvoll und überlegt.

Aktive eigene Suche

Nachdem nun dargestellt wurde, welche unterschiedlichen Bewerbungsgründe es geben kann und wie sich die Situation beim Bewerber darstellt, ist auf einen ganz wichtigen Punkt einzugehen: die Entfaltung von Eigenaktivitäten.

Bei Bewerbern in ungekündigter Position trifft man dies z. B. durch gezielte Anschreiben an bestimmte Firmen recht häufig an, aber auch bei arbeitslosen Bewerbern – wenn auch nicht in gleichem Umfang. Der Grund mag eine gewisse Resignation sein, die umso verständlicher ist, je länger jemand arbeitslos ist. Trotzdem muss aus den Erfahrungen der Praxis gesagt werden, dass Bewerber bei weitem nicht alle – mitunter recht einfachen und naheliegenden – Möglichkeiten ausschöpfen, die die Eigeninitiative bietet und die oft zum Erfolg führen.

Das Nächstliegende ist die Stellenanzeigen zu durchforsten und darauf zu antworten (dazu mehr auf Seite 92 ff.). Man kann selbst in einer Tages- oder Fachzeitung ein Stellengesuch aufgeben; es bieten sich der große Bereich der so genannten blinden Bewerbungen und die Ausnutzung persönlicher Kontakte für die Stellensuche. Auch das Internet bietet mittlerweile zahlreiche Jobbörsen und die Möglichkeit einer gezielten Ansprache von Firmen. Informationen hierzu finden Sie ab Seite 269. Außerdem kann man auch selbst aktiv werden, um das vermittelnde Arbeitsamt zu unterstützen, anstatt auf Hilfe von dort zu warten. Und schließlich gibt es in letzter Zeit auch Zusammenschlüsse ganzer Abgangsklassen von Instituten oder Ausbildungseinrichtungen in Form von manchmal recht originell aufgemachten Sammelbewerbungen.

Allen eigenen Aktivitäten ist eines gemeinsam (oder sollte es unbedingt sein!!): dass man genau weiß, was man will. Es wird wenig helfen, wenn Sie z. B. ganz allgemein bei einer Firma anfragen, ob jemand gesucht wird. Besser ist es, gezielt zu fragen und die eigene Situation kurz zu umreißen, aber auch auf eigene Kenntnisse, Fähigkeiten und Stärken angemessen hinzuweisen. Mit geschickten eigenen Bewerbungsaktivitäten werden Sie zudem auch persönliche Pluspunkte beim neuen Arbeitgeber sammeln können, da sich dieser z. B. anhand Ihrer Vorgehensweise rasch ein Bild machen kann.

Aktive eigene Suche trägt auch ganz erheblich dazu bei, Frustrationen vorzubeugen und das Selbstwertgefühl zu steigern, besonders dann, wenn Sie Ihren Arbeitsplatz verloren haben. Im Folgenden sollen deshalb einige Hilfen für die eigenen Bewerbungsaktivitäten dargestellt werden. Die Zuschriften auf Stellenanzeigen der Arbeitgeber werden in einem besonderen Kapitel (Seite 92 ff.) behandelt.

Stellengesuche – Aufbau und Inhalt

Anzeigen in Tageszeitungen sind manchmal sehr teuer, doch das soll Bewerber nicht abschrecken, selbst Initiative zu entfalten und ein Inserat aufzugeben. Erkundigen Sie sich am besten vorher genau nach den Anzeigenpreisen für Stellengesuche. Während man in großen Tageszeitungen (Wochenendausgabe) manchmal für eine relativ kleine, einspaltige Anzeige bis zu € 250,– hinblättern muss, kann man für denselben Preis in Fachpublikationen schon eine wesentlich größere Anzeige schalten. Es kommt deshalb bei einem Eigeninserat in erster Linie darauf an herauszufinden, wo man am sinnvollsten und am günstigsten inseriert. Wenn Sie sich z. B. für eine überregionale Zeitung entscheiden, dokumentieren Sie damit Mobilität (sofern keine regionalen Einschränkungen gemacht werden), zu der Sie bei einer Antwort dann auch stehen müssen. Beispiel: Sie sind Organisationsprogrammierer, wohnen in Hannover, inserieren ohne Ortseinschränkung in der Frankfurter Allgemeinen Zeitung und bekommen ein Angebot aus Berlin. Dann sollten Sie auch bereit sein auf dieses Angebot einzugehen.

Wenn Sie hingegen an Ihrem jetzigen Wohn- oder Arbeitsort bleiben wollen oder zumindest in der Region, empfiehlt sich eine Anzeige in lokalen Blättern. Wollen Sie sich branchenspezifisch verändern, wird für eine Eigenanzeige am besten eine entsprechende Publikation geeignet sein, z. B. für Berufe im Buchhandel oder in Verlagen das „Börsenblatt für den Deutschen Buchhandel", für EDV-Berufe die „Computerwoche" oder für steuerberatende Berufe die Zeitschriften „Der Betrieb" oder „Betriebsberater". Bei qualifizierteren oder akademischen Berufen ist ferner an die Wochenzeitung „DIE ZEIT" oder an die Karriereseite des „Handelsblattes" oder der „Wirtschaftswoche" zu denken, um nur Beispiele zu nennen. Sie sollten sich deshalb genau überlegen, wen Sie wo am besten mit Ihrem Anliegen erreichen.

Der Inhalt der Anzeigen bzw. deren Aufbau bereitet vielen Bewerbern immer wieder Schwierigkeiten, sodass man manchmal nicht nur haarsträubende, sondern auch recht amüsante Anzeigen finden kann, die für teures Geld aufgesetzt wurden, aber im Ergebnis absolut wirkungslos sind. Dazu ein Beispiel:

Veteran (55 Jahre)

mit langjähriger Erfahrung in den Bereichen Pädagogik, Marketing, Militär, sucht herausfordernde Position in Wirtschaftsunternehmen oder Verband.
Zuschriften unter Chiffre ...

Diese Anzeige, aufgegeben in einer überregionalen Zeitung, ist absolut nichts sagend. Die Erfahrungen in den genannten Bereichen sind schön und gut, aber es fehlt die Aussage, wofür der Bewerber sich eigentlich konkret interessiert. Kaum ein Arbeitgeber wird sich beim Lesen dieser Anzeige Gedanken darüber machen, ob er für den Inserenten eventuell eine Position hätte. Das Ganze sieht eher so aus, dass der Bewerber in den genannten Bereichen zwar tätig war, aber irgendwo gescheitert sein muss und nun – nicht zuletzt aufgrund seines Alters – einen Neuanfang machen will. Zudem fehlen wichtige Angaben über Kenntnisse und Fertigkeiten, auch branchenspezifische Prioritäten und regionale Angaben vermisst man in der Anzeige.

Genaue Tätigkeitsbeschreibung

Zum Beispiel Maschinenbauingenieur, Speditionskaufmann, Verlagskaufmann, Anzeigendisponent oder Ähnliches.

Je genauer Sie Ihre Tätigkeit mit einer Berufsbezeichnung beschreiben oder bezeichnen können, umso höher die Chance, in diesem Beruf einen Interessenten zu finden. Inserieren Sie stets mit der Bezeichnung, die Sie auch weiterhin beim neuen Arbeitgeber führen bzw. mit der Beschreibung der Tätigkeit, die Sie auch (weiterhin) ausführen wollen. Vermeiden Sie allgemeine Hinweise oder mehr lächerlich klingende Bezeichnungen auf frühere, gar nicht mehr aktuelle, Positionen (z. B.: Ehemalige Stewardess sucht neuen Wirkungskreis). Ihre genaue Tätigkeitsbeschreibung sollte als Blickfang in der Überschrift stehen (Eye-catcher). Ihr kommt nämlich ein sehr hoher Aufmerksamkeitswert zu, und schon deshalb müssen Sie sich große Mühe geben hier keine falschen Akzente zu setzen.

Kenntnisse, Fertigkeiten und Berufserfahrungen

In knapper und prägnanter Form sollte dargestellt werden, was Sie bisher gemacht haben, wo Ihre Stärken liegen und auf welchen Gebieten Sie Spezialist sind. Das erleichtert dem Leser (= neuen Arbeitgeber) die Orientierung. Schreiben Sie z. B. nicht: „Generalist auf den Gebieten Marketing und Vertrieb“, weil das zu allgemein ist. Besser wäre z. B.: „Umfassende Erfahrungen in der Auftragsbearbeitung ausländischer Kunden“ oder „… in der Abonnementverwaltung von Zeitschriftenkunden“. Vermeiden Sie auch eine Aufzählung aller Ihrer Fähigkeiten und Kenntnisse und konzentrieren Sie sich nur auf das Wesentlichste.

Gesuchter Aufgabenbereich

Der exakt gesuchte Aufgabenbereich fehlt leider in den meisten Eigeninseraten, wohl aus Furcht, sich einzugrenzen, und in dem Bestreben, sich alle denkbaren Möglichkeiten offenzuhalten. Doch das ist falsch, denn kaum ein

Arbeitgeber wird sich die Mühe machen zu überlegen, ob der Inserent „irgendwo" bei ihm unterzubringen ist; vielmehr will er gezielt angesprochen werden. Deshalb sollte man seine Vorstellungen klar zum Ausdruck bringen. Je deutlicher diese Aussage, desto höher die Aussicht auf Zuschrift eines neuen Arbeitgebers. Wer z. B. schreibt „... sucht adäquate Tätigkeit in Industrie, Handel oder Medienbereich", hat wenig Chancen. Wenn dagegen in der Anzeige steht „... sucht Tätigkeit im Zeitschriftenverlag, Sendeunternehmen oder Medienagentur", ist der Adressatenkreis schon gezielter umrissen.

Gesuchter Beschäftigungsort

Auch die Angabe zum gesuchten Beschäftigungsort fehlt sehr oft. Wenn Sie regional inserieren, geht man davon aus, dass Sie in dieser Region bleiben wollen und allenfalls bereit sind, im angrenzenden Umland tätig zu werden. Leider erlebt man hier in der Praxis immer wieder böse Überraschungen, die in der mangelnden Flexibilität der Bewerber begründet sind. So inserierte ein arbeitsloser (!) Ingenieur in der Stuttgarter Zeitung und bekam ein sehr attraktives Angebot aus dem nur 50 km entfernt liegenden Heilbronn, was er mit der Begründung ablehnte, es sei ihm leider nicht zumutbar, seinen Feierabend auf der stets verstopften A 81 zu verbringen.

Wenn Sie in überregionalen Zeitungen, wie der FAZ, der Süddeutschen Zeitung oder der WELT inserieren, sollten Sie immer regional eingrenzen oder aber zu einem Ortswechsel bereit sein, wobei Sie auch Ihre persönliche und familiäre Situation bedenken sollten.

Ihr Alter

Auch die Altersangabe fehlt in den meisten Eigeninseraten. Zwar ist sie nicht immer notwendig, doch manchmal für den neuen Arbeitgeber ein wichtiger Orientierungsansatz. Deshalb sollten Sie stets Ihr Alter angeben, weil das Ihre Chancen erhöht. Je jünger Sie sind, umso größer die Aussichten, eine neue Tätigkeit zu finden; doch das ist nicht zwingend. Denn in manchen, besonders leitenden, Positionen werden Mitarbeiter gesucht, die nach einigen Erfahrungen zu beruflicher und persönlicher Reife gelangt sind und demzufolge auch ein bestimmtes Alter haben müssen.

Nach Darstellung dieser wichtigsten Inhalte für ein Eigeninserat sollen nachfolgend einige Beispiele kommentiert werden:

Volljuristin (29)

2. Ex.: befr., 1½-jähr. Erf. im WirtschR, allgemZiv & ZivprozR, mit großem Interesse am VerwR, sucht neue Tätigkeit in H-GÖ. ✉ **D 131 594**

Die Volljuristin hat, um es vorwegzunehmen, mit wenigen Worten viel gesagt. Obwohl die Berufsbezeichnung „Volljuristin“ (das heißt Befähigung zum Richteramt) recht allgemein ist, so drückt sie doch aus, dass die Inserentin für alle Berufe in Betracht kommt, die die Befähigung zum Richteramt voraussetzen (z. B. Rechtsanwalt, Jurist im öffentlichen Dienst oder Jurist in Wirtschaftsunternehmen oder Verbänden). Sie hat ferner ihre Erfahrungswerte beschrieben und ihr Wunschgebiet, wenn auch vage („mit großem Interesse …“) umrissen. Erfreulich für den Leser ist die räumliche Eingrenzung der Region Hannover – Göttingen. Man muss sich allerdings fragen, ob der Inserentin auch Tätigkeiten z. B. östlich von Hannover in Braunschweig oder Wolfsburg genehm wären. Deshalb sollte man um seinen Wohnort einen Kilometerradius ziehen (z. B. Göttingen ± 100 km) oder einen Großraum eingrenzen. Dies kann man bei regionalen Zeitungen machen, nicht jedoch bei überregionalen. Denkbar wäre auch zu sagen „möglichst Großraum Göttingen“. Damit gibt man die Bereitschaft zu erkennen, ggf. auch weiter entfernt tätig zu werden. Schließlich ist es auch gut eine Altersangabe zu machen. Der neue (am Inserat interessierte) Arbeitgeber kann dann überlegen, ob er der jungen Berufsanfängerin (trotz der 1½-jährigen Tätigkeit) eine Position anbieten kann, und auch, ob die Inserentin altersmäßig zur Position (und möglicherweise auch zu anderen Kollegen/innen) passt.
Ebenso klar ist das nachfolgende Inserat der Marketingassistentin:

Marketingassistentin

in ungek. Stellung, 30 J., sucht neue, interessante Herausforderung. Neben umfangreicher, mehrjähr. Erfahrung in der Werbung verfüge ich über fundierte Kenntn. der engl. u. franz. Sprache sowie Italienisch. ✉ **D 127 199**

Ins Auge fallen Erfahrungswerte in der Werbung und Sprachkenntnisse. Die Ortsangabe ist hier entbehrlich, weil die Dame in einer Regionalzeitung inseriert hat. Der Hinweis auf die ungekündigte Stellung signalisiert dem neuen Arbeitgeber, dass er die Frau nicht sofort engagieren kann, sondern die üblichen Kündigungsfristen zu beachten hat. Steht die Anzeige z. B. im Januar in der Zeitung, so muss man für Vorstellungsgespräche und Kündigungsfristen gut zwei Monate veranschlagen, das heißt, ein Eintrittstermin wäre zum 1.4. denkbar.
Überlegen Sie übrigens nicht nur genau, sondern vor allem auch mit Blick auf Ihre persönliche Verfügbarkeit und Ihre persönlichen Wünsche, wann Sie inserieren. Denn in der Ferienzeit oder in den Wochen um die Feiertage

werden Stellengesuche erfahrungsgemäß weniger gelesen. Wenn Sie ganz deutlich werden wollen, dann schreiben Sie einfach Ihr Ziel in die Anzeige: „… sucht zum 1.7. … neuen Wirkungskreis".
In der Anzeige der Marketingassistentin fällt noch auf, dass sie nicht nur eine andere Tätigkeit sucht, sondern eine „neue, interessante Herausforderung". Das kann vielerlei bedeuten. Einmal könnte es sein, dass die Inserentin in ihrem jetzigen Beruf unzufrieden ist, weil sie sich nicht gefordert fühlt. Andererseits könnte auch dahinter stecken, dass ihr das jetzige Arbeitsgebiet zu langweilig ist und sie keine Lust hat, Routinearbeiten zu machen. Denkbar ist aber auch noch die Variante, dass sie unbedingt weiterkommen will und ihr Unternehmen keine Möglichkeit dazu bieten kann oder will. In jedem Fall müssen Sie sich als Inserent bzw. Bewerber diesbezüglich auf Fragen des neuen Arbeitgebers einstellen.
Schreiben Sie aber nie, dass Sie in ungekündigter Stellung sind, wenn Sie bereits wissen, dass das Arbeitsverhältnis enden wird, Sie aber noch keine Kündigung haben. Das kann beim Bewerbungsgespräch rasch ins Auge gehen, weil Sie dann schon gekündigt sein könnten und sich demzufolge erklären müssen. Gleiches gilt, wenn Ihr Arbeitsverhältnis nur befristet ist. Schreiben Sie dann einfach, dass Sie zu einem bestimmten Zeitpunkt eine berufliche Veränderung wünschen.
Bleiben wir beim Marketing. Obwohl die nachfolgende Anzeige viele wertvolle Fakten enthält, muss man als Leser erst einmal raten.

Beratung/Marketing/Vertrieb

- Grafiker, 28 J., mobil, mehrj. Berufserfahrung:
- vertriebsorientierte Marketing-Beratungstätigkeit
- Vertriebs- und Marketingstrategien
- Konzeption und Gestaltung von Werbemitteln
- corporate designs

sucht neuen Verantwortungsbereich.
Zuschriften bitte unter ✉ **D 674 218**

Schon die Überschrift mit drei Bereichen lässt erkennen, dass der Inserent selber nicht so genau weiß, wo er nun seinen Schwerpunkt setzen soll. Beratung ist ein weiter Begriff und gibt eigentlich erst produkt- oder adressatenbezogen einen Sinn. Diese Angaben fehlen hier. Irritierend ist auf den ersten Blick auch der Umstand, dass der Inserent Grafiker ist. Man sucht deshalb nach Bezugspunkten zu speziellen Tätigkeiten in den Bereichen Marketing und Vertrieb, während die Angaben zur Gestaltung von Werbemitteln und zu

corporate designs nachvollziehbar sind. Hier wäre es wirklich besser gewesen, den bisherigen Arbeitsbereich genauer zu umschreiben, z. B.: „Grafiker mit Erfahrungen in kundenorientierter Beratung in Werbeagentur sucht …“ oder: „bisheriges Aufgabengebiet: Beratung mittelständischer Betriebe in werblicher Hinsicht, besondere Stärke: Entwicklung von Werbemitteln …“. Auch der neue (gesuchte) Verantwortungsbereich hätte besser eingegrenzt werden sollen, z. B.: „in Werbeagentur“ oder „in PR-Agentur“ oder „in Werbeabteilung eines Unternehmens“.
Noch unschlüssiger liest sich folgendes Inserat:

> **Multimedial?**
> Sie sehen hier auch das Bindeglied zwischen Telekom und UE-Produkten? Sie wollen einen Vertrieb in diesem zukunftsorientierten Markt installieren? Sie brauchen noch einen Mitarbeiter mit Ideen und Marketing-Erfahrung (und AD-Erfahrung) in Ihrem Team zur Realisierung, können ein interessantes Einkommen und einen sicheren Arbeitsplatz bieten? Dann sollten Sie mir einfach schreiben! ✉ **D 132 541**

Mit der Überschrift kann ein eiliger Leser, der die Stellengesuche überfliegt, wenig anfangen, auch UE-Produkte müssen dem Nichtfachmann fremd klingen. Das Zielprofil ist hier ebenso schwammig wie das bisherige (Ideen und Marketingerfahrungen), konkret ist nur die Angabe zur Außendiensterfahrung. Wobei man gern gewusst hätte, mit welcher Produktorientierung und in welchen Gebieten der Inserent tätig war. Klar hingegen ist, was der Inserent persönlich will: einen sicheren Arbeitsplatz und ein „interessantes“ Einkommen. Diese Formulierung suggeriert dem Leser schon die Antwort auf ein Gehaltsangebot im Bewerbungsgespräch: „Das ist für mich nicht interessant.“
Es gibt keine interessanten Einkommen, sondern nur angemessene, adäquate, positionsbezogene oder überdurchschnittliche. Interessant kann allein die Entwicklung des Einkommens sein, die es aber erst im Bewerbungsgespräch zu besprechen gilt.
Der nachfolgende Inserent ist erfrischend klar in seinen Darstellungen:

> **Speditionsprofi**
> 30 Jahre, sucht neues Aufgabengebiet in verantwortlicher Stellung bei Spedition, Handel und Industrie. Spezialgebiet: Logistik, Frischdienst, Distribution; flexibel und nicht ortsgebunden. ✉ **D 669 876**

Sein Schlagwort „Speditionsprofi“ ist ansprechend, weil es den Arbeitsbereich und die Berufserfahrung kombiniert. Der gewünschte Aufgabenbereich ist klar umrissen, ebenso wie die Spezialgebiete. Erfreulich sind zudem klare Angaben zum Alter und zur Mobilität. Der interessierte Leser aus dem Speditionsbereich hat hier in Kürze einen Überblick über das, was er wissen muss. Diese gelungene Anzeige fordert ihn direkt zur Antwort auf, wenn er einen Speditionsprofi sucht.
Schließlich noch einige Bemerkungen zum „Schlagwort“ im Stellengesuch. Leider gibt es immer wieder Zeitgenossen, die sehr an der Vergangenheit hängen. Das drückt sich dann etwa so aus:

Ehemaliger

Pilot

sucht Herausforderung in Wirtschaft, Industrie …

oder:

Ehemaliges

Mannequin

sucht Wirkungskreis im Bereich Medien, Messen, Moderation usw. …

So interessant und (mehr noch) amüsant solche Schlagzeilen oder „Eyecatcher“, wie man in der Werbung modern sagt, manchmal sein mögen: Den Bewerbern nutzen sie meistens gar nichts. Was war, das ist gewesen, was zählt, das ist die Zukunft. Und hier sind in Fettdruck gestaltete Ex-Berufe absolut fehl am Platze, ganz abgesehen davon, dass man sich der Beurteilung aussetzt, an diesen Berufen zu hängen und möglicherweise auch unflexibel zu sein. Besser ist es, frühere Erfahrungswerte schlagwortartig in der Anzeige unterzubringen. Nicht selten trifft man bei solchen Inserenten/Bewerbern auch eine maßlose Selbstüberschätzung an. Das Mannequin z. B. hatte sich – neben ihren Bemühungen mit der Eigenanzeige – allen Ernstes für die Moderation einer TV-Sendung beworben, die in einem Fachblatt ausgeschrieben war. Sie dachte wohl, die geforderten journalistischen Erfahrungen mit Charme und gutem Aussehen wettmachen zu können.

Erstaunlich ist, dass man solche Inserate sehr oft in seriösen überregionalen Zeitungen findet, z. B. in DIE ZEIT, der Frankfurter Allgemeinen oder der Süddeutschen Zeitung. Ebenso findet man in diesen Medien witzig sein wollende Schlagzeilen in Stellengesuchen wie „Oma, 44 Jahre“ oder „Filmveteran (35 Jahre)“ (der sich übrigens auch noch für einen biederen kaufmännischen Bereich offerierte). Ob ein interessierter Arbeitgeber das ernst nimmt, sei dahingestellt. Es soll keinesfalls in Abrede gestellt werden, dass man sich nicht auch ganz originell und unkonventionell darstellen kann. Doch das ist eine Frage der Branche. Im künstlerischen oder Medienbereich werden andere Maßstäbe angelegt als im normalen kaufmännischen Bereich. Was in seriösen Zeitschriften albern klingen mag, kann in Fachorganen, die nur von Profis gelesen werden, durchaus Erfolg haben. So z. B. die Anzeige eines erfolgreichen Werbetexters:

> **Grips + Idee = Text + Erfolg**
> Sie suchen: einen Mann, der Ihre Produkte optimal darstellt.
> Ich biete: 4 x E: Erfahrung, Erfolge, Energie und Einsatz ...

Auch dieses Beispiel gibt noch einmal Anlass, darüber nachzudenken, wo man am besten inseriert. Erkundigen Sie sich nach Branchenorganen, wenn Sie gern in Ihrem Bereich, Ihrer Branche bleiben wollen. Mit Anzeigen in Tageszeitungen und Wochenzeitungen erreichen Sie mehr einen allgemeinen, wenn auch breiten Adressatenkreis. Und last not least: Bleiben Sie trotz des Zwangs sich in einer Anzeige auf kleinstem Raum bestmöglich „anzubieten“ immer ehrlich und beschränken Sie sich auf das Wesentliche. Achten Sie auch darauf so zu formulieren, dass der potenzielle neue Arbeitgeber/Anzeigenleser unmittelbar etwas damit anfangen kann.

Reaktion auf Zuschriften

Je besser Ihre Anzeige formuliert war, umso mehr Zuschriften werden Sie erhalten. Die Freude darüber vergeht oft schnell, weil man manchmal in vielerlei Hinsicht überrascht ist. Zum einen schreiben Firmen, von denen man nur träumen kann, zum anderen Firmen von weither (was umso überraschender ist, wenn Sie regional inseriert haben), und drittens könnten Sie hilflos Hunderten von Briefen gegenüberstehen. Und wenn’s ganz schlimm kommt (auch das ist mehrfach passiert!), schreibt Ihnen sogar Ihre eigene Firma, und Sie bekommen ungeahnte Einblicke in Möglichkeiten im eigenen Unternehmen. Werden Sie nicht kopflos oder gar nervös, sondern gehen Sie nach Plan vor, und machen Sie zum Maßstab für die Auswahl und Vorgehensweise einzig und allein Ihre eigenen Erwartungen. Dazu ein Beispiel:

Eine Sekretärin hatte im Hamburger Abendblatt, Wochenendausgabe, ein ansprechendes, aber kurzes Stellengesuch inseriert und bekam genau 120 (!!) Zuschriften. Die Auswahl fiel verständlicherweise schwer. Die meisten Arbeitgeber begnügten sich in ihrem Anschreiben mit dem Hinweis, doch bitte einmal anzurufen, man hätte etwas „Interessantes", andere umrissen kurz die Tätigkeit und wieder andere schickten kommentarlos mit Kurzmitteilung einen Personalfragebogen zum Ausfüllen. Ein Arbeitgeber (Warenhausbranche) jedoch hatte sich etwas mehr Mühe gemacht. Sein Brief lautete wie folgt:

Sehr geehrte Inserentin,
Ihr Stellengesuch als Sekretärin hat uns gut gefallen. Die langjährige Sekretärin unseres Personalleiters hat es mit unserem vollen Verständnis vorgezogen, sich fortan ihrem Nachwuchs zu widmen. Deshalb suchen wir Ersatz. Sie erwartet ein technisch perfekter Arbeitsplatz, ein gutes Betriebsklima und eine stets humorvolle Mannschaft. Überdurchschnittliche Sozialleistungen und ein angemessenes Gehalt sind bei uns selbstverständlich, außerdem genießen Sie die Vorzüge des Mitarbeiterrabattes auf alle Waren. Wenn Sie Lust haben, in unserem Team dabei zu sein, rufen Sie uns einfach an, damit wir einen Termin vereinbaren können. Bei einer Tasse Kaffee oder auf Wunsch auch bei einem gepflegten Cognac zur Feierabendzeit würden wir uns gern mit Ihnen unterhalten.

Das Ergebnis: Die Inserentin entschied sich ohne Umschweife für die Firma des Briefschreibers. Solche Briefe sind natürlich Ausnahmen, wobei man an dieser Stelle an die Arbeitgeber appellieren muss, sich in Bezug auf die Personalbeschaffung auch einmal (unkonventionelle) Gedanken zu machen und ihre Zuschriften ansprechender zu formulieren.
Doch hierbei werden viele Fehler gemacht. Dazu zwei Beispiele. Im ersten Falle rief eine Inserentin (Suche als Debitorenbuchhalterin) bei einem Energieunternehmen an und wünschte den Personalchef zu sprechen. Da man dort auf mehrere Anzeigen geschrieben hatte, wusste man die Anruferin nicht so recht „zuzuordnen", und der Personalchef führte gerade ein Gespräch. Die Inserentin legte verärgert auf. Besser wäre es gewesen, erst einmal mit dem

Sekretariat zu klären, wer überhaupt anruft, und dann einen festen Termin zu vereinbaren.
Im zweiten Fall (Suche als Verlagshersteller) bekam ein Inserent 12 Zuschriften von Verlagen und Druckereien. An einen Verlag, der sein besonderes Interesse fand, der ihn aber lediglich um Kontaktaufnahme bat, schickte er daraufhin eine vollständige Bewerbungsmappe, die folgendes Anschreiben enthielt:

> Sehr geehrte Damen und Herren,
> ich danke Ihnen für Ihren Brief auf mein Inserat im Druckspiegel. Ihr Haus ist mir gut bekannt und ich würde gern für Sie tätig werden. Ich bin firm in allen herstelltechnischen Abläufen, ich kann DTP-orientiert arbeiten und ich bin ein guter Teamworker. In meiner jetzigen Firma arbeite ich seit sechs Jahren allein an einer Ratgeberreihe. Ich verdiene jetzt € 2 800,– brutto und stelle mir bei Ihnen € 3 200,– vor. Meine Qualifikationen können Sie aus den beigefügten Unterlagen entnehmen. Über ein Gespräch würde ich mich sehr freuen.

Dieser Brief enthält gleich mehrere Fehler. Zum Ersten: Der neue Arbeitgeber hatte lediglich um Kontaktaufnahme gebeten, da ist es nicht angezeigt, gleich alle Bewerbungsunterlagen zuzusenden. Zum Zweiten: Mit Gehaltsforderungen in so einer Situation verscherzt man sich vieles. Drittens: Wie kann man ein guter Teamworker sein, wenn man jahrelang allein gearbeitet hat? Und viertens: Die Häufung der Ich-Sätze lässt nicht gerade positive Rückschlüsse auf die Persönlichkeit zu.
Wenn Sie nur um Kontaktaufnahme gebeten wurden, dann versuchen Sie dies entweder telefonisch in geschickter Form oder besser noch schriftlich. Schreiben Sie z. B.:

> Sehr geehrter Herr ...
> Sie haben mir freundlicherweise auf mein Stellengesuch in der Westfalenpost Nr. 4 vom 8.1.20.. (Organisationsprogrammierer) geschrieben und um Kontaktaufnahme gebeten. Über Ihre Zuschrift habe ich mich sehr gefreut und ich habe Interesse daran, in Ihrem Unternehmen tätig zu werden. Damit Sie sich einen raschen Überblick über meinen bisherigen beruflichen Werdegang verschaffen können, erlaube ich mir Ihnen als Anlage einen tabellarischen Lebenslauf zu senden. Es würde mich freuen mehr über die Möglichkeiten einer Tätigkeit in Ihrem Hause zu erfahren. Selbstverständlich sende ich Ihnen auf Wunsch gern meine kompletten Bewerbungsunterlagen zu.

Mit einem solchen Brief bekunden Sie Interesse und geben dem neuen Arbeitgeber durch Übersendung Ihres tabellarischen Lebenslaufes Gelegenheit zu einer raschen Information über Ihren beruflichen Werdegang. Wichtig ist dabei – was oft übersehen wird –, die Anzeige genau zu benennen und auch den Positionstitel, damit beim Arbeitgeber der „Vorgang“ bzw. Ihre Antwort rasch zugeordnet werden kann.
Wenn Sie hingegen gebeten werden, Ihre kompletten Bewerbungsunterlagen einzusenden, so sollten Sie das, ebenfalls mit einem Anschreiben, tun, natürlich nur unter der Voraussetzung, dass Ihnen der neue Arbeitgeber auch zusagt. Haben Sie mehrere Zuschriften bekommen, so sichten Sie nach Ihren Prioritäten, bevor Sie reagieren. Legen Sie sich eine Liste an, an wen Sie was wann geschickt haben, damit Sie bei nochmaligen Zuschriften oder eventuellen Anrufen rasch im Bilde sind und entsprechend schnell reagieren können. Denken Sie daran, dass ein neuer Arbeitgeber von Ihnen spezielles Interesse erwartet; dem müssen Sie gerecht werden, wenn Ihnen an einer neuen Aufgabe ernstlich gelegen ist.

Initiativbewerbungen („blinde Bewerbungen“)

Die so genannten blinden Bewerbungen sind bei genauerem Hinsehen gar nicht so blind. Gemeint ist Folgendes: Sie bewerben sich aufs Geratewohl bei einer Firma, von der Sie denken, dass sie entweder eine Position für Sie hat oder in der Sie generell gern tätig werden wollen, und zwar ohne dass diese Firma eine entsprechende Position ausgeschrieben hat. Das sind dann echte „blinde“ Bewerbungen, also solche, die einfach auf „gut Glück“ losgelassen werden. Daneben gibt es die gezielten Initiativbewerbungen, die deshalb nicht mehr „blind“ sind, weil Sie speziell und nur in dieser oder jener Firma tätig sein wollen.
Bei den Initiativbewerbungen, die zu 90 % ergebnislos sind, das sei ehrlich gesagt, werden sehr viele Bewerberfehler gemacht. Fast allen Zuschriften ist gemein, dass sie kaum auf die Besonderheiten des Unternehmens eingehen und auch nicht durchblicken lassen, dass sich die Bewerber auch nur annähernd damit auseinander gesetzt hätten. Dazu ein Beispiel eines Historikers, der sich bei einem naturwissenschaftlichen (!) Wissenschaftsverlag für den Bereich Presse- und Öffentlichkeitsarbeit bewarb:

Sehr geehrte Damen und Herren,
Ihr Haus steht für Leistungen im Wissenschaftsbereich. Dem will ich mich stellen. Ich bin promovierter Historiker und habe nach meinem Studium an verschiedenen Volkshochschulen in neuerer und älterer Geschichte unterrichtet. Dabei entdeckte ich meine Liebe an der Wissensvermittlung. Deshalb würde es mich sehr reizen, z. B. im Bereich der Presse- und Öffentlichkeitsarbeit tätig zu werden, um die Produkte Ihres Unternehmens nach außen transparent zu machen ...

An diesen wenigen Formulierungen sieht man bereits nicht nur eine unglaubliche Blauäugigkeit, sondern gerade für einen Akademiker auch eine grobe Fehleinschätzung eigener Fähigkeiten. Wer in einem Wissenschaftsverlag mit Schwerpunkt Naturwissenschaften in der wichtigen Öffentlichkeitsarbeit erfolgreich tätig werden will, muss entweder über ein naturwissenschaftliches Studium oder über sehr qualifizierte fachjournalistische Kenntnisse, am besten über beides, verfügen. Ein Historiker ist da sicher fehl am Platze.
Dennoch: Initiativbewerbungen sind ein gutes und auch beliebtes Mittel, sich gezielt an Wunschfirmen heranzuarbeiten. Bevor Sie so etwas tun, erkundigen Sie sich bitte sehr genau, wo Sie sich bewerben wollen. Schreiben Sie nicht einfach aufs Geratewohl Firmen an, sondern sehr gezielt nur solche, von denen Sie meinen, dass dort auch eine Chance besteht, oder in denen Sie gern tätig sein wollen. Wichtig dabei ist, dass Sie immer ein ganz spezifisches Interesse an der jeweiligen Firma bekunden müssen, um überhaupt ernst genommen zu werden. Sie müssen mit Ihrem Anschreiben erreichen, dass sich der Personalleiter oder Geschäftsführer mit Ihrem Werdegang auseinandersetzt und Interesse an Ihnen findet. Diese Chance ist umso größer, je dichter die Branche Ihrer bisherigen Firma und die Ihrer Wunschfirma beieinander liegen. Dazu ein positives Beispiel:

An VW/AUDI – Vertretung X in Berlin

Sehr geehrte Damen und Herren,
Ihr Haus ist mir seit langem als renommiertes Unternehmen in Berlin bekannt. Ich bin beim Autohaus Y seit 1997 als Kundenberater und Verkäufer erfolgreich tätig. Nach fünfjähriger Tätigkeit möchte ich mich gern verändern und beruflich weiterkommen. Diese Perspektiven kann mir meine jetzige Firma leider nicht bieten. Deshalb frage ich höflich an, ob in Ihrem Hause eine Möglichkeit besteht, qualifizierte Beratungstätigkeit für Kraftfahrzeuge auszuüben. Sie können von mir sehr hohen Arbeitseinsatz, erfolgsorientiertes Vorgehen und Flexibilität erwarten ...

Der Initiativbewerber wurde zum Gespräch eingeladen und dann auch eingestellt. Die Einladung hatte er dem Umstand zu verdanken, dass er ein sehr ansprechendes Schreiben aufgesetzt hatte und später im Gespräch auch ein spezielles Firmeninteresse gezeigt hat.
Daraus ergibt sich Folgendes: Auch Initiativbewerbungen müssen sehr konkret, durchdacht und firmenspezifisch sein. Der neue Arbeitgeber, der Sie noch nicht kennt, muss allein durch Ihren Brief berufliches Interesse an Ihnen bekommen.

Hilfen durch das Arbeitsamt

Manch einem graut vorm Arbeitsamt und das hat auch seine Gründe. Denn wer möchte schon gern Schlange stehen sowohl bei der Antragstellung für das Arbeitslosengeld als auch bei der Vermittlung? In der Tat ist es leider so, dass nicht wenige Mitarbeiter der Arbeitsämter, besonders im Bereich der Vermittlung, überlastet sind und deshalb nicht auf jeden individuellen Wunsch eingehen können. Es ist auch aus der Sicht durchaus interessierter Arbeitgeber ein unverzeihlicher Fehler, wenn das Arbeitsamt auf ausgeschriebene oder ermittelte bzw. gemeldete freie Stellen ohne weiteren Kommentar die Bewerbungsunterlagen an die Arbeitsuchenden verschickt. Häufig passen Bewerberwünsche und Anforderungsprofile nämlich schon auf den ersten Blick gar nicht zusammen. Hier sollte, vor dem Hintergrund der hohen Arbeitslosigkeit, wirklich einmal nachgedacht werden, wie man seitens der Arbeitsämter die spezielle Vermittlung optimieren kann.
Umso mehr sollten Sie als Arbeitsuchender oder Bewerber selbst aktiv werden und dem Arbeitsamt Hilfe leisten. Ein ganz wichtiger Punkt ist es, die vorgedruckten Bewerbungsbogen so genau wie möglich auszufüllen, besonders im Hinblick auf den gewünschten Aufgabenbereich. Hier machen die Bewerber nämlich oft sehr unbestimmte und weitläufige Angaben und sind dann enttäuscht, wenn keine Reaktion kommt. Aber je spezieller Sie Ihre Wünsche formulieren, umso besser die Chance auch gezielt vermittelt zu werden. Wer seine Wunschvorstellungen zu weit fasst, um der vermeintlichen Gefahr zu entgehen, seine Chancen einzuengen, tut sich keinen Gefallen, weil sich die meisten Arbeitgeber dann fragen, welches von den vielen Aufgabengebieten man denn nun eigentlich bevorzugt. Dieses Problem lässt sich dadurch lösen, indem man neben der Wunschvorstellung zwei oder drei Alternativen, ebenfalls konkret formuliert, anbietet.

Wenn z. B. ein arbeitsloser technischer Redakteur (einer Fachzeitschrift) bei „gewünschte Gebiete“ schreibt: „Medienbereich, PR- und Öffentlichkeitsarbeit und Verbände“, dann kann man damit auf Anhieb wenig anfangen. Besser wäre es deshalb zu sagen: „1. Tätigkeit als Redakteur bei einer technischen Fachzeitschrift oder ähnliche Aufgaben in Verlagen, 2. Tätigkeit in PR-Agentur, Schwerpunkt: Konzeption technischer Texte, 3. Tätigkeit als Redakteur in technisch orientierten Fachverbänden.“

Überlassen Sie die Stellensuche nicht allein dem Arbeitsamt, sondern lesen Sie selbst auch den Stellenmarkt und schließen Sie sich mit dem Arbeitsvermittler kurz, wenn Sie etwas für Sie Interessantes gefunden haben. Sprechen Sie mit ihm ab, ob er Ihre Unterlagen verschickt oder ob Sie es in diesem Fall besser selbst machen wollen. Diese Vorgehensweise ist besonders bei Fachberufen nicht nur hilfreich, sondern auch notwendig. Die Arbeitsämter inserieren manchmal auch selbst in überregionalen Zeitungen. Durch gezielte Hinweise können Sie selbst am Text solcher Inserate mitwirken und Ihre Vermitt-

Das Arbeitsamt - Ihr Partner

kompetent

kostenlos

bundesweit

Dipl.-Sozialwissenschaftlerin

25, led., Industrie- und Betriebssoziologie, Empirische Sozialforschung, Verwaltungswissenschaft und Politik, Marktforschung und -beobachtung, BWL, Marketing, Finanzbuchhaltung; Word perfect, Excel, SPSS, allgemeine Grafikprogramme; Englisch, Spanisch, Russisch;
sucht ab sofort bundesweit Führungsposition in der Markt- und Meinungsforschung.

Auskünfte gibt: Frau Jagelmann
Arbeitsamt Berlin-Ost, Murtzaner Ring 68, 12681 Berlin
Tel. 0 30/42 82-12 42, Fax 0 30/42 82-49 99 1248

Diplom-Psychologe

29, led., Abschluß 11/97 „sehr gut“; Studienschwerpunkt klinische Psychologie und Gerontologie; klinisch-therapeutisches Praktikum, Erfahrungen in empirischer Forschung; sehr gute EDV-Kenntnisse, Englisch und Spanisch fließend, Französisch Grundkenntnisse; kreativ, flexibel, teamfähig; FS III;
sucht ab sofort Tätigkeit in psychologischer Beratung, psychosozialer Betreuung, Therapieeinrichtung.

Auskünfte gibt: Frau Tröster
Arbeitsamt Berlin-Mitte, Gotlindestraße 93, 10365 Berlin
Tel. 0 30/55 55-11 61, Fax 0 30/55 55-46 00 1249

Diplom-Volkswirt

41, led., Erfahrungen aus verschiedenen Projekttätigkeiten, gute kaufmännische Kenntnisse, Organisation und EDV, Recht, Gesundheits- und Sozialwesen, Schulungstätigkeit, Ausbildereignungsprüfung, gute analytische und kommunikative Fähigkeiten; Englisch fließend; flexibel und verantwortungsbewußt;
sucht neue Aufgabe in Unternehmen, Verwaltung oder Verbandswesen.

Auskünfte gibt: Frau Elies
Arbeitsamt Hannover, Brühlstaße 4, 30169 Hannover
Tel. 05 11/919-19 31, Fax 05 11/919-17 02 1250

Projektmanager NPO

49, verh., Industriekaufmann, Diplom-Betriebswirt (FH), Magister Artium (Soziologie und Wissenschaft v. d. Politik), Erfahrung im Personalwesen, Verwaltungsleitung, Pressearbeit, Marketing und Projektplanung, Bildungsarbeit, Beschäftigungförderung, Telearbeit;
sucht Tätigkeit in Projektentwicklung bzw. -leitung im sozialen kulturellen oder ökologischen Bereich.

Auskünfte gibt: Frau Elies
Arbeitsamt Hannover, Brühlstraße 4, 30169 Hannover
Tel. 05 11/919-19 31 Fax 05 11/919-17 02 1251

Kultur-/Bild.-/PR-Manager

46, verh., Dr. phil. „sehr gut“, 19 Jahre Berufserfahrung als Dozent an PH und Univ., GF von Musikfestivals und VHS; Management, Marketing und Koordination von Kultur, (Weiter-)Bildung, Ausstellungen, Events etc., inkl. PR; Publikationen, Moderations-, Lehr- und Vortragstätigkeit; EDV: Diverses inkl. Multimedia; Englisch gut, Französisch-Grundkenntnisse;
sucht bundesweit Tätigkeit in Verein, Verband, Stiftung, Museum, Agentur etc. im Wissens-, Kultur- und Bildungsmanagement.

Auskünfte gibt: Herr Giese
Arbeitsamt-Dienststelle Hofgeismar,
Bahnhofstraße 1, 34369 Hofgeismar
Tel. 0 56 71/99 54-22, Fax 0 56 71/99 54-19 1252

Biologin

43, Diplom Univ. Mainz 1996 „sehr gut“, Studienschwerpunkte: Botanik (Vegetationskunde, Standortökologie), Bodenkunde, Zoologie, Paläontologie, Geologie; 5 Jahre wissenschaftliche Hilfskraft an der Univ. Mainz, mehrjährige Mitarbeit in der Floristischen Arbeitsgemeinschaft, Arbeitserfahrung in Stadtbiotopkartierung, floristische Kartierung mit Pflegevorschlägen, Behörde mit Schwerpunkt Vertragsnaturschutz; EDV: Works, Word, Excel, Access, Photo-Shop, SPSS, Internet; Englisch gut, Grundkenntnisse in Spanisch, Niederländisch, Französisch;
sucht interessante Tätigkeit in Planungsbüro, Behörde, Universität, Naturkundemuseum.

Auskünfte gibt: Herr Renner
Arbeitsamt Mainz, Untere-Zahlbacher-Straße 27, 55131 Mainz
Tel. 0 61 31/248-228, Fax 0 61 31/248-248 1253

lungschancen dadurch erhöhen. Seit der Eingliederung der Fachvermittlungsdienste in den übrigen Service der Ämter gibt es an einigen Orten für Berufsanfänger im akademischen Bereich so genannte Hochschulteams.
Bedauerlicherweise herrscht bei manchen Arbeitgebern der Eindruck vor, dass Bewerber, die über das Arbeitsamt kommen, selbst nicht aktiv und somit möglicherweise auch gar nicht an der speziellen Stelle interessiert seien. Das kann, aber es muss nicht so sein. Umso wichtiger ist es, dass Sie sich mit Ihrem Arbeitsvermittler abstimmen und sich natürlich auch auf ein Bewerbungsgespräch vorbereiten, um für Fragen nach dem Grund der Bewerbung, nach dem Firmeninteresse usw. gewappnet zu sein.
Je mehr und je genauer Sie den Arbeitsvermittler mit Angaben über sich und Ihre Berufsabsichten versorgen, umso höher sind die Vermittlungschancen.
Sie müssen nicht erst arbeitslos ein, um die Hilfe des Arbeitsamtes in Anspruch zu nehmen. Um Arbeitslosigkeit zu vermeiden, sollten Sie z. B. auch bei drohender Kündigung, bei geplanten Betriebsstillegungen oder Konkurs rechtzeitig das Arbeitsamt um Hilfe bitten. Lassen Sie sich auch nicht abschrecken, wenn Ihnen gesagt wird: „Wir haben mit den Arbeitslosen genug zu tun, bitte kommen Sie wieder, wenn Sie Ihre Kündigung haben, dann sehen wir weiter.“ Denn auch die Arbeitsämter sind gehalten, ihren Beitrag zur Vermeidung von Arbeitslosigkeit – und damit zur Vermeidung von Kosten – zu leisten. Wenden Sie sich in einem solchen Fall an den Vorgesetzten und scheuen Sie sich auch nicht, sich ggf. in moderater Form beim Präsidenten des örtlich zuständigen Arbeitsamtes zu beschweren.
Es ist zwar immer noch besser selbst aktiv zu sein und sich zu bewerben. Dennoch sollte man, am besten zusätzlich, die Hilfen der Arbeitsämter durchaus in Anspruch nehmen, denn sie kosten den Bewerber nichts!

Persönliche Kontakte

Bei der Suche nach einem geeigneten Arbeitsplatz wird sich manch einer guter persönlicher Kontakte erinnern, die er dann zu nutzen versucht. Das ist grundsätzlich nicht verkehrt, dennoch will eine solche Vorgehensweise sehr sorgsam überlegt sein. Dazu ein negatives Beispiel:

Ein Datenschutzfachmann wurde durch Umorganisation in seinem Unternehmen und Verlagerung einiger Produktionsstätten ins Ausland seinen Job los. Da es für ihn schwer war eine entsprechende Position wiederzufinden, besann er sich auf persönliche Kontakte. So rief er eines Tages den Datenschutzbeauftragten eines großen Konzerns an, den er lediglich von einem Seminar her kannte, klagte diesem sein Leid und fragte, ob er nicht eventuell im X-Konzern für ihn eine Chance sähe. Obwohl sich das Gespräch recht gut entwickelte, wurde der Gesprächspartner doch vorsichtig und erkundigte sich, bevor er den „Vorgang" an seine Personalabteilung weiterleiten wollte, beim jetzigen Arbeitgeber des Hilfesuchenden. Denn dort kannte der Datenschutzbeauftragte seinerseits einen leitenden Ingenieur, dem er sich vertraulich mitteilte. Dabei kam heraus, dass unser Datenschutzfachmann angebotene anderweitige Tätigkeiten abgelehnt hatte und offenbar auch generell kein einfacher Zeitgenosse war. Das Ergebnis kann man sich denken.

Man sollte deshalb bedenken, wem man sich anvertraut. Die besten Ansatzpunkte hat man bei alten Arbeitgebern, bei denen man im Guten, also z. B. durch eigene Kündigung oder im besten Einvernehmen, ausgeschieden ist. Viele Leute scheuen solche Kontakte, weil sie befürchten, sich der Schadenfreude auszusetzen. Doch der Wille zu einer guten Position sollte hier stärker sein als persönliche Scham, wobei man im Einzelfall selbstverständlich immer die konkreten Umstände berücksichtigen muss. Ebenso gute Ansatzpunkte hat man bei früheren Ausbildern, Lehrern oder Hochschullehrern. Denn diese haben oft durch die Kontakte zu ehemaligen Schulen und Studenten einen recht guten Überblick über eine Vielzahl von Firmen.
Es soll hier keineswegs der Eindruck erweckt werden, man hätte nur mit persönlichen Kontakten bessere Chancen, eine Position zu finden; vielmehr will dieser kleine Abschnitt Sie nur darauf hinweisen, neben der eigentlichen Suche auch persönliche Kontakte zu reaktivieren und ggf. zu nutzen, sozusagen als *ein* Baustein bei den Eigenaktivitäten.
Zu denken ist natürlich auch an Freunde und Bekannte. Doch hier ist Vorsicht geboten, denn Sie wissen nicht, wie Ihr Anliegen dort ankommt, und vor allem nicht, wie es weitergegeben wird. Deshalb sollte man sich sehr geschickt an solche Hilfen heranarbeiten. Sie können z. B. bei Leuten, von denen Sie wissen, dass sie in größeren Unternehmen arbeiten, einfach einmal nachfragen, wie dort die Personalsituation aussieht. In den meisten großen Firmen werden nämlich vakante Positionen als innerbetriebliche Ausschreibungen am schwarzen Brett bekannt gemacht, um Mitarbeitern und Angehörigen vorrangig Gelegenheit zur Bewerbung zu geben.
In diesem Zusammenhang sei ein kleiner, aber wichtiger Exkurs erlaubt, um Ihnen die Situation aus der Arbeitgebersicht darzustellen. Wenn Sie nämlich in Ihrer Bewerbung schreiben „Von einem Bekannten habe ich erfahren, dass in Ihrem Hause die Position … frei geworden ist …", dann müssen Sie sich im Gespräch auf die Frage nach diesem Bekannten und Ihre Beziehung zu ihm

einstellen. Wenn es sich z. B. um ein Betriebsratsmitglied handelt und Sie sich für eine Vertrauensposition bewerben, dann könnte der Arbeitgeber die nicht ganz unberechtigte Befürchtung haben, dass in die guten persönlichen Kontakte auch dienstliche Dinge einfließen. Ähnlich wird es mit Leuten sein, die im Betrieb nicht gerade den besten Ruf haben (was Sie jedoch nicht wissen können).

Sie sehen, dass auch bei dieser Variante der Ausnutzung persönlicher Kontakte größte Vorsicht und Sensibilität am Platze sind, wollen Sie erfolgreich zum Ziel kommen. Sondieren Sie daher vorsichtig das „Feld" und fragen Sie Ihren Bekannten oder Freund, was er oder sie genau im Unternehmen macht und wie die Zusammenarbeit mit der Abteilungs- oder Personalleitung ist. Schon allein dadurch kann man wertvolles Wissen über Interna bekommen und sich dann immer noch überlegen, ob man einen Vorstoß machen will.

Wie man es mit einem positivem Ausgang machen könnte, zeigt das folgende Beispiel:

> Eine Anzeigendisponentin bei einem Zeitschriftenverlag mit guten Berufserfahrungen im Marketingbereich fühlte sich nicht mehr so recht wohl in ihrem Aufgabengebiet und wollte sich deshalb verändern. Sie vertraute dies einer Freundin an, die in einem Pharmaunternehmen arbeitete. Als man dort eines Tages eine Marketingassistentin suchte, besprachen sich die beiden Frauen über die Situation. Die beim Pharmaunternehmen beschäftigte Frau bat beim Personalchef um ein Gespräch, erläuterte ihm kurz die Situation ihrer Freundin und fragte ihn höflich, ob es angebracht wäre, wenn diese sich bewerben würde. Er bejahte, kam zu einer guten Beurteilung und stellte die Freundin ein.

Sie merken an diesem Fall die geschickte und wohlüberlegte Vorgehensweise, die weit mehr gebracht hat, als wenn sich die Disponentin lapidar mit dem Hinweis „über eine Freundin habe ich erfahren …" beworben hätte.

Zum Thema „persönliche Kontakte" gehört schließlich auch ein recht brisanter Bereich, nämlich der der innerbetrieblichen Kontakte. Hierbei geht es um das Weiterkommen im eigenen Unternehmen. Je größer das Unternehmen ist, umso höher sind bekanntlich die Chancen, sich innerbetrieblich qualifiziert zu verändern. Dass sich hierbei manchmal sehr überraschende Karrieren ergeben, die über persönliche Kontakte zustande gekommen sind, wird Sie nicht sonderlich überraschen.

Wenn z. B. eine studentische Aushilfe im Finanzwesen eines Bauunternehmens begann, dann einen befristeten Vertrag im Einkauf bekam und schließlich relativ schnell Vorstandssekretärin wurde, wofür sie ihr Studium aufgab, dann kann das wirklich leistungsbedingt und verdient sein. In diesem Falle war

es aber so, dass die junge, nicht unattraktive Dame ein Verhältnis mit einem Vorstandsmitglied hatte und von diesem entsprechend gefördert wurde.
Bauen Sie *nie* auf solche Kontakte, denn zum einen setzen Sie sich der Gefahr aus, zum Gespött der Firma zu werden, und zum anderen sind private Verquickungen im Beruf immer gefährlich. Geht eine firmeninterne Liebschaft, aus der Sie beruflichen Profit gezogen haben, in die Brüche, wird es sicherlich nicht lange dauern, bis es auch zu dienstlichen Belastungen kommt. Ergebnis: Man wird Ihnen nahe legen zu kündigen, bestenfalls mit einer Abfindung, damit Sie den Mund halten. In Amerika gibt es den ernüchternden Satz: Office fuck is bad luck!
Man soll nicht denken, dass es nur Frauen sind, die durch sehr persönlichen Einsatz versuchen, bestimmte Positionen zu bekommen. Es gibt auch viele Männer, die sich gezielt betriebsinterne Partnerinnen aussuchen, um an Informationen zu kommen, die ihnen berufliche Vorteile verschaffen. Auch so etwas geht meistens daneben.

Verbesserung der Ausgangsposition

In diesem Kapitel soll versucht werden aufzuzeigen, wie man durch überlegtes, und zwar frühzeitig überlegtes, Vorgehen seine Ausgangsposition als Bewerber verbessern kann. Dabei geht es nicht nur darum, dem arbeitslosen Bewerber Qualifikationsmöglichkeiten aufzuzeigen, sondern auch und sehr viel mehr darum, demjenigen, der sich später qualifiziert bewerben will, Anhaltspunkte für die Verbesserung seiner Bewerbungsposition zu geben.
Sehr oft trifft man bei vielen Arbeitnehmern eine gewisse Nachlässigkeit gegenüber Aus- und Fortbildungsmöglichkeiten an, selbst dann, wenn eigene Unternehmen interne Angebote machen. Nutzen Sie deshalb jede Möglichkeit sich neben Ihrem Beruf zu qualifizieren nicht nur, um Ihre späteren Bewerbungschancen zu erhöhen, sondern auch, um für sich selbst etwas zu tun. Voraussetzung ist natürlich, dass Sie genau wissen, was Sie wollen. Wenn Sie mit Ihrem Beruf zufrieden sind und nicht erkennen können sich durch Fortbildungsmaßnahmen zu verbessern, müssen Sie sich keine Gedanken machen. Doch das ist nur oberflächlich gesehen, denn auch in einer befriedigenden Position kann es nützlich sein, wenn Sie z. B. eine Fremdsprache beherrschen. Vielleicht wird man irgendwann auf diese Fähigkeit aufmerksam, und es kommt zu einer Beförderung oder zu einem besseren Stellenangebot.
Viele Berufe leben indes davon, dass die Ausübenden ihre Kenntnisse und Fähigkeiten ständig verbessern. Das beginnt bei der Beherrschung moderner PC-Programme und geht über Sprachkenntnisse und spezielle Branchenkenntnisse bis hin zu Schulungen in Rhetorik und Führungsverhalten, um nur einige Beispiele zu nennen. Will man gezielt weiterkommen, so kann man sich solchen Fortbildungsmöglichkeiten gar nicht verschließen. Je qualifizierter Sie arbeiten, umso wichtiger ist es, dass Sie ständig auf dem Laufenden bleiben und sich durch neue Fachliteratur und in Kursen weiterbilden.
Nicht selten hängt das Fortkommen im Betrieb ab von der Bereitschaft auch außerhalb der Arbeitszeit an Weiterbildungsveranstaltungen teilzunehmen. Will man weiterkommen, so führt kein Weg an Fortbildungsmaßnahmen vorbei. Sehr wichtig ist es auch für Berufsanfänger und Studenten, sich frühzeitig über berufliche Ziele Gedanken zu machen und sich entweder durch zusätzliche Seminare zu qualifizieren (Beispiel: ein Betriebswirt belegt Kurse im Wirtschaftsrecht) oder aber durch Praktika in speziellen Unternehmen Akzente zu setzen (Beispiel: ein Jurastudent macht ein Praktikum in einem Verlag, Abteilung Rechte und Lizenzen, weil dieses Gebiet seine Zielvorstellung ist).

Nicht unerwähnt soll bleiben, dass auch die örtlichen Volkshochschulen sehr oft gute und berufsbezogen verwertbare Kenntnisse vermitteln. So können Sie z. B. einen Kurs über betriebswirtschaftliche Grundkenntnisse belegen, einfach, um bestimmte Zusammenhänge besser verstehen zu lernen.
Im Hinblick auf die Bewerbung generell gilt der Grundsatz: Was ich (zusätzlich) gelernt habe, kann mir von Nutzen sein.

Fachbezogene Fortbildungslehrgänge

Es gibt heute eigentlich kaum einen Beruf, in dem man ohne fachliche Weiterbildung auskommt. Das gilt vor allem für Berufe im technischen oder im EDV-Bereich, aber auch eine Verkäuferin muss sich durch Schulungen auf neue Herausforderungen einstellen. Wer in seinem Beruf weiterkommen will, muss sich auch in ungekündigter Position auf Neuerungen einstellen. Dazu gibt es zwei Möglichkeiten: Entweder man nutzt die (innerbetrieblichen oder externen) Fortbildungsangebote seines Arbeitgebers oder man sucht außerhalb seines Berufes nach Fortbildungsmöglichkeiten. Die Auswahl bei Volkshochschulen oder branchenspezifischen Anbietern ist überaus breitgefächert.
Generell gilt Folgendes: Eine planvolle fachbezogene Fortbildung wird Ihnen immer Vorteile bringen, denn Sie beweisen damit Ihr Interesse am Fach, Ihre Flexibilität und Ihre Aufgeschlossenheit Neuem gegenüber. Nutzen Sie deshalb jede Gelegenheit, sich in Ihrem Fachgebiet weiterzubilden.
Dabei soll nicht verkannt werden, dass besonders ältere Mitarbeiter Vorbehalte haben sich fortbilden zu lassen. Oft sehen sie die Notwendigkeit nicht ein, halten es im Hinblick auf die ihnen verbleibende Arbeitszeit nicht der Mühe wert oder fühlen sich ganz einfach überfordert.
Vordringlicher als für Mitarbeiter in gesicherter Position ist es für arbeitslose Bewerber, sich um fachbezogene Fortbildung zu bemühen. Häufig begegnet man, vor allem bei Langzeitarbeitslosen, einer gewissen Trägheit oder Mutlosigkeit, wenn es um die Wahrnehmung von nützlichen Weiterbildungsangeboten geht.
Mitunter verhindert aber auch eine überzogene Selbsteinschätzung die Einsicht in die Notwendigkeit. Dabei verhilft eine konsequente Aktualisierung des Kenntnisstandes zu erheblichen Vorteilen in der Bewerbungssituation. Dies veranschaulicht ein Beispiel, wiederum einer Sekretärin:

Diese war durch Wegfall ihres Arbeitsplatzes in der Situation, sich neu orientieren zu müssen. Sie nutzte die Zeit der Arbeitslosigkeit und

> belegte an der Volkshochschule Kurse für betriebswirtschaftliche Grundkenntnisse und PC-Anwender. Bei den Bewerbungen gab sie dies jeweils an und hatte dadurch den Vorteil einer positiven Beurteilung mit dem Ergebnis einer relativ raschen Anstellung. Wobei der neue Arbeitgeber ihr auch noch zusicherte, dass sie die begonnenen Kurse auf seine Kosten (und zu seinem Nutzen) fortführen könnte.

Legen Sie deshalb, sowohl in ungekündigter Position als auch als Arbeitsloser, Ihre beruflichen Zielvorstellungen genau fest. Danach sollten Sie prüfen, ob und in welchen Gebieten Ihnen fachliche Weiterbildung von Nutzen sein kann. Belegen Sie nicht beliebige Kurse in der Hoffnung, sie könnten Ihnen irgendwann schon mal nützlich sein (besonders beliebt bei Sprachkursen), sondern arbeiten Sie gezielt und mit klarem Bezug auf die gewünschte Position hin. Lassen Sie sich als Arbeitsloser auch eingehend beraten, ob und ggf. in welchem Umfang das Arbeitsamt Ihnen derartige Fortbildungsmaßnahmen finanziert, denn qualifizierte Kurse kosten leicht mehr als € 500,–, manchmal nur für einen einzigen Unterrichtstag, dazu kommen unter Umständen noch Anreise und Übernachtungskosten, wenn der Kurs in einer anderen Stadt durchgeführt wird.

Sprachstudien

Sprachkurse sind als Fortbildungsgegenstand beliebt, weil man Sprachen nicht nur beruflich, sondern eben auch privat nutzen kann. Es ist deshalb grundsätzlich immer vorteilhaft, sich Fremdsprachenkenntnisse anzueignen. Bezogen auf die Verbesserung der Startbedingungen für Bewerber sei jedoch gesagt, dass sowohl die Sprachkurse als auch die Sprache selbst sehr sorgfältig ausgewählt werden müssen. Denn Ihre Sprachkenntnisse mögen noch so beeindruckend sein, sie nützen Ihnen gar nichts, wenn Sie sie beruflich nicht verwerten können. Dazu ein Beispiel:

> Ein arbeitsloser Betriebswirt schrieb in seinen Bewerbungsanschreiben stets den Standardsatz: „Schließlich sei noch erwähnt, dass ich neben Englischkenntnissen über sehr gute Kenntnisse der türkischen, holländischen und schwedischen Sprache verfüge, die ich in Ihrem Hause einsetzen könnte." Als ein Personalleiter (einer Großbank) einmal nachfragte, wie denn der Bewerber auf diese doch recht ungewöhnliche Zusammenstellung gekommen sei, zumal sein Lebenslauf und seine beruflichen

Stationen keine entsprechenden Rückschlüsse zuließen, bekam er eine verblüffende Antwort. Der Bewerber erklärte allen Ernstes, er habe in diesen Ländern jeweils Freundinnen gehabt, und er habe großen Wert darauf gelegt sich mit ihnen in der jeweiligen Landessprache unterhalten zu können ...

Es ist ein Irrtum, wenn man annimmt, Sprachen im Unternehmen einsetzen zu können, die in der Anzeige gar nicht gefragt waren. Und außerdem ist es reichlich naiv, die Kenntnisse mit privaten Belangen zu begründen. Wenn man schon mit seinen (vom Unternehmen nicht geforderten!) Sprachen renommieren will, sollte man wenigstens allein das Interesse an der Sprache und ggf. noch am betreffenden Land bekunden, jedoch private Hintergründe tunlichst verschweigen.

Klären Sie erst ab, ob und in welchem Umfang gerade in Ihrem Beruf Fremdsprachen erforderlich sind, und entscheiden Sie sich dann für entsprechende Kurse. Wenn Sie eine Tätigkeit im Ausland anstreben oder eine Tätigkeit im Inland mit Auslandsbezug, dann werden Sprachkenntnisse zwingend vorausgesetzt. Haben Sie hier Defizite, so können Sie gezielt, z. B. auch durch Sprachstudien im Ausland, vorarbeiten, um Ihre Bewerberposition zu verbessern.

Gängige Handels- und Geschäftssprachen wie Englisch, Französisch oder Spanisch sind grundsätzlich immer von Vorteil. In vielen Unternehmen bestehen nicht erst seit In-Kraft-Treten des europäischen Binnenmarktes zahlreiche internationale Kontakte, die z. B. sogar für Buchhalter wenigstens englische Sprachkenntnisse erforderlich machen. In Leitungspositionen dagegen wird mindestens Englisch vorausgesetzt. Wenn Sie sich als Sales-Manager irgendwo bewerben und nur zur Verständigung ausreichende Sprachkenntnisse z. B. in Englisch haben, wird die Bewerbung vergeblich sein.

Wenn Sie spezielle Sprachen berufsbezogen lernen wollen, dann tun Sie das bitte erst, wenn sicher ist, dass Sie diese auch wirklich benötigen. Wenn Sie in Hamburg in einer Reederei mit Skandinavienbezug tätig sein wollen, dann können neben selbstverständlich vorausgesetzten Englischkenntnissen weitere Kenntnisse in Dänisch, Norwegisch, Schwedisch oder Finnisch auf keinen Fall schaden, im Gegenteil erhöhen Sie dadurch Ihre Bewerberchancen. Wenn Sie sich dagegen als Sachbearbeiter in einer Kfz-Werkstatt bewerben, werden Ihnen noch so qualifizierte Kenntnisse anderer Sprachen kaum Bewerbungsvorteile verschaffen.

Natürlich gibt es auch Ausnahmen. Dazu ein Beispiel:

In einem Rundfunkgeschäft in Freiburg/Breisgau bewarb sich ein Spezialist mit perfekten Französischkenntnissen, die zwar nicht gefordert waren, aber dennoch den Ausschlag gaben, den Bewerber einzustellen.

Denn man besann sich rasch darauf, dass man doch recht viele Kunden aus dem benachbarten Elsass hatte und die Sprachkenntnisse des Bewerbers deshalb durchaus von Vorteil für die Firma sein würden.

Das Beispiel macht deutlich, dass man in Regionen mit Auslandsbezug oder gar in grenznahen Gebieten in fast jedem Berufszweig, hier besonders im Verkauf oder im Dienstleistungsbereich, mit entsprechenden Sprachkenntnissen als Bewerber Vorteile hat.
Übrigens ist es für die Bewerbungschancen nicht ganz gleichgültig, wie und wo Sie Ihre Sprachkenntnisse erworben haben. Wenn z. B. in Anzeigen steht, dass im Ausland erworbene Sprachkenntnisse erforderlich sind, dann heißt das im Klartext, dass Sie im Ausland entweder gearbeitet oder zumindest einige Zeit gelebt haben müssen. Der Bewerber, der auf eine solche Anzeige (gesucht wurde ein Produktrepräsentant einer Pharmafirma) schrieb, er habe seine Englischkenntnisse in einem dreimonatigen Aufenthalt bei der Tabakernte im Süden der USA „aufgefrischt", konnte einer Absage sicher sein.
Wenn Sie Sprachkurse oder Seminare belegen oder gar in Sprachschulen gehen, achten Sie immer darauf, dass Ihnen auch die für den Beruf wichtige Wirtschaftssprache beigebracht wird (natürlich unter der Voraussetzung, dass Sie über Grundkenntnisse der jeweiligen Sprache bereits verfügen). Lernen Sie nicht einfach aufs Geratewohl, sondern möglichst gezielt mit Blick auf die gewunschte Position.
Schließlich sei noch erwähnt, dass es auch eine unternehmensbezogene Art der Weiterentwicklung Ihrer Sprachkenntnisse gibt, die sehr oft übersehen und selten genutzt wird. Wenn nämlich Ihr jetziges Unternehmen Auslandsvertretungen oder eigene Niederlassungen hat, sollte man positionsbezogen prüfen, ob nicht die Möglichkeit besteht, für eine kurze oder auch befristet längere Zeit dort eingesetzt zu werden. Die dadurch erworbenen beruflichen und auch sprachlichen Erfahrungen sind für das weitere Fortkommen manchmal Gold wert.

Praktika

Eine weitere Möglichkeit, die Startposition als Bewerber zu verbessern, besteht darin, gezielt in speziellen Unternehmen Praktika zu absolvieren. Dieser kleine Abschnitt richtet sich deshalb besonders an Berufsanfänger und Studenten, die sich oftmals mehr oder weniger planlos in Unternehmen ganz unterschiedlicher Art um Praktikantenplätze bemühen.

Je gezielter man jedoch bei der Praktikumssuche vorgeht, desto höher ist die Chance später in der betreffenden Unternehmensbranche Bewerbungsvorteile zu erreichen. Es ist – das sei zugegeben – für Berufsanfänger und Studenten nicht immer leicht, so weit vorauszuschauen, dass man bereits mit einem Praktikum klare Berufsakzente setzt. Umso wichtiger ist es sehr sorgfältig zu planen und Praktika so auszuwählen, dass sie auch von Nutzen sind. Wer ohne erkennbares System ganz unterschiedliche Bereiche für Praktika auswählt, erweckt leicht den Eindruck, gar nicht so genau zu wissen, was er oder sie eigentlich will. Für manchen Arbeitgeber ist das – trotz beteuerten Verständnisses – ein Mangel und demzufolge ein Nachteil für den Bewerber. Dazu ein Beispiel:

> Ein Student der Betriebswirtschaft hospitierte zunächst in einem Maschinenbaukonzern (im Controlling), dann in der Personalabteilung eines Landesministeriums. Als er sich nach Abschluss des Studiums bei einem Textilkonzern bewarb, fragte man ihn nach Sinn und Zweck der Praktika in den anderen Bereichen und auch ganz gezielt, warum er denn nicht seine Praktika im Konzern gemacht habe, quasi als Vorbereitung für eine Tätigkeit. Die Antworten waren wenig überzeugend; auch er bekam eine Absage.

Man muss dem Betriebswirt schon eine gewisse Gedankenlosigkeit vorwerfen. Denn wenn man sich als Akademiker bewirbt, darf das Unternehmen schon ein spezielles Interesse verlangen. Die Wahl völlig artfremder Praktika macht den Mangel an der nötigen Zielstrebigkeit offenbar.

Lassen Sie sich auf Ihrem Ausbildungsweg auf keinerlei Kompromisse ein. Richten Sie Ihre Praktika unbedingt nach Ihrem Berufsziel aus und verfolgen Sie dieses hartnäckig. Denn gezielte Praktika erhöhen in jedem Fall Ihre Chancen. Auch dazu ein Beispiel:

> Ein junges Mädchen, Gymnasiastin, hatte sich darauf festgelegt Werbetexterin zu werden. Ihre Schulpraktika machte sie deshalb in ihrer Stadt in zwei Werbeagenturen. Sie wurde zwar zunächst aus Zeitgründen abgelehnt, blieb aber am Ball und arrangierte sich schließlich mit den Agenturen, weil sie Praktika in anderen Bereichen eben nicht wollte. Sie studierte dann Kommunikationswissenschaften und hospitierte acht Wochen bei einer renommierten PR-Agentur. Schon bald wurde man auf die Fähigkeiten der jungen Dame aufmerksam und legte ihr nahe, sich nach Studienabschluss dort zu bewerben.

Dieses Beispiel zeigt deutlich eine klare Berufsvorstellung, einen konsequenten Werdegang und auch eine adäquate Praktikumsauswahl. Zwar wird man nicht immer gleich mit Angeboten überhäuft, aber wer einmal im Unternehmen war und sich bewährt hat, den behält man mittel- oder längerfristig natürlich gern im Auge.
Nutzen Sie deshalb die Möglichkeit berufsbezogener Praktika ganz gezielt als Baustein Ihres beruflichen Werdegangs. Natürlich nimmt es Ihnen als Berufsanfänger niemand übel, wenn Sie mal „fremdgehen" und sich in einem anderen Bereich umsehen, wenn Sie es nur einleuchtend erklären können. Dennoch sollten Sie sich bemühen die Firmen für Ihre Praktika möglichst „dicht" am Berufswunsch auszusuchen. Je größer das Unternehmen, desto höher die Chance, dort den begehrten Praktikumsplatz zu bekommen, ist eine alte Regel, die aber nicht immer eine goldene sein muss. Denn erfahrungsgemäß werden auch dort nur wenige Plätze vergeben. Versuchen Sie sich deshalb auch in artverwandten kleineren Unternehmen, in denen Sie eventuell sogar noch mehr lernen können. Und: Wenn man dort noch keine Erfahrungen mit Praktikanten hat, scheuen Sie sich nicht, Ihre engagierte Mitarbeit während des Praktikums anzubieten.
Wenn Sie nicht wissen, an welche Firmen Sie sich wenden können, so nehmen Sie die Beratungen des örtlichen Arbeitsamtes oder der Industrie- und Handelskammern in Anspruch. Sehen Sie sich am Wochenende die Stellenanzeigen der Unternehmen in Ihrer Tageszeitung an und prüfen Sie, ob Firmen oder Positionen dabei sind, die für Sie von Interesse sein könnten. Nehmen Sie dann direkten Kontakt auf.

Wichtig:

- Mit zusätzlich erworbenen Kenntnissen kann man seine Startbedingungen erheblich verbessern. Möglichkeiten gibt es viele:
- Praktika – als Orientierungshilfe oder als gezielt gewählter Berufsbaustein – während der Schul- oder Studienzeit oder auch, um die Zeit in der „Warteschleife" vor der eigentlichen Berufsausbildung zu nutzen.
- Fachlehrgänge erweitern das berufliche Wissen.
- Sprachstudien können Sie betreiben an den einschlägigen Sprachenschulen (Wirtschaftssprache!), an Volkshochschulen oder – am allerbesten – im Ausland. Sie sind für den Beruf von Vorteil, wenn sie Bezug dazu haben.
- Zur Vervollkommnung der eigenen Persönlichkeit haben Sie die Wahl unter Veranstaltungen in großer Zahl und Vielfalt, z.B. Assessment-Center und Rhetorik-Übungen.

Die Arbeitgebersituation

Wer kennt sie nicht, die lapidaren Absagebriefe, in denen man lesen kann „leider mussten wir einem anderen Bewerber den Vorzug geben“ oder „bedauerlicherweise hat sich bei der Besetzung der hier relevanten Position eine interne Lösung ergeben, sodass wir Ihre Bewerbung leider nicht weiterverfolgen können“. In der Regel sind solche Formulierungen nicht ehrlich, sondern höfliche Floskeln. Dahinter verbergen sich aber ganz konkrete Überlegungen des Arbeitgebers in Bezug auf eine zu besetzende Position. Sie als Bewerberin oder Bewerber an diese mitunter recht diffizile Gedankenwelt heranzuführen ist das Anliegen dieses Kapitels.

Die wenigsten Bewerber machen sich ernsthafte Gedanken über die spezielle Situation bei einem (neuen) Arbeitgeber, weil sie zu sehr mit den eigenen Problemen beschäftigt sind. Das wird leicht als mangelndes Interesse am Unternehmen ausgelegt und kann eine Bewerbung schon im Ansatz zum Scheitern bringen. Das Bestreben eines geschickten Bewerbers sollte es sein, die Beweggründe und Erwartungen des Arbeitgebers aufzuspüren, die die ausgeschriebene Position betreffen.

Das bedeutet im Einzelnen, dass man sich auseinander zu setzen hat mit der Person des Arbeitgebers, seinen Produkten oder Dienstleistungen, seinem Stellenwert in der Branche oder in der Stadt und mit möglichen anderen Besonderheiten (die Firma war mal im Konkurs, der Chef ist Präsident eines Sportverbandes, die Firma sponsert soziale Einrichtungen, die Firma hat keinen Betriebsrat usw.). Sodann sollte man versuchen zu ergründen, warum die Stelle überhaupt ausgeschrieben wurde, z. B. weil jemand gekündigt hat und der Arbeitgeber Ersatz sucht oder weil der Arbeitgeber gekündigt hat. Denn an solche Konstellationen knüpfen sich beim Arbeitgeber durchaus unterschiedliche Erwartungshaltungen. Sehr wichtig sind natürlich auch Überlegungen zur fachlichen Kompetenz. Auch hier werden leider immer wieder – vermeidbare – Fehler gemacht, weil Bewerber die Stellenanzeigen nicht aufmerksam genug lesen und dann unzureichende Bewerbungsschreiben abgeben, die natürlich keinen Erfolg bringen.

Je aufmerksamer man die Stellenanzeigen liest, desto eher hat man die Chance, auf spezifische Besonderheiten beim Arbeitgeber aufmerksam zu werden, die es dann, sollte es zu einem Vorstellungsgespräch kommen, geschickt zu hinterfragen gilt.

Und: Je besser man die Absichten und Erwartungen des Arbeitgebers bezüglich der ausgeschriebenen Position durchschaut, desto größer ist die Chance seine Bewerbung der angestrebten Position gemäß zu profilieren.

Qualifikation der zu besetzenden Position

Die Arbeitgebersituation bei der Besetzung vakanter Positionen ist gekennzeichnet von zwei großen Bereichen: Zum einen müssen die Bewerber den fachlichen Anforderungen genügen und zum anderen müssen sie auch persönliche Merkmale aufweisen, die eine Eignung nahe legen.
Das kommt in aller Regel im Anforderungsprofil einer Stellenanzeige deutlich zum Ausdruck.

Fachliche Qualifikation

Die geforderte fachliche Qualifikation richtet sich in erster Linie nach den Erfordernissen des Unternehmens und seines Organisationsgefüges. Wenn z. B. im Finanzwesen eines großen Unternehmens die Position „Sachbearbeiter Debitorenbuchhaltung" zu besetzen ist, dann ist damit klar umrissen, wie das ideale Bewerberprofil auszusehen hat. Die Person muss Erfahrungen im Debitorenbereich haben. Liegen diese nicht vor, ist die Bewerbung für den Arbeitgeber uninteressant. Die Bezeichnung „Sachbearbeiter" besagt zudem, dass eine deutliche Einordnung ins Unternehmensgefüge gegeben ist, in dem es eventuell noch einen Gruppenleiter und einen Abteilungsleiter gibt.
Die fachliche Qualifikation hat drei wichtige Komponenten:

- qualifizierte Ausbildung
- fachliche Berufserfahrung
- fachliche „Kompatibilität" zu anderen Mitarbeitern

Die Forderung nach qualifizierter Ausbildung bedeutet für die zu besetzende Position, dass der Bewerber solide Kenntnisse also von der Pike auf gelernt haben soll. Für viele Positionen ist dies eine Grundvoraussetzung, weil man andere Mitarbeiter nicht anlernen kann oder weil bei der zu besetzenden Position eine längere Anlernzeit einfach nicht möglich ist.
Die Ausbildungserfordernisse werden in aller Regel in den Stellenanzeigen deutlich gemacht. Wo man lesen kann, dass auch eine vergleichbare Ausbildung reicht, signalisiert der Arbeitgeber, dass es ihm zwar auf eine fachlich fundierte Ausbildung ankommt, sie aber nicht unbedingt rein positionsbezogen sein muss. Beispiel: Eine Versandbuchhandlung suchte einen Sachbearbeiter für die Kundenbetreuung Ausland. In der Anzeige stand: „Ausbildung als Buchhändler, Bibliothekar oder vergleichbare Ausbildung". Damit wurde signalisiert, dass man z. B. auch einen Verlagskaufmann einarbeiten würde.
Mit dem Hinweis auf fachliche Berufserfahrung wird bedeutet, dass die zu besetzende Position erstens nicht von einem Berufsanfänger ausgeübt werden

kann und zweitens von ihrem Stellenwert her nur qualifiziert besetzt werden kann. Vielfach legen Arbeitgeber auch Wert darauf, neues, wenn nicht gar innovatives Know-how in Gestalt von Mitarbeitern „einzukaufen“, weshalb der fachlichen Berufserfahrung hohe Bedeutung zukommt.

Die Wertigkeit der zu besetzenden Position bemisst sich – auch bezogen auf Berufserfahrungen – immer nach dem Organisations- oder Unternehmensgefüge. Der Arbeitgeber weiß anhand eines Organigramms genau, wo und in welcher Funktion was in welchem Umfang zu tun ist. Wenn z. B. ein erfahrener Fachmann ausfällt oder gar kündigt, wird er sehr rasch wissen, welche Folgen im Hinblick auf das Ergebnis zu erwarten sind, wenn die Position nicht bald wieder besetzt wird. Man sieht, dass der Faktor Berufserfahrung durchaus ein Kostenfaktor sein kann.

Doch mit der Berufserfahrung allein ist es oft nicht getan. Gerade wenn ein Team (und sei es noch so klein) für ein Ergebnis verantwortlich ist, muss es darauf ankommen, dass der neue Mitarbeiter oder die neue Mitarbeiterin sich nicht nur persönlich, sondern vor allem auch fachlich möglichst reibungslos einfügt. Dann spricht man im Anforderungsprofil von fachlicher Kompatibilität. Dieser Aspekt wird sehr oft von Bewerbern übersehen, leider gehen aber auch Arbeitgeber manchmal in Ermangelung geeigneter Bewerber hier Kompromisse ein, die sich störend auf die Teamarbeit auswirken. Deshalb sollten Sie als Bewerber besonders zu erfahren suchen, mit wem Sie zusammenarbeiten werden. Damit erweisen Sie Ihr Interesse an der Firma und am Arbeitsplatz und gewinnen zudem eine gewisse Sicherheit für die eigene Beurteilung, ob der Arbeitsplatz für Sie geeignet ist.

Persönliche Qualifikation

Mitunter werden an den Bewerber um eine bestimmte Position konkrete persönliche Anforderungen gestellt. Dazu gehören Faktoren wie Alter, Geschlecht, Mobilität, Flexibilität und Belastbarkeit. In aller Regel finden sich diese Angaben in einer Stellenanzeige wieder; wenn nicht, wird der Arbeitgeber im persönlichen Gespräch überprüfen, ob der Bewerber seinen Vorstellungen entspricht.

Obwohl es inzwischen gesetzlich normiert ist, dass Stellenausschreibungen grundsätzlich geschlechtsneutral zu erfolgen haben, gibt es immer wieder kleine Mogeleien, die für den außenstehenden Bewerber kaum zu durchschauen sind. Selbst wenn z. B. die Position eines Anzeigenleiters in einem Verlag für männliche und weibliche Bewerber ausgeschrieben wurde, heißt das noch lange nicht, dass sowohl Frauen als auch Männer gleiche Chancen hätten. Denn wenn das bisherige Team nur aus Frauen besteht, wäre es möglich, dass dort wiederum nur eine Frau erwünscht ist. Für den Bewerber ist es deshalb

wichtig, im Bewerbungsgespräch sein neues Umfeld in dieser Hinsicht vorsichtig auszuloten.
Der Faktor Alter findet sich hingegen in vielen Stellenanzeigen, manchmal direkt, manchmal verschleiert. Wenn es heißt, dass ca. 5 Jahre Berufserfahrung erwartet werden, geht man von einer Person von ca. Mitte 20 aus. Wenn in einer Anzeige steht, Sie passen am besten zu uns, wenn Sie zwischen 40 und 45 Jahre alt sind, dann dürfen Sie voraussetzen, dass diese Position Berufserfahrung, menschliche Reife und Verantwortungsbewusstsein mit sich bringt. Ignorieren Sie nie die Alterswünsche der Arbeitgeber.
Wenn die Mobilität in einer Stellenanzeige angesprochen wird, dann handelt es sich um einen Arbeitsplatz, der entweder Reisen oder sogar längere Aufenthalte z. B. in auswärtigen Niederlassungen des Unternehmens mit sich bringt. Solche Anforderungen findet man in letzter Zeit sehr häufig. Denn in manchen Positionen, besonders auf der Führungsebene, sind Reisen – auch ins Ausland – zwingend notwendig, wenn nicht gar Bestandteil der Position.
Flexibilität kann hingegen vielerlei bedeuten: einmal die Bereitschaft zur Mobilität (siehe oben), zum anderen aber auch die Bereitschaft über die üblichen Arbeitszeiten hinaus tätig zu sein oder in angrenzenden Arbeitsgebieten bei Bedarf Aufgaben zu übernehmen. Die Flexibilität als Arbeitstugend nimmt an Bedeutung immer mehr zu. Die Zeiten klar umrissener Arbeitsgebiete mit festen Arbeitszeiten sind weitgehend vorbei.
Hochgeschätzt sind schließlich auch persönliche Qualifikationen wie Loyalität, Verschwiegenheit und Kooperationsbereitschaft. Solche Forderungen sind durchaus ernst zu nehmen, wenn sie in einer Anzeige stehen. Für die Kooperationsbereitschaft wird z. B. vorausgesetzt, dass Sie mit einer Vielzahl von Personen innerhalb und außerhalb des Betriebs gut zusammenarbeiten. Kooperationsbereitschaft bedeutet Kontaktfreudigkeit, die Fähigkeit, Anregungen und Wünsche von Mitarbeitern und Kunden aufzunehmen und umzusetzen, und auch das Vermögen, Rat entgegenzunehmen und Fehler zuzugeben. Die Loyalität ist für viele Positionen unerlässliche Voraussetzung, z. B., wenn Sie mit Umsatzzahlen oder anderen Interna in Berührung kommen. Auf solche persönlichen Erfordernisse muss man sich einstellen.

Die Erwartungshaltung des Arbeitgebers

Die meisten Bewerber gehen mit weichen Knien in ein Bewerbungsgespräch, weil sie Angst haben, Fehler zu machen oder den Erwartungen des Arbeitgebers nicht gerecht zu werden. Diese Befürchtungen sind weitgehend unbe-

gründet, wenn man sich nur gründlich genug auf das Gespräch vorbereitet. Dazu ist der erste Schritt, es muss wiederholt werden, die ausführliche Analyse des Anzeigentextes.
Im Folgenden sollen Sie einen Eindruck erhalten, welche Überlegungen der Arbeitgeber anstellt, bevor er eine Position ausschreibt.
Vorab sei es noch einmal betont: Die Erwartungen des Arbeitgebers zu kennen ist bereits der halbe Bewerbungserfolg. Diese Kenntnisse müssen Sie sich erarbeiten. Machen Sie sich am besten ein Strategiekonzept (siehe dazu Seite 34 ff.), nach dem Sie genau vorgehen und alle Ihre Erfahrungswerte festhalten.
Natürlich kommt es vor, dass der Arbeitgeber selbst noch gar keine klaren Vorstellungen von dem neuen Mitarbeiter hat und sich auch beim Bewerbungsgespräch unbestimmt verhält. Nehmen Sie das nicht einfach hin, sondern versuchen Sie diplomatisch den unentschlossenen Arbeitgeber für sich zu interessieren. Viele Personalleiter oder -sachbearbeiter beherrschen leider nicht die Kunst der Gesprächsführung. Es soll sogar vorkommen, dass der Personalleiter gar nicht weiß, wie einzelne Positionen im Unternehmen überhaupt beschaffen sind, sodass das Bewerbungsgespräch sich im Abspulen von Routinefragen erschöpft. Das kann peinlich werden, wenn Sie gezielte Fachfragen stellen. Deshalb werden die Gespräche oft zu zweit geführt, das heißt, der Personalleiter bittet den Fachabteilungsleiter dazu.
Den guten Gesprächspartner erkennen Sie daran, dass er nicht nur fachlich und arbeitsrechtlich versiert ist, sondern darüber hinaus die geschickte und psychologisch durchdachte Gesprächsführung beherrscht, mit der er Sie an die zu besetzende Position heranführt. Gegenüber einem solchen Gesprächspartner haben Sie die besten Chancen, bezüglich der Arbeitgebererwartung all das in Erfahrung zu bringen, was für Sie wissenswert ist.

Fachbezogene Erwartungshaltung

Am einfachsten sind noch Informationen darüber zu erhalten, was der Arbeitgeber an fachlichen Voraussetzungen erwartet. Stellenanzeigen, vorausgesetzt, sie sind klar formuliert, enthalten wichtige Anhaltspunkte, die Sie dann auch wörtlich nehmen sollten. Andernfalls bewerben Sie sich an den fachlichen Anforderungen vorbei, wie es im folgenden Fall geschah:

Eine Baufirma in Berlin suchte per Anzeige eine(n) Bilanzbuchhalter(in) mit einigen Jahren Berufserfahrung und guten Englischkenntnissen und wünschte sich die Berufserfahrungen möglichst in der Baubranche (Formulierung: „... wären von Vorteil"). Die fachlichen Anforderungen waren also klar umrissen. Dennoch bewarben sich zahlreiche Damen und Herren, die ihre Prüfung zum Bilanzbuchhalter gerade erst gemacht hatten oder kurz davor standen und demzufolge keine Berufserfahrungen hatten. Ebenso bewarben sich sehr viele Leute aus dem Ostteil Berlins, die keine oder nur geringe Englischkenntnisse hatten, da Englisch in der ehemaligen DDR in der Regel nicht gelehrt wurde.

Die ausdrücklichen Anforderungen wurden also nicht beachtet. Übrigens hatte der Personalleiter der Firma in diesem Fall von den Bewerbern ein Anforderungsprofil erstellt, um danach seine Auswahl für ein Bewerbungsgespräch zu treffen. Das Dokument sehen Sie unten auf dieser Seite. Es ist nicht nur ein gutes Beispiel für eine sorgfältige Bewerberauswahl, sondern dokumentiert die Arbeitgebererwartung hinsichtlich der fachlichen Qualifikation. Stellen Sie sich nach diesem Muster eine eigene Checkliste auf, füllen Sie sie wahrheitsgemäß aus, und prüfen Sie so im Vorfeld Ihre Chancen auf eine Anzeige.
Die fachbezogene Erwartungshaltung des Arbeitgebers setzt sich aus drei Komponenten zusammen:

- Fachkenntnisse in der Position
- Fachkenntnisse in der Branche
- verwertbare bzw. wünschenswerte Zusatzkenntnisse

Anzeige Bilanzbuchhalter Berliner Morgenpost 10.6.2000

Bewerber	Alter	Fam.-stand	Bibu-Prüfung	Berufser-fahrung	Bau-bereich	Englisch	ein-laden
Werner	33	nv	+	5 J.	+	+	+
Müller	34	nv	+	–	–	+	–
Schulze	29	vh/1	–	–	+	+	–
Gorgel	44	vh/2	+	7 J.	+	+	+
Kurze	32	nv	+	–	–	–	–
Klöppel	28	vh	–	–	+	+	–
Janzke	29	vh/1	+	1 J.	–	–	–
Cordelmann	34	vh/2	+	4 J.	–	+	+
Batschulies	49	vh	+	16 J.	–	–	–

Beispiel eines Bewerberübersichtsbogens. Die Namen wurden verändert, die fachlichen Eintragungen sind identisch. Gefordert war fachlich: Bilanzbuchhalter, einige Jahre Berufserfahrung, Englischkenntnisse, möglichst Baubranche

Die ausgeschriebene Position gibt die Fachkenntnisse vor. Wenn für eine Autowerkstatt ein Kfz-Mechaniker gesucht wird, verlangt die ausgeschriebene Tätigkeit eben nur einen solchen, artverwandte Berufe sind nicht gefragt. Wenn eine Bank einen Kreditsachbearbeiter sucht, muss der Bewerber Bankkaufmann und im Kreditwesen erfahren sein. Ein Buchhalter, der lediglich mit Kreditoren zu tun hatte, ist fehl am Platze. Die Anforderungen an die Fachkenntnisse können durchaus auch höher angesetzt sein, als für die Position zunächst notwendig erscheint, z.B. wenn beabsichtigt ist, die Position zu erweitern oder anzuheben. Beispiel: Für das Kreditwesen einer Bank wird ein Diplom-Kaufmann mit zusätzlicher Bankausbildung gesucht. In aller Regel heißt es dann in der Anzeige, dass die ausgeschriebene Position ausbaufähig sei. Branchenkenntnisse werden nicht immer vorausgesetzt, sind aber in vielen Positionen sehr hilfreich. Wenn Sie sich als Außendienstmitarbeiter in einem Verlag bewerben, wird sich der neue Arbeitgeber freuen, wenn Sie das Konkurrenzumfeld kennen oder sogar direkt von der Konkurrenz kommen. Manche Arbeitgeber stehen Bewerbern mit Branchenkenntnissen eher skeptisch gegenüber, weil sie befürchten, dass der neue Stelleninhaber frisch gewonnene Informationen an alte „Kontakte“ weitergeben könnte. Doch das sind Ausnahmefälle. Mit der Forderung von Branchenkenntnissen verbindet der Arbeitgeber meistens den Wunsch, einen Profi zu bekommen, der sich auskennt und der nicht erst unter Zeitaufwand in die Besonderheiten der Branche eingearbeitet werden muss. Das ist besonders wichtig, wenn eine Stelle schnell besetzt werden soll. Wenn Branchenkenntnisse nicht in der Stellenanzeige ausdrücklich gefordert sind und Sie nicht bereits aus der gleichen Branche kommen, tun Sie als Bewerber dennoch gut daran, sich wenigstens kundig zu machen.

In vielen Fällen nutzen Arbeitgeber gerade bei Neubesetzungen die Gelegenheit, eine Position effektiver zu gestalten und verlangen zusätzliche Fachkenntnisse oder andere verwertbare Fähigkeiten. Beispiel: Eine Sachbearbeiterposition im Vertrieb war bislang von einem Mitarbeiter besetzt, der wenig flexibel war. Bei der Neuausschreibung verlangte man Zusatzqualifikationen wie Englischkenntnisse und Führerschein und die Bereitschaft zu reisen.

Wenn zusätzlich zur eigentlichen Fachqualifikation bestimmte Kenntnisse gefordert werden, dann ist das meistens ein Indiz dafür, dass die Stelle keine starre Aufgabenstellung hat und vom Bewerber ein gewisses Maß an Flexibilität erfordert.

Prüfen Sie vor einer Bewerbung sehr gründlich, ob Ihre fachlichen Voraussetzungen mit den Anforderungen des Arbeitgebers übereinstimmen. Sie ersparen sich viele Enttäuschungen!

Personenbezogene Erwartungshaltung

Der personenbezogenen Erwartungshaltung eines Arbeitgebers auf den Grund zu kommen ist sehr viel schwieriger, denn sie ist sehr vielschichtig. Es soll versucht werden, Ihnen hier ein paar Anhaltspunkte an die Hand zu geben. Man unterscheidet zunächst primäre und sekundäre Erwartungen. Zu den primären zählen: Alter, Geschlecht, Familienstand, persönliche Stärken in der Arbeit, im Auftreten, in der Überzeugungskraft, im Führungsverhalten, Arbeitszeitverhalten und Ähnliches. Sekundär sind Erwartungen, die in aller Regel betrieblich-interne Hintergründe haben, z. B. ob Sie rauchen, lieber mit Männern oder Frauen zusammenarbeiten oder lieber allein oder im Team arbeiten wollen oder können. Beide Bereiche sind indes gleich wichtig, denn dem Arbeitgeber wird stets daran gelegen sein, bei der Neubesetzung einer Position jemanden zu finden, dessen Persönlichkeit optimal ins Gefüge passt. Diese Dinge werden üblicherweise erst im Bewerbungsgespräch erörtert. Manche Absage, die dem Bewerber unerklärlich ist, weil er die fachlichen Voraussetzungen erfüllte, haben hier ihren Ursprung. So kann es durchaus sein, dass Sie nicht in die persönliche Erwartungshaltung des Arbeitgebers passen, z. B., weil er befürchten muss, dass es zu Konflikten kommt, wenn er Sie als jüngere Bewerberin an einen Arbeitsplatz setzt, den Sie mit einer älteren Kollegin teilen müssen.

Das Alter spielt zwar nicht immer, aber doch häufig eine wichtige Rolle, vor allem dann, wenn man junge, dynamische Mitarbeiter mit langjährig tätigen zusammenbringt; dann sind Spannungen unausweichlich. Manchmal wird das Alter in der Stellenanzeige vorgegeben, sehr oft aber wird diese Thematik erst im Bewerbungsgespräch angesprochen. Ähnliches gilt für die Auswahl nach dem Geschlecht, und zwar auch dann, wenn die Position, wie gesetzlich vorgeschrieben, geschlechtsneutral ausgeschrieben wurde. Denn in einer reinen Frauenabteilung könnte es ein Mann schwer haben, in einer reinen Männerriege könnte eine Frau für Unruhe sorgen; wobei stets Ausnahmen die Regel bestätigen.

Wichtig ist auch der Familienstand. Denn manche Positionen bringen Belastungen mit sich, die sich auf die ganze Familie negativ auswirken. Wer verheiratet ist und Kinder hat, wird sich nur ungern mit einer regelmäßigen Reisetätigkeit anfreunden. Für eine ledige Frau mit einem Kind wird eine Außendiensttätigkeit oder eine Arbeit, bei der sie flexibel sein muss, zur erheblichen Belastung.

Von besonderer Bedeutung für den Arbeitgeber ist natürlich auch Ihr Sozialverhalten, Ihr Führungsverhalten und die Fähigkeit sich in ein Team einzufügen. Hier werden Sie vor allem Erwartungshaltungen vorfinden, die unternehmensspezifisch geprägt sind. Zu diesen Eigenschaften werden Sie im

Bewerbungsgespräch gründlich befragt. Schildern Sie in aller Bescheidenheit Ihre positiven Eigenschaften, aber stellen Sie Ihr Licht nicht unter den Scheffel. Versuchen Sie aufrichtig und natürlich zu sein; behalten Sie jedoch immer Ihr Ziel im Auge und bedenken Sie, was man von Ihnen für diese bestimmte Position erwartet.
Beachten Sie auch die sekundären Erwartungshaltungen (siehe oben). Sie werden sie erst im Bewerbungsgespräch erfahren, aber Sie können sich darauf einstellen und vorbereiten. Dazu ein Beispiel:

> Zu besetzen war die Position einer Sachbearbeiterin Vertrieb. Die betrieblichen Gegebenheiten machten es erforderlich, dass innerhalb eines Sachgebietes drei Frauen in einem Raum zusammensaßen, zwei rauchten, die dritte nicht, die dann nicht zuletzt deswegen irgendwann kündigte. Während des Bewerbungsgesprächs bot der Personalleiter einer Bewerberin eine Zigarette an. Die Dame lehnte dankend ab, indem sie betonte: „Ich bin konsequente Nichtraucherin." Damit war für den Personalchef die Entscheidung schon gefallen, denn es war ihm sofort klar, dass diese Bewerberin unmöglich zu den beiden Raucherinnen passte. Obwohl sie sehr gute Voraussetzungen hatte, musste er ihr absagen.

Ein typischer Fall einer personenbezogenen Erwartungshaltung; die Absage hatte nichts mit der fachlichen Qualifikation der Bewerberin zu tun.
Die persönliche Erwartungshaltung des Arbeitgebers ist, mangels interner Kenntnisse, für den Bewerber leider kaum durchschaubar. Ihre Bedeutung ist aber nicht zu unterschätzen. Halten Sie sich in Ihrem Bewerbungsschreiben also eher persönlich bedeckt und versuchen Sie im geschickten Gespräch herauszufinden, was man von Ihnen erwartet.

Das Unternehmensinteresse des Bewerbers

Ein Hauptanliegen des Arbeitgebers bezieht sich auf das spezifische Unternehmensinteresse des Bewerbers. Denn man möchte doch eine(n) Mitarbeiter(in) gewinnen, der oder die erkennen lässt, dass er oder sie ein ganz spezielles Interesse an der Firma oder jedenfalls an der Aufgabe hat.
In diesem Bereich unterlaufen vielen Bewerbern haarsträubende Ungeschicklichkeiten. Auf die einfache Frage eines Personalleiters, ob man schon einmal etwas von der Firma gehört habe, wurden folgende Antworten gegeben:

„Nein, deshalb bin ich ja hier, um von Ihnen zu hören, was die Firma so alles macht." (Antwort eines Akademikers!)
„Um ehrlich zu sein, nein, ich hatte auch keine Zeit, mich mal kundig zu machen." (Es handelte sich um die SIEMENS AG, größter Arbeitgeber am Ort!)
„Oh Gott, da bringen Sie mich in Verlegenheit, ja, was machen Sie eigentlich, das ist eine gute Frage. Warten Sie mal, ich denke Bücher für Lehrer oder so." (Es handelte sich um einen regional bekannten Schulbuchverlag.)
„Ja, da habe ich mich genau erkundigt, Ihre Firma stand ja mal in der Zeitung. Also, ich finde es gut, wenn Sie sich so einsetzen und aktiv sind und sich am Markt behaupten." (Antwort eines Akademikers in einem Forschungszentrum!)
„Natürlich, klar doch, meine Mutter kauft ja regelmäßig in Ihrer Filiale in Frankfurt ein." (Antwort eines Betriebswirtes in einem Kaufhauskonzern.)

Dass solche Antworten den Arbeitgeber nicht eben für den Bewerber einnehmen, ist verständlich. Unterstellen Sie bitte, dass ein neuer Arbeitgeber *immer* Unternehmensinteresse erwartet, und bereiten Sie sich gründlich auf entsprechende Fragen vor.
Während man bei einfachen Berufen den Maßstab nicht so hoch anlegt, aber dennoch erwartet, dass zumindest der Unternehmenszweck bekannt ist, werden bei qualifizierten Berufen Firmen- und Branchenkenntnisse der Bewerber vorausgesetzt. Wenn Sie sich diesbezüglich unvorbereitet bewerben, werden Sie kaum eine Chance haben, erst recht nicht, wenn Sie Antworten wie in den Beispielsfällen geben. In Personalleiterrunden kursieren solche Antworten denn auch zwangsläufig zur allgemeinen Erheiterung. Dazu noch ein Beispiel aus einem Schulbuchverlag, das ebenfalls illustriert, wie man eine Absage geradezu provoziert:

Ein Gymnasiallehrer bewarb sich für eine Außendienstposition. Dass er es dabei mit Schulbüchern zu tun hatte, hatten seine Gesprächspartner unterstellt. Auf die Frage, ob denn die Produkte und/oder die Firma bekannt seien, meinte der Bewerber, er glaube, schon mal das eine oder andere Buch in der Hand gehabt zu haben, im Prinzip sähen ja alle Schulbücher gleich aus, zum Programm könne er nichts sagen, weil er meistens mit den Werken der Konkurrenz gearbeitet hätte. Nun sei er gespannt, was er verkaufen solle (gefragt war nur Beratung).

Jedes Unternehmen will Mitarbeiter gewinnen, die Interesse an dem Unternehmen haben. Stellen Sie sich bei einer Bewerbung darauf ein, schriftlich wie mündlich. Erkundigen Sie sich über das neue Unternehmen, seine Produkte und seine Zielsetzungen und etwaige Besonderheiten. Denken Sie immer daran, dass irgendwann im Bewerbungsgespräch die Frage kommt: „Warum haben Sie sich bei uns beworben?“ Darauf sollten Sie vorbereitet sein.

Innerbetriebliche Besonderheiten

Im Rahmen der Betrachtung der Arbeitgebersituation ist noch einzugehen auf innerbetriebliche Besonderheiten. Das sind Spezifika, die einem Bewerber kaum bekannt sein können. Aber für die zu besetzende Position ist es manchmal sehr wichtig sie zu kennen.

In erster Linie ist daran zu denken, dass der Arbeitgeber vor einer externen Stellenausschreibung bestimmte Rücksichten zu nehmen hat, z. B. auf den Stelleninhaber. Denn wenn die Position verbessert werden soll, kommt man nicht umhin, ein klares Anforderungsprofil zu entwerfen, aus dem sich Rückschlüsse auf Minderleistungen des jetzigen Stelleninhabers ergeben könnten. Manch eine Ausschreibung, intern wie extern, unterbleibt zunächst auch, weil mit dem Betriebsrat noch keine Einigung erzielt wurde. Mitunter stehen dann schon Kandidaten für die Position fest, haben auch die Zusagen, müssen aber warten, bis der betreffende interne Mitarbeiter seinen Platz geräumt hat. Sehr häufig ist auch der Fall anzutreffen, dass man bestimmte interne Mitarbeiter nicht auf frei werdenden Plätzen haben möchte. Deshalb unterbleibt zunächst eine interne Stellenausschreibung und man versucht mit einer externen außerhalb des Unternehmens jemanden zu finden.

Nicht selten werden freie Positionen auch mit Mitarbeitern von Zeitarbeitsfirmen besetzt, um Lücken zu schließen. Das Gleiche gilt, wenn man nicht will, dass der alte Stelleninhaber den neuen einarbeitet, weil man an diesen eben ganz andere Anforderungen stellt. Für Sie als Bewerber muss es darauf ankommen, erstens solche Situationen einzukalkulieren und zweitens im Bewerbungsgespräch zu hinterfragen, warum die Stelle frei geworden ist. Wenn Sie z. B. als aufmerksamer Leser der Stellenanzeigen dreimal in größeren Abständen die gleiche Anzeige vom selben Arbeitgeber finden, dann ist zumindest Vorsicht geboten. Möglicherweise hat keiner der Bewerber die Probezeit überstanden. Es kann aber auch sein, dass sich dahinter interner Zündstoff verbirgt, z. B. wenn ein Abteilungsleiter sehr individuelle Vorstellungen, wenn nicht gar Marotten, hat.

Schließlich sei noch erwähnt, und dies gilt besonders für innerbetriebliche Bewerbungen, dass manch ein Arbeitgeber durch Betriebsvereinbarungen gehalten ist, frei werdende Positionen innerbetrieblich auszuschreiben. Meistens stehen aber bereits Mitarbeiter fest, die man sich für die Position ausgesucht hat. Fragen Sie deshalb Ihren Personalchef, ob es Zweck hat, sich auf eine innerbetriebliche Stellenausschreibung zu bewerben, bevor Sie sich Enttäuschungen einhandeln. Übrigens finden sich auch extern „Alibianzeigen" (dazu mehr im nächsten Kapitel), besonders von öffentlichen Arbeitgebern. Ein Indiz dafür, sich auf solche Anzeigen nicht zu bewerben, sind die zum Teil extrem kurzen Ausschreibungs- oder Bewerbungsfristen.
Innerbetriebliche Besonderheiten sind für den Bewerber, der von außen kommt, nicht zu durchschauen. Fragen Sie im Bewerbungsgespräch, *warum* die Stelle frei geworden ist. Wundern Sie sich auch nicht, wenn Sie nach einem erfolgreichen Gespräch über Gebühr vertröstet werden oder Ihnen nach der Einstellung personelle Ungereimtheiten auffallen. Es hat sicher nichts mit Ihrer Person zu tun. Aber versuchen Sie den Dingen auf den Grund zu kommen. Je eher Sie die innerbetrieblichen Besonderheiten erkennen, desto besser können Sie sich darauf einstellen.

Wichtig:

- Arbeitgeber haben in aller Regel klare Vorstellungen davon, was sie von einem neuen Stelleninhaber erwarten. Für den Erfolg des Bewerbers ist es deshalb wichtig über diese Arbeitgebererwartungen genau im Bilde zu sein, nicht nur, um sich darauf einstellen zu können, sondern auch, um zu prüfen, ob es ihnen gerecht wird, und zwar in fachlicher wie in persönlicher Hinsicht.
- Ein kluger Bewerber wird zudem deutliches Interesse an dem Unternehmen bekunden und auch betriebliche Besonderheiten der Firma berücksichtigen.

Stellenanzeigen richtig lesen

Viele Bewerbungen bleiben erfolglos, weil die Bewerber sich nicht konsequent nach den Vorgaben der Anzeigen richten. Besonders größere Unternehmen oder solche, die Bewerber geradezu anziehen (Fernsehsender, Filmproduktionen, namhafte Werbeagenturen, aber auch öffentlich-rechtliche Arbeitgeber wie z. B. Ministerien), erhalten nach Anzeigen häufig eine Flut von Bewerbungen. Doch die meisten Bewerbungen liegen neben der Sache, das heißt neben der ausgeschriebenen Position. Oft ist es mehr ein unbestimmter Wunsch nach Veränderung, als dass fachliche und persönliche Voraussetzungen vorliegen. Als z. B. beim Deutschen Bundestag eine Mitarbeiterin für den dokumentarischen Dienst gesucht wurde, natürlich mit entsprechenden fachlichen und persönlichen Qualifikationen, schrieb eine Dame, es käme ihr in erster Linie auf die Sicherheit des öffentlichen Dienstes an, und sie hoffe auf einen abwechslungsreichen Arbeitsplatz, bei dem man auch mal Prominente sehen könne.

Man muss aber auch die andere Seite sehen: Viele Arbeitgeber können die zu besetzenden Positionen gar nicht richtig beschreiben oder tun sich mit bestimmten Formulierungen schwer. Manchmal möchte man die Bewerberauswahl „breit" haben und lässt deswegen spezielle Anforderungen weg, manchmal soll sie sehr speziell sein, dann enthält der Anforderungskatalog immens viele Vorgaben, von denen die Bewerber in aller Regel nur einige erfüllen. Nicht selten sollen auch Anzeigenkosten gespart werden, sodass nur das Wichtigste in der Anzeige steht. Und in wieder anderen Fällen muss man versuchen zwischen den Zeilen herauszulesen, wer eigentlich genau gesucht wird. Sie auf diese Feinheiten, auf Besonderheiten, aber auch Gefahren hinzuweisen, ist Anliegen dieses Kapitels.

Die Stellenanzeige des Arbeitgebers ist das Produkt seiner personalplanerischen und unternehmerischen Überlegungen, eine frei gewordene oder neu geschaffene Position öffentlich auszuschreiben.

Intern gibt es deshalb einen Vorlauf: Es steht fest, dass eine Position besetzt werden muss, und ferner, wie oder mit wem sie besetzt werden muss. Aus der Sicht der betriebswirtschaftlichen Personalplanung ist vorab zu prüfen, ob eine frei gewordene Position überhaupt wiederzubesetzen ist (oder nicht ggf. eingespart werden kann) und ob eine neu geschaffene Position betriebswirtschaftlich rentabel ist. Wenn der Auftragseingang auch gestiegen ist, so ist das noch lange kein Grund, eine neue Stelle zu schaffen. Vielmehr ist entscheidend, dass er dauerhaft ist und eine kontinuierliche Umsatzsteigerung mit sich bringt, die auch zusätzliche Personalkosten zulässt.

Es gibt aber noch einen weiteren internen Vorlauf: nämlich die Tatsache, dass die zu besetzende Position intern ausgeschrieben wurde und sich niemand aus dem Unternehmen gemeldet hat. Besonders in größeren Unternehmen gibt es Betriebsvereinbarungen über Stellenausschreibungen. Danach kann geregelt sein, dass externe Stellenausschreibungen erst dann erfolgen dürfen, wenn sich keine internen Bewerber gemeldet haben. Mit solchen innerbetrieblichen Stellenausschreibungen soll sichergestellt werden, dass sich interne Mitarbeiter (oder auch deren Angehörige oder Bekannte) z. B. vorrangig auf höherwertige Positionen bewerben können. Manchmal ist aber eine Position so qualifiziert (besonders, wenn sie ganz neu zu besetzen ist), dass der Arbeitgeber schon von vornherein weiß, dass intern niemand infrage kommt. Deshalb wird er, um keine Zeit zu verlieren, parallel zur internen Stellenausschreibung auch extern in einer Zeitung oder in einem Fachmagazin inserieren. Wenn man dann als externer Bewerber eine Absage bekommt mit dem Hinweis „wir haben leider einer internen Lösung den Vorzug geben müssen und können Ihre Bewerbung nicht weiter berücksichtigen", dann heißt das, dass sich doch noch ein interner Bewerber gemeldet hat oder dass diese Formulierung dem Arbeitgeber als Schutzbehauptung gedient hat.
Und was man noch wissen muss (das ist beim Bewerbungsgespräch zu hinterfragen), ist, wer – bei einer Ersatzeinstellung – vorher die Aufgaben erledigt hat. Denn an einen früheren, insbesondere sehr guten Stelleninhaber knüpfen sich naturgemäß bestimmte Erwartungshaltungen des Arbeitgebers. Als z. B. in einem Handelskonzern eine Pressereferentin kündigte, weil ihr Mann versetzt wurde, kamen dem zuständigen Vorstandsmitglied spontan folgende Überlegungen: Die neue Frau muss das Know-how der Vorgängerin haben, aussehen wie Frau X (die am Empfang eine buchstäblich gute Figur machte) und das Flair und die Sprachkenntnisse von Frau Y (einer erfolgreichen Auslandssachbearbeiterin) vorweisen können. Solche internen Wunschvorstellungen sind kein Einzelfall. Sie illustrieren nur eine Erwartungshaltung des Arbeitgebers, wie sie sich mit Sicherheit nicht in einer Stellenanzeige ausdrücken lässt.
Fest steht eines: Die Stellenanzeige des Arbeitgebers hat eine eindeutige interne Ursache und in der Regel auch eine klare Aussage. Dabei unterscheidet man – salopp gesagt – zwischen Pflicht und Kür. Zu den Pflichtangaben gehören folgende Punkte:

Darstellung des Unternehmens und seiner Ziele

„Wir sind ein aufstrebendes Unternehmen der Pharmaindustrie mit zweistelligen Zuwachsraten und starker Expansion. Wir sind weltweit tätig. Unser Hauptsitz ist in Hannover. Unsere Kunden aus dem ärztlichen Bereich schätzen uns als kompetenten Ansprechpartner."

Klare Definition der Position

„Wir suchen eine(n) versierte(n) Pharmareferenten(in).“

Klare Definition des Aufgabengebietes

„Sie besuchen Kunden im Großraum Berlin, Ärzte, Kliniken und Sanatorien, in denen Sie unsere Produkte adäquat darstellen und anbieten.“

Klares fachliches Anforderungsprofil

„Sie passen am besten zu uns, wenn Sie über ein abgeschlossenes Studium der Medizin, der Pharmazie oder über eine vergleichbare Ausbildung verfügen und bereits mehrjährige fundierte Erfahrungen als Pharmareferent haben.“

Darstellung des Arbeitgeberangebotes

„Wir bieten Ihnen eine attraktive Dotierung (Fixum und Erfolgsbeteiligung), einen auch privat nutzbaren neutralen Firmenwagen der Mittelklasse sowie umfangreiche Sozialleistungen eines modernen Großunternehmens.“

Erwartungen des Arbeitgebers

„Wenn Sie diese Position reizt, senden Sie bitte Ihre kompletten Bewerbungsunterlagen mit Angabe Ihres frühestmöglichen Eintrittstermins und Ihres Gehaltswunsches an …“
Das sagt dem Bewerber eine ganze Menge, aber nichts über Zusatz- oder Ersatzeinstellung und auch nichts über das erwartete Persönlichkeitsprofil.

Grund der Stellensuche

„Zur Verstärkung unseres Teams suchen wir …“
Hier ist ein klarer Hinweis auf eine Neueinstellung gegeben.
„Der langjährige Stelleninhaber geht im Mai 2002 in den wohlverdienten Ruhestand. Wir suchen deshalb eine geeignete Persönlichkeit als Nachfolger/in.“
Dieser Hinweis belegt eine Ersatzeinstellung.
„Wir expandieren seit Jahren und haben einen anerkannten Namen in der Baubranche. Diesen Erfolg verdanken wir den Leistungen unserer hochqualifizierten Mitarbeiter, die sich über eine(n) neue(n) Kollegen(in) sehr freuen würden.“
Auch hier handelt es sich um eine Ersatzeinstellung. Positiv ist, dass die Leistungen der Mitarbeiter hervorgehoben werden. Dies lässt den Schluss zu, dass in diesem Unternehmen auch ein gutes, angenehmes Betriebsklima herrscht.

Persönliche Zusatzqualifikationen

„Sie passen am besten zu uns, wenn Sie Teamarbeit gewohnt sind, keine starren Arbeitszeiten kennen und auch bereit sind kurzfristig in anderen Reisegebieten einzuspringen."
„Wir erwarten von Ihnen die Fähigkeit ein kleines erfolgreiches Team zu führen und zu motivieren."
Die Position setzt rhetorische Begabung, starke Überzeugungskraft und innovatives Denken voraus.

Angaben des Arbeitgebers zum Umfeld der Position

„Sie erwartet ein angenehmes Betriebsklima."
„Unser Team freut sich auf Ihre Mitarbeit."
„Wir wollen, dass sich unsere Mitarbeiter von Anfang an wohl fühlen. Deshalb helfen wir Ihnen bei der Wohnungssuche oder stellen Ihnen ein Firmenappartement übergangsweise zur Verfügung."
„Sie erwartet ein freundlicher, modern eingerichteter Arbeitsplatz in verkehrsgünstiger Lage."
„Sie haben Ihren eigenen Parkplatz."
„Wir wollen, dass sich unsere Mitarbeiter an ihrem Arbeitsplatz wohl fühlen. Deshalb sind alle Arbeitsplätze nach modernsten Gesichtspunkten eingerichtet. Auf Ihre speziellen Wünsche gehen wir gern ein."

Wie Sie bereits an diesen wenigen Beispielen sehen, hat der Arbeitgeber eine ganze Menge an Möglichkeiten, bezogen auf die Stellenanzeige, im Rahmen seiner „Kür" die Motivation des Bewerbers zu wecken. Es wäre sicherlich verkehrt zu sagen, je mehr „Kürelemente" in einer Stellenanzeige enthalten sind, umso besser der Arbeitgeber, doch ein bisschen Wahrheit ist dran.
Wie oben erwähnt können viele Arbeitgeber gar nicht so treffsicher Stellenanzeigen formulieren. Deshalb muss eine ganz sachlich gehaltene Anzeige nur mit „Pflichtelementen" nicht die schlechteste sein. In einem solchen Fall sollten Sie sich die „Kürelemente" für das Bewerbungsgespräch als Fragen vorbehalten.

Fachliche Voraussetzungen

Die fachlichen Voraussetzungen werden in der Stellenanzeige des Arbeitgebers im Normalfall sehr klar und auch optisch deutlich herausgestellt sein. Denn der Arbeitgeber will ja mit seiner Anzeige einen fähigen Mitarbeiter oder

eine engagierte Mitarbeiterin gewinnen, nicht selten zudem noch möglichst schnell.
Zu den fachlichen Voraussetzungen gehören die genaue Bezeichnung der Position und das an diese gestellte Anforderungsprofil. Meistens folgt nach der genauen Berufsbezeichnung eine kurze Tätigkeitsbeschreibung, aus der man bereits für sich ersehen kann, ob man der Aufgabe gewachsen ist. Daran schließt sich ein klares Anforderungsprofil, das der Arbeitgeber positions-, aber auch unternehmensbezogen vorgibt. Beispiel: „Wir suchen für diese Aufgabe einen versierten Finanzbuchhalter mit Kenntnissen in den Bereichen Debitoren, Kreditoren und Zahlungsverkehr, Kenntnisse im online banking sollten ebenso vorhanden sein wie gute englische Sprachkenntnisse."
Bei solch einer Formulierung weiß man genau, woran man ist. Wer diese fachlichen Qualifikationen nicht oder nicht in vollem Umfang aufweist, sollte sich gar nicht erst bewerben, denn der Arbeitgeber hat unmissverständlich zum Ausdruck gebracht, dass er sich nur Bewerber/innen mit exakt diesen Qualifikationen wünscht.
Manchmal ist die Berufsbezeichnung so eindeutig, dass keine weiteren Anforderungen zu formulieren sind. Beispiel: „Namhaftes Damenoberbekleidungshaus sucht erfahrene Fachverkäuferin."
Sie als Bewerberin wissen schon, worauf es hier ankommt. Sie müssen als Verkäuferin im DOB-Bereich ausgebildet sein und über einige Jahre Berufserfahrung verfügen. Wenn Sie sich als Verkäuferin mit Erfahrungen aus anderen Bereichen bewerben, werden Sie kaum eine Chance haben. Man könnte allenfalls darüber nachdenken, ob auch Bewerberinnen aus sachverwandten Gebieten in Betracht kommen, z. B. aus der Herrenoberbekleidung, dem Bereich Stoffe/Textilien oder der Kinderbekleidung. Solche Überlegungen wird der Arbeitgeber aber erst anstellen, wenn sich entweder nicht genug Bewerberinnen aus dem DOB-Bereich melden oder die Bewerberinnen seinen Vorstellungen nicht entsprechen.
Schließlich taucht in Stellenangeboten häufiger auch eine gewisse Flexibilität in Bezug auf die fachlichen Voraussetzungen auf. Dies ist oft bei neu zu besetzenden Positionen anzutreffen. Das kann einen gewichtigen Grund haben. Es könnte nämlich sein, dass sich der Arbeitgeber nicht festlegen will, wie er die Position letztendlich konturiert; nicht selten setzt er die Prioritäten nach den Fähigkeiten und Kenntnissen des Bewerbers. Damit ist aber keineswegs gesagt, dass die internen fachlichen Voraussetzungen in den Hintergrund treten. Dazu ein Beispiel:

Ein Schulbuchverlag suchte für einen Außendienstbezirk in Niedersachsen Repräsentanten für naturwissenschaftliche Bücher im gymnasialen Bereich. Gesucht wurden deshalb Chemiker, Biologen oder Physiker oder

Lehrer mit entsprechender Fächerkombination, eine wahrhaft große Bandbreite. Es bewarben sich fast 500 Bewerber. Die Auswahl fiel schwer. Obwohl für diese Tätigkeit typischerweise Pädagogen mit 2. Staatsexamen eingesetzt wurden, wählte man einen Diplom-Physiker aus, der nicht nur beträchtliches Fachwissen mitbrachte, sondern in dem betreffenden Bundesland über sehr gute Kontakte zu Universitäts-Professoren (Arbeitgeber-Hintergedanke: Die könnte man als Autoren gewinnen) und, was noch wichtiger war, auch zu Schulbehörden verfügte. Man stellte im Hinblick auf diesen Bewerber die Außendienstbezirke um, damit sichergestellt war, dass er sich in bestimmten Bereichen optimal zum Wohle des Unternehmens entfalten konnte.

Hier waren also fachliche Voraussetzungen Grundbedingung, doch haben zusätzliche Kriterien den Ausschlag gegeben.

Persönliche Voraussetzungen

Die persönlichen Voraussetzungen in der Stellenanzeige des Arbeitgebers werden leider immer wieder überlesen oder in ihrer Bedeutung verkannt. Neben den fachlichen Voraussetzungen soll der neue Stelleninhaber auch bestimmte persönliche Voraussetzungen mitbringen. Sind diese in der Anzeige beschrieben, dann müssen sie erfüllt sein. Sind sie nicht beschrieben, sollte man sich im Bewerbungsgespräch an diese Thematik herantasten oder bereits im Anschreiben einige persönliche Bemerkungen einfließen lassen, z. B. „Sie können von mir hohen Arbeitseinsatz, zeitliche Flexibilität und Verschwiegenheit erwarten".

Zu den persönlichen Voraussetzungen gehören z. B. Alter, Familienstand, Wohnort, aber auch Flexibilität, Engagement oder Belastbarkeit. Der Arbeitgeber möchte gern außer einer Fachfrau oder einem Fachmann eben auch jemanden gewinnen, der oder die von seiner oder ihrer Persönlichkeit her zu ihm passt. Wenn in der Stellenanzeige steht: „Wir stellen uns einen Mitarbeiter im Alter von 30–35 Jahren vor", dann hat es keinen Zweck, wenn Sie sich als 40-jähriger bewerben, weil der Arbeitgeber mit Blick auf seine internen Strukturen diese Altersvorgabe gemacht hat.

Wird Flexibilität verlangt, dann vermeiden Sie es im Bewerbungsgespräch nach einer klaren Stellenbeschreibung zu fragen. Denn das ist ein Indiz dafür, dass Sie nur in einem bestimmten, klar umrissenen Aufgabenfeld arbeiten wollen. Noch deutlicher wird die Forderung, wenn in der Stellenanzeige steht:

„Sie sollten bereit sein, auch positionsübergreifend tätig zu werden." Das bedeutet, dass Sie entweder bereit sein müssen auch einmal als „Springer" tätig zu werden oder auch nur bei Bedarf Kollegen zu vertreten.
Achten Sie also bitte bei den Stellenanzeigen der Arbeitgeber genau darauf, welche persönlichen Erfordernisse gefragt sind, und bewerben Sie sich nur, wenn Sie diese erfüllen.
Nachfolgend finden Sie einige positiv formulierte Stellenanzeigen, aber auch solche, bei denen sich die Arbeitgeber weniger Gedanken gemacht haben. Die Kommentierungen dazu sollen Ihnen bei der Auswertung helfen.

Positive Beispiele

Führendes Bauunternehmen

Wir sind ein führendes Unternehmen der deutschen Bauindustrie mit Niederlassungen in der gesamten Bundesrepublik Deutschland sowie Beteiligungsgesellschaften im In- und Ausland. Unser Firmensitz liegt in den alten Bundesländern. Zum nächstmöglichen Zeitpunkt wollen wir folgende Position besetzen:

Kaufmännischer Leiter

für eine **Niederlassung** im Bundesland **Sachsen-Anhalt**
(südlicher Teil)

Als erfahrene kaufmännische Führungskraft in der Bauwirtschaft haben Sie eine klare Vorstellung über das Aufgabenspektrum dieser anspruchsvollen Position.
Ihre Persönlichkeit wird geprägt durch Teamorientierung, Verhandlungsgeschick, Durchsetzungsvermögen und Einsatzbereitschaft. Sie verstehen sich als kompetenter Gesprächspartner des technischen Niederlassungsleiters und des bauleitenden Personals und sind zugleich verantwortlich für die Führung der Ihnen unterstellten Baukaufleute.
Wenn es Sie reizt, in unserem Unternehmen an verantwortlicher Stelle mitzuwirken, dann richten Sie bitte Ihre aussagefähige Bewerbung mit tabellarischem Lebenslauf, Lichtbild, Zeugniskopien, Gehaltswunsch und möglichem Eintrittstermin unter Angabe der Kennziffer 409 an die von uns beauftragte Personalberatung, die die Unterlagen streng vertraulich behandelt und Sperrvermerke berücksichtigt.

Bei der Anzeige „Kaufmännischer Leiter“ fällt positiv auf, dass die wichtigsten Positionen optisch hervorgehoben werden: die Branche (führendes Bauunternehmen), die Position als solche (Kaufmännischer Leiter) und der Ort der Tätigkeit (Sachsen-Anhalt).
Es werden Aussagen zur Firma gemacht, zu den fachlichen und zu den persönlichen Voraussetzungen. Klar ist, dass hier Führungsverantwortung erwartet wird. Ein Indiz dafür ist auch das Stichwort „erfahrene kaufmännische Führungskraft“. Deshalb haben Bewerber aus der „zweiten Reihe“ hier keine Chancen, wenn sie die Führungsqualifikationen nicht haben. „Teamorientierung“ heißt hier, dass Sie mit unterschiedlichen Leuten zurechtkommen müssen, aber auch den nur im Team zu erreichenden Erfolg zu gewährleisten haben. „Einsatzbereitschaft“ umschreibt die Tatsache, dass Sie nicht auf übliche Arbeitszeiten bestehen und auch bereit sind ab und an zum Firmensitz des Unternehmens zu reisen. Und schließlich, da die Anzeige in einer überregionalen Zeitung zu finden war: Sie sollten als auswärtiger Bewerber bereit sein Ihren Wohnsitz am Ort der Niederlassung, also im südlichen Teil von Sachsen-Anhalt, zu nehmen.
Auf die Besonderheit, dass nicht die Firma selbst, sondern eine Personalberatung die Position ausgeschrieben hat, wird später in diesem Kapitel gesondert eingegangen.
Ebenso klar ist die Anzeige für den oder die Organisations-Programmierer/in auf der nächsten Seite. Auch hier findet man Angaben zum Unternehmen und zum Standort: Hamburg-Schenefeld. Wenn Sie sich z. B. aus München für diese Position bewerben, dann müssen Sie also bereit sein nach Hamburg umzuziehen. Leider sind – wie auch in der vorherigen Anzeige – keine Angaben darüber zu finden, ob das Unternehmen bei der Wohnraumbeschaffung behilflich ist. Andererseits kann man es gerade bei Großunternehmen als Selbstverständlichkeit voraussetzen, dass diese Hilfe zuteil wird.
Das Anforderungsprofil ist in fachlicher wie persönlicher Hinsicht klar und deutlich umrissen. Wenn Sie es erfüllen, sollten Sie sich in jedem Fall bewerben; mit Blick auf die regionale Besonderheit sollten Sie aber ein Wort darüber verlieren, dass Sie als Auswärtiger zum Umzug bereit wären und/oder ein spezifisches Interesse an dem Unternehmen haben.
In fachlicher Hinsicht „streut“ der Arbeitgeber, Sie können also sowohl von der Ausbildung her Informatiker als auch Betriebswirt sein oder erfahrener Praktiker. Hier kommt es entscheidend darauf an, dass man die fachlichen Zusatzanforderungen (COBOL etc.) wie auch die persönlichen in jedem Fall erfüllen kann.
Der Hinweis auf die Entwicklungsmöglichkeiten sollte Sie im Übrigen nicht dazu verleiten gleich beim ersten Gespräch danach zu fragen. Dem Arbeitgeber kommt es in erster Linie auf die Besetzung der Position an. Die Entwick-

Wir sind ... mit zweistelligem Milliardenumsatz eines der größten Handelsunternehmen in Deutschland. Bundesweit beliefern wir als Großhändler selbständige Einzelhändler und treten selbst als Einzelhändler mit unterschiedlichen Vertriebsformen am Markt auf. Qualifizierte Mitarbeiter sichern auch künftig überdurchschnittliche Zuwachsraten.
Wir suchen ... für unsere zentrale EDV-Abteilung in Hamburg-Schenefeld per sofort

Organisations-Programmierer/innen

Zu Ihren Aufgaben gehört die kontinuierliche Weiterentwicklung bereits vorhandener Projekte für den Bereich Warenwirtschaft sowie die Konzipierung und Realisierung neuer EDV-Anwendungen.
Unser technisches Umfeld besteht aus IBM ES 9000, DATACOM, MVS und VSE.
Sie haben ... ein Studium der Informatik oder Betriebswirtschaft mit dem Schwerpunkt EDV abgeschlossen oder sind ein/e Praktiker/in mit einschlägiger Berufserfahrung. Fundierte Kenntnisse in COBOL, CICS und relationalen Datenbanken sowie englische Sprachkenntnisse setzen wir voraus.
Sie suchen ... eine interessante Tätigkeit in einem dynamischen Team von aufgeschlossenen, leistungsorientierten Kolleginnen und Kollegen, die es verstehen, motiviert und eigenverantwortlich zu arbeiten. Wenn außerdem Engagement, Zuverlässigkeit und Kreativität Ihr Handeln bestimmen, sind Sie die/der Richtige für uns.
Wir bieten ... Ihnen einen sicheren Arbeitsplatz sowie gute persönliche Entwicklungsmöglichkeiten in einem modernen und zukunftsorientierten Großunternehmen.
Wenn Sie diese anspruchsvolle Aufgabe reizt, dann senden Sie uns bitte Ihre vollständigen Bewerbungsunterlagen zu.

lungsmöglichkeiten behalten Sie im Hinterkopf und kommen, wenn die Zeit reif ist, darauf zurück.
Eine weitere sehr gut gelungene Anzeige ist die eines Arzneimittelunternehmens (Seite 101 oben). Eine klare Berufsbezeichnung ist ebenso gegeben wie die Beschreibung der gewünschten Tätigkeit einschließlich regionaler Begrenzung. Warum ein Domizil im 40-km-Umkreis von Frankfurt angegeben wird, ist nicht ganz ersichtlich. Einen Bewerber aus Koblenz z.B. könnte das abschrecken, der Grund müsste nachgefragt werden. Klar ist: Sie müssen

> Medizinische Hautpflege aus der Apotheke
>
> sucht
>
> **Markenartikel-Verkäufer(innen)**
> – auch aus dem Konsumgüter-Bereich –
> für den
>
> **Apotheken-Außendienst**
>
> im Verkaufsgebiet Frankfurt – Koblenz – Bonn
>
> mit Domizil im 40-km-Umkreis Frankfurt. Wenn Sie ein gestandener Verkäufer unter 40 Jahren und fleißiger als der Durchschnitt sind, wenn Sie Überzeugungskraft, Ausdauer und Ehrgeiz, gepaart mit Kontaktstärke, besitzen, dann bieten wir ein leistungsabhängiges Einkommen (Festgehalt plus Provision und Prämien).
> Die Kfz-Regelung, Spesen sowie andere Leistungen entsprechen dem Standard der pharmazeutischen Industrie.
> Wir freuen uns auf Ihre komplette Bewerbung mit Lichtbild und möglichst mit Leistungsnachweis.

fleißiger als der Durchschnitt sein, das heißt, Sie müssen Leistung zeigen, die den Arbeitgeber begeistert. Irritierend ist allein der Hinweis auf die Leistungsnachweise. Vom alten Arbeitgeber bekommt man üblicherweise ein Zeugnis, in dem auch leistungsbezogene Angaben enthalten sind. Kaum ein Arbeitgeber wird separat eine Bescheinigung ausstellen, in der steht, was Sie für ihn konkret geleistet haben.
Auffällig ist noch, dass auch Bewerber/innen aus dem Bereich Konsumgüter in Betracht kommen, aber insoweit von Einarbeit in den Pharmabereich in der Anzeige nichts gesagt wird. Danach muss man sich erkundigen. Im Übrigen ist das ein Indiz dafür, dass der Arbeitgeber mehr auf den Vertriebsaspekt setzt als auf die spezifischen Kenntnisse im Bereich medizinischer Hautpflege.

Negative Beispiele

Mit den Schlagworten „Kalkulation“ und „Fertigungsplanung“ kann man so ohne weiteres nichts anfangen. Besser wäre es vielleicht gewesen, als Stichwort auch noch „Automobilzulieferer“ fett zu drucken. Der Hinweis, dass man einen Mitarbeiter suche, ist nicht nur gesetzlich unzulässig (es muss heißen: Mitarbeiter/in), sondern für den Bewerber auch irritierend, denn man wird in der Anzeige nicht über den Stellenwert der Mitarbeit (z. B. leitend, Gruppen-

Wir sind – ein mittelständischer Zulieferer und fertigen Press-, Zieh- und Stanzteile sowie Schweißgruppen für die europäische und japanische Automobilindustrie.
Wir suchen – einen Mitarbeiter für die

Kalkulation und Fertigungsplanung

Organisationstalent und fundierte EDV-Kenntnisse müssen wir auf dieser Stelle voraussetzen. Bestandteil des Aufgabengebietes ist UNIX-Hardware-Operating und Betreuung der Software.
Sie haben – mindestens eine abgeschlossene Ausbildung als Refa-Techniker, einschlägige Berufserfahrung in der Kalkulation von Blech-Umformteilen und Werkzeugen sowie EDV-Kenntnisse.
Sie sind – interessiert, dann sollten Sie sich schnellstmöglich mit allen erforderlichen Unterlagen bewerben bei

leiter, Teamarbeiter etc.) aufgeklärt. Auffallend sind noch zwei Dinge: Es wird nur gefordert, geboten wird nichts, jedenfalls nicht in der Anzeige. Außerdem sucht der Arbeitgeber „schnellstmöglich", ein Indiz dafür, dass er entweder eine Zusatzkraft braucht (davon steht aber nichts in der Anzeige) oder aber, dass ihm jemand gekündigt hat. Dann muss man als Bewerber schon nach dem Grund fragen. Auch Angaben zum Dienstsitz fehlen, lediglich die Adresse der Firma gibt eine Orientierung. Dieser Punkt wäre insofern wichtig, als die Anzeige in einer überregionalen Zeitung geschaltet war und man als Bewerber sicher auch Angaben zu den Umzugskosten gut gefunden hätte.
Wenig ansprechend ist auch die Anzeige einer großen Weinfirma. Auch hier wird nur gesucht und nichts geboten. Ziemlich lässig heißt es: Wir brauchen

Innerhalb der letzten 5 Jahre hat sich unser Umsatz vervierfacht, dies in einer Branche (Wein), der es ansonsten nicht gerade rosig geht. Wir brauchen jetzt zusätzlich Manpower, um das weitere Wachstum im In- und Ausland abzusichern. Deshalb suchen wir

Führungsnachwuchskräfte

- Bis 35 Jahre
- Schlüssige Berufspraxis oder/und BWL-Studium
- Begabung zum Verkauf und Vertrieb
- Genug Ehrgeiz, um sich für Führungsaufgaben zu qualifizieren.

jetzt zusätzlich Manpower. Das heißt auf Deutsch: Sie müssen knallhart ran, für persönliche Überlegungen ist wenig Platz. Schwammig ist zudem der Hinweis „Schlüssige Berufspraxis“, die avisierten Führungaufgaben werden gar nicht erst (z. B. motivierend) dargestellt. Da Manpower gebraucht wird, kann man bei dieser Anzeige auch auf die Idee kommen, dass die zentrale Aussage „Führungsnachwuchskräfte“ eher ein Lockmittel ist, weil zudem Führungsperspektiven (z. B. Bezirksleiter u. Ä.) nicht erwähnt werden.
Schon etwas besser ist die Anzeige „Top-Verkäufer“, wenngleich man erst im Kleingedruckten findet, dass es sich um einen Außendienstverkauf in Westdeutschland handelt. Obwohl Aufgabe und Anforderungen einigermaßen klar umrissen sind, fehlen auch hier Angaben zum Angebot. Es ist immer schlecht nur zu fordern, besser wäre es auch zu sagen, was man als Arbeitgeber bietet, in diesem Falle z. B. die Tatsache, dass ein auch privat nutzbares Dienstfahrzeug zur Verfügung gestellt wird.
Die Anforderungen sind hinsichtlich der Ausbildung offen, weil der Arbeitgeber eher Wert auf die „Branchenerfahrungen in der Porzellanindustrie“ legt. Dies wiegt hier offenbar mehr als z. B. die Tatsache, dass Sie Betriebswirt sind

Erfolgreiches Siebdruckunternehmen mit Schwerpunkt einbrennbare Buntdrucke für die Dekoration von Porzellan, Steingut und Keramik mit Sitz in Thüringen sucht einen

Top-Verkäufer

Aufgabe:
- Außendienst Verkauf; Schwerpunkt Westdeutschland
- Kundenbetreuung und -beratung
- Neukundengewinnung
- Markterschließung

Anforderungen:
- Branchenerfahrung in der Porzellanindustrie
- Erfahrung im Außendienst-Verkauf
- Freude an der Verkaufsarbeit
- Reise- und Einsatzbereitschaft

Wir suchen eine kraftvolle, positive Persönlichkeit, die das Unternehmen weiter mit aufbauen möchte und die bereit ist, in der Zukunft die Leitung des Unternehmens zu übernehmen. Sofern Sie an dieser Aufgabe interessiert sind, senden Sie bitte Ihre kompletten Bewerbungsunterlagen unter Angabe Ihrer Gehaltsvorstellungen an die eingeschaltete Unternehmensberatung.

oder aus dem technischen Bereich kommen. Dass die Ausbildungskomponente aber nicht ganz unwichtig ist, zeigt der Hinweis, dass man bereit sein sollte die Unternehmensleitung zu übernehmen. Dazu wäre es u. a. wichtig zu wissen, wie viele Mitarbeiter das Unternehmen hat. Auch das Reisegebiet ist mit „Westdeutschland“ (was immer das heißen mag, alte Bundesländer oder nur NRW?) unscharf umrissen. Und: Wer die Leitung des Unternehmens übernehmen soll, muss doch wohl auch an den Firmensitz nach Thüringen ziehen? Zu diesem entscheidenden Punkt sagt die Anzeige gar nichts aus.

Arbeitsabläufe gestalten –

wenn das Ihre starke Seite ist, wenn Sie sich in diesem Metier hervorragend auskennen, sind Sie „unser Mann". Die optimale Organisation von Arbeitsabläufen in allen Bereichen eines international operierenden deutschen Unternehmens ist die herausfordernde Kernaufgabe. Wir suchen baldmöglich unseren

Leiter der Organisation

und erwarten von Ihnen den Nachweis, dass Sie in einem größeren Industrie-Unternehmen organisatorisch und DV-technisch anspruchsvolle Objekte eigenverantwortlich geführt und erfolgreich zum Abschluss gebracht haben. Zu der genannten Industrieerfahrung ist die Fähigkeit erforderlich, komplex vernetzte Abläufe zu analysieren und mithilfe modernster Arbeitsmittel zu gestalten. Der Umgang mit EDV-Systemen und Kommunikationsmitteln ist unerlässlich. Wir erwarten eine technisch-wissenschaftliche Ausbildung, analytische Denkfähigkeit, hohe Lernbereitschaft, rasche Auffassungsgabe und kooperatives Denken.
Wir sind ein bedeutendes, zukunftsträchtiges Unternehmen in München, einer Stadt mit hohem kulturellem Anspruch und hervorragenden Möglichkeiten der Freizeitgestaltung. Unsere Interessen in aller Welt setzen verhandlungsreifes Englisch voraus. Die Altersgrenze möchten wir bei Mitte 40 festsetzen.

Wir erbitten Ihre vollständigen Unterlagen mit Werdegang in Stichworten, Lichtbild, Handschreiben, Einkommenswünschen und frühestem Eintrittstermin unter ...
Die Diskretion, die Sie erwarten dürfen, ist für uns selbstverständlich.

Die Anzeige „Leiter der Organisation" links hat gleich mehrere Minuspunkte. Als Frau sind Sie hier nicht gefragt. Leistungen des Hauses werden nicht angesprochen. Den Unternehmenszweck erfahren Sie auch nicht, schon gar nicht den Namen des Unternehmens, wenn unter Chiffre inseriert wurde. Immerhin werden an Ausbildung und Können mehr oder weniger klare Anforderungen gestellt, obwohl der Hinweis „technisch-wissenschaftliche Ausbildung" für die Position auch recht schwammig ist. Sehr klar sind hingegen Angaben zum Ort (München) und zum Alter (Mitte 40).

Da auch diese Anzeige in einer überregionalen Tageszeitung geschaltet wurde, fehlt der Hinweis zur Hilfe bei der in München bekannt schwierigen Wohnraumbeschaffung oder zur Übernahme von Umzugskosten. Auf diese Anzeige werden sich Hunderte von Bewerbern beworben haben, die alle ihre Chance sehen, industrielle Arbeitsabläufe zu gestalten und eine leitende Position zu finden. Weil der Unternehmenszweck nicht angegeben wurde, wird der Personalleiter viele allgemeine Bewerbungen zu sichten haben, die ihn nicht weiterbringen.

Schließlich: Es wurde ein Handschreiben verlangt. Über Sinn und Zweck dieser Forderung kann man in der heutigen Zeit streiten. Für manche konservative Persönlichkeit ist die Handschrift immer noch ein wichtiges Beurteilungskriterium. Für andere hingegen ein Persönlichkeitsmerkmal, das man nicht überbewerten sollte, zumal es über die fachlichen Qualitäten nichts aussagt, auf die es in erster Linie ankommt.

Die Anzeige auf Seite 106 schließlich gibt in mehrfacher Hinsicht zu denken. Gesucht wurde ein(e) Volontär(in). Diese Tätigkeit ist üblicherweise befristet, davon steht nichts in der Anzeige. Außerdem ist es für Volontäre üblich, an Aufgaben erst herangeführt zu werden. Das Aufgabengebiet liest sich aber so, als ob man einen vollwertigen Mitarbeiter sucht. Zur Leistung des Unternehmens (angemessene Vergütung usw.) wird gar nichts gesagt. Die Ausbildungsanforderung „Studium der Geographie und möglichst einer Naturwissenschaft" wird nach Erfahrungen der Verlagspraxis eine Flut von Bewerbungen nach sich ziehen, mit denen sich Nur-Naturwissenschaftler bewerben. Da sehr viele Pädagogen arbeitslos sind und Volontariate den alternativen Einstieg ins Verlagswesen verheißen, werden sich zudem ganz allgemein (und zwar ohne Rücksicht auf die Fächerkombination) viele Lehrer bewerben.

Schließlich: Über Aussichten, im Verlag weiterzukommen, wird auch nichts gesagt. Außerdem: Der Verlag hat seinen Sitz in Niedersachsen; man fragt sich, ob er bei einem Volontariat überhaupt bereit wäre, einem Bewerber, der etwa aus Bayern käme (und sicherlich nach der Übernahme von Bewerbungskosten, Umzugskosten und Hilfe bei der Wohnungsbeschaffung fragen würde) eine Chance zu geben. Inseriert wurde auch in diesem Falle überregional.

> Der XY-Verlag gibt Fachzeitschriften für Lehrerinnen und Lehrer aller Schulformen und Schulfächer heraus. Für unsere Zeitschriften suchen wir
>
> **einen Volontär/eine Volontärin**
>
> Als Volontär/in werden Sie
> - im Herausgeberteam einer Zeitschrift über fachliche Fragen und didaktische Zielsetzungen von Heften und Beiträgen diskutieren,
> - Manuskripte bewerten und redaktionell bearbeiten,
> - das Erscheinungsbild der Zeitschrift mitgestalten.
>
> Wir erwarten von Ihnen
> - ein abgeschlossenes Studium der Geographie und möglichst einer Naturwissenschaft,
> - Unterrichtserfahrungen,
> - Kooperationsbereitschaft,
> - Neugier und Kreativität.
>
> Ihre Bewerbung richten Sie bitte mit den üblichen Unterlagen an ...

Kurzum: Hier müssen Sie mit qualifizierter Ausbildung viel tun, verdienen wenig Geld und haben keine Perspektive.
So viel zur Kommentierung einiger Stellenanzeigen von Arbeitgebern. Sie sehen, dass man nicht nur genau prüfen muss, ob man die angeführten Anforderungen erfüllt, sondern auch, dass man verstehen muss zwischen den Zeilen zu lesen.

Regionale/überregionale Voraussetzungen

Als **Faustregeln** für regionale Anzeigen der Arbeitgeber gelten:

- Wird ohne Ortseinschränkung regional inseriert, erwartet man einen Bewerber aus der Region. Kosten für auswärtige Bewerber sind nicht beabsichtigt.
- Wird ohne Ortseinschränkung überregional inseriert, so kann man als Bewerber unterstellen, dass Reisekosten zur Bewerbung bezahlt werden, ferner, dass das Unternehmen Angebote zu Umzugsregelungen und Wohnraumbeschaffung macht. Finden Sie in den Anzeigen dazu keine Angaben,

ist in jedem Fall Vorsicht geboten, erfragen Sie zur Not vor einer Bewerbung vorab telefonisch die für Sie wichtigen Angaben.

- Wird mit Ortseinschränkung national oder international inseriert, dann heißt das, dass Sie an diesen und nur an diesen Ort ziehen müssen und dazu auch bereit sein sollten, egal, woher Sie kommen.

Achten Sie als Bewerber auf solche Feinheiten. Dabei ist auch der Umstand von Bedeutung, wo der Arbeitgeber inseriert. In der Lokalzeitung wird er Personen aus der näheren Umgebung ansprechen wollen. Inseriert er dagegen in Branchenorganen, spricht er überregional spezielle Fachleute an. Inseriert er überregional in Tageszeitungen oder Wochenzeitungen, spricht er eine breite fachlich wie persönlich qualifizierte Bewerberschaft an.

Fristen

Wenn in der Stellenanzeige des Arbeitgebers Bewerbungsfristen angegeben sind, dann sollte man sich auch daran halten. Solche Fristen finden sich sehr häufig bei Stellenausschreibungen der öffentlichen Arbeitgeber, weil diese meistens gehalten sind, intern wie extern unter Fristsetzung Positionen auszuschreiben. Wenn diese Fristen sehr kurz angesetzt sind, könnte es sich auch um Alibianzeigen handeln (siehe dazu Seite 111 ff.), das heißt um Anzeigen, die aufgrund innerbetrieblicher oder innerbehördlicher Vereinbarungen in jedem Fall öffentlich ausgeschrieben werden müssen, und zwar auch dann, wenn schon längst intern Bewerbungskandidaten feststehen.
Sind in den Stellenanzeigen des Arbeitgebers hingegen keine Bewerbungsfristen enthalten, was der Regelfall ist, dann gilt folgende **Faustregel:**

- Auf regionale Anzeigen sollte man sich spätestens nach einer Woche bewerben.
- Auf überregionale Anzeigen sollte man sich spätestens nach zwei Wochen bewerben.

Sollten Sie die Stellenanzeigen z. B. erst nach einem Urlaub zu Gesicht bekommen haben, so teilen Sie das im Anschreiben mit. Niemand wird Ihnen das übel nehmen.
Schlimm ist es, wenn Sie sich herausreden wollen oder gar lügen oder (beliebte, aber dümmliche Variante) in Ihrem Anschreiben ein dicht an der Stellenanzeige liegendes Datum wählen, in der Hoffnung, der Arbeitgeber würde es nicht merken.

Chiffreanzeigen

Chiffreanzeigen haben Sie bei den oben besprochenen Beispielen bereits kennen gelernt. Um es vorwegzunehmen: Auch wenn für den Arbeitgeber noch so viele Gründe für eine Chiffreanzeige sprechen, für Sie als Bewerber ist das immer eine denkbar schlechte Ausgangsbasis, weil Sie den genauen Arbeitgeber (Inserenten) ja nicht erkennen können. Das bedeutet dann, dass Sie sich nur positionsbezogen, allenfalls noch branchenbezogen auf Ihre Bewerbung vorbereiten können, nicht aber gezielt auf den Arbeitgeber.

Übrigens unterlaufen nicht nur Bewerbern Fehler, sondern auch Arbeitgebern, wenn sie Positionen unter Chiffre ausschreiben. In einem Beispiel hieß es: „Wir sind ein namhaftes Bekleidungshaus mit langer Familientradition und suchen ...“. Die Anzeige lief unter Chiffre. Da es in der Stadt jedoch nur ein Bekleidungshaus mit langer Familientradition gibt, war der vorsichtige Inserent jedenfalls in Fachkreisen, die er ja mit seiner Anzeige auch ansprechen wollte, schnell enttarnt.

Wenn der Arbeitgeber unter Chiffre inseriert, hat das zwei Gründe. Zum einen wollen vor allem Firmen nicht, dass die Konkurrenz bei manchen ausgeschriebenen Positionen „wach“ wird. Das ist besonders der Fall, wenn es um zusätzliche oder gar sensible Positionen geht. Wenn in der Anzeige z. B. steht, dass man stark expandiert und für die Weiterentwicklung eines bestimmten Produktes Product-Manager sucht, deren spezifische Tätigkeitsfelder dann auch noch beschrieben werden, dann kann sich die Konkurrenz schon einen Reim darauf machen. Der inserierende Arbeitgeber will hier also auf Nummer sicher gehen und wird Ihnen das im Bewerbungsgespräch auch ehrlich mitteilen (soweit nicht noch andere Gründe für die Chiffre relevant sind).

Ein weiterer Grund für Chiffreanzeigen im Stellenmarkt ist die interne Situation beim Arbeitgeber, genauer gesagt, die Rücksichtnahme auf Mitarbeiter, eventuell auch auf den Betriebsrat (der z. B. über frei werdende Stellen noch nicht gleich in Kenntnis gesetzt werden soll). Solche Rücksicht kann geboten sein, wenn der Stelleninhaber für die ausgeschriebene Position noch im Hause ist und man für den neuen Mitarbeiter gern ein besseres Anforderungsprofil haben möchte. Schreibt man so etwas noch während der Tätigkeit des alten Stelleninhabers öffentlich aus, dann ist das schlechter Stil. Wenn allerdings die Anforderungen an die zu besetzende Position unverändert bestehen bleiben, sieht die Situation völlig anders aus; denn dann sind in aller Regel keine besonderen Rücksichten angebracht.

Daneben gibt es natürlich auch noch weitere interne Gründe, die den Personalleiter veranlassen, eine frei werdende Position per Chiffre auszuschreiben. Zum Beispiel kann es sein, dass man erst kürzlich jemanden eingestellt hat,

diese Person aber die Probezeit nicht überstehen wird und das Unternehmen möglichst rasch Ersatz haben will. Deshalb möchte man sich entweder der Konkurrenz gegenüber nicht die Blöße geben, man habe eine Fehlentscheidung getroffen, oder man nimmt auch hier Rücksicht auf den noch nicht ins Bild gesetzten Mitarbeiter.
In jedem Fall sollte für Sie als Bewerber eines feststehen: Irgendeinen Grund für eine Chiffreanzeige muss der Arbeitgeber haben. Versuchen Sie, sofern Sie eingeladen werden, diesen Grund herauszubekommen. Er könnte Ihnen Aufschluss über die Situation im Hause und eventuell auch über den Stil des Hauses geben.
Da man nicht weiß, wer sich hinter der Chiffre verbirgt, sind natürlich auch viele Bewerber vorsichtig geworden und versenden erst einmal ein Anschreiben, in dem Sie um Kontaktaufnahme bitten, soweit der kurz skizzierte Werdegang und das jetzige Arbeitsgebiet für den neuen Arbeitgeber von Interesse sein sollten. Die Übersendung der kompletten Unterlagen wird dann auf Wunsch angeboten. Diese Vorgehensweise ist grundsätzlich nicht verkehrt, und zwar auch dann nicht, wenn in der Chiffreanzeige ausdrücklich um die Übersendung kompletter Bewerbungsunterlagen gebeten wird. Denn Sie wissen ja gar nicht, ob Sie Ihre mühevoll zusammengestellten Unterlagen überhaupt wiederbekommen, und vor allem, in welche Hände sie geraten.
Wird das nicht akzeptiert oder besteht der Arbeitgeber, möglicherweise wieder anonym (auch so etwas ist schon vorgekommen), auf Einsicht in alle Ihre Bewerbungsunterlagen, dann sind Sie ganz einfach beim Falschen gelandet.

Stellenanzeigen von Personal- oder Unternehmensberatern

Ähnlich sieht die Situation bei den Stellenangeboten der Personal- oder Unternehmensberater aus. Denn auch hier erfährt man aus der Anzeige nicht, um welchen Arbeitgeber es sich handelt. Solche oftmals recht groß gehaltenen Anzeigen finden Sie üblicherweise (aber nicht nur!) recht oft in Stellenmärkten überregionaler Tageszeitungen (z. B. Süddeutsche Zeitung, Frankfurter Allgemeine Zeitung oder auch im Handelsblatt).
Wie bei der Chiffreanzeige möchte der suchende Arbeitgeber nicht in Erscheinung treten, die Gründe dafür dürften im Prinzip die gleichen sein, wie sie oben bereits bei der Chiffreanzeige angesprochen worden sind. Allerdings sollten Sie auch wissen, dass der inserierende Personal- oder Unternehmensberater die eingehenden Bewerbungen nicht sofort an seinen Klienten weiter-

gibt, sondern diesem als Serviceleistung entweder eine die Bewerbungseingänge kommentierende Vorauswahl abnimmt oder (Regelfall) sogar das komplette Auswahlverfahren. In vielen, aber nicht allen Fällen läuft das so ab: Sie schicken Ihre kompletten Bewerbungsunterlagen an den Personalberater und behandeln diesen quasi erst einmal so, als sei er der Arbeitgeber. Findet Ihre Bewerbung Anklang, werden Sie zu einem Informationsgespräch beim Personalberater eingeladen. Achtung: Klären Sie vorher unbedingt die Übernahme etwaiger Reisekosten ab! Ist Ihre Bewerbung weniger interessant, dann erhalten Sie vom Personalberater nach einiger Zeit die Mappe zurück, den Auftraggeber erfahren Sie dabei nicht.
Bei einem Informationsgespräch kommt es darauf an, dass sich der Personal- oder Unternehmensberater von Ihnen einen Eindruck verschaffen will. Oftmals geschieht das sehr professionell, auch unter Einbezug einer psychologischen Gesprächstaktik. Nicht selten aber können Sie auch eine Überraschung erleben, und zwar in der Form, dass Sie vor diesem Gespräch gebeten werden, einen kleinen schriftlichen Test zu machen, dessen Antworten dann blitzschnell gerastert und in ein Analysediagramm übertragen werden, das dem Berater dann als Gesprächsunterlage dient. Auch Sie selbst können dann zu den Ergebnissen kommentierend Stellung nehmen. Manch ein Bewerber rechnet nicht mit dieser Vorgehensweise und ist völlig irritiert oder auch entsetzt, wie man mit ihm, z. B. als gestandener Führungskraft, umgeht. Das soll hier nicht weiter vertieft werden, da es nur darauf ankommt, Ihnen näher zu bringen, was sich hinter der Stellenanzeige von Beratungsunternehmen verbergen kann. Die Gesprächsergebnisse hält der Berater dann fest und schreibt dem Auftraggeber = Arbeitgeber ein Bewerberprofil (mit oder ohne Empfehlung). Erst wenn auch der Auftraggeber eine positive Einschätzung von Ihrer Bewerbung hat, werden Sie zum zweiten Gespräch eingeladen, diesmal in Anwesenheit z. B. des Personalleiters beim Beratungsunternehmen oder (seltener) des Beraters beim Personalchef des Auftraggebers.
Seriöse Personalberatungsfirmen nennen Ihnen bereits bei der ersten Einladung den Namen der vertretenen Firma und auch den Grund, warum die Beratungsfirma eingeschaltet wurde. Ist das nicht der Fall, sollten Sie vorsichtig sein. Es gibt Bewerber, die grundsätzlich nicht auf Anzeigen von Personalberatungsfirmen schreiben, und zwar aus folgenden Gründen: Erstens hat man doppelten Bewerberstress, erst beim Berater, dann beim Arbeitgeber. Und zweitens sollte ein Unternehmer, je nachdem, wen genau er sucht, schon in der Lage sein, selbst eine Bewerberauswahl zu treffen und auch selbst zu inserieren. Dem muss man entgegenhalten, dass besonders kleine und mittlere Unternehmen nicht immer über z. B. auch für Führungskräfte qualifizierte Personalfachleute verfügen und sich deshalb lieber von einer Personalberatung professionell helfen lassen.

Alibianzeigen

Unter Alibianzeigen oder Pro-forma-Anzeigen versteht man Stellenanzeigen von privaten und öffentlichen Arbeitgebern, die aufgrund interner Regelungen oder Betriebsvereinbarungen gehalten sind, frei werdende Positionen auch extern auszuschreiben.

Solche Anzeigen erkennt man manchmal, aber nicht immer, an den relativ kurzen Ausschreibungsfristen. Wenn Sie z. B. in der Wochenendausgabe vom 1. März 2002 in einer Zeitung eine Stellenanzeige entdecken, in der gesagt wird, dass die Bewerbungsfrist bis zum 7. März 2002 läuft, dann dürfen Sie davon ausgehen, dass es sich dabei um eine Pro-forma-Anzeige handelt. Denn diese kurze Bewerbungsfrist fällt nicht nur aus dem üblichen Rahmen (siehe dazu Seite 107 „Fristen"), sondern benachteiligt auch alle Bewerber, die z. B. am Wochenende einen Kurzurlaub gemacht haben und die Zeitung erst am 4. oder 5. März 2002 zu lesen bekommen.

Während Stellenanzeigen von privaten Arbeitgebern üblicherweise keine Bewerbungsfrist enthalten, findet man diese bei Stellenanzeigen von öffentlichen Arbeitgebern (Behörden, Ministerien, Bundesämtern, Körperschaften des öffentlichen Rechts usw.) sehr oft. Man kann sich auch manchmal des Eindrucks nicht erwehren, dass gerade in Bezug auf hoch qualifizierte Positionen in der öffentlichen Verwaltung Alibianzeigen geschaltet werden, z. B. wenn ein leitender Regierungsdirektor oder ein hauptamtlicher Bürgermeister gesucht wird. Denn es ist bei Kenntnis der gängigen Praxis bei solchen Stellenbesetzungen kaum anzunehmen, dass keine Kandidaten vorhanden sind. Damit soll nicht gesagt werden, dass externe Bewerber keine Chance hätten und die Anzeigenkosten hinausgeworfenes Geld seien, nur lehrt uns die Praxis, dass leitende Positionen im öffentlichen Dienst oft von langer Hand, mit oder ohne politischen Einfluss, bereits besetzungsmäßig „vorbereitet" sind. Bei einem Bürgermeisteramt, das sei auch noch gesagt, sind zudem die Parteien vorschlagsberechtigt und haben naturgemäß auch ein Interesse an der qualifizierten Besetzung der Position.

Sonstige Besonderheiten

Schließlich ist hinsichtlich der Stellenanzeige des Arbeitgebers noch auf einige Kleinigkeiten einzugehen, die aber nicht unwichtig sind und die Sie daher zu deuten wissen sollten. Zunächst zum Eintrittstermin.

Eintrittsdatum

In Stellenanzeigen ist entweder gar kein Eintrittsdatum angegeben, ein ungefähres oder ein sehr genaues. Das wird leider immer wieder überlesen und kann leicht zu vermeidbaren Bewerberfehlern führen. Dazu ein Beispiel:

> Ein Arbeitgeber in Bremen suchte sehr rechtzeitig mit Blick auf möglicherweise lange Kündigungsfristen als Nachfolger/in für die jetzige Stelleninhaberin, die zum Sommer 2002 in den Ruhestand gehen wird, eine versierte Fachkraft zum 1.1.2002, damit eine qualifizierte Einarbeitung sichergestellt ist. Darauf bewarb sich aus einer anderen Stadt eine junge Frau, die in ihrem Anschreiben mitteilte: „Ich wäre Ihnen sehr verbunden, wenn Sie mich bereits zum 1.7.2001 einstellen könnten, weil ich mein Arbeitsverhältnis zu diesem Zeitpunkt kündigen und zu meinem Freund nach Bremen ziehen möchte."

Solches Ansinnen ist realitätsfremd und hat von vornherein keine Aussicht auf Erfolg. Beachten Sie also die gewünschten Eintrittsdaten in den Stellenanzeigen, und nehmen Sie im Anschreiben darauf Bezug.
Wenn es heißt „Wir suchen frühestmöglich" oder „zum nächstmöglichen Termin" oder „demnächst", dann sind das alles Indizien dafür, dass der Arbeitgeber auch Ihre möglichen Kündigungsfristen im Auge hat. Sie sollten dann im Anschreiben darauf eingehen. Besonders übrigens auch dann, wenn um eine genaue Angabe Ihres Eintrittstermins explizit gebeten wird. Das wird leider immer wieder vergessen und kann Ihnen als Bewerber durchaus Nachteile bringen. Denn während bei anderen Bewerbern klare Angaben zum Eintrittstermin vorliegen, könnte der Personalchef darüber verärgert sein, dass er einigen Bewerbern nachrechnen oder überlegen muss, ab wann diese anfangen könnten.
Wird in der Anzeige gesagt „Wir suchen ab sofort …", dann heißt das, dass Sie auch ab sofort bereit sein müssen. Haben Sie dagegen längere Kündigungsfristen einzuhalten, wird der Arbeitgeber für Ihre Bewerbung keine Verwendung haben. „Sofort" kann aber auch bedeuten: „je schneller, desto besser". Aus diesem Grund sollten Sie Ihre Kündigungsfristen und Lösungsmöglichkeiten prüfen, bevor Sie sich bewerben. Zum Beispiel könnten Sie, wenn Sie ohnehin das Unternehmen wechseln wollen, vorsichtig beim Personalchef vorfühlen, ob Sie einvernehmlich früher aus dem Arbeitsverhältnis herauskommen, jedoch nur, wenn Sie sicher sein können, dass Ihnen keine Nachteile entstehen.
Wenn Sie dagegen eine nicht allzu lange Kündigungsfrist einhalten müssen, dann schreiben Sie z. B.:

„Wie ich gelesen habe, suchen Sie per sofort eine Buchhalterin. Obwohl ich an der Position sehr interessiert bin, muss ich bei meinem jetzigen Arbeitgeber eine Kündigungsfrist von einem Monat einhalten. Deshalb hoffe ich sehr, dass Sie meine Bewerbung auch unter diesem Aspekt berücksichtigen können."
Schließlich: „Sofort" kann auch bedeuten, dass jemand in der suchenden Firma fristlos entlassen worden ist und man jetzt rasch Ersatz sucht. Fragen Sie deshalb in jedem Fall bei einem etwaigen Gespräch, warum die Position frei wurde.

Schwerbehinderte

In vielen Anzeigen findet man den Satz: „Schwerbehinderte werden bei gleicher Eignung bevorzugt eingestellt". Dass das in der Praxis nicht oder nicht immer so ist, weiß man inzwischen. Dieser Satz hat seinen Grund in der gesetzlichen Regelung des Schwerbehindertengesetzes, wonach Schwerbehinderte vorrangig einzustellen sind. Als Betroffener sollten Sie auf den Satz jedoch kurz eingehen und z. B. schreiben:
„Aufgrund einer länger zurückliegenden Operation bin ich zu 50 % schwer behindert, jedoch in meiner Leistungsfähigkeit – wie Sie auch den Zeugnissen entnehmen können – nicht eingeschränkt. Ich hoffe sehr, dass dieser Umstand kein Hinderungsgrund für Sie ist, meine Bewerbung weiterzuverfolgen."

Die Jobbörsen im Internet

Das Internet bietet nicht nur EDV-Spezialisten eine Vielzahl von Stellenangeboten, auf die bequem vom eigenen Schreibtisch zugegriffen werden kann. Für die Einschätzung der Anzeigen im Netz gilt das Gleiche wie für die Zeitungsanzeige. Wie Sie sich im Internet zurechtfinden und welche technischen Voraussetzungen erforderlich sind, erfahren Sie ab Seite 269.

Wichtig:

- Einer der häufigsten, dabei am leichtesten vermeidbaren Bewerberfehler ist, dass die Stellenanzeigen der Arbeitgeber nicht richtig gelesen werden. Wenn Sie sie nicht in allen wesentlichen Punkten erfüllen, ist Ihre Bewerbung zwecklos.
- Seien Sie vorsichtig bei Chiffre-Anzeigen!
- Vermeiden Sie Zuschriften auf Alibi-Anzeigen!
- Und lassen Sie die Finger von Lockvogel-Anzeigen!
- Nutzen Sie die Möglichkeiten des Internets!

Das Bewerbungsanschreiben und die Unterlagen

Nachdem Sie bislang einiges über die Bewerbungsgründe, über die jeweilige Situation beim Bewerber wie beim Arbeitgeber, über Stellenanzeigen und eigene aktive Suche erfahren haben, geht es in den folgenden Kapiteln um die eigentliche Bewerbung. Das heißt im Einzelnen: um das Bewerbungsanschreiben, die beizufügenden Unterlagen, das Vorstellungsgespräch und um einen Einblick in die Entscheidungskriterien beim Arbeitgeber.
Die eigentliche Bewerbung, also das Anschreiben und die dazugehörigen Unterlagen, will erstens wohl durchdacht und zweitens sehr gut vorbereitet sein. Bitte merken Sie sich eine ganz wichtige Regel:

- Die Bewerbung als Ganzes, besonders aber das Bewerbungsanschreiben, ist IHRE VISITENKARTE beim neuen Arbeitgeber!

Das übersehen sehr viele, manchmal auch hoch qualifizierte Bewerber.

Durchdenken Sie Ihre Bewerbung

Dazu gehört, dass Sie – wie schon am Anfang dieses Buches erwähnt – ein persönliches Konzept haben sollten und ihre beruflichen Ziele klar definieren können. Setzen Sie sich kritisch mit Ihren Leistungen und Fähigkeiten auseinander, auch mit den bisherigen Arbeitgebern, und fragen Sie sich, warum Sie wo ausgeschieden sind. Hüten Sie sich vor Selbstüberschätzung. Lassen Sie sich nicht von Wunschvorstellungen leiten, sondern halten Sie sich an die nüchterne berufliche Realität.
Entwickeln Sie eine Strategie, die Ihnen hilft, unnötige Mühen, Enttäuschungen und Absagen zu verhindern. Behalten Sie Ihr Berufsziel im Auge und bewerben Sie sich nicht unüberlegt, sondern stets planvoll.
Machen Sie sich zu Ihrer eigenen Sicherheit eine Checkliste Ihrer Kenntnisse und Fähigkeiten, und vergleichen Sie bei jeder Anzeige, ob Übereinstimmung besteht. Halten Sie ferner Ihre Wunscharbeitgeber, Wunschpositionen oder sonstigen Ziele fest und notieren Sie auf dieser Liste alle Ihre Aktivitäten in Bezug auf Arbeitssuche bzw. Ihre Bewerbungen. So haben Sie stets einen aktuellen Überblick und sind rasch im Bilde, wenn Sie mal einen überraschenden Anruf von einem Arbeitgeber bekommen, der Sie zum Gespräch einladen will. Notieren Sie sich pro Bewerbung Absendedatum, etwaige Fristen, Einladungs- und Absagetermine. Lassen Sie sich durch Absagen nicht einschüchtern oder gar entmutigen.

Der zweite Schritt ist die Vorbereitung der Bewerbung. Sie lässt häufig zu wünschen übrig, obwohl inzwischen viele Menschen über einen privaten PC oder eine Speicherschreibmaschine verfügen.
Ihre schriftliche Bewerbung sollte fünf wichtige Elemente enthalten:

Anschreiben

Das Anschreiben ist die einzige (!!) Form der ganz individuellen Selbstdarstellung und auch das einzige Dokument in Ihrer Bewerbung, das Sie positionsbezogen beeinflussen und selbst gestalten können. Im Anschreiben formulieren Sie Ihr Interesse an der ausgeschriebenen Position und/oder am Arbeitgeber. Das Anschreiben muss deshalb immer individuell sein.

Lebenslauf

Der Lebenslauf vermittelt dem Leser = Arbeitgeber einen raschen Überblick über Ihren bisherigen Werdegang. Deshalb ist zu überlegen, welche Form Sie wählen:

- prosaisch/darstellend
  - handschriftlich
  - maschinengeschrieben
- tabellarisch/übersichtlich
  - entwicklungsbezogen (Vorwärtschronologie)
  - aktualitätsbezogen (Rückwärtschronologie) oder
- individuell/originell

Auch durch die Art der Darstellung des Lebenslaufes können Sie deshalb viele Weichen stellen. Oberflächliche und ungenaue Lebensläufe machen von vornherein einen schlechten Eindruck, zu genaue und mit Nebensächlichkeiten beladene ebenso.

Bewerbungsfoto

Das Bewerbungsfoto vermittelt dem neuen Arbeitgeber einen ersten flüchtigen Eindruck Ihrer Person. Unterschätzen Sie diesen Eindruck nicht. Vergessen Sie deshalb nie, ein aktuelles Foto beizufügen.

Zeugnisse

Um dem neuen Arbeitgeber Einblick in Ihren beruflichen und Ausbildungswerdegang zu geben, sollten Sie alle relevanten (!!) Zeugnisse Ihrer Bewerbung beifügen.
Die Faustregel lautet hier: Sämtliche Angaben im Lebenslauf sollten Sie mit Zeugnissen belegen können. Alle anderen Zeugnisse sind nur dann wichtig, wenn ein direkter Bezug zur ausgeschriebenen Position erkennbar ist.

Die Zusammenstellung der Unterlagen

Der fünfte und letzte Punkt ist die Zusammenstellung der Unterlagen. Man kann es nicht oft genug sagen: Ein ansprechendes Äußeres der Bewerbung ist schon ein halber Sieg. Nichts ist schlimmer, als wenn man aus einem Briefumschlag lieblos zusammengeheftete Dokumente entnehmen muss und einem dann zu guter Letzt womöglich auch noch das Bewerbungsfoto auf den Schoß fällt.
Diese fünf Punkte sollten Sie bei Ihrer Bewerbungsvorbereitung im Auge behalten. Je besser Sie sich vorbereiten, z. B. indem Sie rechtzeitig eine Bewerbungsmappe zusammenstellen, umso schneller können Sie unkompliziert auf Stellenausschreibungen reagieren.

Anschreiben

Wenn oben gesagt wurde, dass das Bewerbungsschreiben so etwas wie Ihre Visitenkarte beim neuen Arbeitgeber ist, dann hat das seinen Grund. Die Unterlagen, die Ihnen zur Verfügung stehen, Zeugnisse, Referenzen oder andere Dokumente, können Sie nicht (mehr) beeinflussen. Mit dem Anschreiben auf eine ausgeschriebene Position hingegen können Sie persönlich-individuelle Maßstäbe setzen. Sie haben durch die Art und Weise der Darstellung einen großen Einfluss darauf, ob Sie einen Arbeitgeber für sich einnehmen oder nicht.
Für das Bewerbungsanschreiben gibt es indes gewisse Grundregeln.

Name, Anschrift, Telefonnummer

Selbstverständlich sollte sein (ist es aber leider in der Praxis nicht immer), dass Ihr Name, Ihre Anschrift, Ihre Telefonnummer und auch das Datum im Anschreiben enthalten sind. Bei der Telefonnummer sollten Sie in der Regel Ihre Privatnummer angeben (ggf. mit Zusatzangabe, ab wann Sie dort erreichbar sind), Ihre dienstliche Telefonnummer hingegen nur, wenn Sie regelmäßig selbst am Apparat sind und etwaige Anrufe des neuen Arbeitgebers in Ihrer jetzigen Firma auch genehm sind. Machen Sie ggf. zeitliche Zusätze zur Erreichbarkeit, z. B.:

> „Sie erreichen mich tagsüber am schnellsten unter meiner Dienstnummer 05 11/62 02 00, am besten in der Nachmittagszeit. Falls eine Kollegin am Apparat sein sollte, so ersuche ich Sie, um Rückruf zu bitten, ohne dass Sie, aus Gründen der Diskretion, Ihre Firma zu erkennen geben."

Die meisten Arbeitgeber haben für solche Wünsche Verständnis, besonders dann, wenn sie an einer Bewerbung interessiert sind.
Ein ganz wichtiger Punkt ist auch die Tatsache, dass Sie nach Absendung der Bewerbung Urlaub haben könnten oder längere Zeit auf Dienstreise sind. Daran wird oft nicht gedacht. Manch eine Bewerbung scheiterte, weil sich der neue Arbeitgeber sehr schnell und spontan gemeldet und zu einem Vorstellungsgespräch eingeladen hat und dann keine Reaktion bekam. Wenn Sie zeitlich, aus welchem Grunde auch immer, verhindert sind, dann teilen Sie das bitte deutlich im Anschreiben mit. Beispiel:

„In der Zeit vom 31. 3.2002 bis zum 20. 4.2002 besuche ich ein Fortbildungsseminar in Bad Kreuznach. Sie können mir jedoch unter meiner Privatanschrift eine Nachricht hinterlassen, ich melde mich dann umgehend bei Ihnen."

Und noch etwas: Wenn Sie eine Bewerbung versenden, dann drücken Sie damit ein Interesse am neuen Arbeitgeber aus. Deshalb müssen Sie auch mit einer Einladung rechnen, und zwar auch zur üblichen Bürozeit. Deshalb sollten Sie im Anschreiben nicht formulieren:

„Über ein Gespräch würde ich mich sehr freuen. Am besten wäre es, wenn Sie mir einen Termin vor 9.00 Uhr oder nach 18.00 Uhr anbieten könnten, weil ich dienstlich nicht abkömmlich bin."

Das Interesse und das Pflichtbewusstsein für Ihre jetzige Arbeit spricht zwar für Sie, aber Sie können nicht erwarten, dass der neue Arbeitgeber seinen Terminplan nach Ihnen richtet. Sie müssen sich in solch einem Fall schon frei nehmen oder einen Urlaubstag einreichen.

Bezug auf Position/Anzeigenausschreibung

Da manche, besonders größere Arbeitgeber nicht selten an den Wochenenden in den Tageszeitungen mehrere Anzeigen geschaltet haben, sollten Sie immer im Betreff Bezug auf die konkrete Position nehmen. Damit erleichtern Sie dem Leser, in aller Regel dem Personalleiter, die rasche Zuordnung.
Auch inhaltlich sollten Sie auf die ausgeschriebene Position eingehen und sich nicht mit Gemeinplätzen begnügen. Denn der Arbeitgeber will in erster Linie wissen, ob Sie die Anforderungen erfüllen. Ein Beispiel:

„Sie suchen eine Marketing-Assistentin mit Berufserfahrung, Englischkenntnissen und Vorliebe für Telefonmarketing. Diese Voraussetzungen erfülle ich, weil ich bereits drei Jahre als Marketing-Assistentin arbeite und für meine jetzige Firma ausschließlich für drei wichtige Produkte Telefonmarketing mache, dessen Konzeption ich selbst aufgebaut und erfolgreich umgesetzt habe. Meine sehr guten Englischkenntnisse konnte ich 1996 während eines sechsmonatigen Aufenthaltes in einem Partnerunternehmen in Birmingham vervollkommnen."

Hier stehen klaren Erwartungshaltungen klare Fakten gegenüber, salopp gesagt: Soll und Haben decken sich, für den Arbeitgeber ein echter Anlass zur Einladung.

Bezug auf abgefragte Fakten

Neben den positionsbezogenen Besonderheiten ist es wichtig, auch auf sonstige abgefragte Fakten einzugehen. Wenn z. B. in einer Stellenanzeige steht, dass Gehaltswunsch und frühestmöglicher Eintrittstermin genannt werden sollen, dann müssen Sie sich dazu auch äußern. Wichtig ist, dass Sie überhaupt darauf eingehen. Beim Eintrittstermin werden Sie mit Blick auf Ihre Kündigungsfristen keine Probleme haben, genaue Angaben zu machen, doch ist auch hier Vorsicht geboten, wie das folgende Beispiel zeigt:

„Ich befinde mich in ungekündigter Stellung. Meine Kündigungsfrist beträgt drei Monate zum Ende eines Quartals, ich könnte Ihnen daher ab 1.10.2001 zur Verfügung stehen. Einem früheren Beginn, auch schon ab 1. 8.2001 steht nichts im Wege, weil mein jetziger Arbeitgeber mit einer vorzeitigen Beendigung des Arbeitsverhältnisses einverstanden ist."

Auf näheres Befragen stellte sich heraus, dass man der Dame eine Kündigung nahe gelegt hatte, weil sie nicht mehr den Erwartungen des Arbeitgebers entsprach. Besser wäre es gewesen, es bei der üblichen Frist (1.10.2001) zu belassen und im Gespräch zu erklären, man werde sich – Interesse des neuen Arbeitgebers vorausgesetzt – um einen früheren Austrittstermin bemühen. Gehaltsfragen darf man dem persönlichen Gespräch vorbehalten, das sollte man dann im Anschreiben mitteilen. Man kann aber auch folgendermaßen formulieren:

„Mein jetziges Gehalt beträgt € 1 835,– brutto im Monat, bei 13,5 Gehältern im Jahr. Ich möchte mich nicht verschlechtern, bin aber bereit, für eine Übergangs- oder Einarbeitungszeit gehaltliche Kompromisse zu machen, weil mir in erster Linie an der Tätigkeit in Ihrem Hause liegt."

Am besten ist es sich jedenfalls im Anschreiben noch nicht auf eine Gehaltssumme festzulegen, für dieses Thema vielmehr das persönliche Gespräch abzuwarten. Denn Sie können ja nicht wissen, wie das interne Gehaltsgefüge beim Arbeitgeber aussieht. Auf jeden Fall sollten Sie sich realistisch auf diesen Punkt vorbereiten. Mit Antworten auf die Frage nach Ihrem Gehaltswunsch wie „Das weiß ich nicht so genau" oder „Das ist mir egal" oder „Das überlasse ich Ihrer Einschätzung" kommen Sie nicht weit und setzen sich zudem der Gefahr aus, an der Realität vorbeizudenken. Der Arbeitgeber will von Ihnen wissen a) was Sie bisher verdient haben, also wohl auch weiterhin verdienen wollen, und b) wie Sie die ausgeschriebene Position gehaltlich einschätzen. Darauf sollten Sie sich, eventuell auch durch die Erkundigung nach etwaigen Lohn- und Gehaltstarifverträgen, einstellen.

Individuelle Angaben

Die Darstellung individueller Belange verführt zweifellos dazu, stilistisch etwas abzuschweifen, und es ist durchaus verständlich, wenn Sie versuchen, sich mit Ihrem Anschreiben von der Masse abzuheben. Aber hüten Sie sich vor Originalität um jeden Preis.
Dazu einige Beispiele, wie man es nicht machen sollte:

> „Sie sehen, dass ich alle Ihre Anforderungen erfülle. Sie sollten aber auch wissen, was ich sonst noch kann: Ich kann überzeugen, motivieren und erfolgsbezogen führen. Das habe ich als Verbandstrainer des VfL XY unter Beweis gestellt."
> (Aus einer Bewerbung als Geschäftsführer!!)

> „Als Anlage erhalten Sie ein Videoband. Bitte nehmen Sie sich die Zeit, sich in nur 30 Minuten über meine Persönlichkeit, meine Durchsetzungskraft und meine persönliche Ausstrahlung und meine erstklassigen Referenzen zu informieren, Sie werden es nicht bereuen."
> (Aus einer Bewerbung für eine leitende Position im Marketingbereich)

> „Die ausgeschriebene Position interessiert mich nicht nur fachlich, sondern auch persönlich. Seit langem habe ich eine Freundin in Köln, und es wäre mein größter Wunsch, sie damit zu überraschen, nun endlich auch beruflich in Köln sesshaft zu werden."
> (Aus einer Bewerbung im industriellen Bereich, Sachbearbeiter)

Diese kleine Auswahl mag genügen. Bleiben Sie also bei der Realität. Formulieren Sie selbstbewusst, ohne überheblich zu sein, und wenn es Ihnen gegeben ist, dann formulieren Sie auch originell.
Aber bleiben Sie lieber sachlich und nüchtern, ehe Sie sich der Lächerlichkeit preisgeben.

Bedenken Sie also: Einzig und allein das Anschreiben können Sie selbst gestalten. Es sollte – wollen Sie Erfolg haben – Bezug auf die ausgeschriebene Position nehmen, aber auch Interesse beim Arbeitgeber erwecken. Natürlich ist dabei eine gewisse Originalität förderlich, nur sollte es sich im Rahmen der Möglichkeiten bewegen. Bei den „bürgerlichen" Berufen ist eher ein konservatives Anschreiben angebracht. Nur in bestimmten Branchen, z. B. im Werbe- oder Medienbereich, kann man von der Norm abweichen und sich evtl. ungewöhnlich präsentieren.

Die äußere Form des Bewerbungsbriefes

Die meisten Bewerbungsanschreiben sind in Aufbau und äußerer Gestaltung individuell gehalten. Nicht selten schreiben Bewerber auch auf privatem Briefpapier, auf dem Name, Adresse und Telefonnummer bereits aufgedruckt sind. Sehr auffällig gestaltete private Briefbogen wirken aber nicht immer positiv, besonders dann nicht, wenn der Name, womöglich noch mit grafischen Attributen ausgestattet, den ganzen Bogen beherrscht.
Was wenigen Bewerbern bekannt ist: Es gibt für die äußere Form des Bewerbungsbriefes eine Norm (DIN 5008). Geht man von einem unbedruckten DIN-A4-Blatt aus, gestaltet sich der Aufbau so, wie im Briefschema auf Seite 121 angegeben. Das erste Briefbeispiel (Bewerbung als Monteur, Seite 122) hält sich exakt daran. Zwar achten viele Personalleiter nicht genau auf eine solche Einhaltung der DIN-Norm; Sie sollten sie sich jedoch als Richtwert merken und sie besonders dann befolgen, wenn Sie sich für Sekretariatsberufe bewerben.
Da im Zeitalter des PCs die bei der Schreibmaschine üblichen „Grad"-Angaben für Abstände nicht jedem geläufig sind, nennt die neueste Fassung der DIN 5008 auch die entsprechenden Millimeterangaben. Gerechnet wird dabei jeweils von der linken Blattkante:

Grad 10 = 24,1 mm	Grad 40 = 100,3 mm
Grad 20 = 49,5 mm	Grad 50 = 125,7 mm
Grad 30 = 74,9 mm	Grad 70 = 176,5 mm

Etwa bei Grad 70 sollten Ihre Briefzeilen enden.

Ab Seite 122 finden Sie eine Reihe von Musterbriefen für unterschiedliche Berufssparten. Firmeninterne und „blinde" Bewerbungen sind dabei ebenso berücksichtigt wie die Bewerbung über eine Personalberatung.

Ein Bewerbungsbrief nach DIN 5008

(Rand links: Grad 10)
:
:
Name des Absenders (5. Zeile) Datum (Beginn: Grad 50)*
Straße
PLZ Absendeort
Telefon
:
:
Versendungsart (13. Zeile)
.
Name des Empfängers (15. Zeile)
Abteilung
Straße
.
PLZ Bestimmungsort
:
:
Betreffzeile (24. Zeile)
:
Anrede (27. Zeile)
.
Brieftext (29. Zeile)
Brieftext
Brieftext
Brieftext
Brieftext
. (1 Leerzeile zwischen Absätzen)
Brieftext
Brieftext
Brieftext
Brieftext
.
Einrückung (Beginn: Grad 20)
.
Brieftext
Brieftext
Brieftext
.
Gruß
(Unterschrift)
:
Anlagenvermerk (hier oder auf Grad 50 neben dem Gruß)

** Nach der DIN 5008 für Geschäftsbriefe soll seit 1996 auch in Deutschland die internationale Schreibweise für das Datum verwendet werden; also* **Jahr-Monat-Tag** *(Beispiel 1996-05-16 für 16.5.1996). Korrekt bleibt daneben auch die alphanumerische Schreibweise, also 16. Mai 1996.*

Das Briefschema zeigt, welche Position die DIN-Norm für die verschiedenen Briefteile vorsieht. Der Text beginnt linksbündig auf Grad 10.
Wenn Ihr Bewerbungsschreiben zwei Seiten umfasst (mehr ist nicht empfehlenswert!), sollte die erste Seite unten durch drei Punkte (rechtsbündig, etwas unterhalb des Brieftextes) kenntlich gemacht werden. Eine Seitenzahl ist hier unüblich. Auf der zweiten Seite steht dann in der 5. Zeile der Seitenhinweis „–2–“ (auf Grad 40 oder zentriert).

Bewerbung als Monteur

Werner Müller
Reichenberger Str. 51
84130 Dingolfing
Tel. 0 87 31/2 50 20

20. Juni 20..

Einschreiben

BMW Werke
Personalabteilung
Industriestr. 20-28

84130 Dingolfing

Bewerbung als Monteur / Anzeige im Dingolfinger Anzeiger vom 17.6.20..

Sehr geehrte Damen und Herren,

in Ihrer oben genannten Anzeige suchen Sie für Ihr Werk III einen erfahrenen Monteur mit mehrjähriger Berufserfahrung. Da ich diese Voraussetzungen erfülle, bewerbe ich mich hiermit um die ausgeschriebene Position.

Wie Sie aus meinen Unterlagen entnehmen können, habe ich eine erfolgreich abgeschlossene Ausbildung als Karosseriebaumeister bei der AUDI AG in Heilbronn absolviert und bin seit 1990 dort in der Fertigung als Monteur beschäftigt. Ein Zeugnis über diese Tätigkeit kann ich Ihnen, da in ungekündigter Stellung, noch nicht vorlegen, jedoch steht Ihnen für Auskünfte mein Abteilungsleiter,

Gerhard Keller, Sonnenweg 39, 74072 Heilbronn

gern zur Verfügung. Ich möchte mich beruflich verändern, weil meine Frau als Lehrerin nach Dingolfing versetzt worden ist.

Es würde mich sehr freuen, für Ihr Unternehmen tätig werden zu können. Zu einem persönlichen Gespräch bin ich nach Absprache gern bereit.

Mit freundlichen Grüßen
(Unterschrift)

Anlage: Bewerbungsmappe

Dieser Bewerbungsbrief eines Monteurs hält sich streng an die in DIN 5008 festgelegten Regeln für die Gestaltung von Geschäftsbriefen – kein absolutes „Muss" für diesen Beruf, bei Bewerbungen für Sekretariatsberufe jedoch unerlässlich. Inhaltlich überzeugt der Brief durch seine knappe und ansprechende Darstellung des Wesentlichen.

Bewerbung als Sachbearbeiter

Werner Baecker
Kommandantenstr. 28
10969 Berlin
Tel. 0 30/43 21 00

7. Februar 20..

Firma
Arnold Bau GmbH
Gritznerstr. 38

12163 Berlin

Anzeige in der Berliner Morgenpost vom 10. März 20..
1. Sachbearbeiter Liegenschaftsverwaltung

Sehr geehrte Damen und Herren,

hiermit bewerbe ich mich um die oben genannte Position. Der von Ihnen aufgezeigte Tätigkeitsbereich hat mich sehr angesprochen, weil ich diese Aufgaben bei meinem jetzigen Arbeitgeber auch ausführe. Ich möchte mich beruflich verändern, weil ich mittel- und auch längerfristig bei meinem jetzigen Arbeitgeber keine Aufstiegsperspektive habe.

Sie können fundierte Kenntnisse und berufliche Erfahrungen in der Liegenschaftsverwaltung bei mir ebenso voraussetzen wie die Bereitschaft, mich rasch und zuverlässig in neue Aufgabengebiete und/oder Besonderheiten Ihres Unternehmens einzuarbeiten.

Fleiß, Zuverlässigkeit und Verantwortungsbewusstsein sind für mich Selbstverständlichkeiten, ebenso Flexibilität und hohe Belastbarkeit.

Ich habe eine Kündigungsfrist von drei Monaten zum Quartalsende und könnte Ihnen deshalb ab dem 1.7.20.. zur Verfügung stehen.

Zurzeit verdiene ich € 2400,- brutto, bei 13,5 Gehältern pro Jahr. Gehaltlich möchte ich mich ungern verschlechtern, bin aber bereit - da mir in erster Linie an der Tätigkeit gelegen ist -, zumindest für die Einarbeitungszeit die Gehaltsfrage sekundär zu behandeln.

Es würde mich freuen, wenn Sie meine Bewerbung berücksichtigen und mich zu einem persönlichen Gespräch einladen könnten. Sie erreichen mich am schnellsten unter meiner privaten Telefonnummer 030/6 23 47 68 (Anrufbeantworter). In der Zeit vom 10.3.20.. bis zum 31.3.20.. befinde ich mich im Urlaub.

Mit freundlichen Grüßen

Dieses Beispiel ist mustergültig. Klarer Bezug zur ausgeschriebenen Tätigkeit, klarer Bezug zu persönlichen Dingen, sachlich, nüchtern, nicht überzogen. Angaben zur Kündigungsfrist und zu Gehaltsvorstellungen ebenso wie zur Erreichbarkeit.

Bewerbung als Sekretärin

Petra Kolbe 17. Mai 20..
Bremer Str. 120
21079 Hamburg
Tel. 0 40/77 88 98

HANSA Export GmbH & Co.
Überseering 41

22297 Hamburg

Bewerbung als Sekretärin

Sehr geehrte Damen und Herren,

Ihrer Annonce aus dem Hamburger Abendblatt vom vergangenen Wochenende entnehme ich, dass Sie eine Sekretärin für den Verkaufsleiter Ihrer Firma suchen. Da mich das beschriebene Aufgabengebiet sehr angesprochen hat und ich auch die gewünschten Qualifikationen habe, bewerbe ich mich hiermit um die ausgeschriebene Position.

Wie Sie aus den beigefügten Unterlagen entnehmen können, bin ich seit vier Jahren in einer vergleichbaren Position und verfüge über sehr gute englische und französische Sprachkenntnisse. Ich möchte mich gerne verändern, weil mehrere Abteilungen meines jetzigen Arbeitgebers zum Jahresende nach Pinneberg verlegt werden und mir die Anfahrt dann zu weit wird.

Zusätzlich zu den von Ihnen geforderten Qualifikationen verfüge ich noch über sehr gute PC-Kenntnisse (Word, Excel u.a. sind mir geläufig) und Erfahrungen im Direct-mailing. Diese Kenntnisse möchte ich gern in Ihrem Haus einbringen. Zeitliche Flexibilität und Zuverlässigkeit sind für mich ebenso selbstverständlich wie Teamarbeit und Vertretung von Kolleginnen.

Mein frühester Eintrittstermin ist der 1. August 20.., meine Gehaltsvorstellungen liegen bei € 2 250,- brutto. Es würde mich sehr freuen, wenn Ihnen meine Bewerbung gefällt und Sie mich zu einem Vorstellungsgespräch einladen würden. Ich freue mich auf Ihre Reaktion und verbleibe

mit freundlichen Grüßen

Die Bewerberin geht auf die geforderten Qualifikationen ein, die sie erfüllt. Positiv stellt sie heraus, dass sie noch weitere Qualifikationen hat. Der Bewerbungsgrund kommt klar zum Ausdruck, ebenso klar sind die Angaben zum Eintrittstermin und zur Gehaltsvorstellung.

Bewerbung als kaufmännischer Geschäftsführer

Dr. Gerhard Mannes 17. März 20..
Ludwigstr. 45
49046 Osnabrück
Tel. 05 41/66 22 41

Bavaria Unternehmensberatung GmbH
Bruckmannstr. 67

80638 München

Bewerbung als kaufmännischer Geschäftsführer
Ihre Anzeige in der Süddeutschen Zeitung vom 11.3.20..

Sehr geehrte Damen und Herren,

um die ausgeschriebene Position möchte ich mich bewerben. Der in der Anzeige erwähnte Aufgabenbereich und das skizzierte Anforderungsprofil haben mich sehr angesprochen. Ich beabsichtige seit längerer Zeit, aus privaten Gründen nach München zu ziehen. Daher war ich umso erfreuter, Ihre Anzeige zu lesen, in der genau das als Aufgabenfeld beschrieben ist, was ich bereits heute mache.

Ich bin 42 Jahre alt und Diplom-Kaufmann. Nach Tätigkeiten in der Bank und als kaufmännischer Leiter bin ich seit sechs Jahren kaufmännischer Geschäftsführer bei der Unternehmensberatung Hellerhof und Partner in Osnabrück. Neben der Betreuung einiger VIP-Kunden obliegt mir die gesamte Organisation, die Personalführung, das Finanzwesen und die Allgemeine Verwaltung. Darüber hinaus arbeite ich für das Unternehmen in verbandlichen Gremien mit. Sie können von mir sehr hohen Arbeitseinsatz, Verantwortungsbewusstsein und Zuverlässigkeit ebenso erwarten wie die Fähigkeit, in angemessener Form das Unternehmen zu repräsentieren. Englisch und Spanisch beherrsche ich fließend, was die Kontakte zu ausländischen Klienten sehr erleichtert.

Es würde mich freuen, wenn ich meine Arbeitskraft in den Dienst Ihres Hauses stellen könnte. Meine Kündigungsfrist beträgt sechs Monate zum Halbjahresende, eine Wettbewerbsabrede besteht nicht. Meine Einkommensvorstellungen liegen bei € 90 000,- p.a. plus Firmenfahrzeug und Gewinnbeteiligung, über deren Höhe ich gern persönlich mit Ihnen sprechen möchte. Weitere Einzelheiten ersehen Sie aus den beigefügten Unterlagen, aus denen sich auch zwei Referenzen ergeben.

Vielen Dank für Ihr Interesse.

Mit freundlichen Grüßen

Ein klares und prägnantes Anschreiben, das alle wesentlichen Fakten enthält und Bezug auf die ausgeschriebene Position nimmt. Der Bewerber beantwortet auch gleich selbst die Frage, warum er von Osnabrück nach München will. Bei Positionen dieser Art empfiehlt sich auch der Hinweis auf etwaige vertragliche Wettbewerbsabreden.

Bewerbung als Personalleiter

Rolf Erdmann
Fichardstr. 63
60322 Frankfurt/Main
Tel. 0 69/8 44 21 21

3. Juli 20..

DeTeSystem Deutsche Telekom
Systemlösungen GmbH
Personalleitung
Hahnstr. 43 d

60528 Frankfurt/Main

Bewerbung als Personalleiter / Ihre Anzeige in der FAZ vom 1.7.20..

Sehr geehrte Damen und Herren,

hiermit bewerbe ich mich um die oben genannte Position, weil mich der in der Anzeige geschilderte Aufgabenbereich sehr angesprochen hat. Ich bin derzeit in ungekündigter Position als Personalleiter in einem kleineren Unternehmen in Eschborn tätig (150 Mitarbeiter) und strebe nach dort fünfjähriger Tätigkeit eine Veränderung in ein größeres Unternehmen an.

Vor meinem Studium als Betriebswirt habe ich in der Personalverwaltung der ehemaligen co op AG in Frankfurt gelernt und war dort weitere drei Jahre tätig. Die Personalarbeit von der Planung und Beschaffung über die Personalbetreuung bis hin zur Entlassung beherrsche ich gut, ebenso sind mir abrechnungstechnische Besonderheiten bei gewerblichen und kaufmännischen Mitarbeitern geläufig. Der nicht immer einfache Umgang mit Betriebsräten gehört ebenso zu meiner Tagesarbeit wie die Beurteilung und Lösung zum Teil schwieriger sozialversicherungsrechtlicher Vorgänge. Ferner sind fundierte Kenntnisse der betrieblichen Altersversorgung und moderner EDV-Abrechnungssysteme (PAISY, PAS2000 und PDOC) vorhanden.

Es ist für mich selbstverständlich unter Zeitdruck zu arbeiten, Flexibilität und Belastbarkeit können Sie bei mir voraussetzen. Zu den verschiedenen Abteilungen im Hause pflege ich einen kooperativen Kontakt, der Geschäftsführung berichte ich wöchentlich. Wichtig ist mir noch, dass ich mich gerade als Personalleiter mit der Zielsetzung Ihres Unternehmens identifizieren kann und deshalb gerne für Ihr Haus tätig werden würde.

Mein frühester Eintrittstermin ist der 1.1.20... Meine Gehaltsvorstellungen liegen bei € 70 000,- p.a. Zurzeit habe ich ein Dienstfahrzeug, das monatlich zusätzlich mit rund € 350,- zu bewerten ist.

Es würde mich freuen, wenn sich an diese Zeilen ein persönliches Gespräch anschließen würde, zu dem ich gern bereit bin.

Mit freundlichen Grüßen

Eine klare und aussagekräftige Bewerbung, bei der auf die Besonderheiten der Position und der Konditionen eingegangen wird. Positiv ist der Hinweis, dass sich der Bewerber mit den Zielen des Unternehmens identifizieren kann.

Bewerbung als Sekretärin in einer Werbeagentur

Susanne Schneider
Bernkastler Str. 14
12247 Berlin
Tel. 0 30/7 74 46 05

25. März 20..

Firma
WPS-Werbeagentur
Hohenzollerndamm 124

10717 Berlin

Bewerbung als Sekretärin

Sehr geehrte Damen und Herren,

Sie suchen eine Sekretärin mit Pep und Humor, die auch bei stärkstem Stress die Nerven behält und lächelnd Papierberge abträgt. Dann bin ich die Richtige für Sie! Meine Qualifikationen ergeben sich aus den beigefügten Zeugnissen. Wenn Sie nicht alles lesen wollen, hier ein Kurzprofil:

- Gelernte Fremdsprachensekretärin, 27 Jahre alt, ledig
- Sprachen: Englisch, Französisch und Spanisch perfekt, Hamburger Platt zur unterhaltsamen Abwechslung
- Flexibel, stark belastbar und zuverlässig
- Mitdenkend, unkonventionell und initiativ
- Agenturerfahren (drei Jahre)
- Humorvoll, nicht launisch, teamerfahren
- Erprobt im Umgang mit Individualisten und schwierigen Zeitgenossen
- Stärken: die Ruhe im Chaos
- Schwächen: wenn man mich zu Pizza und Rotwein einlädt, ruht die Arbeit für eine Stunde.

Selbstverständlich dürfen Sie bei mir alle sekretariatsüblichen Arbeiten und Kenntnisse als gegeben voraussetzen. Wenn Sie Lust haben eine solche Mitarbeiterin zu gewinnen, dann sollten Sie mir schreiben. Ich kann zum 1.7.20.. beginnen, die Gehaltsfrage möchte ich dem persönlichen Gespräch vorbehalten. Warum ich wechseln will? Ganz einfach: Ihre Agentur reizt mich.

Mit freundlichen Grüßen

Nicht immer haben konventionelle Bewerbungsanschreiben Erfolg. Bei einer Werbeagentur sollte man sich locker und selbstbewusst, aber nicht flapsig auf den Adressaten einstellen. Im Beispiel ist dies gelungen. Alle wichtigen Angaben sind enthalten. Die Bewerberin wurde noch während des Vorstellungsgespräches unter Vertrag genommen.

Bewerbung als Tischler

Herbert Klingbeil
Eschersheimer Landstr. 214
60320 Frankfurt/Main
Tel. 0 69/44 81 70

5. Januar 20..

Werner Holzbau GmbH
Eschersheimer Landstr. 547

60320 Frankfurt/Main

Bewerbung als Tischler

Sehr geehrte Damen und Herren,

in der Frankfurter Rundschau vom letzten Wochenende haben Sie inseriert, dass Sie einen Tischler suchen. Hiermit bewerbe ich mich um diese Position.

Ich habe nach einer erfolgreich abgeschlossenen Tischlerlehre bei Braun und Partner in Wiesbaden in den letzten zwölf Jahren bei Riehl & Co. in Bad Homburg gearbeitet. Ich war hier überwiegend in der Möbeltischlerei eingesetzt, habe aber auch in der Bautischlerei gearbeitet und wurde zeitweilig für Kunsttischlerarbeiten herangezogen. Somit verfüge ich über Erfahrungen in allen wichtigen Tischlerarbeiten. Da die Firma Riehl & Co. zum 31. Dezember 20.. Konkurs angemeldet hat, bin ich gezwungen, mich nach einem anderen Arbeitgeber umzusehen. Deshalb hat mich Ihr Inserat sehr angesprochen.

Ich würde mich freuen, wenn Sie meine Bewerbung berücksichtigen könnten und mir Gelegenheit zu einem persönlichen Vorstellungsgespräch geben würden. Ich kann aufgrund der Situation in meiner jetzigen Firma sofort anfangen, mein letztes Gehalt betrug € 2300,- brutto bei 13,5 Gehältern im Jahr plus Übernahme der vermögenswirksamen Leistungen von € 39,- im Monat.

In den letzten zwölf Jahren war ich nur einmal krank. Fleiß, Ehrlichkeit und Zuverlässigkeit sind für mich ebenso selbstverständlich wie solide handwerkliche Arbeit. Erwähnenswert ist noch, dass ich mich mit Erfolg um die Ausbildung von Tischlerlehrlingen gekümmert habe.

Mit freundlichen Grüßen

Bei Bewerbungen auf handwerkliche Berufe findet man oft sehr einfache Anschreiben vor, nicht selten handschriftlich. Dennoch sollte man sich – wie im Beispielsfall – die Mühe machen, kurz seine Kenntnisse und Fertigkeiten zu skizzieren, und auch sagen, warum man sich bewirbt (in diesem Fall wegen Konkurses eindeutig). Auch die Aussage zu persönlichen Attributen (Fleiß, Ehrlichkeit, Zuverlässigkeit) ist geeignet beim neuen Arbeitgeber Interesse und Vertrauen zu erwecken.

Bewerbung als Krankenschwester

Margot Schwenders
Lastropsweg 38
20255 Hamburg
Tel. 0 40/3 21 44 87

8. September 20..

Universitätskrankenhaus Eppendorf
Personalabteilung
Martinistr. 52

20251 Hamburg

Bewerbung als Krankenschwester / Urologie II

Sehr geehrte Damen und Herren,

mit Interesse habe ich Ihre Anzeige im Hamburger Abendblatt vom vergangenen Samstag gelesen, mit der Sie eine berufserfahrene Krankenschwester für den oben genannten Bereich suchen. Da sich der umrissene Aufgabenbereich mit meiner bisherigen Tätigkeit deckt und ich auch gern in Ihrem Hause tätig werden würde, bewerbe ich mich hiermit um diese Position.

Ich bin 38 Jahre alt, kinderlos verheiratet und arbeite derzeit (seit 1993) in der Privatklinik Prof. Rabeneiner in Hamburg. Nach meiner Ausbildung im Hamburger Heidberg Krankenhaus verblieb ich dort drei Jahre und war anschließend in der Urologie des AK Hamburg-Harburg tätig. Die geforderten Berufserfahrungen sind deshalb ebenso vorhanden wie die Bereitschaft auch im Schichtdienst zu arbeiten. Über meine Kenntnisse und Fähigkeiten geben die beigefügten Zeugnisse Aufschluss, zusätzlich erlaube ich mir den Hinweis auf die Referenzen der Professoren Heiermann, Weiß und Wilkens.

Mein Wunsch nach einer Veränderung ist dadurch begründet, dass die urologische Abteilung der Privatklinik ausgegliedert und nach Bad Segeberg in ein Medizinzentrum verlegt werden soll. Der Anfahrtsweg wäre mir dann, obwohl ich nach dorthin übernommen werden soll, zu weit. Es würde mich sehr freuen, wenn Sie meine Bewerbung berücksichtigen könnten. Mein Verhältnis zu vorgesetzten Ärzten, Schwestern und zum Pflegepersonal möchte ich als gut bezeichnen.

Mit freundlichen Grüßen

Die Bewerberin umreißt klar ihren Werdegang, geht positiv auf das Verhältnis zu Vorgesetzten und Kollegen ein und macht eine deutliche Aussage zum Bewerbungsgrund. Gehaltswünsche sind hier überflüssig, weil nach BAT bezahlt wird. Die Angabe zu Referenzen macht hier einen Sinn, weil in diesem Beruf das persönliche Zusammenspiel sehr wichtig ist.

Bewerbung als Friseuse

Lena Leandros
Blumenstraße 39
22301 Hamburg
Tel. 0 40/4 80 15 81

27. März 20..

Frisurenstudio
Marlis Möller
Tesdorpfstr. 13

20148 Hamburg

Bewerbung als Friseuse

Sehr geehrte Frau Möller,

hiermit bewerbe ich mich aufgrund Ihrer Anzeige im Hamburger Abendblatt vom 25. März 20.. als Friseuse für Ihr Studio.

Ich habe 1990 meinen Abschluss als Friseuse in Köln gemacht (Note: sehr gut) und war anschließend zwei Jahre in Düsseldorf bei Hair&Flair tätig und habe dort überwiegend Herrenhaarschnitte bei einer sehr anspruchsvollen Kundschaft gemacht. 1993 wechselte ich ins Filmstudio Hamburg, wo ich für verschiedene Produktionsbetriebe tätig bin und sowohl Damen als auch Herren frisiere. Dass es sich hierbei in erster Linie um prominente Schauspieler handelt, muss ich nicht extra erwähnen. Jedenfalls sind Erfahrungen im Umgang mit anspruchsvoller Kundschaft durchaus gegeben.

Ich sehe meinen Beruf als Handwerk und Kunst zugleich. Als Handwerk, weil ich mit soliden Kenntnissen an die Sache oder besser an die Köpfe herangehe, als Kunst, weil es darauf ankommt, den individuellen Wünschen Rechnung zu tragen. Geschick, Einfühlungsvermögen und „stilistische" Sicherheit können Sie bei mir als selbstverständlich voraussetzen. Teamarbeit und Arbeit unter großem Zeitdruck (Unmögliches wird sofort erledigt) sind mir geläufig.

Obwohl ich mich in den Filmstudios sehr wohl fühle, möchte ich mich gerne verändern, besonders, weil ich derzeit regelmäßig auch an den Wochenenden und spät abends arbeiten muss. Mir liegt an einer mehr geregelten Arbeitszeit, womit ich nicht sagen will, dass ich um sechs Uhr die Schere fallen lasse.

Es würde mich freuen, wenn Sie mir die Gelegenheit zur persönlichen Vorstellung geben würden und auch, einmal bei einem Kunden meine Fertigkeiten unter Beweis zu stellen.

Mit freundlichen Grüßen

Die Bewerberin stellt deutlich ihre Kenntnisse und Fertigkeiten heraus, schreibt – was in dieser Branche angemessen ist – locker, aber auch souverän. Sie weiß, was sie kann, und will sich in ein Top-Unternehmen der Branche verändern. Sehr gut ist die Beschreibung zur Berufsauffassung.

Bewerbung als Pädagoge/Ausbildungstrainer

Joachim Müller
Ostertorstr. 43
33610 Bielefeld
Tel. 05 21/30 30 68

27. März 20..

CONTEXT
Institut für Aus- und Fortbildung
Hahnstraße 78

60528 Frankfurt/Main

Bewerbung als Pädagoge/Ausbildungstrainer

Sehr geehrte Damen und Herren,

mit großem Interesse habe ich Ihre Anzeige in der ZEIT vom 24. März 20.. gelesen, in der Sie einen versierten Pädagogen mit technischem Verständnis für Ihre Fortbildungsprogramme suchen. Da ich die in der Anzeige beschriebenen Anforderungen erfülle, bewerbe ich mich hiermit auf die ausgeschriebene Position.

Ich bin von Haus aus gelernter Autoschlosser und habe über den zweiten Bildungsweg den Sprung zum Gewerbelehrer geschafft. In dieser Funktion bin ich seit vier Jahren hier in Bremen tätig. Ich bin kein Beamter, sondern Angestellter und unterrichte in den Bereichen der Kfz-Berufe. Da mich das schulische Umfeld nicht besonders befriedigt, möchte ich mich gern als Ausbildungstrainer in die freie Wirtschaft verändern. Die von Ihnen in der Anzeige umrissenen Seminarkonzepte entsprechen vom Inhalt her dem, was ich bereits jetzt unterrichte.

Der didaktische Aufbau von Unterrichtseinheiten ist mir ebenso geläufig wie das Eingehen auf unterschiedliche Persönlichkeiten. Eine besondere Stärke sehe ich in der Konzeption, aber auch Realisierung von Seminarinhalten.

Einem Umzug nach Frankfurt steht nichts im Wege. Ich bin 34 Jahre alt und familiär ungebunden. Mein frühester Eintrittstermin ist der 1.7.20.., meine Gehaltsvorstellungen liegen bei rund € 40 000,- pro Jahr. Sie können von mir sehr starkes Engagement erwarten und auch die Bereitschaft, an Wochenenden zu arbeiten.

Es würde mich freuen, wenn Sie meine Bewerbung berücksichtigen könnten und mich zu einem persönlichen Gespräch einladen würden.

Mit freundlichen Grüßen

Viele Pädagogen suchen nach Alternativen zur beamteten Lehrertätigkeit, entweder, weil sie keine Anstellung als Lehrer bekommen oder keine Lust mehr haben an Schulen tätig zu sein. Umso mehr kommt es darauf an sich und seine Fähigkeiten in einem Bewerbungsschreiben überzeugend darzustellen, wie im Beispiel. Gut ist auch der Hinweis auf die Umzugsbereitschaft, der nie fehlen sollte, wenn man sich in eine andere Stadt bewirbt.

Bewerbung als Medizinische Dokumentarin

Andrea Langenberg
Wilhelm-Busch-Str. 11
21090 Hamburg
Tel. 0 40/72 40 72

17. März 20..

Firma
Solvay Deutschland GmbH
Hans-Böckler-Allee 20

30125 Hannover

Bewerbung als Medizinische Dokumentarin

Sehr geehrte Damen und Herren,

hiermit bewerbe ich mich aufgrund Ihrer Anzeige in der Hannoverschen Allgemeinen Zeitung vom 14.3.20.. für die Position der Medizinischen Dokumentarin im Bereich der Pharmaforschung.

Der in der Anzeige angesprochene Aufgabenbereich entspricht dem, was ich bisher gemacht habe, enthält aber auch neue Gebiete, denen ich mich gern stellen möchte. Zurzeit bin ich in ungekündigter Stellung bei der Immaxo GmbH in Hannover tätig. Da der Bereich der Pharmaforschung demnächst zur Konzernmutter nach München ausgelagert wird, bin ich auf der Suche nach einem adäquaten Arbeitsplatz, möglichst in Hannover.

Durch Fortbildung und Selbststudium habe ich mir umfangreiche Kenntnisse in speziellen Programmen erarbeitet, und es würde mir deshalb leicht fallen, mich in kurzer Zeit in die Besonderheiten Ihres Hauses einzuarbeiten. Zuverlässige Arbeitsweise, Verschwiegenheit in Bezug auf die Daten und die Bereitschaft, auch über die normale Arbeitszeit hinaus tätig zu sein, sind für mich selbstverständlich. Ich bin 33 Jahre alt, verheiratet und habe zwei Kinder, die tagsüber versorgt sind. Mein Mann ist in einem internationalen Verlagskonzern tätig.

Es würde mich sehr freuen, wenn Sie mich zu einem Vorstellungsgespräch einladen würden. Mein frühester Eintrittstermin ist der 1.7.20.., ggf. nach Absprache auch früher. Meine gehaltlichen Vorstellungen liegen bei € 35 000,- (derzeit 14 Gehälter), wobei zu erwähnen ist, dass ich regelmäßig Sonderzahlungen für Projektarbeiten bekomme, im Jahre 2001 waren es insgesamt € 10 000,-. Ich möchte mich verständlicherweise finanziell nicht verschlechtern, bin aber gerne bereit, auf vertretbare Kompromisse einzugehen, wobei gesagt sei, dass mir in erster Linie an einer Tätigkeit in Ihrem Hause liegt.

Mit freundlichen Grüßen

Die Bewerberin macht den Grund der Bewerbung deutlich, geht auf die familiäre Situation ein (die Kinder sind versorgt, der Mann ist nicht bei der Konkurrenz tätig, eine Aussage, die bei Vertrauenspositionen wichtig ist) und umreißt ihr Interesse. Gut ist der Hinweis, dass sie sich neuen Aufgabenfeldern stellen wird, und auch, dass sie gehaltlich zu Kompromissen bereit ist.

Innerbetriebliche Bewerbung für Leitungsposition

Norbert Neckenberg 2. April 20..

An die Personalleitung
Herrn Werner Tiede
im Hause

Bewerbung als Marketingleiter

Sehr geehrter Herr Tiede,

unter Bezugnahme auf unser Telefonat bewerbe ich mich hiermit um die intern ausgeschriebene oben genannte Position.

Nach meiner Lehre in unserem Unternehmen und fünf weiteren Berufsjahren als Marketingassistent sind mir Zielsetzungen und Organisationsabläufe unseres Hauses bestens bekannt.

Ich sehe in der ausgeschriebenen Position eine gute Chance, mich beruflich zu qualifizieren und kann Ihnen versichern, dass ich mich wie bisher für die Belange meines Aufgabengebietes einsetzen werde. Es würde mich auch freuen, wenn ich in dem für uns wichtigen Bereich Marketing innovativ und erfolgsorientiert verantwortlich tätig sein könnte. Die bisherigen guten Beurteilungen in meinem jetzigen Aufgabenbereich geben mir Anlass zu der Hoffnung, dass ich in der Lage bin auch eine weitergehende Funktion zu übernehmen. Sie dürfen von mir sehr hohen Einsatz, Fleiß und Firmenbewusstsein erwarten.

Zu einem persönlichen Gespräch bin ich gern bereit.

Mit freundlichen Grüßen

Der Bewerber hat – was grundsätzlich empfohlen wird – vor dem Bewerbungsschreiben mit dem Personalchef telefoniert. Das Schreiben bezieht sich darauf und umreißt in ansprechender Form die Motivation des Bewerbers, aber auch seine Fähigkeiten im Marketingbereich.

„Blinde“ Bewerbung als Bezirksleiterin Versicherungen

Sylvia Schattenberger
Meisenburgstr. 120
45133 Essen
Tel. 02 01/44 56 78

3. Juni 20..

An die
ARAG-Versicherungs AG
Postfach 10 48 68

40020 Düsseldorf

Bewerbungsanfrage Bezirksleiterin

Sehr geehrte Damen und Herren,

hiermit frage ich höflich an, ob in Ihrem Hause die Möglichkeit eines Einsatzes als Bezirksleiterin besteht. Ich bin 43 Jahre alt und verheiratet (ohne Kinder) und seit mehr als 15 Jahren in der Versicherungsbranche tätig. Derzeit betreue ich (seit drei Jahren) für die Volviagruppe die Bezirke Essen, Düsseldorf und Duisburg. Wegen organisatorischer Veränderungen muss ich mein Aufgabengebiet künftig mehr in den Norden von Nordrhein-Westfalen verlegen, was meinen Neigungen - trotz aller sonstigen Flexibilität - nicht sehr entgegenkommt. Deshalb will ich den Versuch unternehmen, mich branchenorientiert anderweitig umzusehen.

Ihr Haus ist mir durch kundenfreundliche Angebote und sehr gute Konditionen bekannt, deshalb ist es mein Wunsch, bei Ihnen eine neue qualifizierte Aufgabe zu finden, nach Möglichkeit - wie jetzt - als Bezirksleiterin, was jedoch keine Bedingung ist. Für meinen jetzigen Arbeitgeber habe ich sehr gute Umsatzzuwächse erzielen können, einen umfangreichen gewerblichen Kundenstamm und für den Außendienst ein PC-gesteuertes Berichtswesen aufgebaut. Ich möchte gerne in der Versicherungsbranche bleiben und kann Ihnen versichern, dass Sie in mir eine sehr engagierte, ideenreiche und erfolgsorientierte Mitarbeiterin kennen lernen werden.

Auch wenn derzeit keine Vakanzen in Ihrem Hause sind, bin ich mittel- oder längerfristig an einer Mitarbeit interessiert. Es würde mich freuen, wenn Sie mir die Gelegenheit zu einer persönlichen Kontaktaufnahme geben würden. Auf Wunsch sende ich Ihnen gerne meine kompletten Bewerbungsunterlagen zu, zur ersten Orientierung habe ich mir erlaubt, Ihnen als Anlage einen tabellarischen Lebenslauf beizufügen.

Mit freundlichen Grüßen

Mit nachvollziehbaren Gründen bewirbt sich die Bewerberin „blind“ bei einem Unternehmen ihrer Wahl. Da es nur eine Anfrage ist, sind Hinweise oder Wünsche zu Konditionen hier nicht angebracht, wohl aber Aussagen zum jetzigen Arbeitsgebiet, zu Erfolgen und zu persönlichen Einsätzen. Gelungen ist das Herausstellen eines spezifischen Firmeninteresses.

Bewerbung als Marketingleiter (Anschreiben an eine Personalberatungsfirma)

Bodo Eckstein
Jaksteinweg 45
22607 Hamburg
Tel. 0 40/37 31 47

3. Juli 20..

LASSERV Personalberatungs- und
Service-Gesellschaft mbH
Heidelberger Platz 3

14197 Berlin

Bewerbung als Marketingleiter

Sehr geehrte Damen und Herren,

mit Interesse habe ich in der FAZ vom 1.7.20.. gelesen, dass Sie für ein mittelständisches Unternehmen aus dem Buchhandelsbereich einen jüngeren Marketingleiter suchen. Da mich der umrissene Aufgabenbereich sehr angesprochen hat und auch dem entspricht, was ich bereits heute mache, bewerbe ich mich hiermit um die Position.

Ich bin 32 Jahre alt, habe nach Abschluss meiner Lehre als Buchhändler in Regensburg Betriebswirtschaft studiert (zusätzlich ein Jahr in Mailand) und erfolgreich abgeschlossen und arbeite seit 1993 als Marketingreferent für eine Hamburger Buchhandelsgruppe. Zu meinen Aufgaben gehören die Entwicklung von Absatz- und Verkaufsstrategien, Konzeption von Sonderprojekten (z.B. Messebeteiligungen), Logistikanalysen und Kostenanalysen. Seit einem Jahr bin ich stellvertretender Marketingleiter mit zusätzlicher Personalverantwortung für insgesamt 16 Mitarbeiter. In meinem jetzigen Unternehmen, in dem ich sehr gerne und engagiert arbeite, besteht mittel- oder auch längerfristig keine Möglichkeit, beruflich weiterzukommen. Deshalb würde ich mich sehr freuen, eine verantwortungsvollere Tätigkeit bei Ihrem Klienten übernehmen zu können.

Da ich familiär ungebunden bin, ist ein Umzug nach Berlin für mich kein Problem. Meine Kündigungsfrist beträgt drei Monate, die Gehaltsfrage möchte ich gerne im persönlichen Gespräch klären. Es würde mich sehr freuen, wenn meine Bewerbung bei Ihnen und auch bei Ihrem Klienten auf positive Resonanz stoßen würde, und bin zu Gesprächen nach Absprache gern bereit. Vom 22.7. bis 13.8.20.. werde ich im Urlaub sein.

Mit freundlichen Grüßen

Das Beispiel verdeutlicht, dass man ein zwischengeschaltetes Personalberatungsunternehmen genauso anschreibt wie die Firma selbst, mit dem Unterschied, auf beide ausdrücklich einzugehen. Der Wunsch nach einem Wechsel ist überzeugend und sachlich begründet, der Umzug wurde ebenfalls angesprochen. Sehr wichtig ist der Hinweis auf die urlaubsbedingte Abwesenheit.

Lebenslauf

Eine oft unterschätzte Bedeutung für die Bewerbung hat der Lebenslauf. Aus ihm sollten in knapper Form alle wichtigen Angaben für den neuen Arbeitgeber ersichtlich sein. Er darf nicht zu umfangreich, aber auch nicht zu dürftig sein. Vergessen wird immer wieder eine Grundregel: Der Lebenslauf muss lückenlos sein!

Zunächst sei festgehalten, was zwingend in einem Lebenslauf enthalten sein muss:

- Name
- Geburtsdatum und -ort
- Familienstand einschließlich Kinder
- Staatsangehörigkeit
- Schulausbildung einschließlich Fach- und Hochschulen
- Berufsausbildung
- Berufstätigkeiten
- Berufsbezogene Fortbildungsmaßnahmen
- ggf. Wehrdienst oder Zivildienstzeiten
- Angaben zu Führerschein und Sprachkenntnissen

Darüber hinaus *kann* man Angaben zu den Eltern (meistens bei Auszubildenden oder jüngeren Leuten) oder zur Berufstätigkeit des Ehegatten machen. Angaben zu den Geschwistern gehören indes nicht in den Lebenslauf, allenfalls, wenn Sie kurz die Anzahl erwähnen, nicht aber Alter und Berufe. Denn das interessiert die meisten Arbeitgeber nicht.

Ebenso können Sie unter „Sonstiges" Angaben zu Ihren Hobbys machen. Nachdem eine Zeitlang die Ansicht vorherrschte, Hobbyangaben im Lebenslauf seien überflüssig, legt man jetzt wieder Wert darauf, wahrscheinlich, weil die Persönlichkeitskomponente der Bewerber wieder stärker betont wird. Hüten Sie sich, bei den Hobbys falsche oder gar zu viele Angaben zu machen; beides kann Sie in peinliche Situationen bringen. Wenn Sie schreiben, dass Sie gerne lesen und ins Theater gehen, müssen Sie sich im Vorstellungsgespräch auf die Randfrage vorbereiten, welches Buch Sie gerade lesen oder welches Theaterstück Sie zuletzt gesehen haben. Kommt dann von Ihnen keine überzeugende Antwort, könnten Sie den Eindruck erwecken, dass Sie die Angaben eher gedankenlos oder aus Gründen des Renommees gemacht haben.

Auch wenn Sie zu viele Hobbys angeben, kann das ins Auge gehen. Ein Beispiel aus einem Lebenslauf:

Sonstiges: Trainer der Fußballjugend beim VfB X Ehrenamtlicher Gruppenleiter beim DRK Ehrenamtlicher Schatzmeister beim Skatclub Mitglied im Vorstand des örtlichen Siedlerbundes

Da fragt sich der Personalleiter, wann der Bewerber eigentlich noch Zeit hat, seiner Arbeit nachzugehen, und befürchtet außerdem, dass er bei so viel Verpflichtungen den Kopf für seine Arbeit nicht recht frei hat.
Ähnlich ist die Situation, wenn Sie gefährliche Sportarten betreiben, z. B. Autocrash, Motorradrennen, Fallschirmspringen o. Ä. Hier besteht immer die Gefahr, dass Sie wegen Verletzungen auf längere Zeit für den Arbeitgeber ausfallen. Allerdings sind Sie als Bewerber nicht verpflichtet, solche Angaben zu machen; deshalb sollten Sie es auch nicht tun.
Angaben zur Religion sind entbehrlich, es sei denn, Sie bewerben sich in einer konfessionellen Einrichtung, in der Ihr Glaubensbekenntnis Voraussetzung ist. Ebenso entbehrlich sind Angaben zur Schwerbehinderung, es kann aber geboten sein, eventuell im Anschreiben kurz auf diesen Umstand einzugehen, z. B. wenn Sie keine wahrnehmbare körperliche Behinderung haben.
Der Lebenslauf muss – wie erwähnt – lückenlos sein. Man kann sich auf Jahresangaben beschränken, besser aber sind exakte Datenangaben. Wenn Sie Lücken zwischen zwei Tätigkeiten haben, dann erläutern Sie diese bitte, z. B.

- 1.7.2001–30.9.2001 arbeitslos
  oder
- 15.10.2001–30.11.2001 USA-Studienreise.

Viele Bewerber schämen sich immer noch, dass sie einmal arbeitslos waren oder es noch sind, und versuchen diesen Tatbestand dann ungeschickt zu umschreiben. Die eben erwähnte Reiseangabe war zwar echt, entpuppte sich aber bei Befragen als Arbeitslosigkeit und dazu noch als reine Urlaubsreise. Deshalb beachten Sie bitte die folgende

- **Faustregel:** Halten Sie sich bei Angaben in Ihrem Lebenslauf immer an die Wahrheit!

Es kommt auch vor, dass Bewerber ganze Zeitabschnitte bewusst unterschlagen, z. B. missglückte Probezeiten nicht erwähnen. Auch dazu ein Beispiel:

Ein junger Mann, Organisationsprogrammierer, hatte bei einer Firma einmal Pech, weil ihm weder das Arbeitsgebiet noch der Vorgesetzte gefiel, auch er kam nicht besonders gut an. Man trennte sich nach sechsmonatiger Probezeit. Der Mann bekam eine Arbeitsbescheinigung, in der zwischen den Zeilen (!!) zu lesen stand, dass er den Erwartungen leider nicht entsprochen habe, und auch, dass man sich innerhalb der

> Probezeit einvernehmlich getrennt hätte. Bei fast jeder Bewerbung wurde der Mann darauf angesprochen und hatte jedesmal das ungute Gefühl, hier in eine negative Beurteilung zu kommen. Deshalb kam er auf die Idee, das unselige halbe Jahr einfach im Lebenslauf als Berufsabschnitt zu negieren und es als „Fortbildung im DV-Bereich" zu deklarieren. Damit fuhr er dann bei den folgenden Bewerbungen wesentlich besser und wurde auch irgendwann von einem Arbeitgeber eingestellt, der nach diesem halben Jahr (für das natürlich keine Fortbildungszertifikate vorlagen) gar nicht sonderlich nachgefragt hatte. Doch das Glück währte nicht lange. Durch einen dummen Zufall hatte die Lohnbuchhaltung des Arbeitgebers einen Leistungssachverhalt mit der Krankenkasse des Mannes zu klären, dabei kam auch zur Sprache, dass in dem fraglichen halben Jahr Beiträge gezahlt worden waren. Der Schwindel flog auf, zum Glück handelte sich der Mann lediglich eine Ermahnung ein.

Dieses Beispiel mag für sich sprechen und unterstützt die Forderung, stets bei der Wahrheit zu bleiben.
Die Darstellung des Lebenslaufes kann prosaisch chronologisch erfolgen, was heute jedoch, gegenüber früher, selten ist. Die klassische prosaische Darstellung des Lebenslaufes ist übrigens handschriftlich, was ab und an (besonders bei Führungskräften) in den Stellenanzeigen explizit gefordert wird. Lesen Sie übrigens in Bezug auf den Lebenslauf genau, was in der Stellenanzeige des Arbeitgebers gefordert wird, und halten Sie sich daran. Der prosaische Lebenslauf hat den Vorteil, dass man sich zwingen muss, in Kürze Wesentliches verständlich darzustellen. Beschränken Sie sich auf maximal zwei Seiten; alles, was darüber hinausgeht, macht keinen guten Eindruck.
Der heute übliche Lebenslauf ist tabellarisch und Maschinen geschrieben (in aller Regel auf PC). Dabei unterscheidet man die entwicklungsbezogene Chronologie, die mit der Schulausbildung beginnt und beim jetzigen oder letzten Arbeitgeber endet, und die aktualitätsbezogene Rückwärtschronologie. Diese letzte Variante, bei der der Lebenslauf mit der letzten Station beginnt, findet man häufig im anglo-amerikanischen Raum und auch bei Bewerbern mit beruflichem Bezug in diese Länder. Obwohl gegen die Rückwärtschronologie im Prinzip nichts einzuwenden ist, kommen viele Bewerber in Bedrängnis, wenn sie ihren Lebenslauf nicht terminbezogen, sondern sachbezogen aufbauen (vgl. das Beispiel Seite 146).
Leichter und besser lesbar ist nach wie vor die echte chronologische Darstellung (entwicklungsbezogen). Dabei können Sie nach Jahren aufbauen oder nach Abschnitten (Schulausbildung, Berufsausbildung, Berufstätigkeit und Fortbildung). Zweifel tauchen immer wieder auf, wo man bei sachbezogenem

Aufbau die Praktika unterbringt. Denn für den einen gehören sie zur Rubrik „Berufsausbildung“, für den anderen zur „Berufstätigkeit“ oder gar unter „Sonstiges“. Prüfen Sie deshalb stets den Charakter eines Praktikums. Ist es z. B. eine vom Arbeitgeber nicht bezahlte Kennenlernphase eines Berufsfeldes, gehört es unter die Rubrik „Berufsausbildung“. Hat es hingegen eher die Form eines Volontariates, das vom Arbeitgeber auch in Form von Gehalt entlohnt wird, gehört es zu den Berufstätigkeiten. Maßstab ist die Dauer eines Praktikums. Je länger es dauert, umso mehr spricht für eine Berufstätigkeit.

Eine weitere Form der Darstellung des Lebenslaufes ist die individuell-originelle. Bei dieser Darstellungsform, die man sehr oft bei Bewerbungen auf kreative Berufe oder solche, in denen es eher unkonventionell zugeht (Werbung, Medienbereich), vorfinden kann, erlebt man als Leser oft angenehme Überraschungen, aber auch missglückte „Kunstversuche“. In einem Fall hatte ein Bewerber seinen Lebenslauf bildlich illustriert, erregte damit auch die beabsichtigte Aufmerksamkeit, übersah aber, dass er sich auf eine recht konventionelle Tätigkeit als Anzeigenleiter beworben hatte, zu der diese Form nicht so recht passte.

In einem anderen Fall bot der Bewerber ein übersichtliches Organigramm an, knapp, sachlich und präzise (Seite 148 f.). Weil er zwei Grundvoraussetzungen nicht erfüllte, brachte ihm dies zwar nicht den Job ein, aber immerhin ein Lob, was ihn darin bestärkte, seinen Lebenslauf weiterhin in dieser Form darzustellen.

Häufig gehen in den Personalbüros Lebensläufe ein, die an Ausführlichkeit kaum zu überbieten und mitunter auf Sonderseiten noch kommentiert sind. Genauso unangebracht sind Kurzlebensläufe, die zu kurz sind, um der ersten Orientierung zu dienen. Beide werden ihren Verfassern keinen Erfolg bringen. Leider glauben immer wieder viele Bewerber bestimmte Details ihres Lebenslaufes auf einem besonderen Blatt kommentieren oder – noch schlimmer – im Lebenslauf einfügen zu müssen; dadurch wird der Lebenslauf nur ungebührlich aufgebläht. Auch hierzu ein Beispiel:

Schulausbildung: Gymnasium Lerchenfeld
Abschluss: Abitur, Note: 3,4

Anmerkung: Wegen eines Lehrerwechsels in Mathematik und Physik verschlechterte ich mich in den Ausgangsnoten, weil ich mit den Lehrern nicht klarkam, vorher hatte ich einen Schnitt von 2,8.

So etwas ist fatal für einen Bewerber, uninteressant für den Arbeitgeber und ändert ja auch nichts an den Tatsachen. Verzichten Sie deshalb grundsätzlich auf jegliche Kommentierung zu Stationen Ihres Lebenslaufes; das gilt auch für den prosaischen Lebenslauf. Was zählt, sind die Fakten, sonst nichts. Wenn Sie

Erzählungsbedarf haben, können Sie das allenfalls im Bewerbungsgespräch realisieren, jedoch auch nur, wenn es sachlich geboten scheint.
Denken Sie bitte daran, dass viele Personalleiter den Lebenslauf als erste Orientierung über Ihren Werdegang benutzen. Stellen Sie deshalb Ihre Ausbildungs- und Berufsstationen übersichtlich dar und heben Sie wichtige Abschlüsse oder Berufsbezeichnungen im Schriftbild hervor, um dem Leser eine rasche Übersicht zu ermöglichen. Je übersichtlicher die grafische Gestaltung Ihres Lebenslaufs ist, umso schneller kann sich der Leser einen Eindruck von Ihrem Werdegang verschaffen.
Versehen Sie Ihren Lebenslauf immer mit einem aktuellen Datum und unterschreiben Sie ihn. Vermeiden Sie in jedem Fall auf einem bereits fertigen Lebenslauf Nachträge in anderer Maschinenschrift oder gar mit der Hand anzubringen. Die modernen Methoden mit PC oder Speicherschreibmaschine machen es heute möglich, Texte abzuspeichern und beliebig zu verändern oder zu ergänzen. Nutzen Sie diese Technik; wenn Sie selbst keinen PC haben, wird Ihnen mit Sicherheit jemand aus Ihrem Freundes- oder Bekanntenkreis helfen können. Warnung: Seien Sie vorsichtig, persönliche Dinge wie Lebenslauf für eine Bewerbung und Anschreiben in Ihrem Firmen-PC abzuspeichern, das kann, z. B. wenn Sie krank werden und jemand anderes an Ihrem Gerät arbeitet, unangenehme Folgen haben.
Nachfolgend einige Beispiele für Lebensläufe aus der Praxis. Ausgangspunkt waren hier echte Lebensläufe, die natürlich mit erfundenen Daten versehen wurden. Vorab ein mustergültiges, lückenloses Beispiel.

Beispielhafter Lebenslauf

Lebenslauf

Name:	Conrad Lischke	
Geburtsdatum:	19. Februar 1968	
Geburtsort:	Berlin	
Familienstand:	ledig	
Schulausbildung:	1974-1980	Grundschule Sperlingshof Berlin
	1980-1986	Bunsen-Gymnasium Berlin Abschluss: Abitur
Berufsausbildung:	1986-1988	Edition Hansen Hamburg Abschluss: Verlagskaufmann
Berufstätigkeiten:	1.10.1988-31.12.1994	Edition Hansen Hamburg Sachbearbeiter Lizenzen
	1.1.1995-31.10.1997	Verlagsgruppe Becker Berlin Gruppenleiter Honorare und Lizenzen
	1.11.1997-lfd.	Scorpio Film International Abteilungsleiter Lizenzen
Fortbildung:	27.8.1999-9.11.1999	Lehrgang Französisch berufsbegleitend/abends
Sonstiges:		Führerschein Klasse III Kenntnisse DTP, QuarkXpress, Word
Hobbys:		Reiten, Lesen (lit. Biografien) und Reisen

Berlin, den 30. Juli 20..

Klar gegliederter Lebenslauf mit lückenloser Darstellung des beruflichen Werdeganges. Die Ausbildungsabschlüsse werden gut hervorgehoben, ebenso die speziellen DV-Kenntnisse.

Prosaischer Lebenslauf

Lebenslauf

Ich, der Sohn des Malermeisters Otto Prange und seiner Ehefrau Elisabeth, bin am 25. März 1950 in Bremen geboren. Mit dem 6. Lebensjahr wurde ich eingeschult und nach 9 Jahren, 1965, aus der Volksschule entlassen.

Von 1965 bis 1968 lernte ich bei der Post in Bremen und wurde anschließend als Beamter auf Widerruf übernommen. 1979 kündigte ich und wechselte wegen einer interessanten Position in die Baubranche über, in der ich bis heute tätig bin. In meiner jetzigen Position als Polier bin ich seit mehr als drei Jahren tätig.

Seit August 1976 bin ich verheiratet und habe zwei Söhne.

Claus Prange

Hamburg, den 19. Februar 1998

Hier sehen Sie einen typischen prosaischen Lebenslauf, wie man ihn früher häufiger antraf. Er ist handschriftlich, knapp und sachlich, sagt das Wesentlichste und stammt von einem gewerblichen Mitarbeiter.

Lebenslauf mit Lücken

Lebenslauf

Name:	Berger
Vorname:	Margot
Geburtsdatum:	6.2.1959
Geburtsort:	Bassum, Kreis Syke
Familienstand:	verheiratet
Schulbildung:	Volksschule Praktischer Zweig Hauptschulabschluss
Berufsausbildung:	1965-1967 Dreher Werke Bremen Ausbildung zur Industriekauffrau Prüfung bei der IHK Bremen
Berufstätigkeit:	26.2.1967-10.2.1969 Industriekauffrau/Sachbearbeiterin bei den Dreher Werken und Transsped Bremen 13.4.1971-23.3.1975 Speditionssachbearbeiterin bei Kolberwerke Bremen Nach Eheschließung Ausscheiden aus dem Berufsleben Tätigkeit im sozialen Bereich, Nebentätigkeit: Kinder- und Altenbetreuung, Nachbarschaftshilfe
Weiterbildung:	11.2.2000-11.3.2000 PC-Kompaktkurs bei Medianova 23.4.2000-26.7.2000 DAG Bildungswerk Kurse: PC-Vertiefung, Schreibmaschine und berufliche Weiterbildung

Bremen, den 1. August 20..

Ebenso klar ist dieser Lebenslauf einer gewerblichen Bewerberin, der auf PC erstellt worden ist. Mangel: Er wurde nicht unterschrieben. Für die Zeit vom 26. 2. 1967 bis zum 10. 2. 1969, also knapp zwei Jahre, wurden pauschal zwei Arbeitgeber ohne Ortsangaben angegeben. Auffallend ist auch die Lücke vom 11. 2. 1969 bis 12. 4. 1971, immerhin mehr als zwei Jahre, die nicht belegt wurde. Bei Bewerbung im August 20.. war die Bewerberin außerdem über 20 Jahre aus dem Berufsleben heraus. Das ist eigentlich immer ein Handicap, das allerdings – wie hier – durch eine Weiterbildung überwunden werden kann.

Chronologischer Lebenslauf

Persönliche Daten und tabellarischer Lebenslauf

Name:	Egbert F. Cordes
Geburtsort:	Berlin
Geburtsdatum:	10.10.1966
Schulbildung:	August 1976 - Mai 1985 Bebelschule, Abschluss: Abitur
Berufsausbildung:	August 1985 - September 1987 Moda-Werke GmbH Krefeld, Abschluss: Schneider
Studium:	Oktober 1987 - Juli 1991 Fachhochschule Mönchengladbach, Textildrucktechnik Abschluss: Diplom-Ingenieur
Conant-Stipendium:	August 1991 - Juni 1992 Castle College of Design & Science, Rochester, USA Abschluss: MBA (Master of Business-Administration)
Berufspraxis:	September 1992 - September 1995 Produktmanager Mode 2000, Hamburg Oktober 1995-August 2000 Produktmanager Alfamoden Berlin
Sonstige Kenntnisse:	Produktions- und Qualitätskontrolle REFA A und B Sprachkurs Englisch Johnson University, New York

Auch der Lebenslauf eines Marketing-Assistenten ist nach Sachgebieten chronologisch aufgebaut. Der Werdegang ist lückenlos dargestellt, auch wenn lediglich Monats- und Jahresangaben gemacht wurden. Man erkennt ferner eine konsequente Weiterentwicklung mit weitblickendem Auslandsbezug. Der Bewerber hatte zudem in den USA eine Zusatzqualifikation als Master of Business Administration (MBA) erworben. Es fehlen lediglich die Angaben zum Familienstand und auch Datum und Unterschrift. Die sonstigen Angaben sind knapp und präzise und ausschließlich berufsbezogen.

Lebenslauf mit Besonderheiten

Lebenslauf

Name	Franziska Jahn, geb. Herder
Eltern	Nicolai und Isolde Herder
Geburtsdatum	1.10.1960
Staatsangehörigkeit	deutsch
Familienstand	verheiratet, zwei Kinder (18 und 11 Jahre)
1967-1978 Schulzeit in München	im Anschluss an die Grundschule Besuch des Gymnasiums bis einschließlich 9. Klasse, Abendschule mit Erwerb des Realschulabschlusses, parallel zur Abendschule Jahrespraktikum im Kindergarten
Mitte 1978 Wechsel nach Hamburg	Ausbildung zur Dolmetscherin am Englischen Institut Gorman
1980	Geburt meines Sohnes Hendrik Unterbrechung der Ausbildung
1981-1983	Beschäftigung als freie Mitarbeiterin im Marktforschungsinstitut HANSA
1984-1995	Beschäftigung in der Kongressabteilung der GEWO AG Hamburg Schwerpunkte: Einkauf, Messen, Organisation von Kulturveranstaltungen, Werbung, Verkauf
1987	Geburt meiner Tochter Annika Weiterarbeit in der GEWO AG 20 Std. pro Woche parallel: selbständige Tätigkeit Kulturveranstaltungen, Gruppenreisen
1989	Gründung des Buchladens Albatros in Hamburg
1991	Gründung des 2. Buchladens Adebar in Lüneburg
1995	Trennung vom Ehemann und Auflösung beider Geschäfte
1995-1996	Werkvertrag bei Sanotex International Schwerpunkt: Erstellung von Kongressdokumentationen
November 1997	Beschäftigung bei Meditrans Bremen Schwerpunkte: komplette Organisation und Vorbereitung von Seminaren, Akquisition neuer Veranstaltungen und deren Planung. Büroorganisation, Koordinierung der Mitarbeiter.

Bremen, den 6. Juni 20.. Franziska Jahn

Der Lebenslauf von Franziska Jahn (Fachfrau Marketingbereich) ist chronologisch nach Daten aufgebaut, wobei Besonderheiten eingeflochten wurden, die aber zum Verständnis des Werdeganges wichtig sind: Geburt der Tochter und zwei Unternehmensgründungen, an denen sie beteiligt war.
Aber: Von „1996" bis „November 1997" klafft eine nicht erklärte Lücke.

Unübersichtlicher Lebenslauf

Tabellarischer Lebenslauf von Inka Langenberg

Geburtsdatum: 1. April 1965

Geburtsort: Regensburg

Eltern: Henriette und Walter Langenberg, beide Angestellte

Schulen: Grundschule Werner von Siemens in Regensburg von 1971-1978
Lessing-Gymnasium in Regensburg von 1978-1985

Universitätsausbildung: Studium der Alten und Neuen Geschichte und der Frühgeschichtlichen Archäologie an der Uni München (1986-1989), der Uni Heidelberg (1989-1991) und der Uni Hamburg (1991-1994)

Magister in Alter Geschichte im Juli 1994

Sprach- und sonstige Kenntnisse: Englisch, Neugriechisch, Anfängerkenntnisse in Russisch; Großes Latinum, Graecum

PC-Kenntnisse: Apple, IBM (Word 6.0, Word for Windows)

Bisherige Arbeitserfahrungen: Verschiedene Tätigkeiten im Bürobereich der Volksbank, Rezeptionistin und Schreibkraft bei der Firma Lautum, Mitarbeit im kommunalen Kino, allgemeine Organisaton, Briefverkehr und Abrechnungen, Organisation und Mithilfe bei Filmvorführungen, Kontaktpflege zu anderen studentischen Kinos und städtischen Einrichtungen

Seit Mai 1995 arbeite ich als Sekretärin (2/3-Stelle) bei der Firma NOVITEC.

Zudem bin ich seit etwa zwei Jahren als Übersetzerin/Privatlehrerin für Englisch tätig.

Der tabellarische Lebenslauf einer Sekretärin lässt zu wünschen übrig. Zwar ist in Sachgebiete untergliedert worden, jedoch ist die ganze Darstellung sehr unübersichtlich, weil Jahresangaben zu den Berufserfahrungen fehlen. Familienstand, Datum und Unterschrift fehlen ganz. Aus dem Lebenslauf ersieht man zudem einen sicher ungewollten Werdegang, der von einem Universitätsabschluss in Alter Geschichte nach verschiedenen Übergangstätigkeiten in eine Anstellung als Sekretärin mündete. Als solche bewarb sie sich auch mit Erfolg im redaktionellen Bereich eines Technikunternehmens, wobei ausschlaggebend allein ihre Persönlichkeit, ihre Englischkenntnisse und zwei Berufsjahre als Sekretärin waren.

Lebenslauf in Rückwärtschronologie

Berufserfahrung	
seit 4/1995	Hapag-Lloyd Flug Hannover, Sachbearbeiterin
7/1994-3/1995	Reisebüro Bindewolf, Hannover, Sachbearbeiterin Bahn
4/1994-6/1994	Karstadt Reisebüro Hannover, Sachbearbeiterin
5/1993-3/1994	Flugbörse Hannover, Disponentin
Ausbildung	
8/1991-2/1994	Reiseverkehrskauffrau
4/1981-1/1994	Schulausbildung, Abschluss: Abitur
Praktika	
7/1993	Mondial-Hotel Teneriffa
Sprachen	Englisch, Französisch, Spanisch
Sonstiges	EDV-Kenntnisse

Wie ein tabellarischer Lebenslauf in Rückwärtschronologie aussieht, ersehen Sie an diesem Beispiel. Sie merken rasch, dass sowohl beim Ausbildungsweg als auch bei den Berufserfahrungen Lücken und Überschneidungen auftreten. So ist bis Februar 1994 Ausbildungsweg angegeben, aber von Mai 1993 bis März 1994 auch Berufserfahrung. Die Praktika sind – chronologieunterbrechend – eingeschoben worden, man muss sie zeitlich irgendwo im Ausbildungsweg einordnen. Es wäre deshalb besser gewesen, sie gleich dort einzufügen.
Schlecht an diesem Beispiel ist, dass die klassischen Lebenslaufangaben wie Name, Geburtsort und -datum ganz fehlen und die Angaben zur Ausbildung sehr ungenau gehalten sind.

Schematischer Lebenslauf

Lebenslauf
1. Teil

Personalien

Name:	(Foto)	Körber
Vorname:		Walter
Geburtstag:		13. 2. 75
Geburtsort:		Bremen
Familienstand:		ledig
Staatsangehörigkeit:		deutsch

Ausbildungs-/ Tätigkeitsort	Dauer von	Dauer bis	Abschluss/ Tätigkeit
Realschule, Bremen	8/85	6/91	mittlere Reife
Barner Bank AG Filiale Bremen	9/91	1/94	Ausbildung zum Bankkaufmann
Barner Bank AG Filiale Bremen	2/94	6/94	Bankkaufmann
Bundeswehr	7/94	6/95	Grundwehrdienst
Fachoberschule, Bremen	8/95	8/96	Fachhochschulreife
Hardtmann Bank AG Filiale Bremen	9/96	9/98	Kundenberater
Fachhochschule Lüneburg, FB Wirtschaft	10/96	1/00	Diplom-Betriebswirt
FH Lüneburg	10/98	9/99	Bibliothekshilfe

Ein ganz hervorragendes Beispiel einer individuell-originellen Bewerbung, dargestellt in schematisch-übersichtlicher Form. Der Bewerber (er wurde, weil ihm objektive Voraussetzungen fehlten, leider abgelehnt) bewarb sich im DV-Bereich in leitender Position. Diese Darstellung eines Lebenslaufes zeigt nicht nur Originalität, sondern auch analytisches Denken, Prägnanz und Konzentration auf das Wesentliche.

Lebenslauf
2. Teil

Ausbildungs-/ Tätigkeitsort	Dauer von	Dauer bis	Abschluss/ Tätigkeit
Scanwell GmbH, Hamburg	1/92	5/93	Organisator
Auslandsaufenthalt	6/93	8/93	USA-Reise
Polybell GmbH, Hamburg	9/93	5/94	Assistent der Geschäftsführung
Kardec GmbH, Hamburg	6/94	8/95	Verkaufsrepräsentant
Kardec GmbH, München	9/95	10/95	kommissarischer Niederlassungsleiter
Norda TV, Hamburg	11/95	heute	Key-Account-Manager

Sonstiges

Studienschwerpunkte	Unternehmensplanung und Kontrolle, Rechnungswesen/Controlling
Studieninteressen	strategische Planung, Operations Research, Materialwirtschaft/Logistik
Thema der Diplomarbeit	Effiziente Absatzstrategien bei rezessiver Konjunkturlage
Fremdsprachen	Englisch, Wort und Schrift gut
Kurse	PC Handling für Controller, Controlling Software GmbH Moderationstechnik für Controller, Institut Weber Controlling/Rechnungswesen, Institut Weber Wirtschaftsenglisch, FH Lüneburg Zeitmanagement, Manager-Akademie Präsentations-/Vortragstechniken, Manager-Akademie
PC-Erfahrung	langjährige Anwendung von Windows, Word und Excel

Doch denken Sie daran: Was für einen Berufsbereich gut ist, muss es nicht zwingend auch für den anderen sein.
Im vorliegenden Fall (Bewerbung im Bereich Datenverarbeitung) war solch ein Organigramm sicherlich angebracht, bei einem einfachen kaufmännischen Beruf kommt eventuell die herkömmliche Darstellung beim Arbeitgeber besser an.

Foto

Hüten Sie sich vor Geschäftemachern, die Ihnen weismachen wollen, dass es klassische Bewerbungsfotos gäbe, die man extra anfertigen lassen müsse. Diese gibt es natürlich nicht. Halten Sie sich an die

- **Faustregel:** Das Bewerbungsfoto soll normales Passbildformat haben und Sie in natürlicher Weise darstellen.

Wie das Anschreiben ist auch das Foto eine Visitenkarte. Der Arbeitgeber oder Personalleiter kann sich durch den ersten Blick auf Ihr Foto einen kurzen Eindruck von Ihnen verschaffen. Es liegt an Ihnen als Bewerber, positiv Einfluss zu nehmen.
Verzichten Sie auf jeden Fall auf ein Automatenfoto. Es gibt heute viele und nicht allzu teure Möglichkeiten, sich in einem Fotoladen gleich mehrere ordentliche Passfotos machen zu lassen. Lassen Sie sich so darstellen, wie Sie üblicherweise auch in Ihrem Beruf aussehen, geben Sie sich natürlich, und vermeiden Sie vor allem gestelltes Gehabe. Wenn Sie aus dem gewerblichen Bereich kommen, sollten Sie sich getrost eher lässig oder in Arbeitskleidung darstellen lassen; bei einer Empfangsdame ist dagegen schon ansprechendes Äußeres gefragt.
Vermeiden Sie das Versenden privater Fotos, von denen Sie glauben, dass Sie darauf besonders vorteilhaft getroffen sind. Und vermeiden Sie erst recht großformatige Fotos, Sie setzen sich damit dem Verdacht aus, Ihre Person allzu sehr in den Vordergrund stellen zu wollen.
Und noch etwas: Ihr Bewerbungsfoto sollte nicht älter als ein halbes Jahr sein!
Nachdem Sie nun wissen, wie Ihr Foto aussehen soll, werden Sie sich fragen, wo Sie es am besten platzieren. Die Praxis zeigt Folgendes:

- Foto auf einem Deckblatt vor der Bewerbung
- Foto in den Lebenslauf geklammert
- Farbkopiertes Foto im Lebenslauf
- Foto auf einem Extrablatt

Schicken Sie niemals ein Foto lose mit. Nichts ist schlimmer, als wenn dem Personalchef Ihr Konterfei aus den Unterlagen auf den Schoß fällt und womöglich noch nicht einmal namentlich gekennzeichnet ist. Ganz schlimm sind auch die so genannten Klammerfotos, die mit Heftern meistens am Lebenslauf oder am Anschreiben befestigt sind. In aller Regel werden solche Fotos mehrfach für Bewerbungen benutzt, und der neue Arbeitgeber kann dann leicht den Eindruck gewinnen, dass er wohl nur einer von vielen Angeschriebenen ist.

Alle Beteuerung im Anschreiben, Interesse für die Firma zu haben, kann ein mehrfach benutztes Klammerfoto rasch widerlegen.
Gehen Sie praktisch vor. Wenn Sie Ihre Bewerbungsmappe zurückbekommen, aus welchen Gründen auch immer, wollen Sie doch mit Sicherheit Ihr Foto weiterverwenden können. Deshalb empfiehlt es sich, das Bewerbungsfoto entweder in die Mitte eines Einzelblattes zu kleben und mit Ihrem Namen zu untertiteln oder dieses Einzelblatt mit Ihrem Foto in eine Klarsichthülle zu stecken. Damit vermeiden Sie Beschädigungen.
Eine häufige Streitfrage ist es, ob man farbkopierte Fotos verwenden kann (aus der Furcht, die Originale nicht wiederzubekommen). Grundsätzlich muss man das bejahen. Zwar ist ein echtes Foto immer noch vorzuziehen, aber es muss auch erlaubt sein, mit dem technischen Fortschritt zu gehen und qualitativ gute Farbkopien anstelle der echten Fotos zu verwenden.
Bitte denken Sie auch daran, dass der Arbeitgeber im Falle einer positiven Entscheidung (die Sie ja wollen) Ihr Foto intern benötigt, entweder nur für die Personalakte oder auch für eine interne Mitarbeiterzeitung, in der Sie als neuer Mitarbeiter oder als neue Mitarbeiterin mit Foto vorgestellt werden. Wie möchten Sie dort aussehen? Vernachlässigen Sie also Ihre fotografische Selbstdarstellung nicht, bewerten Sie sie aber auch nicht über.

Zeugnisse

Oft liegen sie geordnet in der Bewerbungsmappe, manchmal lieblos durcheinander (Einstellung: „Die werden schon finden, was sie brauchen …“) und gelegentlich sogar in mehrfacher Ausfertigung.

> Ein Bewerber hatte offensichtlich in einem Kopierladen seine gesamten Unterlagen mehrfach kopiert, dann aber versehentlich einen Stapel einfach mit einem Anschreiben versehen, sodass dem Arbeitgeber gleich 20 Abgangszeugnisse in Kopie zugingen.

Man sieht an diesem Beispiel, dass auch hier Sorgfalt walten muss. Wieder gibt es eine Faustregel, welche Zeugnisse man der Bewerbung beizufügen hat:

- Letztes Schulzeugnis/Abgangszeugnis
- Diplomzeugnisse, Promotionsurkunden o. Ä. (bei akademischen Abschlüssen)
- Berufsausbildungszeugnis (Gehilfenbrief/ Prüfungszeugnis)
- Arbeitszeugnisse/Arbeitsbescheinigungen

Konzentrieren Sie sich bei der Zusammenstellung auf Ihre wesentlichen Berufs- und Ausbildungsstationen, und vergleichen Sie vor allem, ob die Daten im Lebenslauf mit denen in den Zeugnissen übereinstimmen. Ist das nämlich nicht der Fall, kann man schnell in die Verlegenheit kommen, ein Versehen zugeben zu müssen, oder wird gar beim bewussten Mogeln entdeckt. Beispiel:

> Ein Auftragssachbearbeiter hatte in einer Firma Pech, man trennte sich einvernehmlich, das Austrittsdatum war der 15.11.2001. Eine neue Tätigkeit trat er am 1. 2.2002 an. Im Lebenslauf schrieb er ganz salopp: 1998–2001: Firma XY, seit 2002 bis jetzt: Firma Z.

Man könnte annehmen, die Tätigkeiten folgten nahtlos aufeinander, doch dem ist nicht so. Der Personalleiter fragte dann auch prompt, was der Bewerber in der Zeit von Mitte November bis Januar gemacht habe. Antwort: „Ich war arbeitslos." Es wäre viel besser gewesen dies bereits im Lebenslauf zu dokumentieren.

Weitere Zeugnisse als die oben genannten, z. B. Seminarbescheinigungen, Zertifikate über Fortbildungslehrgänge, Sprachkurse usw., fügen Sie nur dann Ihren Unterlagen bei, wenn es aus sachlichen und positionsbezogenen Gründen geboten ist. Das kann der Fall sein, wenn Sprachkenntnisse gefragt sind und Sie entsprechende Zeugnisse zusätzlich vorweisen können oder wenn Sie spezielle PC-Programmkenntnisse (die ebenfalls für die Tätigkeit erforderlich sind) haben und auch diese durch Zeugnisse belegen können.

Alle vorhandenen Zeugnisse mitzuschicken ist überflüssig. Damit wecken Sie nur den Verdacht, Sie könnten Wesentliches nicht von Unwesentlichem unterscheiden.

Zu solchen unnötigen Unterlagen gehören frühere Schulzeugnisse und – oft bei Akademikern – Seminarscheine. So hatte einmal ein Bewerber ein Zeugnis aus der 12. Klasse beigefügt, das wesentlich besser aussah als das Abiturzeugnis, übersah dabei aber, dass er dann hätte den Leistungsabfall erklären müssen. Den neuen Arbeitgeber interessieren in erster Linie Abgangszeugnisse, weitere Dokumente nur, wenn sie wirklich für die Position wichtig sind. Wenn Sie sich z. B. als Jurist für einen Tätigkeitsbereich mit arbeitsrechtlichen Bezügen bewerben, dann haben Sie in Ihren Examenszeugnissen keinen Beleg dafür, weil diese nur die Endnote enthalten. In einem solchen Fall ist es geboten, einen Seminarschein aus dem Arbeitsrecht oder die Bescheinigung über ein Praktikum bei einem Fachanwalt für Arbeitsrecht beizufügen.

Wenn Sie sich aus einer ungekündigten Position heraus bewerben, haben Sie in der Regel (noch) kein Zeugnis vorzulegen, mit dem Sie Ihren jetzigen Aufgabenbereich dokumentieren könnten. In diesem Fall lassen Sie sich entweder

von Ihrem Arbeitgeber ein Zwischenzeugnis ausstellen, oder Sie gehen im Anschreiben kurz auf Ihr jetziges Aufgabengebiet ein.
Hin und wieder kommt es vor, dass Bewerber, um ihre jetzige Tätigkeit zu belegen, Kopien ihres Arbeitsvertrags oder von betriebsinternen Stellenbeschreibungen oder gar Organigrammen dem Anschreiben beifügen. Dem neuen Arbeitgeber kommen dann berechtigte Zweifel an der Verschwiegenheit des Kandidaten, und er wird ihn ablehnen müssen.
Auch Zeugnisse und Bescheinigungen, die nichts mit der ausgeschriebenen Position zu tun haben, z. B. Leistungsnachweise aus dem sportlichen Bereich, Bescheinigungen über Ehrenämter oder Referenzen über persönliche Fähigkeiten (dazu mehr im nächsten Abschnitt), gehören nicht zu den Bewerbungsunterlagen. Alles, was keinen Bezug zu Ihrem Beruf hat, ist überflüssig. Wenn Sie Ehrenämter innehaben, dann sollten Sie diese nur angeben, wenn entweder ein beruflicher Bezug besteht oder Sie dem Arbeitgeber signalisieren wollen, dass Sie für die ehrenamtliche Arbeit ab und an mal einen Urlaubstag benötigen. Manche Arbeitgeber, die vielleicht selbst sozial engagiert sind, honorieren Ehrenämter, andere hingegen nicht. Es ist schwer hier eine Empfehlung zu geben, doch hat es sich als vorteilhaft herausgestellt sich bei der Bewerbung allein auf die Tätigkeit zu konzentrieren und etwaige Ehrenämter allenfalls im Vorstellungsgespräch zu streifen, wenn man merkt, dass der Arbeitgeber auch am privaten Umfeld ein Interesse hat.
Öffentliche Ehrenämter hingegen müssen angegeben werden, und zwar schon deshalb, weil viele Manteltarifverträge für diese Positionen Freistellungen vorsehen oder weil die Ehrenämter für den neuen Arbeitgeber von Bedeutung sein können. Das betrifft für den ersten Fall Schöffen an Gerichten, politische Mandate oder politische Gremienarbeit. Im zweiten Fall kann man z. B. an Tätigkeiten in den Verwaltungsräten oder Ausschüssen der Sozialversicherungsträger denken, in berufsständischen Institutionen (IHK, Handwerkskammer usw.) oder an Aufgaben im Ausbildungsbereich (Prüfungsausschuss). Übrigens können Sie einige Pluspunkte machen, wenn Sie den neuen Arbeitgeber fragen, ob er die Fortführung solcher Tätigkeiten für wünschenswert hält.
Es gibt Arbeitgeber, die keinen Wert auf Zeugnisse legen. Sie ziehen es vor, sich ein eigenes Bild von der Persönlichkeit des Bewerbers zu machen, und orientieren sich lieber daran, was er an Wissen und Ideen in die Firma einbringen kann. Das schlägt sich mitunter in Stellenanzeigen nieder:

> „Schreiben Sie uns Ihre Ideen, wie Sie die angesprochene Position ausführen würden, überzeugen Sie uns von Ihrem Können und von Ihrer Kreativität. Auf Zeugnisse legen wir keinen Wert, sondern auf Persönlichkeiten, die es gewohnt sind, schwierige Aufgaben zu meistern."

Oder:

> „Zur Vorbereitung eines Vorstellungsgespräches reicht es uns, wenn Sie uns einen tabellarischen Lebenslauf senden und kurz skizzieren, was Sie an der oben genannten Position besonders reizt."

Lesen Sie deshalb bitte die Stellenanzeigen sehr genau und lassen Sie sich nicht irritieren, wenn Sie Ihre gut klingenden Zeugnisse nicht einsenden sollen. Sehen Sie diese unkonventionelle Form als Chance, nur sich und Ihre Persönlichkeit einzubringen.
Last, but not least: Achten Sie immer darauf, dass Ihnen Ihr Arbeitgeber ein ordentliches und sachgerechtes Zeugnis schreibt, formulieren Sie zur Not Ihre Wünsche. Nicht jeder Personalleiter kann Zeugnisse schreiben, und mancher ist für Hinweise sogar dankbar. Gutgemeinte, aber missverständliche Formulierungen können Ihnen beim nächsten Arbeitgeber Minuspunkte einbringen. Das Zeugnis muss Tätigkeitsdauer, Aufgabengebiet und eine ausführliche Leistungsbeurteilung enthalten. Auch der Austrittsgrund sollte angegeben werden. Die Formulierung: „Das Arbeitsverhältnis endete im gegenseitigen Einvernehmen" provoziert Nachfragen nach dem Grund. Versuchen Sie stattdessen, sich auf die Wendung: „Das Arbeitsverhältnis wurde auf eigenen Wunsch beendet" zu einigen; schließlich haben Sie dem Einvernehmen ja zugestimmt. Wenn das Arbeitsverhältnis auf Ihren Wunsch beendet wurde, dann muss das auch im Zeugnis stehen.

Arbeitsproben

Eines Tages ging in der Personalabteilung ein Paket ein. Inhalt: eine Bewerbungsmappe, drei Bücher, rund zwanzig Broschüren und zwei zusammengefaltete Plakate. Eine junge Frau hatte sich als Grafikerin beworben und Dokumente ihrer bisherigen Arbeiten beigefügt. In der Stellenanzeige hatte jedoch gestanden: „Wir erbitten Ihre aussagefähigen Bewerbungsunterlagen, Arbeitsproben bitte nur auf besondere Anforderung."
Arbeitsproben sind nur in bestimmten Berufsfeldern bei einer Bewerbung erforderlich. Zum Beispiel im grafischen oder herstellerischen Bereich, im Verlagsbereich, bei Werbeagenturen oder in Medienunternehmen (Radio, Fernsehen, Filmbranche). Im Regelfall werden solche Arbeitsproben zum Vorstellungsgespräch mitgebracht, nur in Ausnahmefällen werden sie bereits in der Stellenanzeige ausdrücklich erbeten. Der Hintergrund ist, dass die Doku-

mente zunächst einmal die verwaltungstechnische Arbeit der Personalabteilung erschweren. Außerdem besteht immer auch die Gefahr, dass die Unterlagen beim Versand abhanden kommen oder beschädigt werden könnten. Schicken Sie Arbeitsproben also nur, wenn sie ausdrücklich erbeten wurden, oder signalisieren Sie in Ihrem Anschreiben, dass Sie sie gern zu einem Vorstellungsgespräch mitbringen. Sind keine Arbeitsproben erbeten, können Sie dennoch durch zwei oder drei beigefügte Exponate Aufmerksamkeit erregen. Wählen Sie Beispiele, die im Format zur übrigen Bewerbung passen, also DIN A4, eventuell verkleinert und jedenfalls farbkopiert. Schreiben Sie ein paar freundliche Zeilen dazu, etwa: „Ich hoffe, dass dieser kurze Eindruck geeignet ist, Ihr Interesse an weiteren Arbeitsproben zu wecken."
Wenn Sie z. B. darauf spezialisiert sind, Ausstellungsstände zu konzipieren und zu realisieren, dann können Sie durchaus einige erfolgreiche Beispiele im Anhang Ihrer Bewerbung bringen, entweder als Farbkopie von Fotos oder als Kopie von Skizzen. Die Originale sollten Sie bei sich behalten und allenfalls zu einem Gespräch mitbringen.
Wenn Sie sich im Bereich Radio/Fernsehen bewerben und in der Anzeige Proben in Form von Videos (Schwerpunkt: persönliche Darstellung) oder Tonkassetten (Schwerpunkt: sprachliche Darstellung) gefordert werden, dann müssen Sie auch darauf eingehen. Diese Proben sollten dann neben (!), nicht anstatt einer Bewerbungsmappe versandt werden. Solche Proben müssen professionell gemacht sein und aus nachweisbarer Berufstätigkeit stammen. Wenn also ein Privatradiosender einen versierten Rundfunkmoderator sucht und als Arbeitsprobe eine Kassette aus der bisherigen Berufsarbeit erbittet, dann dürfen Sie keine Kassette senden, die Sie selbst erstellt haben, nur weil Sie glauben, eine wunderbare Rundfunkstimme zu haben.
Schließlich: Wenn Sie Arbeitsproben zu einem Vorstellungsgespräch mitbringen und der Arbeitgeber diese gerne eine Weile behalten möchte, dann bitten Sie nach geraumer Zeit um Rücksendung. Achten Sie bitte auch darauf, dass alle Ihre Arbeitsproben mit Ihrem Namen und Ihrer Anschrift gekennzeichnet sind (Stempel an dezenter Stelle z. B.). Es soll auch schon vorgekommen sein, dass Arbeitgeber Arbeitsproben nicht zurückgegeben, sondern ungefragt für sich verwertet haben.

Zusammenstellung und äußere Form der Bewerbungsunterlagen

Man macht sich keine Vorstellungen, welche Art von Bewerbungsunterlagen bei den Personalabteilungen so eingehen. Von losen Zetteln in einem Umschlag ohne Absender über das schon erwähnte voluminöse Paket mit Arbeitsunterlagen bis hin zu Postkarten aus dem Urlaub.
Überlegen Sie sich bitte genau, in welcher Form Sie sich bewerben. Bewährt hat sich die Bewerbungsmappe. Darin sollten in folgender Reihenfolge Ihre Dokumente enthalten sein:

- Deckblatt
- Anschreiben
- Einzelblatt mit Foto
- Lebenslauf
- Zeugnisse chronologisch oder nach Sachgebieten geordnet, je nach Umfang
- Sonstige Nachweise (nur wenn sie erforderlich sind)

Ein Deckblatt muss nicht unbedingt sein, kann aber Aufmerksamkeit erregen und/oder dem Arbeitgeber die Arbeit erleichtern, wenn da z. B. steht:

> Bewerbung als Programmierer
> Ralf Jakob, Hamburg

Manche Bewerber versuchen sich mit einem Deckblatt auch in Originalität, was aber nicht immer gut ankommt. Zum Beispiel dann, wenn Sie sich auf dem Deckblatt mit Foto und Schlagworten darstellen.
Ordnen Sie Ihre Unterlagen in der oben genannten Reihenfolge und heften Sie das Ganze sauber in einem Ordner ab, oder noch besser: Bereiten Sie eine Mappe mit Plastikhüllen vor. Diese Methode schützt Ihre Unterlagen, erleichtert das Lesen und macht einen ansprechenden Eindruck. Viele Bewerber scheuen die Kosten für solche Mappen, sparen dabei aber an der verkehrten Stelle. Übrigens sind Bewerbungskosten steuerlich absetzbar. In einem Falle legte ein Bewerber dem Arbeitgeber sogar eine Quittung für die Bewerbungsmappe bei!
Im Fachhandel kann man heute zudem sehr gut vorbereitete Bewerbungsmappen mit Register fertig kaufen; auch davon wird häufig Gebrauch gemacht.
Achten Sie beim Postversand darauf, dass Ihre Bewerbungsmappe schützend verpackt (kartonierter Umschlag oder Luftpolstertasche) und vor allem auch

ausreichend frankiert ist. Es macht keinen guten Eindruck, wenn der Empfänger Nachporto zahlen muss.
Um schnell auf Stellenanzeigen reagieren zu können, sollten Sie immer einige Bewerbungsmappen vorbereitet haben. Sie brauchen dann nur noch ein positionsbezogenes Anschreiben zu verfassen, Ihren Lebenslauf mit einem aktuellen Datum zu versehen und zu unterschreiben. Manche Bewerber passen ihren Lebenslauf schwerpunktmäßig der ausgeschriebenen Position an; aber hier ist Vorsicht geboten, weil man sich damit eventuell dem Verdacht aussetzt, ein Opportunist zu sein.

Kurzbewerbung

Die Kurzbewerbung unterscheidet sich von der üblichen Bewerbung, wie schon der Name sagt, durch ihre Kürze. Und das hat zwei gewichtige Gründe. Zum einen scheuen sich viele Bewerber bei Chiffreanzeigen (völlig zu Recht), ihre kompletten Bewerbungsunterlagen zu versenden, und zum anderen bewerben sich viele Leute aus gesicherter Position heraus erst einmal mit einer Kurzbewerbung, um die „Lage zu sondieren".
Die Kurzbewerbung besteht in der Regel aus einem Anschreiben und dem tabellarischen Lebenslauf. Bitte verwechseln Sie die Kurzbewerbung nicht mit der „blinden" Bewerbung, die zwar auch kurz ist, jedoch eine ganz andere Ausgangsbasis hat. Dazu im übernächsten Abschnitt mehr. Die klassische Kurzbewerbung bezieht sich nämlich auf ein konkretes Stellenangebot und muss deshalb auf dieses abstellen. Anders gesagt, bei Ihrem Anschreiben müssen Sie sich genauso viel Mühe machen wie bei einer vollständigen Bewerbung. Zusätzlich sollten Sie begründen, warum Sie die Form einer Kurzbewerbung wählen und z. B. als Anlage nur einen tabellarischen Lebenslauf beifügen. Dazu zwei Beispiele:

„Da Ihre Anzeige unter Chiffre erschien, bitte ich Sie höflich um Verständnis, dass ich mich zunächst nur in Form einer Kurzbewerbung bei Ihnen melde. Meine Position ist ungekündigt und eine Vertrauensstellung, deshalb möchte ich mich gerne gezielt bewerben zu einem Arbeitgeber, mit dessen Produkten und Zielsetzungen ich mich identifizieren kann. Wenn meine Angaben zum jetzigen Berufsfeld und zur Person geeignet sind, Ihr Interesse zu wecken, dann würde ich mich sehr über eine Kontaktaufnahme freuen. Selbstverständlich sende ich Ihnen dann meine kompletten Bewerbungsunterlagen zu."

Für eine solche Zuschrift müsste ein Chiffreinserent eigentlich Verständnis haben und bei Interesse entsprechend reagieren. Zweites Beispiel:

„Zurzeit bin ich in ungekündigter Position als Gruppenleiter in der Debitorenbuchhaltung tätig. In meinem jetzigen Unternehmen bestehen wenig Aussichten für eine weitere berufliche Entwicklung. Deshalb haben mich Ihre Anzeige und das dort umrissene Aufgabenfeld sehr angesprochen. Es würde mich freuen, von Ihnen nähere Einzelheiten zur Position zu erfahren. Bei Interesse bin ich natürlich gern bereit, Ihnen vollständige Unterlagen zuzusenden. Zurzeit bearbeite ich folgende Gebiete ... Um vertrauliche Behandlung meiner Kurzbewerbung bitte ich Sie sehr höflich, da unsere Unternehmen in der gleichen Branche sind."

Dieses Beispiel ist der klassische Fall einer vorsichtigen Sondierung. Nicht alle Arbeitgeber gehen darauf ein. Manche sagen sich, wer sich bewerben will, soll das wie gefordert mit *allen* Unterlagen tun, auf Einzelfälle können wir keine Rücksicht nehmen. Andere hingegen zeigen Verständnis, besonders dann, wenn Sie umfassend im Anschreiben über das Tätigkeitsfeld des Bewerbers informiert werden und sich ein fachliches Urteil bilden können.
Je ansprechender Sie Ihr Anschreiben gestalten und je triftiger Ihre Begründungen für eine Kurzbewerbung sind, umso höher die Chancen, dass man das akzeptiert und Sie als Bewerber in die engere Wahl nimmt. Es lohnt sich also besonders sorgfältig vorzugehen.

Telefonische Bewerbung

Eine weitere Variante ist die telefonische Bewerbung. Sie tritt in zwei Fällen auf: Entweder rufen Bewerber aufgrund einer Stellenanzeige an und erkundigen sich nach Einzelheiten oder es rufen Personen an, die sich ganz allgemein nach Beschäftigungsmöglichkeiten erkundigen wollen; der zweite Fall ist der häufigere. Auch hier kommt es zu höchst kuriosen Begebenheiten. Ein Beispiel mag das verdeutlichen. Es handelt sich bei dem folgenden Fall um die authentische Wiedergabe eines Gespräches, das der Personalleiter eines Maschinenbauunternehmens in Dortmund mit einem Anrufer führte:

Personalleiter (P): Guten Tag, Müller.
Anrufer (A): Guten Tag, ich wollte mal fragen, ob bei Ihnen noch Stellen frei sind.

P: Ja, also diese Frage kann ich Ihnen so generell nicht beantworten, welche Tätigkeit kommt denn für Sie überhaupt in Frage?
A: Ach, im Prinzip ist mir das egal, ich bin seit einem Jahr arbeitslos und dachte, ich rufe einfach mal an.
P: Ja, was haben Sie denn gelernt oder zuletzt beruflich gemacht?
A: Ich war Schriftsetzer bei X und dann später da für die Wartung der Maschinen zuständig, und da dachte ich, ich rufe einfach mal an bei Ihnen.
P: Momentan haben wir keine freien Stellen, allerdings muss ich sagen, dass wir normalerweise Fachleute beschäftigen mit handwerklicher Ausbildung, Maschinenschlosser, Stanzfachleute, Feinmechaniker oder Ähnliches. Die Maschinenwartung läuft bei uns über ein Fremdunternehmen mit speziellen Fachleuten.
A: Ach, dann habe ich wohl keine Chance?
P: Um ehrlich zu sein, sehe ich keine großen Möglichkeiten, zumal wir momentan auch keinen Personalbedarf haben.
A: Na, dann schicke ich Ihnen mal meine Unterlagen für den Fall, dass Sie doch noch was haben.
P: Das ist sicher nicht nötig, weil wir – wie gesagt – z. Zt. nichts frei haben.
A: Ja, ja, das habe ich schon verstanden, aber es wäre mir ganz lieb, wenn Sie sich meine Unterlagen trotzdem mal ansehen würden.
P: Ich denke, dass das wenig Sinn hat.
A: O. k., ich melde mich dann wieder schriftlich bei Ihnen. Vielen Dank, auf Wiederhören.

Solche Gespräche erreichen den Personalleiter häufig, wenn sein Sekretariat nicht mehr besetzt ist, also bevorzugt nach 18.00 Uhr. Denn es hat sich herumgesprochen, dass er tagsüber von seiner Sekretärin abgeschirmt wird, etwa mit dem Bescheid „Wir haben derzeit keine Vakanzen."
Wie man es besser machen kann, zeigt ein authentisches Telefonat zwischen einer Werbetexterin und dem Personalchef eines Medienunternehmens:

Anruferin (A): Guten Tag, mein Name ist Lindemann. Ich bin Werbetexterin bei X in Hamburg und möchte mich gerne nach München verändern. Gibt es eventuell Möglichkeiten in Ihrem Hause?
Sekretärin: Ich verbinde Sie mal mit unserem Personalchef, Moment bitte.
Personalchef (P): Guten Tag, Jordan.
A: Guten Tag, Lindemann. Ich möchte mich gern erkundigen, ob bei Ihnen die Möglichkeit besteht, als Werbetexterin zu arbeiten. Ich bin

z. Zt. in Hamburg bei X tätig und beabsichtige, aus privaten Gründen nach München zu ziehen, und würde gern wieder in einer anerkannten Agentur arbeiten und dachte natürlich zuerst an Ihre Firma.
P: Besten Dank, das ehrt uns natürlich und freut mich auch. Wir sind immer recht aufgeschlossen, wenn es um neue Mitarbeiter und neue Ideen geht.
Wir haben im Moment aber keine Vakanzen.
A: Dürfte ich Ihnen denn trotzdem mal meine Unterlagen senden, mir kommt es auch weniger auf eine sofortige Anstellung irgendwo, sondern mehr auf eine ganz gezielte an.
P: Ja, gern, das können Sie gern tun, dann habe ich auch etwas in der Hand, um mich mit meinen Kollegen zu besprechen. Legen Sie auch einige Arbeitsproben bei.
A: Ja, danke, das werde ich gern tun. Sie melden sich dann wieder?
P: Ja, ich melde mich. In jedem Fall, wenn Ihre Unterlagen da sind.
A: Besten Dank erst mal.
P: Danke für Ihren Anruf. Auf Wiederhören.

Die Dame wurde tatsächlich nach drei Monaten eingestellt, und zwar als Zusatzeinstellung, weil ihre Arbeitsproben überzeugten und ihre Ideen und ihr Interesse, gerade in dieser Agentur tätig zu sein, Gefallen fanden. Dazu kam selbstverständlich, dass sie berufliche Erfolge als Werbetexterin nachweisen konnte.
Dass sich Interessenten auf eine ausgeschriebene Position telefonisch bewerben, kommt selten vor. Sie wollen dann nur vorab bestimmte Einzelheiten nachfragen. Der eigentliche – schriftliche – Bewerbungsvorgang wird dadurch nicht berührt.
Wenn Sie sich ganz allgemein bei einem Arbeitgeber nach Beschäftigungsmöglichkeiten telefonisch erkundigen wollen (z. B. um sich eine unnötige schriftliche Bewerbung zu ersparen), dann geben Sie deutlich Ihre Zielvorstellungen an, nennen Sie Ihren Berufswunsch und auch Ihren bisherigen Tätigkeitsbereich.
Wenn Sie sich auf eine ausgeschriebene Position bewerben, dann gilt immer das Schrifterfordernis. Mit einem Telefonat können Sie allenfalls einige Unklarheiten oder Zweifel klären. Wenn zum Beispiel in der Anzeige steht, dass „ab sofort" gesucht wird, Sie aber erst in drei Monaten frei wären, dann können Sie anrufen und nachfragen, ob Ihre Bewerbung überhaupt sinnvoll ist.
Den klugen Bewerber zeichnet aus, dass er sich *nicht* telefonisch bewirbt, sondern Anzeigen aufmerksam liest und sich dann schriftlich bewirbt. Auch allgemeine Anfragen stellt er dann schriftlich. Anrufer vergisst man leicht, Briefe nicht, besonders, wenn sie originell sind.

Blinde Bewerbungen

Blinde Bewerbungen verdanken ihren Namen einem Irrtum. Denn es handelt sich hier nicht um Bewerbungen, bei denen der Bewerber die Augen zumacht und sich einfach drauflos bewirbt, sondern um sehr gezielte Bewerbungen. Unter blinden Bewerbungen versteht man die Anfragen oder Bewerbungsanschreiben an Arbeitgeber, von denen man nicht weiß, ob sie Positionen frei haben, für die man aber gern tätig sein möchte, sonst würde man sie ja nicht anschreiben.

Im Regelfall sieht eine blinde Bewerbung so aus, dass jemand ganz allgemein anfragt, ob Möglichkeiten einer Beschäftigung bestehen. Und in schöner Regelmäßigkeit werden solche Anfragen mit Formabsagen beschieden, die Mühe ist in fast 90 % der Fälle vergebens. Umso mehr Ideen muss der Bewerber entwickeln, wie er sich mit einer allgemeinen Anfrage „ins rechte Licht" setzen kann. Im Folgenden sehen Sie das Beispiel eines Facharbeiters, das recht gut gelungen ist. Positiv ist der Hinweis auf die Motivation und darauf, dass der Bewerber bereit ist dazuzulernen und sich weiterzubilden.

Sehr geehrte Damen und Herren,

vielleicht haben Sie im Moment zu viel Arbeit und zu wenig Mitarbeiter. Ich habe zu viel freie Zeit, hätte aber lieber viel Arbeit, für die ich mich voll engagieren könnte.

Ich bin 35 Jahre alt, habe das Abitur, den Facharbeiter als Schriftsetzer, den Meisterabschluss, habe die meisten praktischen Erfahrungen als Korrektor (gründliche Kenntnisse auf den Gebieten Korrekturlesen Zeitung, Zeitschrift, Buch, Akzidenz; Filmrevision, Maschinenrevision). Als Schichtleiter, stellvertretender Abteilungsleiter und Abteilungsleiter Blei-/Lichtsatz war ich für die Produktionsorganisation verantwortlich. Vom 10.1.2001 bis 9.1.2002 absolvierte ich eine Ausbildung zur „DTP-Fachkraft mit typographischer Ausbildung". Sowohl im DOS- als auch Mac-Bereich erwarb ich Kenntnisse der wichtigsten Satz- und Gestaltungsprogramme (Ventura Publisher, PageMaker, QuarkXPress, CorelDraw, FreeHand, Illustrator, Photo-Shop).

Ich bin motiviert dazuzulernen und mich weiterzubilden.

Wenn Sie also eventuell Interesse an meiner Mitarbeit hätten, lassen Sie es mich bitte wissen. Ich werde Ihnen dann gern meine vollständigen Bewerbungsunterlagen schicken.

Mit freundlichen Grüßen

Es genügt also nicht lediglich anzufragen, ob sich Beschäftigungsmöglichkeiten bieten. Wenn die Frage schlicht mit Nein beschieden wird, sind Sie so schlau wie vorher. Stattdessen erwecken Sie Aufmerksamkeit, indem Sie ein originelles und individuelles Anschreiben formulieren – natürlich ohne zu übertreiben! Außerdem macht es immer einen guten Eindruck, wenn Sie erläutern, warum Sie gerade *diese* Tätigkeit bei *dieser* Firma ausüben wollen:

„Seit sechs Jahren arbeite ich qualifiziert im Verkauf der Firma X im Sachgebiet Frankreich. Ich möchte mich gerne verändern, weil ich mittelfristig keine Möglichkeit habe, in meinem jetzigen Unternehmen qualifiziert weiterzukommen. Ihr Haus ist mir durch seine anerkannte Produktpalette bekannt und ebenso durch seine vorbildlichen Leistungen. Ich möchte deshalb gern meine ganze Arbeitskraft in den Dienst Ihres Unternehmens stellen. Sie können von mir hohen Arbeitseinsatz, sehr gutes Fach- und Branchenwissen und zuverlässige Arbeitsweise als Selbstverständlichkeiten voraussetzen. Meine guten Kontakte zu französischen Kunden könnte ich in Ihrem Hause nicht nur einbringen, sondern auch ausbauen."

Die Dame wurde zum Gespräch eingeladen und nach einem halben Jahr, als sich eine Vakanz ergab, auch eingestellt. Sie sehen, wie man mit guten Argumenten und Firmeninteresse weiterkommt.
Nutzen Sie blinde Bewerbungen, wenn Sie den Wunsch haben, bei ganz speziellen Arbeitgebern tätig zu sein. Dabei wird vorausgesetzt, dass Sie die Gegebenheiten beim Wunscharbeitgeber kennen/sich entsprechend erkundigt haben.

Innerbetriebliche Bewerbungen

Innerbetriebliche Bewerbungen werden oft unterschätzt, vom Angebot her und auch hinsichtlich der Art, wie man sich darauf bewirbt. Die Ausschreibung von Stellen innerhalb des Unternehmens hat zwei Gründe. Erstens wollen die Arbeitgeber den Mitarbeitern Gelegenheit geben, sich innerhalb der Firma qualitativ zu verändern; zweitens können sie durch Betriebsvereinbarung verpflichtet sein, jede neu zu besetzende Stelle im Unternehmen auszuschreiben. Und zwar auch dann, wenn bereits ein Nachfolger oder eine Nachfolgerin feststeht. Dass damit herbe Enttäuschungen verbunden sein können, zeigt folgendes Beispiel:

In einem Handelsunternehmen hatte eine Mitarbeiterin der Debitorenabteilung im Finanzwesen gekündigt. Weil man im Kreditorenbereich Einsparungen vornehmen wollte, bot es sich an, eine betroffene Mitarbeiterin zu fragen, ob sie nicht Interesse hätte, die frei werdende Position zu übernehmen. Durch Betriebsvereinbarung war der Arbeitgeber jedoch verpflichtet, die Position intern auszuschreiben, was auch geschah. Es bewarben sich innerhalb der gesetzten Frist von zwei Wochen gleich vier Mitarbeiterinnen, die die Qualifikationen erfüllten, aber dennoch eine Absage erhielten, weil man eben eine spezielle Person bereits vorgesehen hatte.

Sie haben zwei Möglichkeiten, auf eine interne Stellenausschreibung zu reagieren. Die erste Möglichkeit ist sich telefonisch beim Personalchef zu erkundigen, ob es sinnvoll ist sich auf die Ausschreibung zu bewerben. Der Personalchef weiß am besten, ob gerade Sie aus Ihrer jetzigen Position heraus Aussichten auf Erfolg haben oder ob bereits andere Mitarbeiter vorgesehen sind. Die zweite Möglichkeit ist sich formlos schriftlich zu bewerben.
Wenn Sie den letzteren Weg wählen, dann gelten im Prinzip die Regeln für das allgemeine Bewerbungsanschreiben, denn erstens sind Sie im Hause bekannt und zweitens kennt man Ihre Zeugnisse bzw. Qualifikationen. Machen Sie jedoch nie den Fehler Ihre interne Bewerbung auf dem Bogen der Firma zu formulieren, denn der Wunsch nach einer Veränderung ist immer privater Natur. Benutzen Sie deshalb private Briefbogen oder einfach weiße Bogen, die Sie mit Ihrem Namen und Ihrer Abteilung versehen.
Bei der formlosen schriftlichen Bewerbung sollten Sie klar und deutlich formulieren, warum Sie sich bewerben. Achten Sie vor allem darauf, dass Sie sich für die bestehende Position keine Nachteile verschaffen. Hierzu ein Negativbeispiel:

In einem größeren Unternehmen mit mehreren Tochtergesellschaften war die Position eines/einer Anzeigenleiters/in ausgeschrieben. Es bewarb sich schriftlich eine Mitarbeiterin aus der Produktionsabteilung mit dem Hinweis, sie fühle sich in ihrer Abteilung nicht mehr wohl und wolle sich verändern. Eine Nachfrage der Personalleitung ergab, dass die Mitarbeiterin selbst nicht ganz einfach war und es deshalb in der Abteilung zu Spannungen gekommen war. Die Absage war sicher.

So etwas können Sie vermeiden, indem Sie entweder ein offenes Gespräch mit Ihrem Personalchef führen, und zwar *vor* einer schriftlichen Bewerbung, oder Ihre schriftliche Bewerbung akzentuiert und ohne Hinweis auf Probleme formulieren:

Personalleitung
Herrn Dreier

Sehr geehrter Herr Dreier,

hiermit bewerbe ich mich um die intern ausgeschriebene Position einer Anzeigenleiterin. Wie aus meinen Unterlagen bekannt, habe ich vor Eintritt in unsere Firma lange Jahre in der Anzeigenakquisition bei Schulze & Co. gearbeitet. Ich glaube, die in der Stellenausschreibung geforderten Voraussetzungen zu erfüllen. Mein jetziges Arbeitsgebiet, in dem ich zwar sehr zufrieden bin, bietet mir mittel- oder längerfristig keine Möglichkeit des Weiterkommens. Deshalb sehe ich in der ausgeschriebenen Position eine Chance, meine Kenntnisse und Fähigkeiten im Interesse des Unternehmens einzusetzen. Es würde mich sehr freuen, wenn Sie mir Gelegenheit zu einem persönlichen Gespräch geben könnten. Meinen Vorgesetzten habe ich von diesem Schreiben informiert.

Mit dem letzten Satz wird zudem Aufrichtigkeit bewiesen.
Doch besser als die schriftliche Bewerbung ist gerade bei internen Stellenausschreibungen das persönliche Gespräch mit der Personalleitung. Bei dieser Gelegenheit kann man auch erfahren, warum die interne Position frei geworden ist. Vielleicht ist Ihnen gar nicht bekannt, wie schlecht das Betriebsklima in dieser oder jener Abteilung ist.
Prüfen Sie deshalb genau, bevor Sie sich innerbetrieblich bewerben, ob die Position für Sie ernsthaft in Betracht kommt, wer Ihre Vorgesetzten sein werden und ob Sie sich positionsbezogen oder finanziell verbessern können.
Wenn Sie sich für die Ihnen attraktiv erscheinende Auslandsfiliale Ihres Unternehmens bewerben wollen, sollten Sie zusätzlich plausible Gründe hierfür angeben können. Neben den erforderlichen Sprachkenntnissen wird das die Bereitschaft zum Umzug sein, auch auf Dauer. Dies will gut überlegt sein.
Denken Sie daran, dass Sie bei jeder innerbetrieblichen Bewerbung gefragt werden, warum Sie die Position wechseln wollen. Um keine Nachteile zu haben, sollten Sie sich intern vorab genau informieren, was es mit der ausgeschriebenen Position auf sich hat und warum sie ausgeschrieben wurde. Erst wenn Sie sicher sind, dass die Position nicht pro forma ausgeschrieben worden ist, Sie die Voraussetzungen erfüllen und auch keine Nachteile für Ihre jetzige Position befürchten müssen („der will eh bald weg"), sollten Sie sich mündlich oder schriftlich bewerben.

Verhalten nach Absendung der Bewerbungsunterlagen

Wenn man seine Bewerbung abgeschickt hat, will man verständlicherweise wissen, wie diese beim Arbeitgeber aufgenommen wurde. Nun verfallen Sie aber nicht auf den Fehler nach einigen Tagen anzurufen und nachzufragen. Üben Sie sich in Geduld! Das wird Ihnen leichter fallen, wenn Sie bedenken, dass auf manche Positionen Hunderte von Zuschriften eingehen, die alle gesichtet werden müssen. Nicht selten sind an der Auswahl zwei oder mehr Personen (z. B. Personalleiter, Abteilungsleiter, Hauptabteilungsleiter) beteiligt, die sich auch noch terminlich untereinander abstimmen müssen. Also stellen Sie sich darauf ein, dass einige Zeit vergeht, bis Sie mit einer Reaktion rechnen können.
Wenn Sie allerdings nach etwa vier Wochen noch keine Antwort haben, dann ist nichts dagegen einzuwenden, dass Sie sich erkundigen, wann Sie mit einer Entscheidung rechnen können. Und wenn Sie aus persönlichen Gründen oder wegen Ihrer Kündigungsfristen zu einem bestimmten Termin eine Arbeitgeberentscheidung brauchen, dann haben Sie das ja bereits in Ihrem Anschreiben mitgeteilt. Der Arbeitgeber weiß dann, dass er u. U. rasch handeln muss, wenn er Sie als neuen Mitarbeiter gewinnen möchte.
Manche Bewerber glauben einen schlauen Trick anzuwenden, wenn sie einzelne Bewerbungsunterlagen hinterherschicken – in der Hoffnung, dass sie dadurch die Aufmerksamkeit auf ihre Bewerbung als Einzelne lenken könnten. Aber der Trick klappt nicht, im Gegenteil; nachgereichte Unterlagen erwecken eher den Eindruck von Nachlässigkeit und verursachen zudem noch lästige Sortierarbeit in der Personalabteilung. Sie sollten sich daher vor solchen Mitteln hüten.

Wichtig:

- Das Bewerbungsanschreiben ist Ihre „individuelle Visitenkarte", deshalb soll es ansprechend und aussagekräftig sein, und es soll beim neuen Arbeitgeber Interesse wecken. Es lohnt sich deshalb viel Mühe auf das Anschreiben zu verwenden.
- Ihre Bewerbungsunterlagen müssen immer komplett sein: Sie müssen neben dem Anschreiben Foto, Lebenslauf und Zeugnisse enthalten. Das Foto sollte möglichst aktuell sein und Sie in natürlicher Weise vorteilhaft zur Geltung bringen. Verzichten Sie auf Automatenfotos oder großformatige Aufnahmen. Der Lebenslauf muss lückenlos sein

und ebenso knapp wie übersichtlich alle wichtigen Angaben enthalten. Heute überwiegt die tabellarische Darstellung. Beschränken Sie sich dabei auf maximal zwei Seiten. Bei den Zeugnissen sind neben Belegen über Schul- und Berufsabschlüsse sowie Arbeitszeugnissen nur solche Bescheinigungen beizufügen, die mit der ausgeschriebenen Position zu tun haben. Alles, was keinen Bezug zum Beruf hat, ist überflüssig.

- Referenzen und Arbeitsproben legen Sie nur bei, wenn sie ausdrücklich gefordert wurden.
- Bei so genannten blinden Bewerbungen empfiehlt es sich, dem Anschreiben nur einen tabellarischen Lebenslauf beizufügen, nicht jedoch alle Unterlagen. Diese reichen Sie bei Interesse des potentiellen Arbeitgebers unverzüglich nach. Auch hier sollte das Anschreiben individuell formuliert sein; „Serienbriefe" haben wenig Erfolgschancen.
- Gehen Sie auch bei Kurzbewerbungen, telefonischen Anfragen und besonders bei innerbetrieblichen Bewerbungen überlegt vor: Formulieren Sie im ersten Fall einen möglichst ansprechenden Bewerbungsbrief, dem Sie Ihren Lebenslauf beifügen; und bereiten Sie sich im zweiten Fall gründlich auf das Gespräch vor, damit Sie sich auch am Telefon überzeugend präsentieren können. Bei innerbetrieblichen Bewerbungen empfiehlt sich oft ein vorheriges „sondierendes" Gespräch mit dem Personalchef.
- Und noch eines: Machen Sie keine Fehler, nachdem Sie Ihre Unterlagen abgeschickt haben – verderben Sie sich nicht mögliche Sympathien, indem Sie ungeduldig beim Arbeitgeber anrufen und ihm dadurch lästig werden.

Das Vorstellungsgespräch

Das Vorstellungsgespräch ist so etwas wie das „Herz" der Bewerbung, denn hier werden die Akzente gesetzt, die für eine Einstellung von Bedeutung sind, nämlich die auf die Person bezogenen. Um nicht missverstanden zu werden: Eine intensive Vorbereitung der schriftlichen Bewerbung ist natürlich unerlässlich, denn je besser Ihre schriftliche Bewerbung ist, umso größer sind die Chancen einer Einladung. Im persönlichen Vorstellungsgespräch jedoch geht es um mehr als um fachliches Können; hier geht es um Ihre persönliche Einschätzung durch die Arbeitgeber (in der Regel Personalleiter, Abteilungsleiter und/oder Gruppenleiter) einerseits und andererseits um den Eindruck, den Sie bei diesen hinterlassen.

Es ist also nicht damit getan, lediglich den beruflichen Werdegang darzulegen; der ist aus Ihren Unterlagen bekannt. Viele Bewerber haben sich ihre Chancen zunichte gemacht, weil sie nicht ausreichend vorbereitet waren, oder auch, weil sie in unangemessener Kleidung erschienen. Oder weil sie das Gespräch beendeten mit der frappierenden Feststellung: „Na, dann ist ja alles klar."

Deshalb will Ihnen dieses Kapitel die Bedeutung des Vorstellungsgespräches näher bringen und insbesondere auch verdeutlichen, worauf es dem Arbeitgeber ankommt. Vor allem will es Ihnen die Angst vor diesem Gespräch nehmen, denn dazu besteht überhaupt kein Anlass, wenn man weiß, was auf einen zukommt. Leider ist diese Angst stark ausgeprägt. Der Grund liegt wohl darin, dass das Vorstellungsgespräch oft als reine Fachprüfung missverstanden wird. Zudem hat mancher Kandidat seine persönliche Stärke eher im schriftlichen Ausdruck und fühlt sich demzufolge mit Fragen eher in die Defensive gedrängt, statt im Gespräch offensiv zu sein. Den letzten Fall erlebt man in der Praxis erstaunlicherweise auch sehr oft bei Bewerbungen auf qualifizierte Positionen.

Allerdings darf folgende Tatsache nicht übersehen werden: Nicht alle Personalleiter sind in der Lage, gute Bewerbungsgespräche zu führen. Einige lassen sich vom Althergebrachten leiten und fragen „halt mal ein bisschen ab", andere beherrschen perfekt die psychologische Gesprächsführung, und wieder andere gehen total unkonventionell vor. Stellen Sie sich bitte einen solchen Fall vor:

Sie warten in der Eingangshalle der Firma, in der Sie sich beworben haben, in der Annahme, die Sekretärin des Personalchefs hole Sie ab. Stattdessen kommt dieser selbst und erzählt Ihnen erst mal voller Stolz, dass man gerade die Eingangshalle erneuert habe. Auf dem Weg in sein Büro entwickelt sich dann ein ganz lockeres Alltagsgespräch.

Bei einer solchen (beliebig variierbaren) Situation unterläuft vielen Bewerbern der erste entscheidende Fehler, indem sie völlig irritiert und sprachlos reagieren, vielleicht auch in der Furcht, dass dieses Vorgehen geplant und eine „Falle“ sein könnte. In der Tat gehen manche Personalleiter bewusst so vor, einfach um zu sehen, ob Sie als Bewerber ganz natürlich reagieren. Nicht mehr und nicht weniger.
Es wurde oft genug angesprochen, dass viele Bewerber nicht oder nur unzureichend auf das Vorstellungsgespräch vorbereitet sind. Der Fairness halber sei jedoch gesagt, dass auch mancher Personalleiter nur sehr flüchtig oder gar nicht auf das Gespräch vorbereitet ist. Das kann seinen Grund darin haben, dass mehrere Stellenausschreibungen parallel laufen und der Personalchef überlastet ist, oder dass er – wie in vielen größeren Unternehmen üblich – noch weitere Aufgabengebiete gleichzeitig zu bewältigen hat. Das kann im übrigen Ihre Chance sein, dem Manne oder der Frau durch knappe und prägnante Sätze aus Ihrem Werdegang auf die Sprünge zu helfen; man wird es Ihnen danken.
Vergegenwärtigen Sie sich vor einem Vorstellungs- oder Bewerbungsgespräch (die Begriffe werden nachfolgend gleichbedeutend gebraucht) stets Ihre ganz persönliche Situation, wenn Sie eine Einladung bekommen. Die Einladung besagt, dass Ihre schriftliche Bewerbung Anklang gefunden hat und man Sie jetzt persönlich kennen lernen möchte. Mit anderen Worten: Sie haben bereits einen Punktsieg errungen, weil Sie unter möglicherweise sehr vielen Bewerbern in die engere Auswahl gekommen sind. Wiegen Sie sich jetzt nicht in Sicherheit und glauben Sie vor allem auch nicht, dass die Einladung mit einem Vertragsangebot gleichzusetzen wäre. Bauen Sie Ihren Erfolg vielmehr gezielt aus. Den guten Eindruck, den der einladende Arbeitgeber von Ihrer schriftlichen Bewerbung hatte, müssen Sie vertiefen, indem Sie auch persönlich überzeugen. Merken Sie sich deshalb bitte zwei wichtige Leitsätze:

- Gehen Sie niemals unvorbereitet in ein Bewerbungsgespräch.
- Geben Sie sich in einem Bewerbungsgespräch stets natürlich, so, als wenn Sie mit Ihrem Abteilungsleiter eine Sachfrage diskutieren.

Bedeutung des Vorstellungsgespräches aus der Sicht des Arbeitgebers

Bevor Sie zu einem Bewerbungsgespräch gehen, sollten Sie wissen, welche Bedeutung dieses Gespräch für den neuen Arbeitgeber hat. Einige Punkte wurden eingangs bereits erwähnt. Die Erwartungshaltung der Arbeitgeber in

Bezug auf das Vorstellungsgespräch ist sehr unterschiedlich, oft hängt das auch von der zu besetzenden Position ab. Bei einer sehr qualifizierten Position, für die neben Fachkenntnissen auch Persönlichkeit gefragt ist, wird der Stellenwert des Gespräches wesentlich höher sein als bei einer weniger qualifizierten Position.

Immer aber müssen Sie davon ausgehen, dass der Arbeitgeber Ihrer Bewerbung bereits positiv gegenübersteht, denn sonst hätte er Sie ja nicht eingeladen. Für ihn kommt es jetzt darauf an zu erfahren, ob sich der gute schriftliche Eindruck auch persönlich bestätigt. Das ist aber nur ein Punkt. Denn hinter dem Wunsch, Sie persönlich kennen zu lernen, steckt sehr viel mehr. Die wichtigsten Gründe in Kürze:

Der Arbeitgeber möchte zunächst, bezogen auf die Position, wissen, ob Sie derjenige sind, der (auch) kraft seiner Persönlichkeit geeignet ist, die zu besetzende Position zu bekleiden. Orientieren wird er sich an den Anforderungen, die an die Position zu stellen sind, und ggf. auch an dem bisherigen Stelleninhaber. Wenn z. B. ein Außendienstmitarbeiter mit Vertriebs- oder Verkaufsaktivitäten gefragt ist, dann wird es darauf ankommen, ob der Bewerber neben einem ansprechenden Äußeren auch noch über die adäquate Ausdrucksweise verfügt und überzeugend argumentieren kann. Die Wichtigkeit des Erscheinungsbildes bzw. der Gesamtpersönlichkeit ist nicht zu unterschätzen, wie das nachfolgende Beispiel zeigt:

Ein Verlag suchte für den Bereich Bayern einen erfahrenen Repräsentanten, der bestimmte Gebiete bereisen und Fachbücher verkaufen sollte. Er sollte auch im Zentrum der Reisegebiete wohnen bzw. bereit sein seinen Wohnsitz dorthin zu verlegen. Es wurde eine Stellenanzeige geschaltet, auf die sich fast hundert Bewerberinnen und Bewerber meldeten. Nur die wenigsten von ihnen hatten die nötigen Fachkenntnisse oder ausreichende Berufserfahrung oder sie kamen aus anderen Bundesländern und hatten demzufolge keine „bayernspezifischen" Verkaufserfahrungen. Dennoch kam es zu insgesamt acht Bewerbungsgesprächen. Die Ergebnisse indes waren leider negativ, weil sich keiner der Bewerber so recht als Vollblutverkäufer herausstellte. – Noch während der Personalleiter, der Marketingchef und der Leiter der bayerischen Verlagsniederlassung miteinander diskutierten, was nun weiter zu tun sei, meldete sich im Büro ein Besucher, der sich für Fachbücher interessierte. Im Gespräch mit der Kundenberaterin ließ er durchblicken, dass er vom Fach, aber derzeit leider arbeitslos sei, und fragte ganz nebenbei, ob es denn in der Firma eventuell Möglichkeiten einer Beschäftigung gäbe. Die Kundenberaterin wurde hellhörig, bat den Besucher um etwas Geduld und informierte rasch die noch beisammensitzenden leitenden

Angestellten. Diese baten den Herrn zu sich. Es erschien ein Mann von markantem Äußeren, mit hoher Fachkenntnis und überzeugender Eloquenz. Nach den Enttäuschungen des Tages waren die Herren sehr angetan und verständigten sich mit Blicken: „Das ist er!". Und so kam es, der Mann wurde auf der Stelle engagiert, wobei er noch das große Glück hatte, in der Region zu wohnen.

Mit diesem ausführlichen Beispiel haben wir sicher einen ungewöhnlichen Einzelfall wiedergegeben. Aber so kommt es, wenn man das Glück hat zum rechten Zeitpunkt an die richtige Stelle bzw. an die richtigen Leute zu kommen. Nebenbei beweist es auch, dass es nicht falsch ist sich in bestimmten Firmen einmal ganz unverbindlich nach Beschäftigungsmöglichkeiten zu erkundigen. Worauf es aber im Beispiel hauptsächlich ankommt, ist die Persönlichkeit des Bewerbers. Der Arbeitgeber suchte ganz gezielt einen Mann mit verkaufs- und erfolgsorientiertem Auftreten. Diesen Eindruck kann nur das persönliche Gespräch vermitteln.
Der zweite wichtige Grund für den Arbeitgeber, einen Bewerber oder eine Bewerberin persönlich kennen lernen zu wollen, ist interner Natur, nämlich sich ein Urteil darüber zu bilden, ob der Bewerber in die Mannschaft passt. Solche Arbeitgeberüberlegungen können einen ganz profanen Hintergrund haben: Wenn bislang ein Sachgebiet von zwei Mitarbeitern bearbeitet wurde und einer gekündigt hat, dann wird man sich fragen, ob der neue Mitarbeiter (Bewerber) zu dem verbliebenen passt. Beurteilungskriterien sind dabei Geschlecht, Arbeitszeitflexibilität, Alter oder persönliche Gewohnheiten (Rauchen z. B.). Auch dazu ein Beispiel:

In einem zeitintensiven Arbeitsgebiet (Telefonmarketing) bearbeiteten zwei Damen, beide Mitte 40, den Verkauf bestimmter Produkte einer Firma. Eine Mitarbeiterin hatte gekündigt, weil ihr Mann versetzt wurde. Bei den Bewerberinnen (man bevorzugte hier eindeutig eine Frau) wurde eine Vorauswahl getroffen. Man orientierte sich an betriebsbezogenen Gegebenheiten und nahm große Rücksicht darauf, dass die neue Mitarbeiterin auch zu der verbleibenden passen sollte. Wichtig war – neben den Fachkenntnissen – personenbezogen – zunächst das Alter, das harmonieren sollte. Deshalb verzichtete man darauf, ganz junge Damen einzuladen (die, nebenbei sei es erwähnt, natürlich keine Ahnung hatten, warum ausgerechnet ihnen abgesagt wurde), sondern nur solche, die mindestens Mitte 30 waren. Sodann kam es auf zeitliche Flexibilität an, weil manche Kunden erst am späten Nachmittag erreichbar waren. Deshalb schieden Bewerberinnen aus, die zeitlich gebunden waren, z. B. weil sie aus persönlichen Gründen (häufig wurde Sport genannt!! oder Abholen der Kinder aus dem Kindergarten) zu einer bestimmten Zeit abkömmlich sein mussten. Und schließlich kam es noch auf eine angenehme Telefonstimme an. Das „Rennen" machte – allen Unkenrufen hinsichtlich älterer Arbeitnehmer zum Trotz – eine 53-jährige Dame, die sich persönlich wendig, flexibel und unternehmensorientiert zeigte.

Ähnlich wird ein Arbeitgeber denken, wenn er jemanden sucht, der in ein Team passen muss. Er wird bei der Bewerberauswahl im Vorstellungsgespräch in erster Linie die Persönlichkeiten des Teams im Auge haben und danach eine zusätzliche oder eine Ersatzkraft auswählen. Bei der Teamarbeit kommt es in erster Linie neben der unternehmens- oder erfolgsspezifischen Vorgabe darauf an, dass jemand personenbezogen ins vorhandene Team passt, also kooperativ, hilfsbereit und sehr flexibel und auch in der Lage ist, für andere einzuspringen. Hier zählt nicht das eigene Arbeitsgebiet, sondern das der Gruppe. Bewerber z. B. mit einem ausgeprägten Geltungsbedürfnis oder Machtbewusstsein (das kann man als Arbeitgeber durch geschickte Fragen rasch herausbekommen, wenn sich die Bewerber im Gespräch nicht selbst schon offenbaren) sind da nicht geeignet. Auch hierbei können Alter und persönlicher Werdegang eine Rolle spielen. Wenn z. B. jemand 15 Jahre in einer Firma allein in einem Sachgebiet gearbeitet hat, wird es ihm oder ihr sicherlich nicht leicht fallen, sich plötzlich einem Team einzuordnen.
Ganz besondere Anforderungen sind an Führungskräfte zu stellen. Hierbei kommt es natürlich sehr auf die Persönlichkeit des Bewerbers an. Der Arbeitgeber möchte im persönlichen Gespräch herausfinden, ob und inwieweit ein Bewerber oder eine Bewerberin geeignet ist, zu führen, zu motivieren und Verantwortung für andere Mitarbeiter zu übernehmen. Bewerber mit Führungserfahrung haben es hier im Gespräch sehr viel leichter, als sie lediglich über Erfahrungswerte zu berichten haben, während man bei Bewerbern ohne Führungserfahrung häufig unrealistische Wunschvorstellungen vorfindet. Nicht selten lassen sich solche Bewerber aufs berühmte Glatteis führen, wenn im Vorstellungsgespräch ein Fall konstruiert wird, zu dem sie als Führungsperson eine Einschätzung geben sollen. Beispiel:

Ein Personalleiter fragte eine Bewerberin (ausgeschriebene Position: Abteilungsleiter/in Fertigung in einem Mikroelektronikbereich), die nach qualifizierter technischer Ausbildung Berufsanfängerin war, wie sie denn reagieren würde, wenn zwei oder drei Mitarbeiter permanent gegen die Unternehmensvorgaben kritisierend angehen würden. Die verblüffende Antwort war: „Ich würde versuchen, diese Leute schnellstens in die Schranken zu weisen und zur Not auch zu entlassen."

Sie merken rasch, dass hier oberflächlich versucht wurde, arbeitgeberfreundlich zu reagieren, doch war die Antwort von Unkenntnis und auch Unreife geprägt. Besser wäre es gewesen, zu sagen, dass man sich erst einmal die Kritik anhören, sie analysieren und dann versuchen wolle, die Mitarbeiter einzuschätzen, um dann zu einem Ergebnis zu kommen. Wichtig wäre natürlich auch gewesen zu sagen, dass man die Vorgesetzten in solch einem Konfliktfall einbezieht.

Der dritte Grund für einen Arbeitgeber, einen Bewerber persönlich kennen zu lernen, ist innovativer Natur. Anders gesagt: Der Arbeitgeber hat aufgrund der schriftlichen Bewerbung einen sehr guten Eindruck gewonnen und kann sich durchaus vorstellen den Bewerber zu engagieren. Ebenso gut könnte er sich aber auch für andere Bewerber mit etwa gleichen Voraussetzungen entscheiden. Nun möchte er aber wissen, wie speziell dieser oder jener Bewerber ihm für sein Unternehmen von Nutzen sein könnte oder was an besonderem Know-how und vor allem an Neuerungen er einbringt.

In diesem speziellen Fall wird das Bewerbungsgespräch in der Regel so ablaufen, dass man sich nicht lange mit den üblichen Höflichkeiten aufhält (z. B. was haben Sie bisher gemacht, warum wollen Sie sich verändern, was wissen Sie von uns?), sondern gleich zur Sache kommt und fragt, was der Bewerber kraft seiner Berufserfahrungen und Kenntnisse in einem bestimmten Bereich ändern oder anders gewichten würde. Das ist dann die große Stunde der Fachleute, die aber leicht auch zur Bewerberfalle werden kann, nämlich, wenn jemand nur von der Vergangenheit redet, statt die Chance zu erkennen, sich motivierend „zu verkaufen“ und in die Zukunft zu blicken. Für den Arbeitgeber steht in diesem Fall eines fest: Er will einen tüchtigen Mann oder eine tüchtige Frau gewinnen, der oder die bereit ist, sein spezifisches Unternehmensziel erfolgreich voranzubringen. Wer hier als Bewerber Pluspunkte sammeln will, muss sich nicht nur ausführlich auf das Vorstellungsgespräch vorbereiten, sondern sich auch mit dem Unternehmen, seinen Zielen und etwaigen Schwierigkeiten auseinandersetzen. Viele Bewerber scheuen sich, aus Angst etwas falsch zu machen, davor, auch Kritik zu üben. Das ist grundfalsch; Voraussetzung ist natürlich, dass man die Situation und die Besonderheiten des Arbeitgebers genau einzuschätzen weiß. Und schließlich kommt es darauf an bei der Entwicklung seiner Vorstellungen moderat und adressatengerecht vorzugehen. Besinnen Sie sich als Bewerber darauf, was Sie können und was Sie zu leisten gewillt sind, und bringen Sie dies mit den aus dem Bewerbungsgespräch herausgehörten Erfordernissen geschickt in Einklang.

Schließlich gibt es noch einen vierten Grund für den Arbeitgeber, Sie als Bewerber zu einem Gespräch einzuladen, der zwar nicht den gängigen Regeln der Fairness entspricht, aber häufig anzutreffen ist und deshalb angesprochen werden soll. Man möchte Sie nämlich persönlich kennen lernen, um herauszubekommen, welcher Art genau Ihre jetzige Tätigkeit ist, besonders dann, wenn Sie in einem konkurrierenden Unternehmen beschäftigt sind oder wenn Ihre Bewerbungsunterlagen durchblicken lassen, dass Sie ein gewisses Branchen-Know-how haben. Das ist so etwas wie Konkurrenzanalyse auf dem Rücken des ahnungslosen Bewerbers, um es einmal ganz deutlich zu sagen. Das Trügerische an diesen Vorstellungsgesprächen ist, dass sie ganz harmlos eingeleitet werden und Sie sich in der Sicherheit eines scheinbaren Interesses wiegen können. Meistens steht dabei fest, dass Sie als neuer Mitarbeiter keinesfalls in Betracht kommen. Der Schwerpunkt des Arbeitgeberinteresses liegt eindeutig auf Ihrem jetzigen Arbeitsgebiet, das man aushorchen möchte. Es ist zwar sehr unwahrscheinlich, dass eine Stellenanzeige nur zum Schein für teures Geld ausgegeben wurde, wie auch die meisten Arbeitgeber ehrlich jemanden als Mitarbeiter suchen und auch dankbar sind, wenn sie von der Konkurrenz einen Fachmann oder eine Fachfrau bekommen. Doch die Furcht, dass kraft bracheninterner Kontakte firmenspezifische Besonderheiten „das Haus verlassen" könnten, ist sehr ausgeprägt. Deshalb schaut man sich einen Bewerber von der Konkurrenz erstmal genau an und versucht, möglichst viele Interna herauszubekommen. Auch hier verbirgt sich eine Bewerberfalle. Denn wenn Sie als Bewerber zu viel erzählen, womöglich noch mit herber Kritik an Ihrem derzeitigen Arbeitgeber vermischt, dann setzen Sie sich dem Verdacht aus, dass Sie auch über den neuen Arbeitgeber unerwünscht freizügig reden werden. Achten Sie also darauf, wenn ein Arbeitgeber ein ausgeprägtes Interesse an Interna Ihres jetzigen Arbeitgebers zeigt, die für ein Vorstellungsgespräch unüblich sind, und erzählen Sie keine Einzelheiten.

Es sei abschließend noch einmal in Erinnerung gerufen: Im Regelfall möchte der Arbeitgeber Sie nur persönlich kennen lernen, nachdem er anhand Ihrer Unterlagen bereits weiß, wen er vor sich hat. Deshalb sollen Sie beim Vorstellungsgespräch persönlich überzeugen durch angemessenes Auftreten, mit durchdachten Gesprächsbeiträgen und – ganz wichtig – auch dadurch, dass Sie sich auf einen ganz unüblichen Gesprächsablauf einstellen.

Einladung und Formalien

Dem Vorstellungsgespräch geht eine mündliche oder schriftliche Einladung des Arbeitgebers voraus – und hier kann sich der erste Anlass zu folgenschweren Ungeschicktheiten ergeben.

Dazu sollten Sie Folgendes wissen. Der schriftlich oder telefonisch angebotene Termin ist manchmal durch aufwendige interne Abstimmung zustande

gekommen, weil man an einem Tag mehrere Bewerber kennen lernen und vergleichen möchte und/oder, weil mehrere Mitarbeiter des Unternehmens an dem Gespräch teilnehmen. Meistens werden noch ein bis zwei Ersatztermine bei der Planung vorgesehen, falls der Bewerber dienstlich nicht abkömmlich oder vielleicht im Urlaub ist.
Als Grundregel muss für Sie als Bewerber gelten:

- Nehmen Sie ein Terminangebot zum Vorstellungsgespräch immer an.

Wenn Sie sich bewerben, dann müssen Sie damit rechnen, in einem Zeitraum von ca. zwei bis maximal sechs Wochen nach dem Absenden Ihrer Bewerbung eingeladen zu werden. Wenn Sie verhindert sind, z. B. durch Urlaub, Messebesuche usw., dann teilen Sie das dem Arbeitgeber bitte bereits im Anschreiben klar und deutlich mit. Es macht keinen guten Eindruck, wenn Sie nach dem Absenden Ihrer Bewerbung Ihren großen Urlaub antreten und dann nicht auf das Terminangebot reagieren können.
Die zweite Grundregel lautet also:

- Stellen Sie sich auf ein Terminangebot zu den üblichen Bürozeiten ein.

Hierauf kann aufgrund der praktischen Erfahrungen der Personalbüros nicht oft genug hingewiesen werden. Es ehrt Sie und spricht durchaus für Ihr Pflichtbewusstsein, wenn Sie Ihre Verhinderung mit der Arbeit an einem wichtigen Projekt begründen. Aber wie gesagt, wenn Sie ernsthaft an einem beruflichen Wechsel interessiert sind, dann *müssen* Sie das auch durch Annahme eines Einladungstermins unter Beweis stellen. Es zeugt in aller Regel auch von Unhöflichkeit, wenn man versucht, dem Arbeitgeber Termine vorzuschreiben. Das folgende Beispiel verdeutlicht dies:

Ein junger Bewerber, 30 Jahre alt, Bewerbungsposition Verkaufssachbearbeiter, wurde von einem Unternehmen sehr gut eingeschätzt, deshalb bot man ihm einen Vorstellungstermin (um den er übrigens im Anschreiben uneingeschränkt auch gebeten hatte!) an, und zwar mit rund 10-tägiger Vorlaufzeit für Dienstag, den 28. März 2002, 10.30 Uhr. Der Bewerber rief bei dem Unternehmen an, und es entspann sich folgender Dialog:
Bewerber (B): Guten Tag, hier ist Neumann, ich wollte gern den Termin am 28. 3.2002 bestätigen.
Personalsekretärin (P): Ja, um welche Position geht es denn bitte.
B: Im Verkauf.
P: Entschuldigen Sie bitte, aber wir haben im Verkauf zwei Positionen ausgeschrieben, die des Verkaufsleiters und die eines Sachbearbeiters; für welche haben Sie sich denn beworben?

B: Für den Sachbearbeiter, aber an der anderen bin ich auch interessiert, das wusste ich gar nicht, was muss man denn da für Voraussetzungen mitbringen?
P: Lassen Sie uns bitte erst mal beim Termin bleiben, ich habe inzwischen die Vorlage vor mir, 28. März, 10.30 Uhr, passt Ihnen der Termin?
B: Eigentlich nicht, weil ich ja tagsüber arbeite, am liebsten wäre mir ein Termin vor 9.00 Uhr oder nach 18.00 Uhr.
P: Das wird sicher kaum gehen, Sie werden drei Gesprächspartner haben, die kann ich nicht so schnell auf einen neuen, gemeinsamen Termin bringen. Vielleicht könnten Sie sich einen Tag frei nehmen.
B: Um Gottes willen, wo denken Sie hin, im März haben wir immer Sonderpräsentationen, da kriege ich unmöglich frei. Aber warten Sie mal, vielleicht ginge 12.30 Uhr, da habe ich eine halbe Stunde MIttagspause, das könnte irgendwie gehen.
P: Ich denke, dass wir für das Gespräch gut eine Stunde brauchen, bei guten Bewerbern manchmal auch länger.
B: Waaas? Eine ganze Stunde?
P: Ja, das ist bei uns so üblich, wir nehmen uns sehr viel Zeit für Bewerbungsgespräche. Also soll ich den Termin jetzt festhalten oder ihn erst mal streichen?
B: Dann streichen Sie mal, ich melde mich wieder, so Anfang April.

Dieses Gespräch hat tatsächlich stattgefunden und ist kein Einzelfall. Natürlich wurde aus der Bewerbung nichts, das Unternehmen sagte ab. Abgesehen davon ist auch die Bemerkung, eventuell auch an der zweiten ausgeschriebenen Position Interesse zu haben, fehl am Platze. Wenn man Interesse hat, muss man sich gezielt bewerben.
Die Tatsache, dass viele Bewerber ihre Arbeit nicht unterbrechen wollen, trifft man sehr häufig an. Doch wenn der Wille zum Berufswechsel wirklich ernst ist, dann muss man einfach dazu stehen, es kann nicht oft genug gesagt werden. Langatmige Terminklaubereien am Telefon sind peinlich, manchmal unhöflich und vor allem auf gar keinen Fall ein positives Zeichen für den Bewerber. Überlegen Sie bitte auch, dass eine Einladung immer die von Ihnen gewünschte Chance für einen Berufswechsel darstellt. Noch unhöflicher ist es einen eventuell mühsam gefundenen Termin kurz vor dem Gespräch abzusagen; fast immer ist Ihnen dann die Absage sicher, es sei denn, Sie haben einen wirklich triftigen Grund für die Absage, z.B. Krankheit, eine plötzliche Dienstreise oder einen unaufschiebbaren Gerichtstermin.
Übrigens sei bereits in diesem Zusammenhang auf eine Bewerberfalle im Vorstellungsgespräch hingewiesen. Manchmal verabschiedet sich der Personalchef mit der Bemerkung: „Müssen Sie denn heute noch arbeiten, oder haben Sie

sich frei genommen?“ Wenn Sie noch zur Arbeit gehen wollen, spricht das eher für Ihr Pflichtbewusstsein. Schon mancher ist aber auf diese Frage hereingefallen und hat zu erkennen gegeben, dass er die Chance ergreift und den Rest des Tages privat nutzt.
Bei den Terminierungen muss man natürlich auch die Position und vor allem auch etwaige Entfernungen in Betracht ziehen. Bei sehr qualifizierten Positionen ist der Arbeitgeber eher geneigt, seinerseits flexibel auf Terminwünsche einzugehen, da er den Bewerber ja für sich gewinnen will. Manchmal werden auch auf Messen, in Hotels oder auf Dienstreisen Termine vereinbart, die ein rasches Kennenlernen ermöglichen. Wenn Sie sich in andere Orte oder gar ins Ausland bewerben, dann müssen Sie immer mit mindestens einem Tag Zeitaufwand rechnen.
Leicht übersehen werden oft auch einige Formalia. Wenn z. B. in dem Einladungsschreiben des Arbeitgebers steht, dass Sie den Termin bestätigen möchten, dann tun Sie das bitte auch. Bestätigen sollten Sie aus Höflichkeit auch dann, wenn es nicht ausdrücklich erbeten wurde. Erkundigen Sie sich bei der Bestätigung auch, wie Sie die Firma am besten mit dem Auto oder mit dem öffentlichen Verkehrsmittel erreichen können, soweit das nicht bekannt ist. Lesen Sie auch genau, wo Sie sich als Bewerber einfinden sollen. Wenn im Brief steht: „Wir bitten Sie, sich am 28.3.2002, um 10.30 Uhr, in unserem Konferenzraum B, im Westflügel unseres Hauses, Eingang Werderstraße 45, einzufinden“, dann sollten Sie nicht am Haupteingang erscheinen und nach der Personalabteilung fragen. Planen Sie bitte immer auch genügend Zeit ein, um rechtzeitig zum Termin zu erscheinen.

Reisekosten

Zur Vorbereitung eines Vorstellungsgespräches gehören auch Überlegungen zu den Reisekosten. Das ist besonders dann der Fall, wenn Sie sich in einer anderen Stadt oder gar im Ausland beworben haben. Auch hier gibt es eine Grundregel:

- Reisen Sie niemals zu einem Bewerbungsgespräch, bevor die Reisekostenfrage geregelt ist.

Natürlich gibt es viele Bewerber, die für eine neue Tätigkeit buchstäblich alles tun und denen es daher egal ist, ob der einladende Arbeitgeber die Reisekosten bezahlt oder sie selbst. Sehr oft gibt es aber auch Missverständnisse, z. B. wenn Sie sich von Hannover aus nach Frankfurt bewerben, nichts über Reisekosten

in der Einladung steht, sie dann das Flugzeug benutzen, der Arbeitgeber Ihnen aber nur den Bundesbahntarif vergüten will.
Viele große Firmen haben interne Reisekostenordnungen, nach denen positionsbezogen bestimmte Beförderungsmittel und bestimmte Klassen vergütet werden. Nach diesen Regularien erfolgen meistens auch die Abrechnungen der bewerbungsbedingten Reisekosten. Wer sich z. B. als Abteilungsleiter bewirbt, dem wird sehr wahrscheinlich der Bahn-Tarif 1. Klasse vergütet, während der Bewerber auf eine Sachbearbeiterposition nur die 2. Klasse abrechnen darf. Flugkosten sind meistens genehmigungspflichtig.
Achten Sie deshalb genau darauf, ob in Ihrem Einladungsschreiben etwas über die Reisekosten steht. Ist das nicht der Fall, dann erkundigen Sie sich bitte, am besten in Verbindung mit der Terminbestätigung. Wenn man Ihnen eine Flugreise zusagt, dann lassen Sie sich das bitte kurz per Fax oder per Brief betätigen, besonders dann, wenn Sie ins Ausland reisen. Viele Arbeitgeber terminieren so, dass die auswärtigen Bewerber an einem Tag an- und abreisen können. Wird aber für einen Bewerber aus Hamburg in München ein Termin um 18.00 Uhr festgesetzt, dann stellt sich die berechtigte Frage nach einer Hotelübernachtung, falls man den letzten Flieger nicht mehr erreicht.
In der Praxis erlebt man oft nach Bewerbungsgesprächen, dass regelrechte Rechnungen der Bewerber eingehen, nicht selten unter Bezug auf gesetzliche Vorschriften. In der Tat hat ein einladendes Unternehmen die für das Bewerbungsgesprach notwendigen Aufwendungen des Bewerbers zu erstatten. Rechtsgrundlage dafür ist § 670 BGB. Doch damit ist – auch vor dem Hintergrund der oben genannten internen Reisekostenrichtlinien – keineswegs ein Freibrief für alle Kosten gegeben. Dazu ein Beispiel:

> Bei einem Bewerbungsgespräch wurden Reisekosten nicht angesprochen. Ein Bewerber, der mit dem Flugzeug von Berlin nach Hannover flog, präsentierte dem Arbeitgeber die Flugkosten, die Kosten für einen Urlaubstag, seine Restaurantrechnung und die Taxikosten für den Transfer. Der Arbeitgeber entgegnete, dass der Intercity der Bahn nicht nur schneller, sondern auch billiger gewesen wäre, er könne nur den DB-Tarif erstatten, die Taxikosten würde man übernehmen, aber für Bewirtung und entgangenen Urlaub könne man nicht aufkommen.
> Der Bewerber akzeptierte, doch hinterließ er mit dieser massiven Forderung keinen guten Eindruck.

Das Beispiel hatte übrigens noch eine für den Arbeitgeber interessante Folge. Der Bewerber hatte nämlich im Vorstellungsgespräch bei der Frage nach dem derzeitigen Gehalt eine Summe angegeben, die im Hinblick auf die Kosten für den Urlaubstag nicht korrekt sein konnte. Anders gesagt, seine Forderung

nach dem Urlaubstag hat verraten, dass er bei der Angabe seines jetzigen Gehaltes maßlos übertrieben hatte.
Schließlich sei noch auf eine Bewerberfalle eingegangen, die in der Praxis sehr oft vorkommt. Es geht darum, dass viele Bewerber, die sich auswärtig bewerben, die vom Arbeitgeber bezahlten Reisen auch privat nutzen. Dazu ein Beispiel:

Eine aus Kassel nach Hamburg eingeladene Bewerberin hatte die Reisekostenzusage wahlweise für DB-Tarif 1. Klasse oder km-Geld. Sie fuhr mit dem Auto und nahm ihren Freund mit. Nach dem – im übrigen recht erfolgreichen – Bewerbungsgespräch fragte der Personalchef die Bewerberin neugierig, aber nicht ohne Hintergedanken, ob sie denn jetzt noch (es war inzwischen 18.00 Uhr geworden) nach Hause fahren würde. Sie verneinte das und meinte, dass sie sich mit ihrem Freund noch ein wenig das Hamburger Nachtleben ansehen und dann morgen zurückfahren wolle. Der Arbeitgeber muss hier den Eindruck gewonnen haben eine Privatreise finanziert zu haben.

Es ist sicher nichts dagegen einzuwenden, z. B. die verbleibende Zeit nach dem Ende des Bewerbungsgespräches bis zum Abflug zu nutzen, um noch ein paar private Eindrücke zu sammeln. Nur sollten Sie dann für sich behalten, was Sie machen. Wenn deutlich wird, dass Sie private und berufliche Dinge verquicken, macht das keinen guten Eindruck.

Warten im Sekretariat

Sie kennen die Situation: Sie melden sich als Bewerber beim Pförtner des Unternehmens, für das Sie sich beworben haben, werden abgeholt und müssen dann geraume Zeit im Sekretariat des Personalchefs oder Geschäftsführers warten. Solche Wartezeiten zehren nicht selten an den Kräften der Bewerber; sie werden nervös, sind unsicher und lassen sich oftmals auch aus der Langeweile heraus auf Gespräche mit der Sekretärin ein. Dabei passieren dann oftmals ganz entscheidende Bewerberfehler. Dazu ein Beispiel:

Eine junge Frau, 28 Jahre alt, bewarb sich in einem Bauunternehmen als Sekretärin. Ihre Unterlagen waren recht ansprechend, so lud man sie zu einem Gespräch ein. Weil der Personalchef in einer dringenden Sache verhindert war, musste sie in dessen Sekretariat einige Zeit warten. Die

Sekretärin bot ihr einen Kaffee an und legte ihr einige Zeitungen zu lesen hin. Nach kurzer Zeit jedoch kamen die beiden ins Gespräch, und die Bewerberin fragte danach, wie denn der Chef so sei. Im weiteren Verlaufe dieses Gespräches ließ sich die Bewerberin zu ihrem Werdegang aus und beklagte sich über Missstände in ihrer jetzigen Firma. Sie sei extra krank geworden, weil ihr Chef sie schlecht behandelt habe und außerdem ein Verhältnis mit einer Buchhalterin habe usw.

Man sollte die Macht der Sekretärinnen, besonders in einer Personalabteilung oder der Geschäftsführung, nicht unterschätzen. Im vorliegenden Fall wurden die Infos natürlich an den Personalchef weitergegeben, der dann kein großes Interesse mehr an der Bewerberin hatte. Solche Fälle sind nicht selten. Da ist der männliche Eroberer-Typ, der meint, bei der Sekretärin mit markigen Sprüchen Eindruck zu machen, da ist als Gegensatz der schüchterne Bewerber, der kein Wort sagt, und da ist die aufgeregte Bewerberin, die um einen Cognac bittet. Das alles sind Erfahrungen aus der Praxis. In einem Fall versuchte ein Bewerber sogar die Wartezeit zu nutzen, indem er der Sekretärin reichlich plump den Hof machte.
Festzuhalten bleibt Folgendes: Wenn Sie als Bewerber in einem Sekretariat warten müssen, dann verhalten Sie sich bitte gelassen und der Situation angemessen. Lassen Sie sich nicht auf Gespräche mit der Sekretärin ein, und wenn, dann denken Sie daran, dass alles an den Chef weitergegeben wird. Nehmen Sie einen Kaffee oder ein Wasser an, niemals aber alkoholische Getränke. Und rauchen Sie nach Möglichkeit nicht und wenn, dann nur nach Anfrage, ob es erlaubt sei. Bedenken Sie, dass das Rauchen am Arbeitsplatz ein Auswahlkriterium für den Arbeitgeber sein könnte.

Muss man sich vorbereiten?

Es wurde schon mehrfach darauf hingewiesen, wie wichtig es ist, sich gründlich auf das Vorstellungsgespräch vorzubereiten. Darauf soll jetzt ausführlich eingegangen werden.
Spezielle Vorbereitungen können Sie im Regelfall gar nicht treffen, weil Sie weder Ihre Gesprächspartner kennen noch den genauen Gesprächsablauf. Die generelle Vorbereitung hingegen betrifft die Erarbeitung der Rahmenbedingungen und die innere Einstellung auf bestimmte Situationen. Auf diese Weise verschaffen Sie sich selbst eine gewisse Sicherheit. Zunächst einmal müssen Sie vermeiden, sich einen ganz bestimmten Situationsablauf vorzustellen und

diesen etwa in Gedanken „einzuüben". Es gibt unzählige Möglichkeiten für die Einleitung eines Gesprächs wie für seinen Ablauf. Wenn Sie sich also darauf einstellen, dass *eine* Situation von *vielen* möglichen Sie erwartet, sich also innerlich nicht festgelegt haben, bewahren Sie sich die Freiheit, flexibel zu reagieren.

Diese Flexibilität und innere Sicherheit ist am besten dann gewährleistet, wenn man seine eigenen Vorstellungen und Ansprüche fest umrissen im Kopf hat, sich also so etwas wie ein bewerberspezifisches Selbstbewusstsein aufgebaut hat. Unnötigerweise lassen sich viele Bewerber in die Defensive drängen. Personalleiter sehen immer wieder selbst hochqualifizierte Kandidaten blass und zitternd im Vorzimmer sitzen und beobachten mit Erstaunen, wie es ihnen nur mühsam gelingt, ihrer Nervosität und ihrer Hemmungen Herr zu werden.

Dabei kann es so einfach sein: Der Arbeitgeber sucht einen neuen Mitarbeiter; Sie hat man eingeladen, weil Sie das zu bieten haben, was man sucht. Damit haben Sie schon viel erreicht. Umgekehrt streben Sie einen Wechsel an und haben allen Grund, sich für den neuen Arbeitgeber zu interessieren. Nun kommt es nur noch darauf an, diese beiden Faktoren so zur Deckung zu bringen, dass daraus für beide Seiten ein Erfolg wird. Der Arbeitgeber hat einen neuen fähigen Mitarbeiter gewonnen und Sie haben einen neuen attraktiven Arbeitsplatz gefunden.

Wenn man die Dinge so nüchtern betrachtet, bleibt absolut kein Raum für irgendwelche Ängste vor einem Vorstellungsgespräch.

Geben Sie sich auf natürliche Weise selbstsicher. Stellen Sie ruhig und bestimmt die Fragen, auf die es Ihnen ankommt.

Sie sollten wissen, was Sie wissen wollen! Im Wesentlichen kann es für Sie nur um vier wichtige Themenkomplexe gehen:

- Genaue Beschreibung des Arbeitsgebietes
- Gehalt
- Etwaige Zusatz- oder Sonderleistungen des Arbeitgebers
- Eintrittstermin

Sie kennen Ihre jetzige Position, Ihr derzeitiges Gehalt, die Leistungen Ihres Arbeitgebers und Ihre Kündigungsfristen. Das ist die Basis, von der aus Sie sich verändern oder verbessern wollen.

Vermeiden Sie es, die Fragen schriftlich vorzubereiten, im Gespräch die Antworten zu notieren – obwohl dieser Vorschlag oft gemacht wird. Man muss von einem berufserfahrenen Menschen erwarten dürfen, dass er die vier oben genannten Themenkomplexe im Kopf hat. Das Abfragen nach einem vorbereiteten Katalog wirkt eher peinlich, denn es werden tatsächlich immer wieder absolut nebensächliche Dinge gefragt wie z. B., ob die Firma einen Unterstellplatz für Fahrräder habe.

Ganz abgesehen davon wird oft übersehen, dass es beim ersten Vorstellungsgespräch um ein allgemeines Kennenlernen, einen ersten Informationsaustausch geht. Erst beim zweiten Gespräch werden Fragen zum Arbeitsgebiet und zu den vertraglichen Konditionen vertieft.
Folgendes Beispiel mag die Situation erläutern:

In einem Verlag bewarb sich ein ausgebildeter Gymnasiallehrer mit sehr guten Zeugnisnoten und verlagsbezogener Berufserfahrung auf die Position eines Fachredakteurs. Stellenbeschreibung, Gehalt, Eintrittstermin und einige Besonderheiten beim Arbeitgeber waren bereits angesprochen bzw. diskutiert worden, als der Bewerber einen Fragebogen aus der Tasche zog, der mit „Meine Fragen an den X-Verlag" übertitelt war. In diesem Fragebogen stand unter anderem:
Wie viel Urlaub habe ich zu bekommen?
Kann ich im Verlag essen?
Wird mir ein PC gestellt?
Wann beginnt mein Dienst?
Wie lang ist die Mittagspause?
Muss ich auch am Wochenende arbeiten?
Wie oft muss ich verreisen?
Was werde ich verdienen?
Habe ich ein eigenes Telefon?
Der Personalleiter kürzte die Fragen bereits nach kurzer Zeit ab mit dem Hinweis, Einzelheiten würde man gern dem zweiten Gespräch vorbehalten. Es kam dann zu einer recht peinlichen Beendigung des Gespräches. Allein durch diese überflüssige und unsachgemäß-naive Fragerei brachte sich der ansonsten gute Bewerber um den Job und bekam eine Absage.

Wenn Sie dagegen die oben genannten vier Themenkomplexe stets gegenwärtig haben, dann sind Sie frei für eine echte Unterhaltung und beweisen dem Arbeitgeber geistige Beweglichkeit und Sinn für das Wesentliche. So sind Sie in der Lage, sich auf Ihre Gesprächspartner zu konzentrieren, sie zu beobachten und auf Fragen oder auch Gegenargumente zu reagieren.
Dennoch können Sie Ihre Position dadurch verbessern, dass Sie sich auf drei weitere mögliche Gesprächsthemen vorbereiten:

- Kenntnisse über das Unternehmen
- Kenntnisse über die Gesprächspartner
- Kenntnisse über die konkrete Position

Kenntnisse über das Unternehmen

Wenn Sie sich bei einer bestimmten Firma bewerben, sollte man annehmen, dass Sie auch wissen, was die Firma produziert, welche Dienstleistungen sie erbringt oder welchen Stellenwert sie in der Branche oder in der Region hat. Das Thema wurde schon mehrmals angesprochen, hier soll es vertieft werden. Meistens ergeben sich aus den Stellenanzeigen klare Hinweise zu den Unternehmenszielen, zum Stellenwert des Unternehmens und auch weitere Besonderheiten, die Sie vertiefen können. Beispiel:

> Wir sind ein international tätiges Unternehmen im Bereich Holzbau mit starker Expansion. In einigen Segmenten sind wir anerkannter Marktführer. Unser Hauptsitz ist in Köln, in mehreren Ländern haben wir Niederlassungen und verfügen über ein sehr gutes Vertriebsnetz. Unseren Erfolg verdanken wir dem engagierten Einsatz unserer Mitarbeiter. Im Zuge des Ausbaus des Vertriebsnetzes in Frankreich und Belgien suchen wir ...

Aus diesem Text erkennen Sie eine ganze Menge an Fakten. Sie kennen zunächst die Branche und können sich zur Vorbereitung des Bewerbungsgespräches mit den entsprechenden Besonderheiten vertraut machen, z. B. mit Absatzproblemen oder strukturellen Problemen. Sie wissen ferner, dass das Unternehmen international tätig und in bestimmten Segmenten (die es zu erfragen gilt) Marktführer ist. Sie könnten deshalb z. B. prüfen, welche Holzbaufirmen es noch gibt und wie die generelle Unternehmens- bzw. Konkurrenzsituation aussieht. Sehr positiv ist die Aussage, dass der Erfolg dem Einsatz der Mitarbeiter zu verdanken ist. Das mag ein Indiz dafür sein, dass man für die Mitarbeiter auch entsprechend viel tut und sie leistungsgerecht bezahlt.

Neben solchen Hinweisen können Sie sich Unternehmenskenntnisse durch Fachzeitschriften, Auskünfte bei den örtlichen Industrie- und Handelskammern oder auch durch spezielle Publikationen verschaffen. Das renommierte Handbuch der Großunternehmen (des Darmstädter Verlages Hoppenstedt) z. B. enthält wichtige Angaben zu Unternehmenszielen, zu Beschäftigtenzahlen, Umsatzgrößen, Beteiligungsverhältnissen und Geschäftsführern oder Vorstandsmitgliedern. Auch wenn Sie regelmäßig z. B. die Wirtschaftswoche oder das Handelsblatt lesen, werden Sie hinreichend Informationen zu Firmen und deren Besonderheiten bekommen. Brancheninterne Bewerber haben es natürlich leichter, insofern als ihnen alles Wissenswerte zugänglich ist und man innerhalb der Branche andere Unternehmen/Arbeitgeber hinreichend kennt und sich vielleicht auch deshalb sehr gezielt dort bewirbt.

Wenn Sie sich in kleineren Unternehmen oder Firmen bewerben, über die man in den oben genannten Publikationen nichts findet, sollten Sie sich kundig machen, mit welchem Arbeitgeber Sie es zu tun haben. So könnten Sie z. B. bei der Berufsberatung des Arbeitsamtes nachfragen oder sich an berufsständische Einrichtungen (Innungen z. B.) wenden. Wenn Sie sich z. B. in einem Hotel bewerben, können Sie den Stellenwert des Hotels und das konkurrierende Umfeld in der Stadt rasch selbst herausfinden, indem Sie einfach das Branchentelefonbuch zur Hand nehmen, das Hotelangebot in der Stadt in Augenschein nehmen und Vergleiche anstellen oder sich an den entsprechenden Berufsverband (hier: Hotel- und Gaststättengewerbe) wenden. Bewerben Sie sich als Reno-Gehilfin in einer Anwaltskanzlei, so können Ihnen die Erfahrungen Ihrer Mitschülerinnen aus der Berufsschule weiterhelfen oder Auskünfte der zuständigen Rechtsanwaltskammer.
Merken Sie sich bitte: Nichts ist fataler, als wenn Sie im Bewerbungsgespräch eingestehen müssen, dass Sie über den Arbeitgeber nicht informiert sind. Machen Sie sich also vorher gründlich kundig, zumal wenn Sie sich ganz gezielt bei einer bestimmten Firma bewerben; dann setzt man nämlich voraus, dass Sie die Firma kennen und Interesse an ihr haben.

Kenntnisse über die Gesprächspartner

Wenn oben gesagt wurde, dass man sich nicht gezielt auf Gesprächspartner vorbereiten kann, dann ist damit gemeint, dass man nicht wissen kann, mit welcher Persönlichkeit man es beim Gespräch zu tun hat. Das bedeutet aber nicht, dass man sich nicht vorbereiten kann. Es sollte Ihnen schon wichtig sein, vorweg zu erfahren, ob Sie ein, zwei oder mehrere Gesprächspartner haben werden. Denn dann lässt sich im Vorfeld eine Gesprächsstrategie entwickeln. Wenn Sie nur den Personalchef als Gesprächspartner haben, können Sie sich auf ein reines Zweiergespräch einrichten. Lassen Sie sich jedoch nicht dazu verleiten, anzunehmen, dies könnte einfacher sein als ein Gespräch mit mehreren Teilnehmern. Wenn Sie wissen, dass am Vorstellungsgespräch z. B. der Personalleiter, die Abteilungsleiterin und vielleicht auch noch der Gruppenleiter teilnehmen werden, dann können Sie davon ausgehen, dass Sie sich nicht nur auf unterschiedliche Persönlichkeiten, sondern auch auf sehr spezielle Fragenkomplexe einzustellen haben. Während der Personalleiter vielleicht mehr den arbeitsrechtlichen Teil (Vertragskonditionen) im Auge haben wird, wird die Abteilungsleiterin ihr Hauptgesprächsinteresse darauf lenken, ob Sie persönlich in ihre Mannschaft passen, und der Gruppenleiter schließlich wird wissen wollen, was Sie konkret an Fachkenntnissen mitbringen.
Das bedeutet, dass Sie sich als Bewerber auf drei Erwartungshaltungen vorbereiten sollten.

Es ist aber in der Praxis nicht immer so, dass von mehreren Gesprächspartnern im Vorstellungsgespräch alle „gleichgewichtig“ sind. Es kann durchaus sein, um beim Beispielsfall zu bleiben, dass der Personalleiter Hauptgesprächspartner ist und die beiden anderen lediglich zuhören und sich eine Meinung bilden. Ebenso gut kann es sein, dass der Personalleiter eher so etwas wie ein Moderator ist und die Abteilungsleiterin das Gespräch führt. Natürlich kann man auch nicht vor Überraschungen sicher sein, wie nachfolgendes Beispiel zeigt:

> Eine junge Frau bewarb sich in einem mittleren Unternehmen (GmbH) in Hamburg als Debitorenbuchhalterin. Der Personalleiter lud sie zu einem Bewerbungsgespräch ein. Als die Bewerberin den Termin telefonisch bestätigte, fragte sie danach, wer denn ihre Gesprächspartner sein würden. Die Sekretärin erwiderte, dass dies der Personalleiter und der Leiter des Finanzwesens sein würden. Als die Bewerberin dann zum Termin kam, wurde sie ins Büro des Geschäftsführers gebeten, was sie völlig irritierte und zu der Annahme verleitete, es könne sich hier um eine leitende Position handeln. Der Geschäftsführer erklärte ihr, dass die beiden Herren durch einen bedauerlichen Umstand (Schneetreiben) auf dem Frankfurter Flughafen festsäßen und er jetzt das Gespräch führen würde, damit die Bewerberin nicht vergebens gekommen sei, außerdem sei er selbst früher mal Leiter des Finanzwesens gewesen, sie hätte also einen kompetenten Ansprechpartner. Die Bewerberin indes konnte mit dieser für sie nicht geahnten Situation kaum umgehen und verhielt sich über das ganze Gespräch hinweg nervös. Ihre Chance, gerade beim Geschäftsführer ihre Kenntnisse und Fähigkeiten im buchhalterischen Bereich unter Beweis zu stellen, sah sie nicht. Als die beiden Herren dann endlich von der Dienstreise zurückkamen, fragten sie den Geschäftsführer nach dem Bewerbungstermin mit der Dame, und er sagte wörtlich Folgendes: „Im Prinzip hat sie keinen schlechten Eindruck gemacht, dachte aber wohl, weil sie bei mir saß, die Position wäre eine leitende. Jedenfalls war sie sehr nervös und unsicher. Das können wir eigentlich gerade im Finanzwesen nicht gebrauchen. Sehen Sie sich die Dame noch mal an, aber begeistert bin ich nicht." Es kam dann tatsächlich zu einem zweiten Gespräch, das aber mit einer Absage endete.

Die Bewerberin hatte die Chance verspielt, sich beim Geschäftsführer positiv ins Bild zu setzen. Und das allein deswegen, weil sie mit zwei anderen Gesprächspartnern gerechnet hatte und nicht flexibel genug war, *die* Chance, die ihr unter normalen Umständen nicht geboten worden wäre, wahrzunehmen. Worauf es hier ankommt, ist Folgendes: Sie sollten versuchen herauszubekommen, wer Ihnen beim Bewerbungsgespräch gegenübersitzt. Darauf

sollten Sie sich innerlich einstellen. Sie sollten ferner so flexibel sein, sich auch auf Veränderungen bei den Gesprächsteilnehmern einzustellen und diesbezüglich Chancen zu nutzen.
Sie werden nun fragen, wie Sie herausbekommen, wer Ihre Gesprächspartner beim Bewerbungsgespräch sein werden. Wie im Beispielsfall bereits dargestellt, kann man das recht geschickt machen, wenn man den Bewerbungstermin telefonisch bestätigt. Fragen Sie bei dieser Gelegenheit höflich an, wer voraussichtlich Ihre Gesprächsteilnehmer sein werden. Diese Frage nimmt Ihnen niemand übel, im Gegenteil, Sie bezeugen damit Interesse. Was Sie natürlich nicht machen sollten, ist, sich zu erkundigen, wie denn Ihre Gesprächspartner als solche sind. Das wird Ihnen die Sekretärin sicher kaum sagen. Manchmal hilft auch ein Blick auf die Homepage des Unternehmens, dort könnten Führungskräfte mit Foto und Funktion verzeichnet sein.

Kenntnisse über die ausgeschriebene Position

Zur Vorbereitung eines Bewerbungsgespräches gehört auch, dass man sich über die konkrete Position Gedanken macht, auf die man sich bewirbt; denn das wird vom Arbeitgeber erwartet. Anders gesagt: Der Bewerber sollte genau wissen, worauf es dem Arbeitgeber ankommt. Dazu ein Beispiel:

> Ein Vertriebssachbearbeiter bewarb sich bei einem Pharmaunternehmen als Außendienstmitarbeiter. Die Bewerbung klang interessant, man lud ihn zum Gespräch ein. Auf die Frage des Marketingleiters, ob er denn eine Vorstellung davon habe, was ihn im Außendienst der Firma erwarte, sagte der Bewerber: „Ich kann mir das schon so ungefähr vorstellen, ich muss verkaufen, das ist klar. Aber was sonst noch ist, nee, da müssen Sie mir auf die Sprünge helfen, wie soll ich das auch wissen; ich weiß ja gar nicht, was bei Ihnen so Sache ist."

So sollte es nicht sein. Anhaltspunkte zu der Position, für die Sie sich bewerben, bekommen Sie in aller Regel aus der Stellenanzeige. Wenn Ihnen diese Angaben nicht ausreichen, können Sie beim Arbeitgeber anrufen und in geeigneter Form erfragen, was Sie vor Ihrer schriftlichen Bewerbung oder auch vor dem Vorstellungsgespräch gern noch wissen möchten. Die Betonung liegt dabei auf „in geeigneter Form". Denn nicht selten rufen Bewerber beim Arbeitgeber an und fragen: „Sagen Sie mal, was muss ich denn eigentlich ganz konkret machen?" Das zeugt von Unerfahrenheit, nicht selten auch von Unhöflichkeit. Am besten ist es, wenn Sie sich vor einer schriftlichen Bewerbung erkundigen. So können Sie z. B. am Telefon sagen, dass Sie die ausgeschriebene Position interessiert, Sie aber noch einige Angaben erbitten

möchten, die in der Stellenanzeige nicht angesprochen worden sind. Ansonsten gilt die Regel, dass man im Bewerbungsgespräch selbst Gelegenheit hat und diese auch wahrnehmen sollte, die konkrete Position zu hinterfragen.
Sehr häufig erlebt man in der Praxis, dass Bewerber auf Stellenanzeigen anrufen und dann fragen, ob es Sinn hat, sich zu bewerben, weil sie nicht alle Konditionen erfüllen. Solche Anrufe haben wenig Zweck, denn zum einen sind in der Regel in der Stellenanzeige die Aufgaben klar umrissen; wenn man diese nicht erfüllt, erübrigt sich eine Bewerbung. Zum anderen werden die Personalleiter kaum geneigt sein, sich langatmig mit Bewerbern zu unterhalten, die die Konditionen nicht erfüllen, dafür aber uninteressante Varianten anbieten.
Wenn Sie sich für Positionen bewerben, die Sie bislang noch nicht ausgeübt haben, können Sie sich darüber hinaus auch bei den zuständigen Arbeitsämtern oder berufsständischen Einrichtungen nach den Spezifika der Berufsbilder erkundigen.
Die Besonderheiten der ausgeschriebenen Position erfahren Sie, wie gesagt, im Bewerbungsgespräch. Richten Sie aber bitte Ihr Augenmerk auch darauf, ob es sich dabei um eine Ersatzeinstellung handelt oder um eine Zusatzeinstellung. Wenn es sich nämlich um eine Ersatzeinstellung handelt, müssen Sie sich darauf einstellen, mit dem Vorgänger oder der Vorgängerin verglichen zu werden. Handelt es sich um eine Zusatzeinstellung, dann haben Sie die Chance, Ihre Persönlichkeit unbeeinflusst einzubringen. Hier sind Ihr bisheriges berufliches Können, Ihr Know-how, aber auch Ihre Ideen gefragt, wie die Position am besten auszufüllen ist. Wenn sich in der Stellenanzeige keine Angaben darüber finden, ob es sich um eine Ersatz- oder eine Zusatzeinstellung handelt, dann können Sie das ohne weiteres beim Arbeitgeber telefonisch zur Vorbereitung auf das Bewerbungsgespräch erfragen.

Kleidung des Bewerbers oder der Bewerberin

Zur Vorbereitung eines Vorstellungsgespräches gehört es auch sich mit Kleidungsfragen auseinanderzusetzen. Auch das wird immer wieder übersehen. Nichts ist schlimmer, als wenn ein Bewerber in legerer, wenn nicht gar in ungepflegter Aufmachung zu dem Gespräch erscheint. Es gibt keine Vorschriften, in welcher Form man zum Bewerbungsgespräch zu erscheinen hat, aber zwei „ungeschriebene Gesetze“:

- Kleiden Sie sich natürlich und vermeiden Sie eine übertriebene Aufmachung
- Beachten Sie bei Ihrer Kleidung die positionsbezogenen Erfordernisse

Grundsätzlich gilt Folgendes: Kleiden Sie sich so, wie Sie es auch sonst für ein offizielles Gespräch halten würden, und vermeiden Sie übertriebene Auf-

machungen. Das gilt für Frauen wie für Männer gleichermaßen. Frauen neigen eher dazu, sich so zu kleiden, dass ihre weiblichen Reize zum Vorschein kommen. Die sind für eine berufliche Position aber nicht von Interesse. Gefragt sind Fachkenntnisse, Firmeninteresse und Einsatzbereitschaft.
Denken Sie bei der Kleidung stets auch daran, für welche Position Sie sich bewerben. Handelt es sich um eine kundenorientierte Position oder um eine Außendiensttätigkeit, dann sollten Sie schon adrett und gepflegt zum Bewerbungsgespräch erscheinen. Wenn Sie sich hingegen als Pförtner oder Kfz-Mechaniker bewerben, nimmt es Ihnen niemand übel, wenn Sie im Rollkragenpullover und mit Jeans erscheinen. Unhöflich, wenn nicht gar bewerbungsschädlich ist es, wenn Sie sich als Verkaufsrepräsentant beworben haben und im Sommer in kurzer Hose und mit T-Shirt ankommen.

Personalfragebogen

Der Personalfragebogen ist eine wichtige, von den Bewerbern oft unterschätzte Unterlage für das Vorstellungsgespräch. Natürlich haben nicht alle Arbeitgeber vorgedruckte Personalfragebogen, aber es sind durchaus nicht immer nur die großen Unternehmen, die dem Bewerber einen Fragebogen mit gezielt firmenbezogenen Fragen in die Hand drücken. In mittleren oder kleinen Unternehmen sind eher die allgemeiner gehaltenen Fragebogen üblich, die vorgefertigt zu beziehen sind.
Zunächst werden Sie sich fragen, welchen Sinn solch ein Fragebogen überhaupt hat, wenn doch bereits in der Bewerbung schon alles enthalten ist. Es gibt zwei wichtige Gründe. Zum einen hofft der Arbeitgeber durch spezielle Fragestellungen mehr zu Ihrer Person zu erfahren und zum anderen möchte er anhand der von ihm vorgegebenen Fragen einen Eindruck von Ihnen gewinnen. Anders gesagt, die Angaben im tabellarischen Lebenslauf reichen ihm nicht aus, er will ein spezielles, auf die Firma bezogenes Bild von Ihnen haben, kein allgemeines.
Wenn Sie einen Personalfragebogen erhalten, dann sollten Sie ihn auch stets ausfüllen, und zwar vollständig und lückenlos.
Von diesem Prinzip können Sie nur Abstand nehmen, wenn Sie bereits eine sehr ausführliche Bewerbung schriftlich vorgelegt haben und dann z. B. unter der Rubrik Werdegang auf Ihre Angaben im Lebenslauf verweisen. Aber hier ist Vorsicht geboten, denn ein Personalfragebogen birgt einiges an Gefahren. Wenn in den kleingedruckten Erläuterungen des Fragebogens steht „Wir bitten Sie, alle Rubriken auszufüllen“ oder „Bitte alle Fragen sorgfältig beant-

worten, keine Verweise auf bereits vorgelegte Unterlagen", dann müssen Sie sich auch unbedingt daran halten. Tun Sie es nicht, setzen Sie sich dem Verdacht aus, z. B. nicht anpassungswillig oder gar eigensinnig zu sein. Das Gleiche gilt, wenn Sie die vorgegebenen Fragen nach Ihrem Gutdünken abändern und im Text überschreiben oder die vorgegebenen Antworten (meistens zum Ankreuzen) um die Varianten erweitern, die vorteilhafter erscheinen. Beispiel:

Bei der Frage nach Sprachkenntnissen stand in einem Personalfragebogen:

Fremdsprachenkenntnisse	Englisch	Französisch	Spanisch
fließend	□	□	□
gut	□	□	□
zur Verständigung ausreichend	□	□	□

Ein Bewerber setzte über das Wort „gut" das Wort „sehr", ein anderer strich „zur Verständigung", und wieder ein anderer strich die ganze obere Leiste weg und verbesserte in „Grundkenntnisse". Sehr viele Bewerber ergänzten auch weitere Sprachen, z. B. auch Latein. Dabei übersahen sie, dass der Arbeitgeber daran überhaupt nicht interessiert war; für ihn zählten nur die im Geschäftsverkehr benötigten englischen, französischen und spanischen Sprachkenntnisse.

Etliche Minuspunkte kann man sich auch einhandeln, wenn man den Personalfragebogen zwar zum Vorstellungsgespräch mitbringt, aber nicht ausgefüllt hat. Solche Bewerber bemerken dann meistens, sie wollten erstmal sehen, was das Unternehmen so zu bieten hätte, außerdem habe man ja eine Bewerbungsmappe übersandt. Eine derartige Einstellung verkennt die für den Arbeitgeber eigene Bedeutung des Personalfragebogens und ist auch unhöflich. Wenn Sie Vorbehalte haben, irgendwelche Fragen zu beantworten, dann nimmt es Ihnen niemand übel, wenn Sie eine Bemerkung dazu machen, z. B. dass Sie die Beantwortung dem persönlichen Gespräch vorbehalten wollten. Das kann bei Fragen nach dem Gehalt oder auch zur persönlichen Situation angebracht sein. Im Gespräch sollten Sie dann aber unbedingt auch darauf eingehen.

Üblicherweise findet man in etwas ausführlicheren Personalfragebogen folgende Rubriken:

- Angaben zur Person/Persönliches
- Angaben zur Ausbildung
- Angaben zur Berufstätigkeit/Werdegang
- Sonstiges/Ihre Vorstellungen

In der ersten Rubrik werden Angaben zur Person, zum Alter, zum Familienstand und zur Staatsangehörigkeit abgefragt. Nicht selten findet man aber auch eine Rubrik, die mit „Gesundheitszustand“ betitelt ist. Hier ist Diplomatie gefragt, denn das Fragerecht des Arbeitgebers gilt durchaus nicht uneingeschränkt. Selbst wenn Sie unzulässige Fragen (z. B. nach der Schwangerschaft) entdecken, kann es im Einzelfall geschickter sein, diese zu beantworten.
Es kommt immer darauf an, wie jemand begründet, eine Frage nicht beantwortet zu haben. Bei der Frage nach der Schwangerschaft könnten Sie z. B. sagen: „Die Frage habe ich zunächst nicht ausgefüllt, weil ich nicht ganz sicher bin, ob das noch zulässig und notwendig ist, vielleicht können Sie mir da weiterhelfen?“ Aber Achtung: Ihre Angaben im Fragebogen müssen der Wahrheit entsprechen. Werden sie wissentlich falsch gemacht, kann der Arbeitsvertrag u. U. wegen arglistiger Täuschung angefochten werden.
In der zweiten und dritten Rubrik geht es eigentlich um bekannte Fakten: Ihren Ausbildungs- und Werdegang. Diesen brauchen Sie im Prinzip nur aus Ihrem tabellarischen Lebenslauf zu übernehmen. Aber auch hier müssen Sie auf der Hut sein, denn die Angaben im Fragebogen müssen mit denen im tabellarischen Lebenslauf übereinstimmen. Das hört sich selbstverständlich an, ist es aber in der Praxis oft nicht. Der Grund ist, dass viele Bewerber erst kurz vor dem Vorstellungsgespräch beim Arbeitgeber den Fragebogen ausfüllen sollen und dann ihre eigenen Unterlagen nicht dabei haben. Das sollten Sie übrigens immer tun: zu jedem Vorstellungsgespräch für Ihre eigene Sicherheit eine Kopie des Anschreibens und Ihres Lebenslaufes dabei haben, obwohl Sie sich durch entsprechende Vorbereitung am besten ohne schriftliche Unterlagen auf das Gespräch konzentrieren können. Doch vielleicht ist Ihnen ein Blick in Ihre Unterlagen kurz vor dem Gespräch noch eine Gedächtnisstütze.
Wenn also in der Rubrik „Beruflicher Werdegang“ zwischen Angaben im tabellarischen Lebenslauf und im Fragebogen Differenzen bestehen, dann werden Sie als Bewerber immer mit (oft unangenehmen) Nachfragen zu rechnen haben.
Bei der persönlichen Vorstellung werden auch Fragen gestellt zum letzten und zum gewünschten Gehalt, nach erhaltenem Urlaub, nach Kündigungsfristen und Eintrittsterminen und ab und an auch nach Nebentätigkeiten oder öffentlichen Ämtern.
Während man im Fragebogen die Frage nach dem Wunschgehalt offen lassen darf, besonders dann, wenn im Anschreiben bereits gesagt wurde, dass man die Gehaltsfrage gern dem persönlichen Gespräch vorbehalten wolle, kann die Frage nach dem jetzigen Gehalt verfänglich sein. Die Angabe des augenblicklichen Gehalts muss unbedingt wahrheitsgemäß sein. Sie bringen sich in eine missliche Situation, wenn Sie überhöhte Angaben zum jetzigen Gehalt machen, Ihre Steuerkarte aber, die Sie ja beim neuen Arbeitgeber abgeben

müssen – zumindest, wenn Sie im Laufe des Jahres wechseln – ganz andere Beträge ausweist. Zwar hat ein guter Personalleiter seine Erfahrungswerte, auch aus anderen Branchen, manchmal steht jedoch – gerade bei außertariflich dotierten Positionen – die Gehaltsfrage völlig offen im Raum.
Fingerspitzengefühl können Sie beweisen beim Ausfüllen der Rubrik Ehrenämter/ öffentliche Ämter. Wenn dort als Antwort steht: „Ich bin seit 10 Jahren ABC-Stadtrat und ebenfalls ehrenamtlich im Beirat der Gewerkschaftseinrichtung XY“, dann können Sie bei einem Arbeitgeber, der eher eine kontroverse Richtung vertritt, wohl kaum mit offenen Armen rechnen, obwohl Gleichbehandlungsprinzip besteht und niemand z. B. wegen seiner politischen Anschauung benachteiligt werden darf.
Wenn Sie dagegen eine Reihe von Ehrenämtern oder Nebentätigkeiten aufzählen, mag sich der Personalchef fragen, ob Sie überhaupt noch Zeit für die ausgeschriebene Position haben. Beschränken Sie sich auf ein vertretbares Maß und nennen Sie nur, was wirklich wesentlich ist und wovon Sie erwarten können, dass es auf Akzeptanz stößt. Wenn Sie z. B. ehrenamtlich im Vorstand des Kirchenkreises sind, dann setzen Sie dies in der Rubrik Ehrenämter ein, weglassen sollten Sie hingegen, dass Sie eventuell auch noch Kassierer im Skatverein oder 2. Vorsitzender in einem Hundezüchterclub sind.
Auch bei der Frage nach der Verfügbarkeit, also zum Eintrittstermin und zu den Kündigungsfristen, kann man Fehler machen. Dazu ein Beispiel:

Ein Bewerber hatte in seinem Bewerbungsanschreiben geschrieben: „Mit Blick auf meine vertragliche Kündigungsfrist, die sechs Wochen zum Quartalsende beträgt, könnte ich Ihnen frühestens am 1.10.2002 zur Verfügung stehen.“ Als der Bewerber dann kurze Zeit später zu einem Gespräch eingeladen wurde und einen Personalfragebogen ausfüllen sollte, schrieb er bei der Frage Eintrittstermin?: „Sofort“. Er hatte offenbar seine Angaben im Anschreiben vergessen, wurde vom Personalleiter darauf angesprochen und verwickelte sich dann in Widersprüche. Der Bewerber offenbarte dadurch, dass er arbeitslos bzw. gekündigt worden war, Angaben, die er eigentlich vermeiden wollte.

Weiter oben wurde schon erwähnt, dass das Fragerecht des Arbeitgebers arbeitsrechtlichen Grenzen unterliegt, was auch die Fragen in einem Personalfragebogen betrifft. Es ist inzwischen allgemein anerkannt, dass allzu persönliche Fragen, die den Privatbereich des Bewerbers oder der Bewerberin tangieren, unzulässig sind. Dazu gehören Fragen nach der Religionszugehörigkeit (Ausnahme: Sie bewerben sich in einer konfessionellen Einrichtung, bei der die Religionszugehörigkeit zwingend Voraussetzung ist), nach der Schwangerschaft oder auch nach Vorstrafen (Ausnahme, wenn die Frage für die ausgeschriebene Position von Bedeutung ist, z. B. bei einer Vertrauensposition als Kassierer oder bei besonderer Stellung im internen Sicherheitsdienst). Solche Fragen brauchen Sie nicht zu beantworten.

Von großer praktischer Bedeutung ist immer wieder die Frage nach der Schwerbehinderung. Zum einen sind alle Arbeitgeber bereits gesetzlich verpflichtet, 6 % ihrer Arbeitsplätze mit Schwerbehinderten zu besetzen; das gibt ihnen das Recht nach der Behinderung des Arbeitnehmers zu fragen. Zum anderen weiß man nicht erst seit heute, dass Schwerbehinderte als Arbeitnehmer sehr viele Sonderrechte haben, z. B. Kündigungsschutz, Zusatzurlaub, Anspruch auf einen behindertengerechten Arbeitsplatz, auf bevorzugte Beförderung oder Behandlung einer Bewerbung bei gleicher Eignung wie nicht behinderte Kandidaten. Deshalb hat der Arbeitgeber natürlich auch ein Interesse daran zu erfahren, ob bei dem Bewerber Behinderungen vorliegen. Ganz abgesehen davon können Behinderungen auch aus sicherheitsorientierten Aspekten problematisch werden, sodass der Arbeitgeber Vorsorge treffen muss. Einen Gehörlosen z. B. wird er kaum in einem gefahrgeneigten Bereich einsetzen können, weil der Mitarbeiter dann Warnrufe nicht hört.

Die Frage nach der Schwerbehinderung muss immer wahrheitsgemäß beantwortet werden. Es empfiehlt sich bereits im Anschreiben darauf hinzuweisen, besonders, wenn es sich um eine sichtbare Behinderung handelt, wie z. B. bei einem Rollstuhlfahrer. Wer Angst hat, wegen seiner Behinderung als Bewerber benachteiligt zu werden, sollte sich eine Strategie ausdenken, dieses Thema positiv an geeigneter Stelle des Vorstellungsgespräches einzubringen. Man könnte als Schwerhöriger z. B. sagen: „Ich habe zum Schluss noch eine kleine Frage. Mir hat das Vorstellungsgespräch bis jetzt sehr gut gefallen, und auch mein Interesse an Ihrem Unternehmen ist dadurch noch gestiegen. Ich weiß nicht, ob Ihnen an mir etwas aufgefallen ist? Jedenfalls trage ich ein kleines Hörgerät, weil ich seit meiner Kindheit leicht hörbehindert bin. Deshalb habe ich einen Schwerbehindertenausweis. Für den Fall, dass Sie meine Bewerbung weiterverfolgen oder mich gar einstellen wollen, möchte ich Ihnen das vorab mitgeteilt haben."

Mit einer solchen Strategie kommen Sie sehr viel weiter, als wenn Sie in die Defensive gehen und ängstlich abwarten, ob der Arbeitgeber vielleicht etwas merkt.

Manchmal sind im Personalfragebogen auch Felder für ein Foto vorgesehen. Wenn Ihre Bewerbungsmappe bereits ein Foto enthält, ist es kein Nachteil, wenn Sie dem Fragebogen kein weiteres Foto beifügen. Bitte schreiben Sie auch deutlich lesbar, in Blockschrift oder – wenn Sie den Fragebogen zu Hause ausfüllen – mit der Schreibmaschine, soweit es die Rubriken, die manchmal sehr eng sind, zulassen. Vermeiden Sie Durchstreichungen und unschöne Korrekturen, und lassen Sie sich nicht hinreißen zu Oberflächlichkeiten in der

Beantwortung, wenn Sie den Fragebogen unter Zeitdruck im Hause des Arbeitgebers ausfüllen sollen.
Nachfolgend sehen Sie ein Beispiel für einen Personalfragebogen, hier nur mit „Personalbogen“ bezeichnet. Unzulässig ist die Frage II.6. zur Schwangerschaft, während die Frage nach etwaigem noch andauerndem Erziehungsurlaub zulässig und arbeitsrechtlich auch geboten ist. Unter IV. werden „alle“ bisher ausgeübten Tätigkeiten verlangt, auch Angaben zur Arbeitslosigkeit sind erbeten. Hier muss also sehr genau ausgefüllt werden. Bei einem Verweis auf einen bereits abgelieferten Lebenslauf muss dieser die erbetenen Daten enthalten, sonst dürfen Sie nicht verweisen! Achtung: Mit Ihrer Unterschrift unter diesen Fragebogen bestätigen Sie, dass Sie alle Angaben nach bestem Wissen und Gewissen gemacht haben.

Personalfragebogen

PERSONALBOGEN

Wir informieren Sie, dass wir die auf dem Personalbogen angegebenen personenbezogenen Informationen speichern werden; ebenso die Daten, die wir zur Erfüllung unserer Verpflichtungen aufgrund von Gesetzen und Verordnungen benötigen. Darüber hinausgehende Informationen aus Bewerbungsgesprächen werden nicht gespeichert.
Sollte kein Arbeitsverhältnis zustande kommen, versichern wir Ihnen, dass wir sämtliche Unterlagen an Sie zurücksenden und keinerlei Daten speichern werden.

I. Personalien

1. **Familienname:** ______________________ Vorname: ______________
2. **geboren am:** ______________ in ______________ Kreis: ______________
3. **Wohnung:** Ort: ______________________ Kreis: ______________

   Straße: ______________________________

   Telefon: ______________ Wenn keine eigene Nummer, über wen: ______________
4. **Staatsangehörigkeit:** ______________
5. **Familienstand:** ______________
6. **Gesetzlicher Vertreter** (bei Minderjährigen): ______________

   Name und Anschrift: ______________________________
7. Anzahl der zum Haushalt gehörenden **Kinder:** ______________
8. **Wehrdienst**

   a) Liegt Einberufungsbefehl vor bzw. Einberufung zum Ersatzdienst? ja/nein Wenn ja, zum: ______________

   b) Vom Grundwehrdienst zurückgestellt? ja/nein Wenn ja, bis wann: ______________

   c) Zur Ableistung freiwilliger Übungen gemeldet? ja/nein

II. Gesundheitszustand

1. Leiden Sie an einer schwerwiegenden oder chronischen Erkrankung?
(Diese Frage ist dann zu beantworten, wenn Sie dadurch bei der Ausübung der in Aussicht genommenen Tätigkeit dauernd erheblich beeinträchtigt sein würden. Beispiel: Bandscheibenschaden bei körperlich belastender Tätigkeit.)

____

____

____

2. Sind Sie mit einer **ärztlichen Vorsorgeuntersuchung** (evt. durch einen Arzt Ihrer Wahl) einverstanden? ja/nein

3. Bei welcher **Krankenkasse** sind Sie versichert? ____________________

4. Sind Sie als **Schwerbehinderter** im Sinne des Schwerbehindertengesetzes anerkannt? ja/nein

   Wenn ja: __________ % Erwerbsminderung

   Sind Sie einem Schwerbehinderten gleichgestellt? ja/nein

5. Ist eine Vorbeugungs-, Heil- oder Genesungskur bewilligt? ja/nein

6. **Bei Frauen:**

   Schwangerschaft? ja/nein

   Nehmen Sie zum Zeitpunkt der Einstellung noch Rechte, die Ihnen aus dem Mutterschutz zustehen, in Anspruch? ja/nein

III. Ausbildung

1. **Allgemeine Schulbildung:**

   a) Hauptschule ______ Jahre

   b) Realschule ______ Jahre
   mittlere Reife

   c) Gymnasium ______ Jahre
   mittlere Reife
   Abitur

2. **Berufsausbildung:**

	Name/Ort	Studienfächer	Jahreszahlen von	Jahreszahlen bis	Prüfungen
a) Fachschule					
b) Fachhochschule (Höhere Fachschule)					
c) Hochschule/Universität:					

3. **Betriebliche fachbezogene Bildung (Lehrzeit):**

als ______________________ von __________ bis __________

bei Firma ______________________ in ______________________

Berufsschule ______________ Jahre ______ Handelskammerprüfung am: __________

Facharbeiterprüfung am: ______ Meisterprüfung am: ________ als: ______________

4. **Anlern-, Volontär- oder Praktikantentätigkeit:**

Art	Jahreszahlen von	bis	bei	wo

5. **Besondere Fach- und Branchenkenntnisse (evtl. Fachkurse)**

6. **Sonstige Fähigkeiten**

Fremdsprachen: Schulkenntnisse in: ______________________

Für Verständigung ausreichende Kenntnisse in ______________

Perfekte Kenntnisse in Wort und Schrift in: ______________

Kurzschrift Silben/Minute: ______ Bestandene Prüfungen: __________

Maschineschreiben: ja/nein Zehnfingersystem ja/nein Anschläge/Minute: __________

Mit welchen Büromaschinen sind Sie vertraut? ______________________

____

Führerschein (soweit für die in Aussicht genommene Tätigkeit erforderlich): ja/nein

Welche Klasse? __________ Seit wann? __________

IV. Alle bisher ausgeübten Tätigkeiten

Die Angaben werden für die gesamte Zeit seit Beendigung des Bildungsweges (III) erbeten. Bitte geben Sie alle bisherigen Tätigkeiten genau an. Vergessen Sie auch nicht die Zeit, in der Sie Wehrdienst leisteten oder unbeschäftigt waren.

Firma (Arbeitgeber) Branche, arbeitslos oder Wehrdienst	Ort	tätig als	Tag, Monat, Jahr von	bis

V. Verschiedenes

1. **Urlaub** für das laufende Jahr erhalten oder abgegolten? ___________ Arbeitstage

2. Üben Sie eine **Nebentätigkeit** gegen Entgelt aus? ja/nein
   (Zu beantworten von Bewerbern für außertarifliche (AT-)Beschäftigungsverhältnisse)

3. Sind Sie bereits bei uns beschäftigt gewesen? ja/nein

   wenn ja, von ___________ bis ___________

4. **Gehaltsvorstellung:** ___________________________

5. **Frühester Eintrittstermin:** ___________________________

6. Für den Fall, dass vorher ein anderes Dienstverhältnis zu lösen ist:

   Welche **Kündigungsfrist** ist von Ihnen einzuhalten? ___________________

Die Angaben in diesem mit dem Betriebsrat abgestimmten Personalbogen habe ich nach bestem Wissen und Gewissen gemacht.

___________________________ ___________________________

Datum Unterschrift des Bewerbers

Vermerke der Personalabteilung:

Der Ablauf des Vorstellungsgespräches

Sie haben nun alle Ratschläge zur intensiven Vorbereitung auf das Gespräch gründlich beherzigt und sind bestens gewappnet, sodass auch Ihr Angstpegel auf ein Minimum gesunken ist. Zwar gleicht das Vorstellungsgespräch noch immer nicht dem Kaffeeplausch mit Kolleginnen und Kollegen, wie manchmal behauptet wird, aber die Atmosphäre kann doch recht entspannt sein, zumal wenn es Ihnen gelingt, sich so natürlich und aufgeschlossen zu geben, wie Sie es im Gespräch mit Kollegen sind.
Für den Arbeitgeber sind Sie ohnehin kein gänzlich Fremder, denn er hat sich ja mithilfe Ihrer Bewerbungsunterlagen bereits über Ihre Person kundig gemacht. Nun will er sich also einen persönlichen Eindruck von Ihnen verschaffen und so wird er das Gespräch auf die Themen lenken, die ihm am Herzen liegen:

- Abfragen von persönlichen Faktoren (das ist besonders der Fall, wenn keine Personalfragebogen existieren)
- Abfragen von fachlichen Faktoren
- Abfragen von Ansichten zu bestimmten Problemfeldern
- Verständnisfragen zum Lebenslauf/Werdegang (besonders, wenn der Lebenslauf Lücken hat oder der Werdegang zu Fragen Anlass gibt, z. B. wenn man in mehreren Städten tätig war)
- Verschaffung eines Eindruckes, wie der Bewerber sich persönlich gibt und wirkt
- Abfragen der Bewerberwünsche zu den vertraglichen Konditionen, Gehalt, Eintrittstermin usw.

Manchmal werden solche Fragenkomplexe der Reihe nach abgehandelt, manchmal werden sie gemischt, je nach Art der Gesprächsführung. Es gibt natürlich auch Vorstellungsgespräche, in denen man sich wirklich nur ganz allgemein mit Ihnen unterhalten will oder bei denen sich der Gesprächsinhalt nur auf einen einzigen Themenkomplex bezieht, z. B. wenn diskutiert wird, wie man am besten bei der Einführung eines neuen Produktes vorgeht. An dieser Stelle will man von Ihnen hören, ob Sie auch wirklich alle relevanten Aspekte von der Fertigung über betriebswirtschaftliche Kostenrechnung bis hin zur Werbung erfassen und vielleicht noch weitergehende Anregungen machen können.

Die Gesprächsteilnehmer

Die Atmosphäre eines Vorstellungsgespräches hängt natürlich wesentlich davon ab, wer Ihre Gesprächspartner sind, und vor allem, wie viel es sind. In kleinerer Runde oder gar im Zweiergespräch lässt es sich bekanntlich leichter diskutieren als in einem größeren Kreis. Lassen Sie sich aber nicht irritieren, wenn Ihnen bei einem Vorstellungsgespräch drei, vier oder noch mehr Personen gegenübersitzen. Werten Sie das lieber als Interesse an Ihrer Person als Bewerber und versuchen Sie, die Teilnehmer einzuschätzen. Vor allem: Gehen Sie auf alle ein, und sei es nur durch Blickkontakt.
Normalerweise werden Ihnen die Gesprächsteilnehmer vor Beginn des Vorstellungsgespräches vorgestellt. Konzentrieren Sie sich darauf, sich die Namen zu merken. Manche Bewerber schreiben sich die Namen der Teilnehmer auf, jedoch zeugt das nicht eben von Souveränität und kann, gerade zu Beginn des Gespräches, auch störend wirken. Dazu ein kleines Beispiel:

> Eine Bewerberin (Lehrerin von Beruf) bewarb sich bei einem Verlag um die Position einer Lektorin für Kinderbücher. Der Personalchef eröffnete das Gespräch, stellte sich namentlich vor und ebenso die weiteren Gesprächspartner, Frau Dr. Berger als Cheflektorin und Herrn Willems als Leiter der Herstellung. Die Bewerberin war zunächst irritiert, dass sie drei Gesprächspartner hatte, und bat um Wiederholung der Namen, die sie sich aufschrieb. Als der Personalchef dann zum Gespräch kommen wollte, fragte sie die beiden anderen Teilnehmer, was sie denn genau im Unternehmen machten und inwieweit das für ihre Bewerbung wichtig sei. Die Antworten stenografierte sie mit und stellte anschließend Zusatzfragen zum Aufgabengebiet und zum Stellenwert der Teilnehmer in der Firma. Es dauerte dann eine Viertelstunde, bis das eigentliche Gespräch begann. Die Gesprächsteilnehmer waren leicht genervt, ließen aber die Fragen aus Höflichkeit über sich ergehen.

Die Bewerberin bekam eine Absage, weil sich ihre Aufschreiberei durch das ganze Gespräch hinzog und sie dadurch Unsicherheit und Unflexibilität dokumentierte.
Üblicherweise eröffnet der für Personalangelegenheiten zuständige Mitarbeiter, also der Personalchef oder der Personalreferent, das Gespräch. Wenn noch weitere Personen anwesend sind, muss dieser aber nicht Ihr Hauptgesprächspartner sein. Gerade bei mehreren Gesprächspartnern neigen viele Bewerber dazu, sich mit ihren Antworten und Blickkontakten an denjenigen zu halten, der das Gespräch eröffnet hat, oder an denjenigen, der die meisten Fragen stellt, wohl in der Annahme, dass diese Persönlichkeit der Entscheidungsträger

sei. Die Entscheidung über eine Bewerbung nach einem Gespräch erfolgt jedoch, worauf später noch einzugehen ist, von allen Teilnehmern gemeinsam. Die Art der Gesprächseröffnung bei mehreren Gesprächsteilnehmern kann durchaus auch eine Bewerberfalle sein, um zu testen, wie Sie reagieren und ob Sie in der Lage sind, anhand der weiteren Gesprächsführung den Stellenwert der Teilnehmer zu erkennen. Wenn z. B. neben dem Personalleiter und dem Fachabteilungsleiter auch noch der Geschäftsführer anwesend ist, und der Personalleiter derjenige ist, der das Gespräch führt und die meisten Fragen stellt, dann wäre es ein Fehler, sich nur auf den Personalleiter zu konzentrieren. Manche Bewerber fühlen sich bei einer solchen Zusammensetzung irritiert, wenn der Ranghöchste, hier der Geschäftsführer, sich im Laufe des Gespräches gar nicht äußert. Er möchte sich dann vielleicht lediglich beobachtend ein Bild von dem Bewerber machen.

Wenn aber z. B. der Ranghöchste in der Gesprächsrunde das Gespräch eröffnet und führt, dann kann das für Sie auch ein Indiz für die Firmen- und Führungsstruktur sein. Doch täuschen Sie sich nicht, auch hier werden Entscheidungen gemeinsam getroffen. Übersehen wird immer wieder, dass der zuständige Fachvorgesetzte, der ja im Falle Ihrer Einstellung mit Ihnen zusammenarbeiten muss, intern die gewichtigste Stimme bei der Entscheidung hat. Wenn Ihnen vor einem Gespräch mit mehreren Teilnehmern diese nicht vorgestellt werden – das kann Taktik oder auch Gedankenlosigkeit sein –, dann sollten Sie kurz nachfragen, mit wem Sie es zu tun haben. Handelt es sich um Taktik, dann beweisen Sie dadurch Ihr Interesse an der Firma und an den Gesprächsteilnehmern.

Nicht selten passiert es, dass einer von mehreren Teilnehmern während des Gespräches den Raum verlässt, indem er sich kurz entschuldigt, er müsse noch einen anderen Termin wahrnehmen. Das verwirrt die meisten Bewerber, weil sie befürchten, der Teilnehmer habe kein Interesse mehr an ihnen. Das mag in der Tat der Fall sein. Es kann aber auch sein, dass sich ein zeitlich angespannter leitender Angestellter eigens für das Gespräch freigemacht hat, um sich nur kurz einen Eindruck vom Bewerber zu verschaffen (der durchaus positiv sein kann), dann aber seinen Tagesgeschäften nachgehen muss. Lassen Sie sich durch solche Vorfälle niemals beirren, und bleiben Sie fest bei Ihrem Vorstellungskonzept.

Was viele Bewerber nicht wissen: Nicht nur die Termine für Vorstellungsgespräche werden intern unter den Gesprächspartnern abgestimmt, sondern auch die Inhalte und die Vorgehensweise. So kann es sein, dass der Personalleiter mit dem Fachabteilungsleiter verabredet hat, dass er das Gespräch eröffnet, sich aber wegen anderer Termine zurückzieht, wenn sich ergibt, dass der Bewerber nicht den Vorstellungen entspricht. Sie als Bewerber werden solche Feinheiten natürlich nicht bemerken, aber Sie können doch anhand der Fra-

gestellung Ihrer Gesprächspartner herausfinden, ob noch Interesse an Ihnen besteht. Wenn Sie z. B. im fortgeschrittenen Gespräch nur nach vordergründigen Dingen gefragt werden oder merken, dass Ihr Gesprächspartner nicht mehr geneigt ist, auf spezielle Fragen zur Position einzugehen, dann dürfen Sie sicher sein, dass das Interesse an Ihnen nicht mehr groß ist. Peinlich ist es in solchen Situationen, gezielt weiterzufragen, und noch schlimmer, einen schriftlich vorbereiteten Fragenkatalog aus der Tasche zu ziehen. Besser wäre es, den Gesprächsparter an geeigneter Stelle nach dem weiteren Verfahren zu fragen und das Gespräch zu Ende zu bringen.
Ganz unmöglich ist es, jetzt den Arbeitsplatz sehen zu wollen. Dieser Wunsch ist zwar legitim, sollte aber erst dann ausgesprochen werden, wenn feststeht, dass man „zusammenpasst"; in aller Regel wird das im zweiten Bewerbungsgespräch der Fall sein.

Die klassische Variante 1: Wir fragen, Sie antworten

Es ist nicht jedermanns Sache ein gutes Gespräch zu führen. Das gilt auch für Bewerbungsgespräche. Mancher Arbeitgeber fällt mit der Tür ins Haus und berichtet unablässig von seinen Problemen, ohne den Bewerber zu Wort kommen zu lassen, der dann ganz ungeduldig dasitzt und auf eine Chance wartet, auch mal etwas sagen zu dürfen. Das ist leider keine Seltenheit. Andere Arbeitgeber wissen nicht, wie sie ein Gespräch so recht in Gang bringen können, und überlassen dem Bewerber die Gesprächsführung. Das kann eine Falle sein, aber auch eine gute Chance für den Bewerber, sich durch geschickte und angemessene Gesprächsführung ins rechte Licht zu setzen. Erinnern Sie sich bitte daran: Sie als Bewerber sind der Mittelpunkt des Vorstellungsgespräches, allein auf Sie kommt es an.
Wie bereits erwähnt, kann man durch die Art der Gesprächsführung auch Rückschlüsse auf den Führungsstil des Arbeitgebers und auf die „Unternehmenskultur" ziehen. Wenn Sie als Bewerber an einen Arbeitgeber geraten, der im Vorstellungsgespräch nur fragt, dann können Sie häufig davon ausgehen, dass Ihnen dort für Ihre eigenen Ideen und die unternehmensbezogene Entfaltung Ihrer Persönlichkeit nur wenig Raum geboten wird.
Beim reinen Fragegespräch werden Ihnen zu Beginn lediglich die Gesprächsteilnehmer vorgestellt. Mit Höflichkeiten wie z. B. der Frage, ob Sie den Firmensitz gut gefunden oder sich für das Gespräch einen Tag freigenommen hätten, hält man sich nicht lange auf. Es geht gleich zur Sache. Wie ein solches Gespräch aussehen kann, zeigt das folgende Beispiel, bei dem der Personalleiter neben dem Abteilungsleiter der Hauptgesprächspartner war:

Es ging um die Bewerbung einer jungen Frau als Debitorenbuchhalterin in einem größeren Unternehmen (Gebrauchsgüter).
Personalleiter (P): Wir danken Ihnen für Ihre Bewerbung und wollen auch gleich zur Sache kommen. Ich heiße Müller und bin hier Personalleiter, neben mir ist mein Kollege Hönich, Abteilungsleiter im Finanzwesen. Wir suchen, das wissen Sie ja, eine Debitorenbuchhalterin. Die Stelle wurde frei, weil eine Mitarbeiterin ausgeschieden ist. Meine erste Frage ist, kennen Sie unser Unternehmen?
Bewerberin (B): Ja, erstmal vielen Dank für die Einladung. Natürlich kenne ich Ihre Firma, deshalb habe ich mich ja auch bei Ihnen beworben.
P: Was wissen Sie denn über unsere Firma?
B: Also, mir ist klar, dass Sie Waschmaschinen, Herde, Mikrowellen und andere Haushaltsgeräte herstellen und einen guten Namen haben.
P: Das ist richtig. Warum haben Sie sich denn ausgerechnet bei uns beworben, als Debitorenbuchhalterin gibt es ja noch andere Möglichkeiten?
B: Ich bin – wie Sie aus meinen Unterlagen wissen – bislang ungekündigt in einer kleinen Firma tätig. Die Chancen beruflich weiterzukommen sind nicht sehr groß. Da dachte ich, als ich Ihre Stellenanzeige las, dass sich bei Ihnen eine Möglichkeit bieten könnte.
P: Wollen Sie denn als Debitorenbuchhalterin arbeiten oder Karriere machen?
B: Eigentlich beides, mein Beruf macht mir Spaß, ich würde mich aber auch freuen, wenn ich beruflich weiterkommen könnte. Das ist in meiner jetzigen Firma, in der ich den Bereich Debitoren alleine bearbeite, leider nicht möglich.
Abteilungsleiter (A): Was machen Sie denn da genau?
B: Ich bearbeite Debitoren.
A: Ja, das ist klar, haben Sie noch weitere Aufgaben dort?
B: Ja, ich vertrete im Kreditorenbereich und gelegentlich muss ich auch mal im Sekretariat einspringen.
A: Können Sie Englisch?
B: Ja, fließend, das brauche ich auch jetzt.
P: Wie sehen denn Ihre Verdienstvorstellungen aus?
B: Daraus muss ich kein Geheimnis machen. Ich verdiene jetzt € 2 100,– brutto bei 13,5 Gehältern im Jahr und möchte mich gern verbessern.
P: Damit können wir leben, damit habe ich keine Probleme.
A: Rauchen Sie? Ich frage nur, weil die andere Kollegin, mit der Sie in einem Raum zusammenarbeiten müssten, Raucherin ist.
B: Nein, ich rauche nicht, aber das macht mir nichts aus, weil mein Freund auch Raucher ist.

P: Wann könnten Sie denn frühestens bei uns anfangen?
B: Ich habe eine Kündigungsfrist von sechs Wochen zum Quartal, nach Tarifvertrag, das heißt ich könnte zum 1.7.2002 beginnen.
P: O.k., dann haben wir ja erstmal alle wichtigen Fragen geklärt.
B: Wann, glauben Sie, kann ich denn ungefähr mit einer Entscheidung zu meiner Bewerbung rechnen?
P: Ich denke, in zwei Wochen. Ich danke Ihnen erst mal, dass Sie bei uns waren, Sie hören dann von uns.
B: Ich danke Ihnen auch und würde mich über eine positive Entscheidung sehr freuen.

Damit war das Bewerbungsgespräch beendet. Es dauerte noch nicht einmal eine Viertelstunde. Es wurde nur gefragt, die Bewerberin hatte keine Chance, spezielle Kenntnisse (die sie hatte) oder gar Ideen vorzubringen. Das ganze Gespräch lief recht schematisch und unpersönlich ab. Man kann den Eindruck gewinnen, dass es dem Arbeitgeber egal wäre, ob er Debitorenbuchhalterin A oder B nimmt.
Derartige reine Fragegespräche sind leider an der Tagesordnung, sollten Sie als Bewerber aber nicht aus der Fassung und schon gar nicht von Ihrem Ziel abbringen. Sie sollten vielmehr bei solchen Vorstellungsgesprächen Ihre Chance nutzen, das Gespräch selbst – natürlich in Ihrem Sinne – zu führen. Das können Sie mit geschickten Gegenfragen erreichen, die den Arbeitgeber zu längeren Einlassungen zwingen, oder Sie teilen ihm mit, dass Ihnen die ausgeschriebene Position sehr zusagt und Sie um weitere Informationen bitten. Mancher Gesprächsteilnehmer, der nur auf Fragen ausgerichtet ist, wird diese Bitte gern aufgreifen. Denken Sie in solchen Situationen stets daran, dass nicht jeder Arbeitgeber und nicht jeder Personalleiter der ideale Gesprächspartner ist. Ein unbeholfener Personalchef z. B. wird Ihnen dankbar sein, wenn seine eigene Unfähigkeit, ein Gespräch zu führen, durch Ihre geschickten Fragen oder Anmerkungen überspielt wird.
Werden Ihnen konkrete Fragen gestellt, dann beantworten Sie diese bitte möglichst korrekt, und verbinden Sie Ihre Antwort entweder mit einer höflichen Gegenfrage oder besser noch mit einer Verständnisfrage oder mit einer ergänzenden Antwort, die den Arbeitgeber dann seinerseits zu neuen Fragen veranlasst.
Vermeiden Sie auf jeden Fall Ja- oder Nein-Antworten. Das bringt das Gespräch nicht weiter, und Sie erwecken möglicherweise den Eindruck von Unsicherheit. Ein Beispiel soll das illustrieren:

Wenn Sie gefragt werden, ob Sie Erfahrungen mit DTP (Desktop-Publishing) haben, gibt es folgende Möglichkeiten, zu antworten:

- „Ja."
  Das wäre falsch, der Arbeitgeber geht dann gleich zur nächsten, möglicherweise ergänzenden Frage über.
- „Nein."
  Ebenfalls falsch; enttäuscht wird der Arbeitgeber nach einem ganz anderen Bereich fragen. Zudem können Sie sich noch Minuspunkte einhandeln, wenn DTP-Kenntnisse für die Position wünschenswert sind.
- „Ich weiß nicht, was das ist."
  Falsch; hier zeigen Sie Unkenntnis, nicht selten auch mangelnde Auseinandersetzung mit der angebotenen Position.
- „Ja, ich habe seit längerer Zeit Erfahrungen mit dem System."
  Nicht falsch, aber ungeschickt und zeitlich ungenau. Der Arbeitgeber wird eine Ergänzungsfrage stellen.
- „Ja, ich bin für das System ausgebildet worden und wende es seit rund vier Jahren an. Die Bearbeitung mache ich eigenverantwortlich, es gibt sonst auch niemanden in der Abteilung, der DTP-firm ist, das machte manchmal Probleme während meiner Abwesenheit. Wie ist dies in Ihrem Hause geregelt?"
  Richtig; eine umfassende Antwort, die Sie als Profi im Bereich DTP ausweist, und gut kombiniert mit einer wichtigen Gegenfrage.

Natürlich sollten Sie bei Gegenfragen immer auf Höflichkeit bedacht sein. Häufig wird am Anfang des Gesprächs bewusst eine Bewerberfalle eingebaut; das ist die Frage, ob der Bewerber bestimmte Vorstellungen in Bezug auf die ausgeschriebene Position habe. Darauf die häufige Gegenfrage: „Über die Position wollte ich eigentlich von Ihnen etwas hören" oder gar: „Die Frage darf ich gleich an Sie zurückgeben." Das ist nicht unhöflich, sondern schlicht ungezogen!
Merken sollten Sie sich aber Folgendes: Wenn Ihnen im Vorstellungsgespräch nur Fragen begegnen und Sie keine Gelegenheit haben, in irgendeiner Weise ihre besonderen Kenntnisse und Fähigkeiten darzustellen, dann lässt das einige Rückschlüsse auf das Klima in diesem Unternehmen zu. Sie sollten sich dann überlegen, wie es hier wohl um die Anerkennung der Mitarbeiter bestellt ist und ob Sie wirklich in diesem Unternehmen arbeiten wollen. Ansonsten warten Sie die Entscheidung ab.

Die klassische Variante 2: Sie erzählen, wir hören zu

Bei dieser Gesprächsvariante geht es genau umgekehrt zu: Man gibt Ihnen als Bewerber das Wort und lässt Sie reden. Diese Verfahrensweise erscheint auf den ersten Blick erfreulich und viele Bewerber sind angenehm überrascht, dass

sie ungestört und ohne Zwischenfragen ihre Gedanken entwickeln können. Dabei merken sie aber gar nicht, dass sie in eine Falle tappen können. Leicht plaudert man ohne Konzept drauflos, oder man erzählt Uninteressantes in epischer Breite; man verstrickt sich (z. B. gegenüber dem vorher Gesagtem oder gegenüber seinen schriftlichen Bewerbungsunterlagen) in Widersprüche, oder man gibt ungewollt Dinge von sich, die man eigentlich gar nicht erwähnen wollte, z. B. warum verschiedene Arbeitsverhältnisse beendet wurden.
Mancher Arbeitgeber führt diese Situation bewusst herbei, um die Reaktion des Bewerbers beobachten zu können. Die meisten Arbeitgeber handeln jedoch einfach aus Höflichkeit, wenn sie dem Bewerber im Gespräch den Vortritt lassen und ihn bitten, von sich und seinem Werdegang zu berichten.
Das Gespräch beginnt üblicherweise damit, dass man Sie als Bewerber oder Bewerberin bittet, entweder Allgemeines oder auch ganz bestimmte Dinge von sich zu erzählen. Dann sollten Sie knapp, präzise und sachlich berichten, wovon Sie glauben, dass es Ihre Zuhörer interessiert. Es ist gewiss *nicht* Ihr Lebenslauf in voller Länge, und auch die berufsrelevanten Daten liegen ja schon schriftlich vor.
Das folgende Beispiel aus der Praxis soll Ihnen verdeutlichen, wie überaus ungeschickt mancher Bewerber reagiert, wenn er aufgefordert wird, von sich zu berichten.

Bei einem Versicherungsunternehmen wurde ein Bewerber (39 Jahre alt, mehrere Berufsjahre im Versicherungsaußendienst, Bewerbung als Außendienstleiter für die gesamte BRD) vom Personalleiter höflich gebeten, zu Beginn des Gespräches kurz von sich zu berichten. Es folgte dann ein fast 20-minütiger Monolog, der mit den Schulbesuchen begann und über Berufsprobleme des Vaters und Wohnungssuchen mit den Problemen des jetzigen Dienstfahrzeuges endete. Der Bewerber hatte einfach überhört, dass er kurz von sich berichten sollte.

Achten Sie bei solchen Vorträgen immer darauf, was den Arbeitgeber interessiert; das ist erstens, wie Sie sich im Gespräch geben, und zweitens, was Sie in Bezug auf die ausgeschriebene Position zu sagen haben. Alles andere ist belanglos und sollte nur gestreift oder zusammengefasst wiedergegeben werden. Im obigen Fall hätte es der Bewerber etwa so machen können:

„Ich danke Ihnen nochmals für die Einladung und auch dafür, dass Sie mir Gelegenheit geben, kurz über meinen Werdegang zu berichten. Die wichtigsten Daten werden Ihnen ja sicherlich aus dem Lebenslauf bekannt sein, deshalb will ich mich auf das Wesentliche konzentrieren. Durch den Beruf meines Vaters (Bundeswehroffizier) bin ich in mehreren

Städten aufgewachsen und zur Schule gegangen. In Bremen hat es mir am besten gefallen, deshalb habe ich nach dem Schulbesuch meine Ausbildung als Versicherungskaufmann und meine ersten Berufsjahre hier verbracht. Mir hat der Beruf stets sehr viel Spaß bereitet, sodass ich – auch nach einigen internen Weiterbildungsmaßnahmen – den Wunsch hatte, auch qualifiziertere Aufgaben zu übernehmen. Deshalb wechselte ich 1992 zur X-Versicherung nach Hamburg, wo ich die Chance hatte, als „Gruppenleiter Schaden" tätig zu sein. Bereits nach drei Jahren übertrug man mir den gesamten Außendienstbereich Norddeutschland, den ich heute noch betreue. Weitere Entwicklungsmöglichkeiten gibt es in unserem Hause nicht, da die Positionen, die mich interessieren, alle von mehr oder weniger jüngeren Leuten besetzt sind. Deshalb sehe ich die Chance, mich in Ihrem Hause zu verändern, auch das in der Anzeige umrissene Aufgabengebiet hat mich sehr angesprochen. Vielleicht sollte ich noch erwähnen, dass ich mit fast allen versicherungsrelevanten EDV-Systemen vertraut bin und in meiner jetzigen Firma das PC-gesteuerte Berichtswesen mit aufgebaut habe. Ebenso habe ich Konzepte zur Verbesserung der Reiseplanung und -durchführung der Außendienstmitarbeiter erfolgreich erstellt und auch realisiert. Diese Erfahrungswerte könnte ich ggf. nutzbringend in Ihrem Unternehmen einbringen."

Dieser Vortrag dauert keine fünf Minuten und wird dem Gebot der erwünschten Kürze gerecht. Alles Wichtige ist gesagt, der Werdegang wurde knapp erläutert und der Bezug zur ausgeschriebenen Position auch. Gut ist auch, etwaiges Know-how für die neue Firma anzusprechen.
Achten Sie bitte auch genau darauf, ob Ihnen eine oder mehrere Fragen gestellt werden; meistens sind es Doppelfragen. Die Bewerber reden sich dann an der Beantwortung einer Frage fest und vergessen darüber die andere. Manchmal lassen sie sich auch durch als Zustimmung gewertetes Kopfnicken einer der Gesprächspartner oder des Fragestellers auf einen Irrweg führen:

Eine Bewerberin bei einem Verlag (ausgeschriebene Position: Auftragssachbearbeiterin) wurde gebeten, darüber zu berichten, wie sie in ihrer jetzigen Position mit den Kunden zurechtkomme. Sie berichtete in allen Einzelheiten über ihre speziellen Kunden, deren Sorgen und Probleme und deren Auftragsvolumen, übersah dabei aber den eigentlichen Sinn der Frage, der lediglich darin bestand zu erfahren, welche Arbeitsweise sie mit Kunden bisher pflegte.

Ein unverzeihlicher Fehler ist es, wenn Sie sich dazu verleiten lassen, Interna aus der jetzigen Firma auszuplaudern. Denn dann muss der neue Arbeitgeber

damit rechnen, dass es die Bewerberin oder der Bewerber auch bei ihm nicht sonderlich genau nimmt mit der Verschwiegenheit.
Ein letzter Fall zu diesem Themenkomplex verdeutlicht einen weiteren Fehler, vor dem man sich hüten sollte:

> Eine junge Frau, 28 Jahre alt, bewarb sich bei einer PR-Agentur als Sekretärin. Der Geschäftsführer und ein Projektleiter nahmen an dem Vorstellungsgespräch teil. Der Geschäftsführer eröffnete das Gespräch so: „Ihre Bewerbung hat uns gut gefallen, und nun sind wir natürlich ganz neugierig darauf, ein wenig mehr von Ihnen zu erfahren. Unser Unternehmen wird Ihnen hinreichend bekannt sein, auf einige Einzelheiten und Besonderheiten werden wir am Gesprächsschluss noch einmal eingehen. Doch zunächst zu Ihnen: Was reizt Sie an der Sekretariatsarbeit? Könnten Sie sich nicht vorstellen, da Sie ja Abitur gemacht haben, auch einmal ein Studium zu beginnen?" Mit der zweiten Frage wollte der Geschäftsführer lediglich wissen, ob die Bewerberin ein dauerhaftes Interesse an der Firma hätte oder ggf. irgendwo auf einer Studienwarteliste stand und dann irgendwann wieder kündigen würde. Die Bewerberin übersah zunächst die Doppelfrage, ging also auf die Frage nach dem Studium gar nicht erst ein und erging sich tatsächlich relativ lange darüber, dass man im Sekretariat sehr viel mitbekomme und natürlich auch viele interessante Menschen kennen lerne, gerade im PR-Bereich. Diese Kontakte hätten ihr privat schon eine ganze Menge gebracht.

Diese Kontakte waren offensichtlich sehr privater Natur. Hier liegt ein grober Bewerberfehler vor, nämlich Privates dem Dienstlichen vorzuziehen, ganz abgesehen davon, dass die Bewerberin auch die genaue Fragestellung missachtet hat. Natürlich ist eine freundliche und gut aussehende Frau für manches Sekretariat eine Idealbesetzung, Fachkenntnisse natürlich vorausgesetzt. Aber keine noch so tüchtige Bewerberin hat Aussichten auf die Position, wenn sie im Vorfeld schon zu erkennen gibt, dass sie an Kunden oder Geschäftspartnern auch privates Interesse haben wird.
An all diesen Beispielen haben Sie gesehen, welche Fehler man machen kann, wenn man als Bewerber oder als Bewerberin im Vorstellungsgespräch gebeten wird, von sich oder zu bestimmten Themen frei zu sprechen. Wenn Ihnen diese Gesprächsvariante begegnet, dann besinnen Sie sich bitte immer darauf, was Sie wollen: die ausgeschriebene Tätigkeit. Dies sollte Ihr Leitbild sein. Zwar will der Arbeitgeber etwas von Ihnen wissen, aber Sie wollen etwas erreichen. Und an dieses Ziel müssen Sie sich im Gespräch heranarbeiten. Hören Sie deshalb genau zu, welche Ausgangsfragen Ihnen gestellt werden, achten Sie auf Fein- und Einzelheiten, antworten Sie knapp und sachlich, und nutzen Sie

die Chance dieser Gesprächsform, in Ihre erzählende Darstellung geschickt Fragen oder Hinweise einzubauen, die für Sie von Vorteil sein können.

Der Idealfall: Informationsaustausch

Das ideale Vorstellungsgespräch kombiniert die beiden oben genannten Varianten und besteht in einem echten Informationsaustausch. Der Arbeitgeber erwartet Informationen von Ihnen, z. B. ergänzende Angaben zu Ihren bisherigen Tätigkeiten oder zu Ihrem Firmen- oder Positionsinteresse, und Sie wollen vom Arbeitgeber erfahren, wie sich Ihre Tätigkeit im Einzelnen gestalten wird und welche vertraglichen Konditionen man Ihnen bietet.
Erfahrene Personalleiter werden also etwa folgendermaßen das Vorstellungsgespräch eröffnen:

„Ihre Bewerbung hat uns gut gefallen, deshalb wollen wir heute ein erstes Informationsgespräch mit Ihnen führen, um Ihnen die Gelegenheit zu geben die Position näher kennen zu lernen. Natürlich wollen auch wir ein wenig mehr über Sie erfahren. Ihre Bewerbungsunterlagen sind ja recht ausführlich und gut, aber es ist doch immer besser das eine oder andere mündlich zu besprechen. Sie haben drei Ansprechpartner. Herr Müller ist der zuständige Abteilungsleiter, Frau Schulze die Gruppenleiterin und zugleich seine Vertreterin, und ich bin – wie Sie bereits aus unserem Telefonat wissen – Personalleiter im Hause. Wir machen es immer so, dass die Bewerber zuerst Gelegenheit haben, kurz etwas von sich zu erzählen und auch anzusprechen, warum sie sich bei uns beworben haben. Danach können wir dann gemeinsam Einzelheiten der Position besprechen, und am Ende werde ich noch einmal kurz auf die wichtigsten Vertragspunkte zu sprechen kommen. Weitere Einzelheiten und auch das Ansehen des Arbeitsplatzes behalten wir gern dem zweiten Gespräch vor."

Mit einer derartigen Einführung haben Sie schon so etwas wie eine Anleitung zum Gespräch bekommen. Sie wissen, dass es um ein allgemeines Kennenlernen geht. Der Arbeitgeber wird sehr wahrscheinlich noch mehrere Bewerber an diesem Tage hören, er will sich über alle Kandidaten erst einmal ein Bild machen. Es muss Ihnen also klar sein, dass Sie sich nicht in Einzelheiten verlieren dürfen, sondern dass Sie sich auf das Wesentliche beschränken müssen, nämlich:

- Kenntnisse der Tätigkeit
- Gehalt
- Eintrittstermin

Für Fachfragen zur Tätigkeit stehen Ihnen die Vorgesetzten zur Verfügung, für die wichtigsten Vertragsfragen der Personalleiter.
Sie wissen ferner, wie Sie sich vorstellen sollen: Erstens kurz, und zweitens sollen Sie den Grund für Ihre Bewerbung angeben. Schließlich wissen Sie, dass die wichtigsten Vertragsfragen am Gesprächsende behandelt werden. Es wäre deshalb ein Fehler, wenn Sie im Laufe des Gespräches danach fragten, wie denn die Stelle eigentlich dotiert sei. Die Antwort wäre: „Darauf kommen wir – wie ich bereits schon sagte – am Ende des Gespräches."
Ebenso falsch ist es, sich an ungeeigneter Stelle, etwa mitten in einem Fachthema, nach dem Urlaubsanspruch zu erkundigen. Sie erwecken damit den Anschein von Desinteresse.
Ein Vorstellungsgespräch, das als Informationsaustausch aufgebaut ist, bietet Ihnen als Bewerber viele Vorteile. Sie können ergänzende Anmerkungen zu Ihrem Werdegang machen (am besten nur auf Abfrage, um nicht Gefahr zu laufen, anstelle einer Darstellung zu vieles zu kommentieren) und die für Sie wichtigen Inhalte der Tätigkeit in Erfahrung bringen. Meistens wird Ihnen der zuständige Fachvorgesetzte kurz das Arbeitsgebiet umreißen und man wird Sie auffordern, dazu noch weitere Fragen zu stellen. Dies wäre dann wieder eine Gelegenheit, einschneidende Fehler zu begehen.
Lesen Sie eine Zusammenstellung von falschen Antworten auf die Erkundigung, ob der Bewerber noch weitere Fragen hätte:

- Nein.
- Nein, das ist mir soweit alles klar.
- Nein, Sie haben mich überzeugt.
- Nein, was soll ich da noch fragen?
- Nein, das ist exakt das, was ich will.
- Nein, mir fällt momentan keine Frage ein.
- Ja schon, aber mir fällt dazu momentan keine Frage ein.
- Ja, aber ich weiß nicht, wo ich anfangen soll.
- Ja, ich habe mir da einen Zettel mit Fragen mitgebracht, Moment mal, wo ist der gleich. Ach ja hier, also wie ist es denn mit der Bezahlung?
- Nein, mich interessiert eigentlich jetzt die Dotierung.
- Nein, das ist o. k. so, wann kann ich denn anfangen?

Alle Antworten stammen aus der Praxis, es ging um Bewerbungen auf die Position eines Operators, immerhin einer qualifizierten Tätigkeit; alle Bewerber hatten akademische Abschlüsse. Die Antworten sprechen für sich und müssen nicht weiter kommentiert werden.
Bitte bedenken Sie immer, dass das erste Bewerbungsgespräch dem Kennenlernen dient; allzu spezielle Fragen, besonders zu Vertragskonditionen, sind eher unangebracht. Die elementaren Fragen wie Gehalt und Eintrittstermin

werden hingegen schon vonseiten des Arbeitgebers angesprochen, hierauf sollten Sie vorbereitet sein. Die Frage nach dem Eintrittstermin ist rasch beantwortet, da die Kündigungsfristen festliegen, und bei Arbeitslosigkeit ist man ohnehin sofort verfügbar.

Über das Gehalt muss man sich meist länger unterhalten.

Den Arbeitgeber interessiert im ersten Informationsgespräch nur eine ungefähre Größenordnung. Er will von Ihnen wissen, ob Sie mit Ihren Gehaltswünschen in sein Gehaltsgefüge passen oder nicht. Weitere Einzelheiten, also z. B. Sonderleistungen, Urlaubs- und Weihnachtsgeld, tarifliche Leistungen usw., sind in aller Regel dem zweiten, vertiefenden Gespräch vorbehalten. Bei der Gehaltsfrage am Ende des Gespräches versagen viele (oftmals auch fachlich sehr gute) Bewerber und machen sich durch übertriebene oder gar keine Forderungen („Das überlasse ich ganz Ihnen!") eher lächerlich; zudem setzen sie sich der Gefahr aus, als unrealistisch beurteilt zu werden. Peinlich ist es, wenn keine Angaben kommen und der Personalleiter Ihnen auf die Sprünge helfen muss, indem er z. B. sagt: „Sie müssen aber doch einen ungefähren Anhaltspunkt haben, z. B. anhand Ihrer Lebenshaltungskosten oder anhand Ihres jetzigen Gehaltes."

Sie sollten also sehr genau wissen, was Sie verdienen müssen.

Vermeiden Sie es bitte, im ersten Vorstellungsgespräch regelrecht um das Gehalt zu feilschen.

Schließlich sei darauf hingewiesen, dass am Ende des Vorstellungsgespräches noch einmal erhöhte Aufmerksamkeit geboten ist. Denn nicht selten werden – in Aufbruchstimmung oder beim Hinausbegleiten des Bewerbers – noch ganz persönliche Fragen gestellt, z. B. was man denn eigentlich in der Freizeit mache oder ob einem das Gespräch gefallen habe. Antworten Sie hier knapp und verbindlich und lassen Sie sich nicht zu längeren Ausführungen hinreißen, auch dann nicht, wenn Sie Interesse feststellen. Die Frage nach Ihrem Eindruck des Gespraches sollten Sie immer positiv beantworten, selbst wenn es noch so unangenehm war, andernfalls würden Sie sich nur Ihre Chancen verderben. Absagen können Sie immer noch, wenn es Ihnen im Unternehmen nicht gefallen hat. Warten Sie jedoch erst einmal ab, ob der Arbeitgeber seinerseits Sie zu einem zweiten Gespräch einlädt.

Leider gibt es immer wieder Bewerber, die zum Schluss eines Gespräches redselig werden und ungebeten uninteressante Dinge erzählen, die in der Regel mehr schaden als nutzen, z. B. dass sie glauben, den Abteilungsleiter aus dem Tennisverein zu kennen, oder dass mal ein Freund vor langer Zeit im Unternehmen tätig war oder dass (allen Ernstes!) die Tiefgarage des Hauses ihn sehr beeindruckt habe.

Fragen zum Unternehmen/Betrieb

Fragen zum Unternehmen, zum Betrieb oder zur Firma tauchen im Vorstellungsgespräch fast immer auf, und zwar von beiden Seiten. Für den Arbeitgeber kommt es in erster Linie darauf an zu erfahren, ob der Bewerber ein Interesse am Unternehmen hat und ob er weiß, was eigentlich der Unternehmenszweck ist. Für den Bewerber dagegen ist es wichtig, mehr über das Unternehmen zu erfahren, als er bisher schon weiß.
Wie bereits ausführlich dargestellt, sollten Sie bei einer Bewerbung gut darauf vorbereitet sein, bei wem Sie sich eigentlich bewerben. Die ersten Anhaltspunkte kann Ihnen die Stellenanzeige geben, in der sich manchmal recht genaue Angaben über den Stellenwert des Unternehmens und seiner Produkte ergeben (z. B.: Wir sind ein international tätiges Unternehmen im Bereich der Medizintechnik mit Sitz in Erlangen und Marktführer in speziellen Segmenten). Darüber hinaus können Sie sich durch Fachliteratur oder auch bei den örtlichen Industrie- und Handelskammern oder berufsständischen Institutionen nach dem Unternehmen, für das Sie sich bewerben, erkundigen. Sie müssen auf folgende Fragekonstellationen vorbereitet sein:

- Haben Sie schon mal etwas von unserem Unternehmen gehört?
- Ist Ihnen unser Haus bekannt? Wodurch?
- Wissen Sie, was wir herstellen?
- Warum bewerben Sie sich ausgerechnet bei uns?
- Kennen Sie unsere Firma aus der Fachpresse?
- Waren Sie schon einmal an einem Stand unseres Hauses bei der CeBIt-Messe in Hannover?
- Wissen Sie um die Problemfelder unseres Unternehmens?
- Was halten Sie von unserem Unternehmen?
- Wenn Sie den Namen unseres Unternehmens hören, was fällt Ihnen dann spontan ein?
- Kennen Sie die Werbung unseres Hauses?
- Gefällt Ihnen die Werbung unserer Firma?
- Gefällt Ihnen unsere Internetpräsenz?

Das sind nur Beispiele, die aber alle auf das Gleiche hinauslaufen, nämlich zu erkunden, ob Sie überhaupt wissen, welcher Art das Unternehmen ist, bei dem Sie sich bewerben, welche Bedeutung es am Markt hat und ob Sie sich mit seinen Zielen schon einmal auseinandergesetzt haben. (Im o. g. Abschnitt „Muss man sich vorbereiten?“ wurde auf dieses Thema ausführlich eingegangen.)
Im Vorstellungsgespräch haben nun auch Sie als Bewerber die Möglichkeit, sich ein persönliches Bild von Ihrem künftigen Arbeitgeber zu machen. Was

Sie also noch nicht wissen, sollten Sie in geeigneter Form und an geeigneter Stelle nachfragen. Mit der Art Ihrer Fragestellung können Sie zudem Ihr Interesse unter Beweis stellen.
So können Sie z. B. sagen: „Ich habe gelesen, dass Ihr Haus Absatzprobleme im Segment X hat. Ist das eine vorübergehende, konjunkturbedingte Phase oder gibt es generelle Probleme?" Damit zeigen Sie, dass Sie sich mit dem Unternehmen auseinander gesetzt haben, gleichzeitig können Sie aus der Antwort des Arbeitgebers entnehmen, wie es um seine wirtschaftliche Situation bestellt ist. Dieser Punkt ist in aller Regel für Sie auch der wichtigste. Sie wollen wissen, ob das Unternehmen gesund ist und Ihr Gehalt und Ihr (neuer) Arbeitsplatz auf Dauer gesichert sind.
Und schließlich kann es Ihnen ja nicht gleichgültig sein, bei *wem* Sie arbeiten, *wofür* Sie sich einsetzen, ganz gleich in welcher Position. Auch politische oder konfessionelle Gründe können eine Rolle spielen. Wenn z. B. eine Partei einen Mitarbeiter sucht, dann müssen Sie als Bewerber bereit sein, die Ziele der Partei durch Ihre Tätigkeit zu unterstützen; möglicherweise ist es sogar am vorteilhaftesten, wenn Sie Mitglied dieser Partei sind. Vergleichbares gilt für die zahlreichen Vereine, Verbände und andere Interessenvertretungen, wie auch für konfessionelle Einrichtungen, z. B. Krankenhäuser. Ihrer persönlichen Entscheidung bleibt es allerdings überlassen, wenn Sie z. B. überzeugter Pazifist sind und sich in einem Unternehmen bewerben, das auch Rüstungsgüter herstellt; dann müssen Sie sich schon überlegen, ob Sie dort auf Dauer glücklich werden.
Nutzen Sie deshalb als Bewerber das Vorstellungsgespräch zu weitergehenden Fragen nach dem Unternehmen, dem Unternehmenszweck und etwaigen Beteiligungen oder Konzerngebundenheiten.

Fragen zum Arbeitsgebiet

Mit Ihrer Bewerbung wollen Sie sich verändern, wenn nicht gar verbessern. Deshalb müssen Sie unbedingt ganz genau wissen, welches konkrete Arbeitsgebiet Sie erwartet. Die ersten Anhaltspunkte finden Sie normalerweise in der Stellenanzeige, auf welche Sie sich beworben haben. Nun kann man in einer solchen Anzeige nicht alle Einzelheiten unterbringen. Deshalb ist Ihre zweite wichtige Informationsquelle das Vorstellungsgespräch, in dem Ihnen weitere Details zur ausgeschriebenen Position mitgeteilt werden. Das sind aber in aller Regel nur die wichtigsten Fakten, die vor allem für den Arbeitgeber von Bedeutung sind:

- Fachliche Voraussetzungen für die ausgeschriebene Position
- Stellenwert der Position
- Eventuell Arbeitszeitprobleme (Schichtarbeit, Überstunden, Reisen usw.)

Hinterfragen Sie deshalb zunächst, was genau Sie zu tun haben, soweit sich das nicht bereits aus den Ausführungen des Arbeitgebers ergeben hat. Wenn Sie den Aufgabenbereich in ähnlicher Form bereits bei Ihrem jetzigen Arbeitgeber ausüben, dann fragen Sie nach Besonderheiten, z. B. mit welchem EDV-System man arbeitet oder ob es firmenspezifische Besonderheiten gibt. Wenn Sie sich für eine Stelle im Finanzwesen bewerben, könnten Sie z. B. fragen, ob online banking in der Firma angewendet wird. In größeren Unternehmen gibt es meistens klare Stellenbeschreibungen, die man Ihnen auch im Gespräch präsentiert. Wenn nicht, dann fragen Sie bitte nicht ausdrücklich danach; man könnte annehmen, Sie wollten nur machen, was exakt vorgegeben ist, und es mangele Ihnen an Flexibilität.

Fragen Sie auch danach, wer Ihre Vorgesetzten sind und ob dies männliche oder weibliche Mitarbeiter sind. Denn manch einer kommt nicht mit Frauen als Vorgesetzten aus, andere bevorzugen Frauen als Abteilungsleiter.

Eine ganz wichtige Frage ist, warum die Position eigentlich zu besetzen ist. Handelt es sich um eine Ersatzeinstellung, weil jemand ausgeschieden ist, oder um eine Zusatzeinstellung, z. B. weil in der betreffenden Abteilung Verstärkung benötigt wird? Im letzten Fall wird der Arbeitgeber keine Probleme haben, Ihnen zu erläutern, z. B. dass der Umsatz enorm gestiegen ist und man unbedingt eine weitere Kraft brauche. Im ersten Fall hingegen halten sich viele Arbeitgeber eher bedeckt. Anhand der Antworten können Sie jedoch mit etwas Gespür leicht erkennen, ob man sich von einem Mitarbeiter getrennt hat, z. B. weil er den Anforderungen an die Position nicht mehr gewachsen war, oder ob jemand nur gekündigt hat, um sich zu verändern. Natürlich werden Sie hier keine Einzelheiten erfahren, die Sie auch bitte nicht abfragen sollten. Doch wenn Ihnen der Personalleiter z. B. mitteilt, der jetzige Stelleninhaber sei beurlaubt worden, dann sollten Sie vorsichtig sein. Es könnte sich um eine schwierige Aufgabenstellung in einem schwierigen Umfeld handeln; übrigens kann man auch auf die Frage, ab wann denn die Stelle zu besetzen sei, Anhaltspunkte für interne Probleme heraushören. Ist die Stelle im Rahmen einer Ersatzbeschaffung sofort zu besetzen, dann kann das ein Indiz dafür sein, dass man sich sehr kurzfristig vom früheren Arbeitnehmer getrennt hat. Achten Sie deshalb auf solche Feinheiten und hören Sie bei den Antworten genau hin.

Schließlich sollte man sich auch noch erkundigen, ob man in einem Arbeitszimmer allein arbeitet oder mit anderen Mitarbeitern zusammen. Wenn Sie bislang nur allein gearbeitet haben, könnte es Ihnen schwer fallen, den Raum mit einer anderen Person zu teilen. Wenn Sie Nichtraucher sind, wird Sie sehr wahrscheinlich ein rauchender Kollege stören. Dann stellt sich ferner die Frage, ob die ausgeschriebene Position teamorientiert ist oder ob Sie mehr oder weniger alleinverantwortlich tätig sein können. Wer noch nie im Team gearbeitet hat, wird sich schwer tun, sich anzupassen. Allerdings kann sich hier

auch wieder eine Bewerberfalle auftun. Wenn Sie nämlich konsequent Wert darauf legen, allein zu arbeiten, wird der Arbeitgeber Überlegungen darüber anstellen, ob und inwieweit Sie überhaupt kooperativ sind.
Stellen Sie die Fragen nach diesen Dingen ganz sachlich, und unterlassen Sie alle Wertungen. Überlegen Sie zu Hause für sich, ob das angesprochene Arbeitsgebiet inhaltlich, persönlich und von den personellen und räumlichen Gegebenheiten her Ihren Vorstellungen entspricht. Haben Sie ernste Bedenken, dann sagen Sie nach dem Gespräch lieber ab, ansonsten sollten Sie bis zu einem zweiten Bewerbungsgespräch warten, um Zweifelsfragen noch einmal genauer zu besprechen. Wenn Sie dagegen einen guten Eindruck von dem Arbeitsgebiet gewonnen haben und Sie sich vorstellen könnten, hier befriedigend tätig zu werden, dann stellen Sie sich den neuen Herausforderungen.

Fragen nach den vertraglichen Konditionen

Wie Sie nun wissen, dient das Bewerbungsgespräch in aller Regel dem persönlichen Kennenlernen und im Mittelpunkt stehen Bewerberpersönlichkeit und Aufgabengebiet. Vertragliche Fragen beschränken sich beim ersten Gespräch normalerweise auf Ihre Gehaltsvorstellungen und auf Ihren frühestmöglichen Eintrittstermin. Dennoch kommt es nicht selten vor, dass der Personalleiter kurz weitere Vertragspunkte streift, deren Vertiefung er für das etwaige zweite Bewerbungsgespräch in Aussicht stellt. Es gibt aber durchaus auch Bewerbungsgespräche, die sich im Wesentlichen aus zwei Hauptblöcken zusammensetzen: 1. Erläuterung des Aufgabengebietes und 2. Besprechung der vertraglichen Konditionen.
In einem solchen Falle sollten Sie schon vorbereitet sein, besonders dann, wenn man Ihnen Fragen zum Vertragsinhalt vorlegt. Fragen zum Vertragsinhalt sind auch abhängig von der Position. Bewerber auf ganz normale Positionen fragen relativ häufig sehr genau und sehr umfangreich nach Einzelheiten. Das mag seinen Grund darin haben, dass das Interesse an einer Verbesserung im Vordergrund steht. In qualifizierten und leitenden Positionen werden bestimmte Sozialleistungen als selbstverständlich vorausgesetzt, es geht dann vor allem noch um die Festlegung eines Jahresgehaltes und der darin enthaltenen Bestandteile (z. B. auch privat nutzbares Dienstfahrzeug), im Übrigen wartet man dann bei Interesse des Arbeitgebers auf ein schriftliches Vertragsangebot.
Folgende wichtige Vertragspunkte könnten angesprochen werden:

- Genaue Stellen- bzw. Tätigkeitsbeschreibung mit Angaben zu Unterstellungen und Überstellungen
- Genauer Eintrittstermin
- Gehalt einschließlich Zusatzleistungen, das heißt 13. Gehalt

- Gehaltliche Eingruppierung z. B. laut Tarifvertrag
- Tarif- und manteltarifvertragliche Besonderheiten
- Interne Besonderheiten aufgrund von Betriebsvereinbarungen (z. B. Zusatzurlaub bei längerer Betriebszugehörigkeit, Essensgeld oder Stellung eines Nahverkehrstickets)
- Urlaub
- Zusatzurlaub bei Schwerbehinderten
- Arbeitszeiten
- Reisetätigkeiten und deren Abrechnung
- Probezeitregelungen
- Kündigungsfristen

Wenn Sie sich auf eine neue Position bewerben, dann werden Sie selbst am besten wissen, wie Ihre jetzige arbeitsvertragliche Situation aussieht. Leider gehen viel zu wenig Bewerber vor einem Bewerbungsgespräch noch einmal alle Punkte ihres jetzigen Arbeitsvertrages durch, um zu prüfen, was eventuell wichtig sein könnte. Es wurde bereits an anderer Stelle (vgl. Seite 213) der Rat gegeben, sich auf vier wichtige Fragen zu konzentrieren:

- Genaue Beschreibung des Arbeitsgebietes
- Gehalt
- Eventuell Zusatzleistungen des Arbeitgebers
- Eintrittstermin

Das sei an dieser Stelle wiederholt. Diese vier Bereiche *müssen* Sie im Kopf haben. Sie sollten als guter Bewerber auch ohne schriftlichen Fragebogen oder Merkzettel in der Lage sein, zu diesen Themenkomplexen entsprechende Fragen zu stellen, aber auch Antworten parat haben. Es könnte ja sein, dass der Personalleiter zu Beginn der Diskussion über die vertragliche Problematik Sie ganz allgemein fragt, wie denn Ihre vertragliche Situation aussieht und ob Ihr jetziger Arbeitgeber tarifgebunden ist. Damit will er wissen, ob tarifvertragliche Leistungen vorliegen und ggf. welche, und er will vielleicht auch in Erfahrung bringen, was Ihnen wichtig ist, nur das Gehalt oder auch die Nebenleistungen. Dass diese es manchmal (nicht nur rechnerisch) in sich haben, ist inzwischen kein Geheimnis mehr. Dazu gleich ein Beispiel.
Wenn Sie z. B. ein Arbeitgeber darauf hinweist, dass er tarifgebunden ist und sich fast alle Konditionen nach diesen Verträgen richten, dann sollten Sie spätestens beim zweiten Vorstellungsgespräch fragen, ob Sie diese Tarifverträge kurz einsehen dürften, sofern nicht – was der Regelfall ist – die dort enthaltenen Konditionen auch in Ihrem Arbeitsvertrag ausdrücklich enthalten sind. Dann reicht es, wenn Sie das Vertragsangebot abwarten und sorgfältig studieren. Der Hinweis auf die Tarifgebundenheit kann aber auch nachteilig sein,

nämlich in der Weise, dass ein Arbeitgeber nur das bietet, was ihm der Tarifvertrag vorschreibt, jedoch nicht mehr. In einem solchen Fall müssen Sie tatsächlich sehr genau vergleichen, welche vertraglichen Konditionen unter Einbeziehung der freiwilligen Leistungen bei Ihrem jetzigen Arbeitgeber gelten und was künftig auf Sie zukommt.
Doch nun zum angekündigten Beispiel:

Eine Bewerberin (31 Jahre alt) bewarb sich als Finanzbuchhalterin in einem Unternehmen, weil sie sich beruflich und gehaltlich verbessern wollte. Der ausgeschriebene Tätigkeitsbereich sagte ihr sehr zu und ließ auch die Chance erkennen, beruflich weiterzukommen, was im letzten Unternehmen nicht der Fall war. Der neue Arbeitgeber bot € 2 500,– brutto an, womit die Bewerberin freudig einverstanden war, da sie bislang nur € 2 400,– verdiente. Sie bekam die Position und unterschrieb den Arbeitsvertrag, in dem auf einen für die betreffende Branche relevanten Tarif- und Manteltarifvertrag Bezug genommen wurde. Erst nach einigen Monaten bemerkte die Bewerberin, dass sie sich zwar positionsmäßig, nicht jedoch finanziell verbessert hatte. Beim letzten Arbeitgeber waren ihr 13,9 Gehälter im Jahr sicher, das heißt € 33 750,–, beim neuen Arbeitgeber nur 13,5 Gehälter, das heißt € 33 360,–. Ferner hatte sie € 15,– im Monat an Essensgeld (€ 180,– p. a.), € 25,– an Fahrgeldzuschuss (€ 300,– p. a.) und € 39,– pro Monat an Übernahme für vermögenswirksame Leistungen (€ 468,– p. a.), was beim neuen Arbeitgeber mit € 312,– p. a. weniger war. Aufs Jahr gerechnet war sie also bisher auf € 34 308,– gekommen gegenüber € 34 062,– beim neuen Arbeitgeber, also rund € 250,– weniger.

Nun könnten Sie einwenden, dass € 250,– aufs Jahr gerechnet keine Größenordnung seien, wenn man dafür einen besseren Arbeitsplatz bekommen hat. Dennoch macht dieses Beispiel deutlich, dass Sie bei einem Positionswechsel genau rechnen müssen und auch bereits für das Vorstellungsgespräch entsprechend vorbereitet sein sollten. Damit Sie ohne Papier und Taschenrechner im Vorstellungsgespräch gelassen reagieren können, merken Sie sich diesen **Tipp**:

- Errechnen Sie Ihr Jahresgehalt einschließlich aller Zusatzleistungen wie Weihnachtsgeld, Urlaubsgeld, Sonderzuwendungen (z. B. regelmäßige Prämien) usw. und merken Sie sich die Summe.

Im oben genannten Beispiel waren das € 33 360,–. Im Vorstellungsgespräch müssen Sie die gehaltliche Größenordnung des neuen Arbeitgebers zu erfahren versuchen einschl. des Hinweises, ob 13, 13,5 oder gar 14 Gehälter gezahlt werden, damit Sie rasch Ihr neues Jahresbruttoentgelt errechnen können. Liegt

es höher als Ihr jetziges, dann verbessern Sie sich in jedem Fall, weitere Zusatzleistungen brauchen Sie dann gar nicht mehr abzufragen bzw. sollten Sie dem zweiten Gespräch vorbehalten. Wenn man Ihnen, um beim Beispielsfall zu bleiben, € 2 500,– monatlich signalisiert bei 14 Gehältern, dann wissen Sie, dass Sie mit € 35 000,– im Jahr deutlich über Ihrem jetzigen Gehalt liegen, mit weiteren Leistungen bauen Sie die Verbesserung nur noch aus.
Im Übrigen gilt für das Thema Gehalt, was bereits früher erwähnt wurde. Bereiten Sie sich auf eine solche Frage gut vor, prüfen Sie, was Sie jetzt verdienen und künftig verdienen wollen. Lassen Sie dabei Ehrlichkeit und Realitätssinn walten. Legen Sie immer Wert auf die Feststellung, dass es Ihnen in erster Linie auf die Position ankommt, von der Sie annehmen, dass sie auch leistungsgerecht dotiert wird. Vermeiden Sie übertriebene Gehaltsforderungen. Sie können sich dabei nur Ihre Chancen verderben.
Tasten Sie sich an das Gehaltsgefüge des Arbeitgebers heran und geben Sie eine Frage nach Ihrem Wunschgehalt in höflicher Form zurück: „Ich habe zwar ein Wunschgehalt, das sich aus meinem jetzigen Einkommen und einer Verbesserung zusammensetzt, doch weiß ich nicht, welches Gehaltsgefüge in Ihrem Hause besteht, das ja auch zu beachten sein wird. Ich bin sicher, dass es – sofern meine Bewerbung Aussicht auf Erfolg hat – nicht am Gehalt scheitern wird. Zu Kompromissen oder einem Stufenmodell bin ich jedenfalls bereit und würde nun gern wissen, wie Sie die Dotierung der Position sehen."
Damit machen Sie nichts falsch, signalisieren Verhandlungsbereitschaft und müssen Ihr Wunschgehalt nicht gleich offen legen. Nur in den seltensten Fällen wird man Sie nach einer solchen Antwort noch fragen, was Sie denn nun konkret verdienen wollen.
Wichtig ist ferner, dass Sie auf die Frage nach Ihrem Eintrittstermin eine Antwort geben können. Meistens wird das bereits in den Stellenanzeigen abgefragt und muss demzufolge bereits im Bewerbungsanschreiben stehen. Dennoch fragen viele Arbeitgeber noch einmal gern nach, weil sich so mancher Bewerber bei dieser Frage schon in Widersprüche verwickelt hat. Ausgangslage für Sie muss sein, zu wann die neue Position zu besetzen ist. Das erfahren Sie aus der Stellenanzeige oder aus dem Gespräch. Anhand Ihrer vertraglichen Kündigungsfristen können Sie dann errechnen, ab wann Sie für eine neue Position frei sind. Dabei müssen Sie auch bedenken, nicht vom Termin des Vorstellungsgespräches ab zu rechnen, sondern Sie sollten eine gewisse Dauer der Entscheidungsphase beim Arbeitgeber einschließlich der Fristen zur Mitbestimmung des Betriebs- oder Personalrates (eine Woche) einplanen. Wenn Sie also am 11.4.2002 zu einem Vorstellungsgespräch eingeladen waren und Ihnen der Arbeitgeber signalisiert hat, dass er sich Ende April entscheiden werde, dann können Sie sich gut und gerne darauf einstellen, dass Sie zu etwa Mitte Mai 2002 eine definitive Entscheidung bekommen. Das genügt allemal, um mit

einer Frist von sechs Wochen zum Quartalsende bei Ihrem jetzigen Arbeitgeber zu kündigen. Aber: Kündigen Sie erst dann, wenn Sie einen neuen Arbeitsvertrag sicher in der Tasche haben!
Tatsache ist, dass das Kündigungsfristengesetz Ihnen als Arbeitnehmer die Möglichkeit bietet, mit einer kurzen Frist von vier Wochen zu kündigen. Steht also in Ihrem Arbeitsvertrag z. B. „es gelten die gesetzlichen Kündigungsfristen", dann können Sie gemäß oben genannter Frist auch kündigen. Sind aber über die gesetzlichen Kündigungsfristen hinaus, wie im Beispielsfall, individuelle Abmachungen zu längeren Kündigungsfristen getroffen worden, dann gelten diese weiter.
Bedenken Sie bei den Fragen zu den vertraglichen Konditionen bitte immer, dass diese in aller Regel am Ende des Vorstellungsgespräches gestellt werden oder von Ihnen zu stellen sind. Der oben genannte Fragenkatalog soll Ihnen lediglich zur Vorbereitung und zu Ihrer eigenen Sicherheit aufzeigen, was der Arbeitgeber ansprechen wird, oder auch, was für Sie wichtig sein könnte. Das heißt aber nicht, dass Sie gleich alles punktuell abfragen müssen. Warten Sie lieber ab, wie der Arbeitgeber in diesen Themenkomplex einsteigt und worauf er Wert legt, und reagieren Sie entsprechend darauf. Noch einmal: Gezieltere Fragen zu vertraglichen Konditionen sind üblicherweise Gegenstand eines zweiten Bewerbungsgespräches. Sozialleistungen und betriebliche Zusatzleistungen des neuen Arbeitgebers hingegen können Sie an geeigneter Stelle en bloc abfragen. Meistens wird man Ihnen aber schon vorher während des Gespräches einige Hinweise geben, auf die Sie dann entweder per Nachfrage eingehen können oder aber (noch besser) die Sie souverän zur Kenntnis nehmen. Schätzen Sie für Ihre Fragen in dieser Hinsicht immer die jeweilige Gesprächssituation ab. Gibt Ihnen der Arbeitgeber über die oben genannten Elementarpunkte nur pauschal Auskünfte, dann heißt das, dass Sie im zweiten Gespräch oder beim konkreten Vertragsangebot nachfragen können. Stellt er Ihnen frei, zum Vertrag Fragen zu stellen, dann sollten Sie sich nicht mit Einzelheiten verzetteln.
Ganz unmöglich, aber leider nicht selten, ist es, als eine der ersten Fragen die nach dem Urlaub zu stellen. Der Urlaub ist für alle arbeitenden Menschen wichtig, aber das wissen auch die Arbeitgeber. Infolgedessen haben sie eine interne Urlaubsplanung. Eine Urlaubsdauer von 30 Tagen im Jahr hat sich heutzutage allgemein durchgesetzt und ist in den meisten Manteltarifverträgen festgeschrieben. Fragen danach sind deshalb eher überflüssig. Anders ist es bei Saisonbetrieben und bei Unternehmen, die zu bestimmten Zeiten (Messen, feste Auslieferungstermine usw.) generell Urlaubssperren haben. Hier kann man durchaus auf angemessene Weise nachfragen.
Wichtig sind noch zwei Punkte: die Arbeitszeit und die Probezeit. Die Arbeitszeiten sind ebenfalls meistens manteltarifvertraglich geregelt, aber es

gibt Positionen, in denen erwartet wird, dass man über die normale Arbeitszeit hinaus im Unternehmen ist (z. B. im EDV-Bereich) oder auch bereit ist, bei Bedarf (Auftragsbearbeitung) Mehrarbeit zu leisten. In vielen Unternehmen bestehen Gleitzeitregelungen, die zwar für die eben beschriebenen Positionen keine Gültigkeit haben, nach denen man sich aber dennoch erkundigen sollte. Wenn ein Bewerber für eine leitende Position (Diplom-Physiker, der sich bei einem Forschungsinstitut bewarb) allen Ernstes fragt: „Von wann bis wann muss ich denn arbeiten?", zeugt das nicht nur von mangelndem Realitätssinn, sondern legt auch die Vermutung nahe, dass das Interesse des Kandidaten an seiner Arbeit und an der Firma durch konkrete Zeitvorgaben begrenzt ist. Besser wäre es, einfach zu fragen: „Wie sehen die Arbeitszeitkonditionen bei Ihnen aus, gibt es feste oder gleitende Arbeitszeit, gibt es bei Mehrarbeit Möglichkeiten des Freizeitausgleiches und sind bestimmte feste Termine einzuhalten?" Mit dem letzten Hinweis signalisieren Sie zudem Unternehmensinteresse und die Bereitschaft, sich auf unternehmensspezifische Besonderheiten einzustellen bzw. zumindest solche erkannt zu haben.

Erfragen sollten Sie in jedem Fall, wenn es sich ergibt, ob der Arbeitgeber eine Probezeit vorgesehen hat. Das ist zwar in den meisten Verträgen Standard, doch kann diese Frage bei manchen Positionen von ganz besonderer Wichtigkeit sein. Insbesondere dann, wenn Sie sich nach auswärts oder gar um eine Auslandstätigkeit bewerben. In diesen Fällen ist die Dauer der Probezeit nicht nur unter dem arbeitsrechtlichen Aspekt zu sehen, sondern es ergeben sich ganz konkrete Probleme, die organisiert und geregelt werden müssen. Wenn Sie sich z. B. beruflich von Berlin nach München verändern und ein halbes Jahr Probezeit im Vertrag haben, dann können Sie davon ausgehen, dass Sie spätestens nach einem halben Jahr umziehen müssen. Daher ist auch zu regeln, wer während der Probezeit z. B. die Kosten für Heimfahrten oder für Ihre Unterbringung am Arbeitsort trägt.

Fragen zu vertraulichen Konditionen sind zwar wichtig, bergen aber viele Bewerberfehler in sich. Konzentrieren Sie sich im ersten Bewerbungsgespräch auf das Wesentliche: Arbeitsgebiet, Gehalt, Sonderleistungen und Eintrittstermin. Nur wenn es sich ergibt, können Sie weitere Punkte abfragen. Ansonsten werden Einzelheiten immer im zweiten Bewerbungsgespräch und/oder beim konkreten Vertragsangebot erörtert. Verzetteln Sie sich nicht mit nebensächlichen Einzelheiten, zeigen Sie sich souverän.

Fragen zum Prozedere

Es gibt viele Bewerber, die beim Vorstellungsgespräch so aufgeregt sind, dass sie viele wichtige Fragen vergessen, und zwar in allen Bereichen. Die vorangegangenen Abschnitte haben Ihnen Ansatzpunkte gegeben, wie man dies vermeiden kann.
Nun steht noch ein ganz wichtiger Bereich aus: Wie geht es nach einem Bewerbungsgespräch weiter? Aus der Sicht des Bewerbers formuliert: Wann kann ich mit der Entscheidung rechnen, den Job zu bekommen?
Üblicherweise wird der Personalleiter oder der Gesprächsführer zum Ende des Bewerbungsgesprächs von selbst auf diese Frage eingehen. Weil aber das erste Bewerbungsgespräch meistens der Information dient, ist es auch nicht selten, dass man ohne Umstände auseinander geht ohne etwas über die weitere Verfahrensweise verlauten zu lassen. Dann sollten Sie als Bewerber aktiv werden und höflich nachfragen. Das typische Gesprächsende im ersteren Fall sieht etwa so aus:

> „Wir haben nun eine ganze Menge an Dingen ausgetauscht und wir hoffen, dass wir Ihnen das angebotene Aufgabengebiet näher bringen konnten. Wir haben heute und auch morgen noch weitere Bewerber zu Gast. Danach werden wir dann zu prüfen haben, mit wem wir ein zweites Gespräch führen. Mit Blick auf die Terminkalender Ihrer Gesprächspartner wird es nicht ganz einfach sein, dann sehr schnell zu einem Ergebnis zu kommen, wir sind aber sehr darum bemüht, zumal wir die Position ja auch recht bald besetzen wollen, Ihnen rasch Nachricht zu geben. Wir denken, dass das in etwa 14 Tagen der Fall sein wird. Im positiven Fall laden wir Sie zum zweiten Gespräch ein, im negativen Fall werden wir Ihnen die Unterlagen wieder zurücksenden."

Lassen Sie sich bitte nicht irritieren, wenn ein Arbeitgeber etwas knapper formuliert und sagt: „Vielen Dank für das Gespräch, wir melden uns wieder bei Ihnen." Sie können dann nachhaken und fragen, wann das ungefähr sein wird. Vermeiden Sie bohrende Fragen nach festen Terminen, z. B.: „Kann ich denn bis zum 13. April 2002 mit einer Entscheidung rechnen?" Damit könnten Sie unter Umständen verraten, dass Sie bis zu einem bestimmten Termin eine Entscheidung brauchen, z. B. weil Sie gekündigt worden sind, dies aber im Gespräch nicht erwähnt haben.
Wenn der Arbeitgeber selbst sich nicht zum Prozedere äußert, dann sollten Sie – schon im eigenen Interesse (wenn Sie gar nicht fragen, könnte man Ihnen das auch als Desinteresse auslegen) – höflich nachfragen, wann in etwa mit einer

Entscheidung zu rechnen sei. Man wird sich dann einer Antwort nicht verschließen.
Meistens ergibt sich die Frage nach der Entscheidung über eine Bewerbung auch schon im Vorstellungsgespräch selbst, nämlich bei der Frage, ab wann man zur Verfügung stehen könne. Wenn Sie als Bewerber hier Fristen einzuhalten haben, dann sollten Sie das offen ansprechen. Hat der Arbeitgeber seinerseits weiteres Interesse an Ihrer Bewerbung, wird er darauf eingehen und sich bemühen, zu einem raschen Ergebnis zu kommen. Persönliche Gründe für eine rasche Entscheidung können sein:

- Einhaltung von Kündigungsfristen
- Bevorstehender Urlaub
- Längere Dienstreisen
- Drohende Arbeitslosigkeit
- Zugzwang bei anderen Bewerbungen

Der letzte Punkt ist eine gefährliche Bewerberfalle. Meistens wird schon am Anfang des Vorstellungsgespräches zur Feststellung des spezifischen Firmeninteresses u. a. gefragt, ob man sich noch anderweitig beworben hätte. Hat man diese Frage verneint, dann darf man natürlich später nicht sagen, man müsse sich bis zum 13.4.2002 bei der Firma X entschieden haben, würde aber viel lieber „hier" arbeiten wollen.
Wenn Sie sich aber – aus welchen Gründen auch immer – noch bei anderen Firmen beworben haben, dann können Sie das offen zugeben. Wenn Sie z. B. arbeitslos oder von Arbeitslosigkeit bedroht sind, nimmt es Ihnen kein Arbeitgeber übel, wenn Sie auch anderswo Ihr Glück versuchen. Will er Sie wirklich als neuen Mitarbeiter haben, dann wird er sich bemühen, rasch zu einer Entscheidung über Ihre Bewerbung zu kommen. Gleiches gilt, wenn Sie eine Kündigungsfrist einzuhalten haben.
Erinnern Sie sich bitte daran, dass bei solchen Entscheidungsfindungen in aller Regel mehrere Personen beteiligt sind. Das kostet Zeit. Vielleicht muss der Personalleiter ja die z. B. zwischen ihm und einem Abteilungsleiter gefundene Entscheidung erst noch dem Geschäftsführer zur endgültigen Bestätigung vorlegen. Wenn der Geschäftsführer dann längere Zeit auf Reisen ist, kann es noch geraume Zeit dauern, bis Sie von dem Unternehmen Nachricht bekommen. Umso wichtiger sollte es für Sie sein, die Frage nach dem Prozedere klar und deutlich anzusprechen.
Bedenken Sie dabei bitte, dass Sie, wenn Sie eine Nachricht erwarten, erreichbar sein müssen. Es macht keinen guten Eindruck, wenn Sie auf einen raschen Entscheidungstermin drängen und dann aber in Urlaub fahren.
Nicht selten wurde in solchen Fällen schon anderen Bewerbern der Vorzug gegeben. Halten Sie sich also nach einem Vorstellungsgespräch bereit! Verges-

sen sie dabei nicht – das sei noch einmal wiederholt – Ihre Bewerberposition: Mit der schriftlichen Bewerbung hatten Sie Erfolg, man hat Sie zum Gespräch eingeladen, das Vorstellungsgespräch könnte ein zweiter, ganz entscheidender Erfolg werden. Lassen Sie den Arbeitgeber deshalb nach dem Gespräch wissen, wo er Sie am schnellsten erreichen kann, entweder zu Hause oder am Arbeitsplatz (unter Hinweis auf die gebotene Vertraulichkeit, was allerdings für die meisten Arbeitgeber selbstverständlich ist) oder ggf. im Urlaub oder auf Dienstreisen. Mit diesen Hinweisen dokumentieren Sie einerseits Interesse an der Position und zum anderen Pragmatismus.

Psychologie der Gesprächsführung

Nachdem Sie bisher die verschiedenen Inhalte kennen gelernt haben, die im Vorstellungsgespräch möglich sind, ist nun auf einen ganz besonderen Gesprächsaspekt einzugehen, nämlich auf die Psychologie der Gesprächsführung. Um Sie von vornherein zu beruhigen: Bitte bewerten Sie das nicht über. Wie bereits früher erwähnt, ist nicht jeder Personalleiter oder Gesprächsführer des Unternehmens der geborene Gesprächspartner. Wenn Sie aber meinen, nur Ihre Gesprächspartner könnten das Vorstellungsgespräch optimal leiten, gehen Sie fehl. An Beispielen wurde bereits deutlich, dass auch Sie als Bewerber das Vorstellungsgespräch beeinflussen und sogar lenken können. An dieser Stelle soll jedoch darauf eingegangen werden, mit welchen psychologischen Tricks und Taktiken Sie im Vorstellungsgespräch, oder davor oder danach, vonseiten des Arbeitgebers rechnen müssen. Dabei muss es sich nicht immer um psychologische Gesprächsführung handeln, sondern kann auch nur eine zufällig zum Zuge gekommene Schläue Ihres Gesprächspartners sein, die er für Psychologie hält.
Die Berufspsychologie, mit der wir es hier zu tun haben, beschäftigt sich damit, Arbeitsprozesse in der Wirtschaft zu analysieren, z. B. im Hinblick auf verdeckte oder offene Konfliktfelder, und damit, berufsspezifische Eignungen von Mitarbeitern und Bewerbern herauszufinden. Eine psychologische Gesprächsführung im Vorstellungsgespräch ist deshalb eine gesteuerte Unterhaltung, in der man durch bestimmte Fragestellungen oder auch nur durch das Aufzeigen von Sachverhalten herausbekommen will, wie der Bewerber reagiert und ob er einem bestimmten (erwarteten) Persönlichkeitsprofil entspricht. Es ist allerdings nicht ganz unumstritten, ob aus privaten Angaben und persönlichkeitsspezifischen Fakten wirklich Rückschlüsse auf die Berufsleistungen eines Menschen gewonnen werden können. Dass das nicht so ist,

wurde nach Angaben des renommierten Psychologen Funke von der Universität Hohenheim im dortigen Forschungszentrum für Berufsdiagnostik erarbeitet.
Im Regelfall werden Sie im ersten Vorstellungsgespräch keine echte, länger andauernde psychologische Gesprächsführung erleben. Die ist manchmal bei einem zweiten, vertiefenden Gespräch gegeben und auch nur bei qualifizierteren Positionen, bei denen es z. B. auf Führungsverhalten, Entscheidungsfreudigkeit und auch Kritikfähigkeit ankommt. Wenn Sie sich bei einem Personal- oder Unternehmensberater bewerben, der für ein Unternehmen die Personalauswahl vorbereitet, dann müssen Sie mit einem solchen konstruierten Testgespräch rechnen. Es sollte Ihnen aber angekündigt werden, und Sie sollten ferner die Gelegenheit bekommen, zu den Ergebnissen Stellung zu nehmen. Meistens wird bei der Bestätigung der Einladung gefragt, ob Sie mit einem Test oder einem psychologischen Testgespräch einverstanden sind. Es kommt aber auch nicht selten vor, dass bereits beim Vorstellungsgespräch ein Psychologe anwesend ist und zuhört. Lassen Sie sich niemals durch solche Dinge irritieren und geben Sie sich stets so unbefangen, wie Sie im privaten und im beruflichen Umgang sind.
Im ganz „normalen" Vorstellungsgespräch taucht die Fragepsychologie allenfalls bei den Themenkomplexen „Angaben zur Person" oder bei „Fragen zur Selbsteinschätzung des Bewerbers" auf. Grundsätzlich gilt:

- Erzählen Sie niemals zu viel, Unwesentliches oder allzu Privates von sich. Antworten Sie stets sachlich, prägnant und aussagekräftig. Versuchen Sie niemals sich wichtig zu machen.

Bei dem Themenkomplex „Angaben zur Person" sind die Fragen eher harmlos, können aber zur gefährlichen Falle werden, wenn man nicht genau aufpasst. Natürlich weiß der Arbeitgeber genau, dass seinem Fragerecht arbeitsrechtliche Grenzen gesetzt sind, dennoch wird immer wieder mit sanftem Druck versucht, einiges an persönlichen Angaben vom Bewerber oder der Bewerberin herauszubekommen. Dazu ein Beispiel:

Ein Unternehmen hatte bereits zwei Buchhalterinnen nacheinander wegen Schwangerschaft „verloren". Bei der Ersatzeinstellung wollte der Personalchef auf Nummer sicher gehen und die Bewerberinnen einfach fragen, ob sie demnächst den Wunsch hätten, Kinder zu bekommen. Da diese Frage jedoch ebenso wie die nach einer bestehenden Schwangerschaft unzulässig ist, überlegte sich der Personalleiter eine Taktik. Er begann mit einer jüngeren Bewerberin eine ganz lockere Unterhaltung über deren Motivation, sich auf einen zunächst befristeten Arbeitsplatz zu verändern. Dann erläuterte er, dass die jetzige Stelleninhaberin drei

> Jahre im Erziehungsurlaub sein würde und fragte die Bewerberin, was sie denn von der gesetzlichen Regelung halte, dass man bis zu drei Jahren Erziehungsurlaub nehmen könne. Die Bewerberin antwortete wörtlich: „Im Prinzip ist das eine gute Regelung, denn dadurch kann ja die Mutter relativ lange beim Kind sein bzw. auch der Vater, je nach den persönlichen Umständen. Ich weiß aber auch, dass das in den Firmen nicht immer einfach ist, dann drei Jahre jemanden als Ersatz einzustellen, wir hatten sowas bei uns auch häufiger. Und gerade bei höheren Berufen ist das ein Problem, wo will man so schnell Ersatz hernehmen. Also, mein Freund und ich haben das mal diskutiert, mal überlegt, was wir machen würden. Wir wollen erst nächstes Jahr heiraten und danach Kinder bekommen, zwei wünschen wir uns, aber das ist ja noch lange hin. Wir wollen uns jedenfalls die drei Jahre teilen, eine Hälfte er, eine Hälfte ich. Dann ist man nicht so lange aus dem Beruf, und die Kinder sind nicht allein in der ersten Zeit."

Die Bewerberin hatte hier ungewollt mehr gesagt, als gefragt war, aber genau das war die Absicht der Fragestellung. Außerdem hat der Personalchef viel mehr erfahren, als er direkt hätte fragen dürfen. Fest stand für ihn, dass er eine Bewerberin vor sich hatte, die ebenfalls Mutter werden wollte. Nun ist das kein Grund, eine Bewerberin abzulehnen, doch wissen Sie ja sicher aus Erfahrung, dass Sie in aller Regel keine genauen Begründungen für eine Bewerbungsabsage bekommen, und wenn, dann handelt es sich meistens um nichts sagende, standardisierte Absagen. Aus dem Beispiel lernt man, präzise auf die Frage zu antworten, nicht mehr und nicht weniger.
Sie sehen, wie sehr man sich als Bewerber hüten muss, einfach „drauflos" zu reden. Versuchen Sie bei solchen Fragestellungen stets hinter den Sinn zu kommen und orientieren Sie sich mit den Antworten grundsätzlich und immer am Allerwichtigsten: an der ausgeschriebenen Position. Diese wollen Sie haben, dafür müssen Sie Begründungen liefern und sich in die Erwartungshaltung des Arbeitgebers hineindenken.
Manchmal kommt es auch vor, dass man Sie mit vermeintlichen Nebensächlichkeiten testen will. Man bietet Ihnen vor Gesprächsbeginn Kaffee, Wasser oder Saft an, was durchaus üblich ist. Das Getränk sollten Sie dann auch austrinken oder zumindest einen Teil davon. Viele Bewerber bestellen sich etwas, manchmal sogar mit Bemerkungen („Ja, ein Kaffee würde mir jetzt nach der langen Fahrt gut tun"), und lassen das Getränk vor lauter Aufregung stehen. Das kann Sie als nervösen und angespannten Bewerber entlarven, auch wenn Sie sich noch so viel Mühe geben locker zu erscheinen. Alkoholika sollten Sie grundsätzlich niemals annehmen, auch nicht nach Gesprächsende. Lassen Sie sich nicht verleiten, auch nicht, wenn Ihnen der Personalchef nach dem recht

gut gelaufenen Vorstellungsgespräch sagt: „Nun wollen wir uns erst mal mit einem kleinen Cognac stärken." Lehnen Sie immer ab, nehmen Sie lieber noch einen Kaffee oder ein Wasser.
Ähnliches gilt für das Rauchen. Prinzipiell sollte man in Vorstellungsgesprächen nicht rauchen. Wenn kein Gesprächsteilnehmer raucht und auch kein Aschenbecher auf dem Tisch steht, sollten Sie, selbst wenn Sie Raucher sind, nicht nach Raucherlaubnis fragen. Raucht dagegen einer der Gesprächsteilnehmer selbst und bietet Ihnen eine Zigarette an, dann lehnen Sie höflich ab, konzentrieren Sie sich lieber auf das Gespräch. An der Art, wie Sie rauchen, kann man übrigens auch Persönlichkeitsmerkmale erkennen. Etwas anderes kann gelten, wenn Sie z. B. im zweiten Vorstellungsgespräch zum Erfolg gekommen sind und der ebenfalls rauchende Personalchef Ihnen eine Zigarette anbietet. Überlegen Sie immer, ob Rauchen in die Situation passt, und vor allem, ob Ihre Gesprächspartner Raucher sind. Ist das nicht der Fall, dann halten Sie sich zurück. Es könnte ja auch sein, dass der Arbeitgeber der Meinung ist, nur rauchfreie Mitarbeiter seien gesund. Hinter dem Zigarettenangebot eines Personalleiters kann aber auch Taktik stecken. Wenn z. B. zwei Mitarbeiter in einem Raum tätig sind und einer davon Rauch nicht verträgt, dann könnte die Annahme einer Zigarette für Sie als Bewerber das Aus bedeuten. Wie man es auf gar keinen Fall machen sollte, zeigt ein weiteres Beispiel:

> Ein Personalleiter rauchte konsequent nur filterlose Gauloises, also recht starke französische Zigaretten. So auch in einem Bewerbungsgespräch, hier jedoch aus Taktik. Er fragte eine junge Bewerberin vor dem Anzünden der Zigarette, ob das Rauchen sie störe. Sie verneinte und sagte, dass sie selbst am Abend rauche. Im Laufe des Bewerbungsgespräches wurde die junge Frau immer nervöser und fragte schließlich den Personalleiter: „Kann ich bitte mal einen von Ihren Beruhigungsstängeln haben?"

Gelassen sollten Sie auch reagieren, wenn einer der Gesprächspartner während des Gespräches mit oder ohne Entschuldigung den Raum verlässt. Das kann reine Termingründe haben, es kann aber auch eine psychologische Taktik sein, nämlich herauszufinden, ob Sie als Bewerber mit den verbleibenden Gesprächspartnern in gleicher Intensität das Gespräch fortsetzen oder nicht. Das gilt besonders dann, wenn z. B. der ranghöchste Teilnehmer, Geschäftsführer oder Personalchef, den Raum verlässt. Kommen diese nach einer kurzen Abwesenheit wieder, dann machen Sie nicht den Fehler, Ihre Ausführungen zu wiederholen; das wird schon von den anderen Damen oder Herren übernommen, üblicherweise in kurzer Zusammenfassung.
Nicht weniger gefährlich kann für Sie als Bewerber die Situation werden, wenn es um den Fragenkomplex zur Selbsteinschätzung geht. Hier können ganz

punktuelle Fragen auftauchen, aber auch die Darstellung von Sachverhalten, zu denen Sie dann Stellung nehmen sollen. Manchmal versucht man auch, Sie direkt in Widersprüche zu verwickeln, indem man Sie mit früheren Aussagen konfrontiert, um zu sehen, wie Sie reagieren. Punktuelle Fragen sind z. B.:

- Wo sehen Sie Ihre Stärken, wo Ihre Schwächen?
- Meinen Sie nicht, dass Sie für die Position überqualifiziert sind?
- Wie sehen Sie sich als Kollege?
- Hatten Sie schon mal Ärger mit Ihrem Chef? Wenn ja, wie haben Sie reagiert?
- Können Sie Kritik vertragen?
- Warum sollen wir ausgerechnet Sie einstellen?

Sie glauben gar nicht, wie viele Fehler bei der Beantwortung solcher Fragen gemacht werden. Bei der Frage nach dem Ärger mit dem Chef z. B. kommen manchmal erstaunliche Fakten zutage, ganze Geschichten werden erzählt, und nicht selten kommt auch der wahre Bewerbungsgrund ans Licht, nämlich dass man mit dem Chef „nicht kann“. Bei der Frage nach der Kritikfähigkeit wird verständlicherweise meistens positiv geantwortet, oft aber übersehen, dass vorher im Gespräch eine Kritik eingebaut war. Es kann dann sein, dass Sie mit widersprüchlichen Aussagen konfrontiert werden. Bleiben Sie dann ganz ruhig und gelassen, und lassen Sie sich nicht verwirren. Fragen Sie selbst noch einmal höflich nach, worin nach Meinung des Personalchefs der Widerspruch liegen soll, und hören Sie genau zu, vielleicht gibt Ihnen die Antwort eine Brücke, den Widerspruch zu erläutern.
Wesentlich kniffliger aber wird es, wenn Ihnen Sachverhalte vorgetragen werden, zu denen Sie Stellung nehmen sollen und bei deren Beantwortung man Sie unter psychologischen Aspekten beurteilt. Ein typisches Beispiel zum Thema Konfliktfähigkeit:

> „Sie sind Abteilungsleiter (genau die Position, für die Sie sich beworben haben) und treffen eine Entscheidung. Hiergegen laufen andere Abteilungsleiter bei der Geschäftsführung Sturm. Das Ziel ist, dass Sie Ihre Entscheidung rückgängig machen. Was tun Sie?“

Falsch sind alle Antworten, aus denen sich ergibt, dass man sich in jedem Fall durchsetzen werde. Richtig sind diejenigen, aus denen sich ergibt, dass man erst einmal die Argumente der anderen hören möchte, sie analysiert, mit den Kollegen bespricht und dann ggf. versucht, sich argumentativ durchzusetzen. Überlegen Sie sich bitte auch einmal, wie Sie zu Fehlern stehen, die Ihnen bei der Arbeit unterlaufen. Geben Sie diese ehrlich zu, gehen Sie zu Ihrem Vorgesetzten oder vertuschen Sie sie und machen andere dafür verantwortlich? Auch dazu kann Ihnen ein kleiner Psychotest im Bewerbungsgespräch präsentiert werden, der zunächst ganz harmlos aussieht:

> Man verwickelt Sie in ein Gespräch über Leistungen, die alle positiv sind. Sie sprechen immer in der ICH-Form, weil Sie sich mit den guten Leistungen identifizieren wollen. Langsam wechselt man dann zu Fehlern in der Mannschaft über. Sie sprechen dann nicht mehr in der ICH-Form, sondern nur noch in der WIR-Form.

Dadurch verraten Sie sich als schwache Persönlichkeit, die nicht zu Fehlern steht und auch nicht bereit ist, die Verantwortung dafür zu übernehmen. Der Wechsel zum WIR wird dann als eine Flucht gewertet. Die Gespräche sind meistens so geschickt aufgebaut, dass Sie Ihren eigenen Wandel gar nicht bemerken (können oder sollen). Zum Beispiel wenn man Sie bewusst in Widersprüche verwickelt und Sie fragt, ob Sie schon mal Ärger mit Ihrem Chef hatten, und Sie verneinen; bei einer sehr viel späteren Frage, z. B. zu Ihrer Konfliktbereitschaft, antworten Sie, dass Sie bislang alle Meinungsverschiedenheiten mit Ihren Vorgesetzten stets im besten Einvernehmen gelöst hätten …
Der Psychologe im Gesprächspartner erntete seinen Erfolg, Sie vielleicht Ihre Absage. Merken Sie sich eines: Geben Sie sich auch in kritischen Gesprächssituationen immer natürlich und so, wie Sie auch im Berufsalltag reagieren würden. Tragen Sie nicht eine Persönlichkeit zur Schau, die Sie nicht sind; der Arbeitgeber wird nicht darauf hereinfallen. Gestehen Sie Ihre Schwächen (siehe punktuelle Fragen oben) ruhig ein und stehen Sie dazu.
Verstricken Sie sich nicht in eine Idealvorstellung, wie Sie Ihre Position ausfüllen könnten; konzentrieren Sie sich auf Ihre tatsächlichen Fähigkeiten und darauf, wie Sie Ihre Arbeit realistischerweise bewältigen können.
Anders gesagt: Nicht Wünsche und Vorstellungen, sondern Fakten zählen.
Bewerber, die sich auf Führungspositionen bewerben, müssen eigentlich immer damit rechnen, dass man sie mit psychologisch geprägten Fragestellungen konfrontiert. Das gilt besonders hinsichtlich der Prüfung des Führungsverhaltens, das man natürlich nicht einfach punktuell abfragen kann, etwa mit der Frage: „Können Sie gut Menschen führen und motivieren?“ Antworten auf eine solche Frage können selbstverständlich auch sehr viel Aufschluss geben, doch zieht man zur Prüfung eher eine Sachverhaltsproblematik vor. Dazu ein Beispiel:

> Es ging um die Bewerbung eines Abteilungsleiters im Rechnungswesen. Der Bewerber, 36 Jahre alt, Diplom-Kaufmann, war vorher noch nicht in einer Führungsposition gewesen. Ihm wurde folgender Sachverhalt geschildert: „Eine neue Mitarbeiterin im Debitorenbereich soll einge-

stellt werden, mit fachlichem Know-how in Spezialgebieten, die für das Unternehmen wichtig sind. Der zuständige Gruppenleiter ist dagegen, weil er befürchtet, dass die neue Kollegin mehr Fachwissen habe als er selbst. Er schlägt Ihnen die Versetzung einer internen Kollegin vor, weil auf deren Platz dann eine Frau könnte, die in einer anderen Abteilung von der Entlassung bedroht sei, auch der Betriebsrat bevorzuge diese Lösung. Die neue Mitarbeiterin hätte auch private Kontakte ins Haus, was nicht gut sei. Wie entscheiden Sie?"

Die meisten Bewerber waren der Ansicht, wenn jemand fachlich versiert sei, dann gehe das im Sinne des Unternehmens vor, andere Überlegungen hätten zurückzutreten. Das ist zwar richtig, wird aber der Situation nicht gerecht. Gefragt war hier im Prinzip keine Lösung, sondern in erster Linie die Auseinandersetzung mit den betrieblichen Gegebenheiten. Einerseits ging es darum den Gruppenleiter entsprechend einzuschätzen und zu überzeugen und andererseits auch die Betriebsratsbelange zu berücksichtigen. Am wichtigsten aber war die von fast allen Bewerbern übersehene Frage, wer denn nun eigentlich für die Einstellung zuständig sei. Das war zwar der Abteilungsleiter, aber im Einvernehmen mit dem Personalchef. Die richtige Antwort wäre also gewesen, erst einmal die Situation zu analysieren und dann gemeinsam mit dem Personalverantwortlichen nach einer durchdachten Lösung unter Einbezug aller Fakten zu suchen.
Sehr beliebt in Bezug auf Führungsverhalten ist auch die Fallfrage zum Urlaub, die sich beliebig variieren lässt:

„Sie sind Abteilungsleiter Vertrieb und stehen vor folgendem Problem: Im Sommer (Juni, Juli und August) sind die Spitzenzeiten der Produktionsauslieferungen. Sie haben neun qualifizierte Mitarbeiterinnen, die Sie alle brauchen. Mitarbeiterin 1 hat drei kleine Kinder und will ihren gesamten Jahresurlaub im Juni und Juli nehmen, wie jedes Jahr. Mitarbeiterin 2 muss Rücksicht auf den Urlaub ihres Mannes nehmen und will im Juli fahren. Mitarbeiterin 3 ist allein stehend und will im Juli nach Schottland zu einer lang geplanten Bildungsreise aufbrechen. Mitarbeiterin 4 ist verheiratet und will mit Mann und erwachsenem Sohn im August nach Nepal, und Mitarbeiterin 5 fährt grundsätzlich jedes Jahr im Juni nach Spanien. Die anderen vier nehmen später Urlaub. Was machen Sie, wer kann in Urlaub fahren, wer nicht?"

Die letzte Frage ist eine Fangfrage, denn darauf kommt es gar nicht an, was die meisten Bewerber übersehen. Es kommt hier auf zwei Dinge an: die betriebliche Situation einzuschätzen und Führungsverhalten zu zeigen. Wenn man

weiß, dass in den Monaten Juni, Juli und August im Betrieb Saison ist, dann muss man im Vorwege im Rahmen einer Urlaubsplanung die Personalbesetzung sicherstellen. Wollen dann mehrere Leute zum gleichen Zeitpunkt freihaben, müssen Prioritäten gesetzt werden; wer z. B. auf Schulferien angewiesen ist, hat den Vorrang. Erwähnt werden muss bei einer guten Konfliktlösung auch die Frage, inwieweit Aushilfen eingestellt werden können, um die Sollbesetzung sicherzustellen.
Diese Beispiele ließen sich beliebig fortsetzen. Hier kam es darauf an Ihnen aufzuzeigen, dass Sie in einigen Bewerbungsgesprächen mit einer psychologischen Gesprächsführung rechnen müssen. Je qualifizierter die Position ist, umso wahrscheinlicher ist diese Art der Gesprächsführung.
Bei Gesprächen mit Personal- oder Unternehmensberatern werden häufig neben psychologisch aufgebauten Gesprächen Testverfahren durchgeführt, deren es Hunderte gibt, mit nicht immer überzeugender Logik für die hier relevante Konsequenz, nämlich für eine berufliche Position *den* Kandidaten oder *die* Kandidatin auszuwählen. Für die Auftraggeber, also die Unternehmen, werden dann nach den Vorstellungsgesprächen und Tests seitenlange (und fürs Unternehmen teure!) Bewerbergutachten erstellt, deren logische Konsequenz nicht immer nachvollziehbar ist. So haben, wie die Praxis lehrt, schon sehr gute Bewerber Absagen erhalten, weil sie den falschen Anzug anhatten oder weil die Gutachter eine Marginalie überbewerteten (ein Bewerber hatte ohne Hintergedanken erwähnt, er arbeite lieber mit Frauen zusammen; dadurch wurde er von den Gutachtern zum „einseitig orientierten Menschen“ gestempelt, „dessen Neigung zum anderen Geschlecht unübersehbar“ sei, wodurch „sich Konfliktfelder eröffnen könnten“. Es muss erlaubt sein, hier von Unsinn zu reden, der einen guten Bewerber um seinen Job gebracht hat. Lassen Sie sich deshalb niemals durch psychologische Gespräche irritieren und denken Sie noch einmal an die ersten Kapitel dieses Buches, an Ihre Bewerbungsgründe und an Ihre spezielle Ausgangsposition. Allein das sollte Sie leiten, in einem auch psychologisch geführten Gesprächsablauf stets Ihr Ziel im Auge zu behalten, nämlich die ausgeschriebene Position zu bekommen. Ihren Charakter können Sie nicht ändern, Ihre Persönlichkeit auch nicht. Deshalb sollten Sie sich natürlich und selbstbewusst, jedoch nicht übertrieben oder gekünstelt geben. Zweifeln Sie bitte, als Bewerber auf hoch qualifizierte Positionen, auch nicht an Ihrem Selbstbewusstsein, wenn Ihnen ein negatives Gutachten von einem Personalberater präsentiert wird. Setzen Sie sich damit kritisch auseinander und prüfen Sie den Realitätsgehalt, lernen Sie zur Not aus einer Absage.

Verhalten nach dem Vorstellungsgespräch

Nach Beendigung des Vorstellungsgespräches sind viele Bewerberinnen und Bewerber erleichtert, weil sie „es“ hinter sich haben. Manche haben gute Gefühle, manche gemischte, und bei einigen steht bereits innerlich fest, dass sie eine Absage bekommen werden. Wie auch immer, allen ist gemein, dass sie ein großes Interesse daran haben, zu erfahren, wie es nun weitergeht, wann mit einer Entscheidung über die Bewerbung gerechnet werden kann. Fragen zum Prozedere, zum weiteren Vorgehen, indes gehören eindeutig als meistens letzter Punkt *in* das Vorstellungsgespräch und sind nicht danach zu erörtern. Mancher Bewerber (und es sind nicht wenige!) hat ein erfolgreiches Gespräch hinter sich gebracht, mit dem er ganz zufrieden sein kann, und verschafft sich dann einen Abgang, mit dem er alles verpatzt.
Es gibt vier große Fehlerkategorien:

- Gespräche, die nach dem Vorstellungsgespräch mit einem oder mit mehreren der Gesprächsteilnehmer geführt werden
- Gespräche nach dem Vorstellungsgespräch mit anderen Betriebsangehörigen (Sekretärin, Pförtner usw.)
- Drängen auf Besichtigung des Arbeitsplatzes
- Telefonische Nachfrage, wann die Entscheidung fällt

In die erste Kategorie fallen Gespräche, die sich z. B. auf dem Weg zum Ausgang ergeben. Es kommt hier immer auf die Situation im Einzelfall an. Generell sollte aber gelten, keine Fachgespräche nach dem Vorstellungsgespräch zu führen, denn Sie als Bewerber könnten ungewollt etwas sagen, was Ihren guten Eindruck mindert. Wenn Sie dagegen aus einem angenehm verlaufenen Gespräch kommen und der Personalchef mit Ihnen rasch noch einen abschließenden Rundgang durch das Werk macht, dann ist die eine oder andere Frage natürlich angebracht. Wiederholen Sie dabei jedoch keine Fragenkomplexe, die bereits diskutiert worden sind. Lassen Sie sich auch nicht dazu verleiten, allzu Persönliches von sich zu geben. Nicht selten fragt man Sie, ob Sie denn heute noch arbeiten müssen, oder, falls Sie von auswärts kommen, ob Sie heute noch nach Hause fahren. Sie wissen schon: keine Bemerkung machen, die eine private Verquickung mit der Bewerbungsreise erkennen lässt. Auch wenn Sie nach dem Vorstellungsgespräch gefragt werden, welchen Eindruck Sie von diesem haben, dann halten Sie sich mit Wertungen bedeckt und antworten Sie nur knapp, z. B. „Das Gespräch hat mir recht gut gefallen, ich habe eine ganze Menge an Informationen bekommen und würde mich natürlich freuen, wenn auch die Entscheidung zu meinen Gunsten ausginge.“ Oder: „Der positive Eindruck, den ich von Ihrem Unternehmen hatte, hat sich durch

das Gespräch heute nur noch verstärkt. Ich habe mich sehr wohl gefühlt. Es würde mich freuen, wenn es zu einem weiteren Gespräch käme.“ Vermeiden Sie in jedem Fall Kritik, denn denken Sie an Ihr Ziel: Sie wollen die ausgeschriebene Position bekommen!
Lassen Sie sich nicht in Plaudereien mit anderen Betriebsangehörigen, z. B. mit der Sekretärin oder dem Pförtner des Unternehmens, verwickeln, denn das wird höchst ungern gesehen. Dazu drei Beispiele:

Im ersten Fall sollte ein auswärtiger Bewerber im Sekretariat Angaben zur Abrechnung der Bewerbungskosten erledigen. Er nahm die ausgesprochene Freundlichkeit der recht attraktiven Sekretärin persönlich und fragte sie allen Ernstes, ob sie Lust hätte, mit ihm den Abend zu verbringen, er würde dann erst morgen nach Hause fahren.

Im zweiten Fall fragte ein Bewerber in gleicher Situation die Sekretärin, wie sie denn zu ihrem Chef (Personalchef) stehe, ob er ein sehr harter oder eher umgänglicher Typ wäre, sodass man mit ihm auskommen könne, und was sie meine, wie wohl seine Bewerbung ausgehen würde.

Im dritten Fall gab eine Bewerberin am Werkstor ihren Passierschein beim Pförtner ab, der dann anteilnehmend fragte: „Na, junge Frau, ist alles gut gelaufen bei uns?“ Daraufhin gab sie Einzelheiten des Vorstellungsgespräches zum Besten und mokierte sich über einen Abteilungsleiter. Der Pförtner meinte: „Ach ja, der Schmidtke, den muss man halt so nehmen“, und es entspann sich ein längeres Gespräch zwischen dem Pförtner und der Bewerberin, was dem Personalchef natürlich anderntags zu Ohren kam (O-Ton des Pförtners zur Personalsekretärin: „Na, da habt ihr euch ja eine drollige Quasselstrippe an Land gezogen!“).

Diese Beispiele müssen nicht kommentiert werden. Es kommt übrigens ab und an vor, dass Bewerber den Wunsch äußern, vor Verlassen des Hauses noch rasch einen alten Freund, Bekannten o. Ä. am Arbeitsplatz besuchen zu dürfen. Auch, wenn Sie von diesen Personen den Tipp z. B. auf eine innerbetriebliche Stellenausschreibung bekommen haben, sollten Sie nach einem Vorstellungsgespräch nie Freunde im Unternehmen besuchen. Es könnte der Eindruck entstehen, dass Sie dort Inhalte des Gespräches weitergeben. Und: Wissen Sie denn, wie Ihre Freunde oder Bekannten im Unternehmen beurteilt werden?
Im ersten Vorstellungsgespräch ist es nicht üblich, dass sich Bewerber den Arbeitsplatz ansehen. Das bleibt meistens dem zweiten Gespräch vorbehalten, wenn man sich einigermaßen sicher ist, dass Sie die Position bekommen

werden. Trotzdem versuchen immer wieder einige Bewerber, besonders, wenn Sie zum Ausgang begleitet werden, doch noch einmal „rasch“ den Arbeitsplatz ansehen zu dürfen. Bedenken Sie bitte, dass das den Personalleiter in Bedrängnis bringen kann. Manchmal möchte man aus internen Gründen vermeiden, dass Mitarbeiter mitbekommen, wer sich beworben hat; manchmal wird ein Arbeitsplatz erst neu geschaffen oder ein vorhandener umstrukturiert. Behalten Sie sich deshalb bitte den durchaus berechtigten Wunsch nach Besichtigung des Arbeitsplatzes für das zweite Bewerbungsgespräch vor.
Geradezu unangenehm sind die vielen Bewerberfehler in der vierten Kategorie, bei der es um telefonische Nachfragen geht. Wenn Ihnen eine Entscheidungsfrist zu Ihrer Bewerbung genannt worden ist, dann warten Sie diese bitte ab. Ist sie ohne Antwort des Arbeitgebers überschritten, dann können Sie nach einer Woche ruhig in angemessener Form nachfragen. Ebenso können Sie nachfragen, wenn Sie durch eine andere Bewerbung im Zugzwang sind, sich für den einen oder den anderen Arbeitgeber entscheiden zu müssen. Solche Konstellationen werden aber meistens im Vorstellungsgespräch erörtert. Wenn Sie dort nicht erwähnt haben, dass Sie noch andere Bewerbungen laufen haben und unbedingtes Firmeninteresse haben durchblicken lassen, dann macht es sich denkbar schlecht, wenn Sie bei einer telefonischen Nachfrage erklären, dass Sie sich anderswo dringend entscheiden sollen. Setzen Sie den Arbeitgeber, z.B. durch Fristsetzungen, niemals unter Druck, versuchen Sie auch nicht, sich durch ständige Telefonanrufe aus der Bewerbermasse herauszuheben (wenn, dann kommt das nur negativ an) und bedenken Sie stets, dass manchmal mehrere Personen an einer Entscheidung beteiligt sind, die unternehmensintern nicht leicht unter einen Hut zu bringen sind.

Wie man mit Ungeduld alles zunichte machen kann, sei nachfolgend erläutert. Nach einem recht guten Vorstellungsgespräch einigte man sich auf eine Entscheidung „in gut zwei Wochen“. Als vom Arbeitgeber nach zwei Wochen nichts kam, rief der Bewerber aufgebracht an und wurde von der Sekretärin noch um einige Tage Geduld gebeten, man werde sich ganz bestimmt melden, es sei intern etwas dazwischengekommen. Nach einer weiteren Woche rief der Bewerber wieder an und bat energisch um Rücksendung seiner Unterlagen, da ja jetzt nicht mehr davon ausgegangen werden könne, dass er die Stelle bekomme. Was der Bewerber nicht wusste: Er war in der engsten Wahl, es fehlte nur noch das Votum des zuständigen Hauptabteilungsleiters.

Eine weit verbreitete Unsitte ist es schließlich auch, nach dem Vorstellungsgespräch unaufgefordert weitere Unterlagen einzusenden, von denen man meint, sie könnten die Entscheidung positiv beeinflussen. Noch etwas ist ganz überflüssig und außerdem lästig, wenn nämlich jemand dringend den Personalleiter zu sprechen wünscht, weil er etwas ungeheuer Wichtiges zu sagen habe. Die Sekretärin, bei der solche Anrufe landen, durchschaut die Lage aber meist schnell als Vorwand für die eigentliche Frage, wie es denn nun um die Bewerbung stehe.

Wichtig:

- Das Vorstellungsgespräch ist so etwas wie das Herz der Bewerbung. Umso wichtiger ist es sich entsprechend darauf vorzubereiten. Dabei kommt es weniger darauf an sich an einem formalen Gesprächsablauf zu orientieren, sondern vielmehr darauf Flexibilität zu zeigen und in jeder Situation richtig zu reagieren.
- Vermeiden Sie übertriebene Ausdrucksweisen ebenso wie aufreizende Kleidung und unkluge Fragestellungen.
- Konzentrieren Sie sich ganz auf Ihre Gesprächspartner und vor allem:
- Merken Sie sich – ohne Notizblock! – die Themenbereiche, die für Sie wichtig sind: Aufgabengebiet, Gehalt und Eintrittstermin.
- Gehen Sie bei Gehaltsfragen behutsam zu Werke und zerstören Sie sich nicht Bewerbungschancen, indem Sie übertriebene Forderungen stellen.
- Und noch etwas: Geben Sie sich stets natürlich, so wie Sie auch im Umgang mit Ihren Kollegen sind. Verkrampfen Sie sich nicht, sondern stellen Sie sich einfach vor, Sie hätten lediglich ein Gespräch mit Ihrem derzeitigen Chef.

Auswahlverfahren

Neben den üblichen Auswahlverfahren bei Bewerbungen gibt es zahlreiche spezielle Verfahren, mit denen die Bewerber ausgeforscht werden sollen. Diese laufen meistens vor oder während eines Vorstellungsgespräches ab. Dazu gehören psychologische Tests, graphologische Gutachten, so genannte Stressinterviews, die Durchführung von Assessment-Centers und anderes mehr. Viele Bewerber stehen völlig verunsichert einem solchen Verfahren gegenüber. Dies ist unbegründet; denn diese Verfahren dienen lediglich als Hilfsmittel zur Ergänzung des klassischen, durch das Vorstellungsgespräch repräsentierten Auswahlverfahrens. Und: Ob die Methoden und Ergebnisse immer geeignet sind, den richtigen Bewerber aus der Masse zu finden, sei dahingestellt. Stellen Sie als Bewerber sich deshalb ganz gelassen solchen speziellen Auswahlverfahren. Sie können nur gewinnen. Wenn Sie allein aufgrund solcher Verfahren eine Absage bekommen, dann können Sie sich damit trösten, dass es dem Arbeitgeber offenbar nicht möglich war, sich von Ihren beruflichen Leistungen und Ihrer Persönlichkeit zu überzeugen, Fakten, auf die es bei der Bewerberauswahl letzten Endes entscheidend ankommt.
Die Besonderheiten dieser speziellen Auswahlverfahren sollen Ihnen in diesem Kapitel näher erläutert werden. Da Ihnen nicht alle Verfahren umfassend dargestellt werden können, sei hier nur auf die gebräuchlichsten eingegangen.
Zur Vertiefung dieser Problematik sei im Übrigen auf die im gleichen Verlag erschienenen Werke „Einstellungstests“ von Hustedt/Hilke, „Assessment-Center“ von Holger Beitz und Andrea Loch verwiesen. Diese Auswahlverfahren bzw. Eignungstests werden überwiegend bei Bewerbungen auf qualifizierte Positionen eingesetzt. Es gibt zwei Hauptgründe für die Anwendung spezieller Auswahlverfahren. Entweder ist die ausgeschriebene Position so gewichtig, dass der Arbeitgeber über Ihre schriftliche Bewerbung und das Vorstellungsgespräch hinaus zusätzliche Kriterien gewinnen will, nach denen er bestimmte Reaktionen und Verhaltensweisen, die in Ihrer Persönlichkeit begründet sind, beurteilen kann. Oder aber (das wird von unsicheren Bewerbern oft übersehen) der Arbeitgeber ist selbst im Zweifel, wie er im Gespräch vorgehen soll, und bedient sich daher vorgegebener Auswahlverfahren, deren Ergebnisse ihm das Urteil erleichtern.
So gibt es in manchen Firmen seit Jahren unverändert das gleiche zum Teil überholte Auswahlritual eines kurzen Kontaktgespräches, eines kleinen Tests und danach die Besprechung der Testergebnisse. Der Test selber ist eher harmlos, da er lediglich auf ganz bestimmte, für den Arbeitgeber wichtige

Fragen abhebt, aber keine Leistungsmomente enthält. Lassen Sie sich deshalb bitte keinesfalls aus der Ruhe bringen, wenn Sie sich internen Auswahlverfahren oder Ihnen befremdlich erscheinenden Abläufen des Vorstellungsgespräches ausgesetzt sehen.
Sollten Sie – aus welchen Gründen auch immer – dennoch einen dieser Tests nicht bestehen, dann machen Sie das Beste daraus: Buchen Sie es unter „Erfahrung" ab. Analysieren Sie (selbst!)kritisch, was zu Ihrem Misserfolg geführt hat, und lernen Sie daraus für das nächste Gespräch.
Schlechtes Abschneiden bei einem Test muss nämlich nicht heißen, dass Sie ein schlechter Bewerber sind, sondern kann im Einzelfall nur bedeuten, dass Sie nicht den ganz speziellen Erwartungen eines ganz speziellen Arbeitgebers entsprochen haben.

Eignungstests

Wie erwähnt, sind Eignungstests besonders bei qualifizierten Berufen bzw. überwiegend in größeren Unternehmen anzutreffen. Auch bei Unternehmens- oder Personalberatern findet man häufig vor einem persönlichen Gespräch standardisierte Testverfahren, mit deren Hilfe man sich ein vorläufiges Bild von der Persönlichkeit des Bewerbers machen will. Ob solche Eignungstests vor dem Hintergrund klar konturierter Positionen sinnvoll sind, sei dahingestellt. Denn einerseits besteht durchaus die Gefahr, dass, wer gute Voraussetzungen für die Position mitbringt, einer ungerechtfertigten Beurteilung unterworfen wird, nur weil er im Test schlecht abgeschnitten hat. Und zum anderen sind Zweifel daran angebracht, ob die Testergebnisse tatsächlich so aussagekräftig sind, dass sie den speziellen Positionsanforderungen gerecht werden. Zu sehen ist bei der Personalauswahl auch, dass in den Arbeitsverträgen so gut wie immer eine Probezeit vorgesehen ist. Diese Tatsache gibt dem Arbeitgeber die Möglichkeit, gezielt zu testen, wie der Bewerber im Arbeitsalltag seine Position ausfüllt. Dies ist eigentlich der beste Test, weil er Praxisorientierung und Bewerberpersönlichkeit ideal kombiniert. In aller Regel werden Eignungstests, oder genauer gesagt, ihre Ergebnisse, als einer von mehreren Faktoren für die Bewerberauswahl herangezogen. Wenn aber ein Arbeitgeber *allein* anhand von Testergebnissen neue Mitarbeiter aussucht, dann können Sie diesen Arbeitgeber getrost „vergessen" und sich nach einem besseren umsehen.
Eignungstests haben verschiedene Inhalte. Man unterscheidet – von Besonderheiten abgesehen – sechs große Gruppen:

- Kenntnisse und Fertigkeiten
- Leistungsvermögen
- Intelligenz
- Persönlichkeit
- Firmen- oder auch branchenspezifisches Wissen
- Allgemeinwissen

Die Tests zu Kenntnissen und Fertigkeiten fragen in aller Regel mit Diktaten, Aufsätzen, Rechenaufgaben, Stenogrammen u. a. vom Bewerber entsprechende Kenntnisse ab. Nicht selten sind auch fremdsprachliche Texte zu übersetzen, z. B. bei einer Bewerbung als Fremdsprachenkorrespondentin, sofern man nicht vorzieht, das Bewerbungsgespräch ganz oder teilweise in einer Fremdsprache zu führen.

Tests zum Leistungsvermögen können dagegen sehr umfangreich und komplex sein. Neben Aufmerksamkeit und Konzentration kommt es hier auf Schnelligkeit, technisches Verständnis und gelegentlich – je nach Position – auch auf handwerkliche Geschicklichkeit an. Hierfür müssen entsprechende Fragebogen ausgefüllt oder technisch-manuelle Aufgaben (z. B. Zusammensetzung eines Gerätes nach einmaliger kurzer Ansicht) gelöst werden, jeweils in vorgegebener Zeit.

Mit Intelligenztests werden bestimmte Komponenten der Intelligenz des Bewerbers ermittelt, die für die Erfüllung seiner speziellen Aufgaben von Bedeutung sind. Mithilfe verschiedener Aufgabenstellungen soll herausgefunden werden, in welchem Maße der Bewerber z. B. mathematisches Verständnis, Kombinationsgabe, Urteilsvermögen, Denkfähigkeit u. Ä. besitzt.

Persönlichkeitstests sollen Aufschluss darüber geben, ob ein Bewerber im Rahmen einer Norm liegt oder ob er so starke individuelle Merkmale aufweist, dass eine Ablehnung seiner Person geboten erscheint. Solche Tests sind übrigens nicht ganz unumstritten, werden aber dennoch häufig von Personalberatern eingesetzt. Verkürzt dargestellt funktionieren sie so, dass auf vorgegebene Fragen mit „Stimmt" oder „Stimmt nicht" geantwortet werden muss, oder die Fragen im Rahmen einer Zahlenskala von z. B. 1–6 zu bewerten sind, wobei die 1 für absolute Zustimmung und die 6 für absolute Ablehnung steht.

Tests zu firmen- und branchenbezogenem Wissen findet man meistens in individuellen Fragebogen oder mündlichen Testverfahren. Hier werden vom Bewerber Firmen- oder Branchenkenntnisse und entsprechendes Interesse abgefragt. Übrigens: Auf solche Tests kann man sich vor einer Bewerbung vorbereiten.

Am leichtesten zu lösen – sollte man meinen – sind die Tests zum Allgemeinwissen, mit denen der Antworter unter Beweis stellen soll, ob er am Tagesgeschehen teilnimmt, sich damit auseinander setzt und auch bereit ist, sich

weiterzubilden, um einer gewissen, hier speziell auch beruflich nutzbaren Selbstsicherheit willen. Aber bei diesen Tests offenbart sich in vielen Fällen eine geradezu erschreckende Unkenntnis von aktuellen politischen Sachverhalten bis hin zu branchenbezogenen Selbstverständlichkeiten, wie z. B. laufende Tarifkonflikte.
In vielen Bewerbungsratgebern wird empfohlen, sich auf solche Tests mit Marschverpflegung und Schreibzeug einzustellen oder sich leger zu kleiden. Davon ist nichts zu halten, weil solche Empfehlungen nicht nur praxisfremd sind, sondern Sie auch unnötig irritieren. Denn in aller Regel wissen Sie nicht, ob der Arbeitgeber mit Ihnen einen Einstellungstest machen will oder nicht. Nur bei Bewerbungen auf Ausbildungsplätze wird in der Einladung meistens (auch nicht immer) darauf hingewiesen, dass Sie zum Gespräch *und* zu einem Test gebeten sind. Deshalb sollten Sie sich vorab danach erkundigen, wie das Vorstellungsgespräch ablaufen wird. Das erreichen Sie am besten, indem Sie bei der Terminbestätigung höflich nachfragen, ob auch ein Test vorgesehen ist und wer bei dem Gespräch Ihre Gesprächspartner sein werden.
Wird die Frage nach dem Test bejaht, dann betrachten Sie die Sache einfach so, als wenn Sie in Ihrem jetzigen Aufgabengebiet mit einer Problemstellung konfrontiert würden, zu der Sie sich äußern sollen. Nicht mehr und nicht weniger. Vorbereiten sollten Sie sich allerdings in Bezug auf die Firma und die Branche, das wurde bereits mehrfach erwähnt. Es kann auch nicht schaden, wenn Sie vor einem Vorstellungsgespräch Ihre Tages- oder Wochenzeitung aufmerksam lesen, um ggf. für aktuelle Fragen gewappnet zu sein.
Es ist übrigens auch schon vorgekommen, dass Bewerber einen Test abgelehnt haben, der ihnen vor einem Vorstellungsgespräch überraschend präsentiert wurde, weil sie der Meinung waren, in Anbetracht ihrer beruflichen Erfahrungen sei es unter ihrer Würde, erst getestet zu werden, bevor das Gespräch begänne. Auch wenn es manchmal ärgerlich ist, unvorbereitet zu einem Test gebeten zu werden, so sollte man sich als guter Bewerber auch dieser Herausforderung souverän stellen; man kann nur gewinnen. Wenn nicht die erhoffte Position, so doch an Erfahrung für die nächste Bewerbung.

Stressinterview

Ein weiteres Auswahlverfahren ist das so genannte Stressinterview. Der Bewerber soll anhand spezieller Fragen oder Taktiken in eine kritische Situation gebracht werden, die ihn zu einer augenblicklichen Entscheidung veranlassen soll. Man unterscheidet das echte und das unechte Stressinterview.

Beim echten Stressinterview befindet sich der Bewerber in einem ganz normalen Bewerbungsgespräch. Zu irgendeinem Zeitpunkt wird ihm dann gesagt, dass man nun gerne einmal einen Fall durchspielen möchte. Der Bewerber wird dann mit einer konstruierten Situation konfrontiert, auf die er reagieren soll. Damit muss man als guter Bewerber fertig werden können. Als Beispiel könnte man Ihnen Folgendes als Problem vorlegen:

> Sie sind davon überzeugt, dass die von Ihnen mit Ihren Mitarbeitern gemeinsam entwickelte Fertigungsmethode optimal ist. Eines Tages kommt der Vorstandsvorsitzende in Ihre Abteilung und regt sich darüber auf, dass zu zeitaufwendig gearbeitet wird. Was tun Sie?

Bei der Beantwortung dieser Frage kann man viele Fehler machen, z. B. seinen direkten Vorgesetzten übersehen oder so argumentieren: „Was alle richtig finden, wird schon gut sein." Oder noch schlimmer: „Wenn ich etwas angeordnet habe, dann hat das gemacht zu werden." Besser ist es, das Für und Wider der Kritik zu erwägen und besonnen zu antworten: „Wenn ich gemeinsam mit dem Team herausgefunden habe, dass wir uns leistungsmäßig verbessern und Zeit einsparen können, dann würde ich das mit meinem Vorgesetzten besprechen. Ist er der gleichen Auffassung, dann würde ich eine Anweisung an die Mitarbeiter geben." Damit beweist man Loyalität (zum Vorgesetzten), Praxisbezogenheit (zum Inhalt) und Verantwortungsbewusstsein (gegenüber den Mitarbeitern).
Bei den unechten Stressinterviews dagegen sind starke Nerven gefordert. Hier werden Sie während eines Gespräches ganz unverhofft und unvorbereitet mit unangenehmen Sachverhalten konfrontiert. Das fängt an mit beabsichtigten Schweigepausen, die Sie in Bedrängnis bringen oder zum Reden veranlassen sollen, geht über das plötzliche Hinausgehen von Gesprächsteilnehmern bis hin zur Feststellung, dass die Stelle eigentlich schon vergeben sei. Viele Bewerber reagieren gar schon gereizt, wenn der ranghöchste Gesprächspartner (z. B. der Geschäftsführer oder der Personalleiter) während des Vorstellungsgespräches grundlos den Raum verlässt. Lassen Sie sich nicht aus der Fassung bringen. Auch wenn man Ihnen unfreundliche Dinge an den Kopf wirft oder Sie persönlich herausfordert („Ja glauben Sie denn, diesem Stress gewachsen zu sein?" oder „Sie machen eher den Eindruck, nicht durchgreifen zu können."), sollten Sie Gelassenheit an den Tag legen. Fragen Sie sich, ob Sie wirklich in einer Firma tätig werden wollen, die ihre Bewerber einer solchen Form von Interviews aussetzt.

Graphologische Gutachten

Manche Arbeitgeber fordern von den Bewerbern entweder handschriftliche Lebensläufe oder – seltener – auch handschriftliche Anschreiben oder verlangen sogar, dass vor dem Vorstellungsgespräch ein Text handschriftlich abgeschrieben werden soll. Das sind klare Indizien dafür, dass der Arbeitgeber Sie auch graphologisch beurteilen will. Anders gesagt, er will anhand bestimmter Schriftmerkmale Hinweise zur Persönlichkeit, wie Durchsetzungsvermögen, Introvertiertheit, Offenheit und Kontaktfähigkeit oder gar Intelligenz, gewinnen. Auch wenn dieses Auswahlverfahren eher selten ist, sollte man sich ihm stellen, wenn es gefordert wird. Wenn Sie eine Handschriftenprobe oder einen handschriftlichen Lebenslauf ablehnen, dann setzen Sie sich der Gefahr aus, gleich als Bewerber auszuscheiden, oder dem Verdacht, etwas zu verbergen zu haben. Nur wenige Arbeitgeber schicken aber handschriftliche Lebensläufe einem Graphologen zur Beurteilung, die meisten vertrauen auf ihre (allgemeinen) Kenntnisse und Erfahrungswerte. So soll, beispielsweise, eine uneinheitliche Schrift, die mal rechts-, mal linksgeneigt ist, ebenso ein Indiz für Unstetigkeit und mangelnde Durchsetzungskraft sein wie die unterschiedliche Schreibweise von Anfangsbuchstaben. Dabei gibt es sehr viele hoch qualifizierte Persönlichkeiten, deren Schriftbild durchaus nicht überzeugend wirkt, die aber dennoch menschlich wie fachlich untadelig sind. Deshalb kann den Schriftproben nur relative Bedeutung zukommen. Graphologische Gutachten, wenn sie denn eingeholt werden, sind immer nur *ein* Auswahlkriterium unter vielen anderen.

Was aber sehr oft von Bewerbern übersehen wird, ist die Beurteilung der handschriftlichen Unterschrift im Bewerbungsanschreiben. Eine unleserliche oder gar extrem übertriebene Unterschrift kann durchaus Rückschlüsse z. B. auf ein übersteigertes Geltungsbedürfnis oder auf Unsicherheit zulassen. Achten Sie deshalb darauf, Ihre Anschreiben stets normal zu unterschreiben, und vermeiden Sie plakative Schwunghaftigkeit, nur um Eindruck zu machen. So etwas schadet mehr, als es nutzt.

Arbeitsproben

Weiter oben (Seite 154 f.) wurde erwähnt, dass man Arbeitsproben nur dann den Bewerbungsunterlagen beifügen sollte, wenn das ausdrücklich gefordert wurde. Dadurch wird den Personalabteilungen erspart, sich mit einer Flut von

schwergewichtigen oder gar sperrigen Bewerbungsunterlagen herumzuplagen. Wenn aber Arbeitsproben zum Bewerbungsgespräch erbeten werden, dann sind sie unter dem Aspekt der besonderen Bewerberauswahl zu betrachten. Arbeitsproben kommen hingegen nur bei ganz besonderen Berufsfeldern in Betracht, z. B. bei Journalisten, Werbetextern, Fotografen oder Designern. Dagegen ist es nicht angebracht, wenn manche Bewerber Arbeitsproben aus früheren Berufen der Bewerbung beifügen oder zum Vorstellungsgespräch mitbringen. Diese haben für die meisten Arbeitgeber keinen Wert; auch könnte der Bewerber den Anschein erwecken, sich besonders beweisen zu müssen, zumal auf einem Gebiet, das mit der angestrebten Position nichts – oder sehr wenig – zu tun hat.
Die Beurteilung von Arbeitsproben bildet einen zusätzlichen Faktor des Auswahlverfahrens. Deshalb sollten Sie sich sehr genau überlegen, welche Arbeitsproben Sie mitbringen, und bei der Auswahl stets einen Bezug zur ausgeschriebenen Position herstellen. Treffen Sie also eine kleine, aber zielgerichtete Auswahl nach dem Prinzip „weniger ist mehr“ und behalten Sie immer im Auge, dass den Arbeitgeber nur interessiert, was er für sein Unternehmen verwerten kann. Noch ein Tipp: Lassen Sie niemals Originale bei einem Arbeitgeber zurück. Wenn Interesse an weiteren Proben Ihrer Arbeit besteht, dann bieten Sie entweder (Farb-)Kopien an, oder erklären Sie sich bereit, mehr zu einem anderen Zeitpunkt vorzulegen.

Körperliches Leistungsvermögen

Zu den speziellen Auswahlkriterien gehört schließlich das körperliche Leistungsvermögen. Manchmal sind Einstellungsuntersuchungen vor Antritt der Tätigkeit gesetzlich vorgeschrieben (z. B. bei der so genannten Erstuntersuchung Jugendlicher, zu beachten besonders bei Bewerbungen um Ausbildungsplätze), manchmal gebietet die Art der Tätigkeit eine vorherige ärztliche Untersuchung. Das kann der Fall sein bei gefahrgeneigten Berufen oder solchen mit besonderen körperlichen Belastungen (z. B. in den Bereichen Luftfahrt, Schifffahrt, Polizei, Feuerwehr oder bei Fahr- oder Wachdiensten) oder auch im öffentlichen Dienst, wo sich Beamte vor einer Ersteinstellung einer Untersuchung unterziehen müssen.
Gesetzlich vorgeschrieben, und zwar vor einer Einstellung, sind aber auch Untersuchungen nach dem Bundesseuchengesetz bei Mitarbeitern, die im Lebensmittelbereich oder in der Gastronomie mit Lebensmitteln in Berührung kommen.

Daneben pflegen einige Arbeitgeber, besonders im gewerblichen Bereich, generell neue Mitarbeiter von einem Werksarzt oder einem Vertrauensarzt untersuchen zu lassen. Wenn aufgrund der oben genannten gesetzlichen Erfordernisse und der Besonderheit der Position eine ärztliche Eignungsuntersuchung begründet ist, dann sollte man sich hiergegen als Bewerber auch nicht sperren, sondern im eigenen Interesse Einsicht zeigen.

Assessment-Center

„Warst du bei denen auch im AC (Assessment-Center)? Ein Schwachsinn hoch drei, sag ich dir, keine Spur davon, auf die ausgeschriebene Position einzugehen. Die haben mich gequetscht und gefordert, ich wusste nicht mehr, wo vorn und hinten ist!“

Das ist die Aussage eines Bewerbers, der sich auf eine leitende Position bei einem renommierten Unternehmen beworben hatte und vor dem eigentlichen Vorstellungsgespräch zu einem Assessment-Center eingeladen wurde, bei dem ein Vorstandsmitglied, zwei Fachdirektoren, der Personaldirektor und ein Psychologe anwesend waren.

Was ist eigentlich ein Assessment-Center? „Assessment“ bedeutet im Englischen Einschätzung oder Veranlagung. Ein Assessment-Center ist daher ein Beurteilungs- oder Einschätzungszentrum, in dem einer oder mehrere Bewerber anhand spezieller Aufgaben für eine bestimmte Position ausgewählt werden. Solche Assessment-Center treten relativ oft in Aktion bei Bewerbungen auf hoch qualifizierte Führungspositionen und dabei wiederum vorzugsweise bei Personal- oder Unternehmensberatungen. Jedoch auch größere namhafte Unternehmen führen Assessment-Center in eigener Regie durch, z.B. die Deutsche Bank, Karstadt, AEG oder die Lufthansa, um nur einige Unternehmen zu nennen. In solchen Fällen wollen die Unternehmen in erster Linie mithilfe von Assessment-Centern spezielle Führungskräfte aus den eigenen Reihen auswählen, nur in Einzelfällen kommen die Assessment-Center auch für Bewerbungen zum Einsatz. Wenn man jedoch annimmt, dass dieses Auswahlverfahren speziell auf die jeweiligen Unternehmensbedürfnisse oder auf die relevante Position zugeschnitten sei, sieht man sich in aller Regel getäuscht. Denn bei den Assessment-Centern, zumindest bei den meisten, geht es generell um die Prüfung und Beurteilung von Anforderungsmerkmalen.

Zu erwähnen ist noch, dass ein Assessment-Center, wenn man die Bewerberauslese sehr gründlich vornimmt, zwei ganze Tage dauern kann. Diese Zeit müssen Sie also miteinplanen. Üblicherweise wird Ihnen jedoch vorab telefo-

nisch oder im Einladungsschreiben mitgeteilt, dass ein Assessment-Center auf Sie zukommt. Viele Unternehmen beschränken sich allerdings aus Kosten- oder anderen Gründen darauf, das umfangreiche Assessment-Center auf die zentralen Aufgaben zu reduzieren, die in einem Tag abgehandelt werden können. Wenn ein Arbeitgeber ein Assessment-Center von zwei Tagen mit ca. acht bis zehn Bewerbern professionell durchführen lässt, dann kann er gut und gerne mit Kosten von mehr als € 10 000,– rechnen. Einige große Unternehmen, z. B. die Autofirmen BMW und VW, aber auch der Hamburger Otto-Versand, haben aufgrund schlechter Erfahrungen von den Assessment-Centern als speziellen Auswahlverfahren schon wieder Abstand genommen. In der Tat sind diese Assessment-Center selbst bei Praktikern und Personalfachleuten als Auswahlverfahren für die Bewerbersuche nicht unumstritten. Zum einen wird gesagt, die Art und Weise der verschiedenen Aufgaben ließe auf gar keinen Fall Rückschlüsse auf die geforderte Arbeitsleistung zu, andere hingegen schwören darauf, weil man die Bewerber nur so auf ihre Persönlichkeit hin überprüfen könne, schließlich wolle man ja wissen, wen man für teures Geld einkaufe. Der Inhaber eines mittelständischen Familienbetriebes sagte es im Rahmen eines Erfahrungsaustausches einmal drastischer: „Was soll ich mit diesem ganzen Psychokram, an dem sich die Berater doch nur eine goldene Nase verdienen? Meine Bewerber kann ich mir mit meiner Erfahrung und meinem gesunden Menschenverstand selbst aussuchen. Wer bei mir anfängt, muss seine Leistung bringen und sich in die Firma einfügen können, nicht mehr und nicht weniger."
Übrigens wird von vielen Bewerbern immer wieder übersehen, dass auch Assessment-Center nur zusätzliche Auswahlverfahren sind und das eigentliche Bewerbungsgespräch auf gar keinen Fall ersetzen, wenn es dann überhaupt nach solch einem Verfahren noch dazu kommt.
So passierte es einmal einem Bewerber, der sich in einem namhaften Unternehmen als leitender Angestellter beworben hatte und zum Assessment-Center eingeladen wurde. Nach dem AC hörte er lange Zeit nichts mehr vom Unternehmen, auf telefonische Rückfrage versicherte ihm aber die Sekretärin des Personalleiters, man sei noch dabei, die AC-Ergebnisse zu analysieren, er möge sich bitte gedulden. Nur wenige Tage später bekam der Bewerber ohne Anschreiben (!) und kommentarlos seine Bewerbungsmappe zurück.
Da weiß man dann doch für die Zukunft gleich, in welchem Unternehmen man auf gar keinen Fall seine Arbeitskraft einsetzen sollte.
Das typische Assessment-Center ist eine Kombination aus unterschiedlichen Beurteilungssystemen. Mal ist eine schriftliche Aufgabe zu lösen, mal ein Rollenspiel zu bewältigen, ein anderes Mal werden Sie als Bewerber vielleicht beim Essen beobachtet. Es werden im Wesentlichen folgende Bereiche beobachtet und später analysiert:

Soziale Prozesse

Hierbei soll im Wesentlichen herausgefunden werden, ob ein Bewerber kooperationsfähig ist, Team- oder Kontaktfähigkeit besitzt, über Konfliktbereitschaft und Durchsetzungsvermögen verfügt, Sensibilität anderen gegenüber (Integrationsvermögen oder auch nur Informationsbereitschaft) oder auch nur, ob er mit einer guten Beobachtungsgabe ausgestattet ist.

Intellektuelle Fähigkeiten

Anhand verschiedener Aufgabenstellungen sammelt man Erkenntnisse, ob ein Bewerber analytisch oder abstrakt denken kann, ob er Kombinationsgabe hat, problemorientiert denken und handeln kann oder mit Kreativität und Ideenreichtum geistige Flexibilität zeigt.

Methodische Fähigkeit

Hier wird ergründet, ob ein Bewerber unternehmerisch denken und handeln kann, in seinen Aktivitäten Führungseigenschaften, Arbeitsmotivation oder Durchsetzungskraft erkennen lässt, aber auch, ob er engagiert und selbstständig arbeiten kann.
Es werden also im Assessment-Center (übrigens: nicht nur dort, sondern auch in einem ganz normalen Bewerbungsgespräch!) – und zwar durch unterschiedliche Aufgabenstellungen – die Anforderungen an die Bewerber geprüft, die am häufigsten gestellt werden:

- Eigenständigkeit/Selbstständigkeit
- Initiative
- Kreativität/Ideenreichtum
- Flexibilität
- Führungseigenschaften
- Motivation
- Entscheidungs-/Entschlussfähigkeit
- Durchsetzungsvermögen
- Belastbarkeit (Verhalten in Stresssituationen)
- Kommunikative Gewandtheit
- Planungs- und Kontrollfähigkeiten

Während man beim Bewerbungsgespräch solche Bewerberanforderungen üblicherweise durch Fragen oder geschickte Gesprächsführung in relativ kurzer Zeit ermitteln kann, unterscheidet sich das Auswahlverfahren des Assessment-Centers dadurch, dass es erstens sehr viel länger dauert und zweitens eine begrenzte Zahl von Mitbewerbern (in der Regel 6–10 Personen) in die Aufgaben einbezogen wird. Daneben unterscheidet sich das Assessment-Center vom Bewerbungsgespräch dadurch, dass künftige Entwicklungs-

tendenzen der Bewerber aufzuspüren und in die Gesamtbeurteilung einzubinden sind und die Persönlichkeit aufgrund der Beobachtungen in den Prüfungssituationen transparent zu machen ist. Beim üblichen Bewerbungsgespräch geht es dagegen mehr um Erörterung von Leistungen in der Vergangenheit und das Abfragen des derzeitigen Wissens- und Kenntnisstandes.
An einem Assessment-Center müssen nicht unbedingt mehrere Bewerber teilnehmen; es gibt durchaus Assessment-Center, bei denen nur ein einzelner Bewerber getestet wird, oder auch solche, bei denen sich der Bewerber mal in der Gruppe und mal alleine zu bewähren hat. Anzahl und Arten der einzelnen Tests sind unübersehbar. Trotzdem kann man festhalten, dass unterschiedliche bzw. kombiniert aufgebaute Assessment-Center folgende Tests enthalten:

- Ausfüllen von Fragebogen
- Schriftliche Lösungen von Aufgaben
- Briefe schreiben
- Zeichnungen anfertigen
- Zusammensetzen von Bausteinen/Basteln
- Rollenspiele
  - allein
  - allein mit dem oder den Beurteilern
  - allein gegen einen anderen Bewerber
  - allein gegen alle Bewerber
  - allein vor allen anderen Bewerbern und/oder Beurteilern
  - jeder gegen jeden
- Beobachtung beim Essen
- Beobachtung in einem Gespräch, das nur scheinbar nicht mehr zum Test gehört

Es ist ein Irrtum zu glauben, das Einzel-Assessment-Center sei einfacher, z. B. weil dann nicht gegen andere Bewerber im Rollenspiel anzutreten ist. Denn sich allein vor vier oder fünf Beurteilern beweisen zu müssen, und zwar einen oder zwei Tage lang, erfordert ein Höchstmaß an Konzentration.
Üblicherweise werden Sie zu Beginn des Assessment-Centers mit Ihren Beurteilern bekannt gemacht, die Mitbewerber stellen sich meistens in Kurzform der Runde selbst vor. (Achtung: Bereits diese Selbstvorstellung ist oft schon Teil des Testverfahrens!) Sodann wird man Ihnen den zeitlichen und den methodischen Ablauf des gesamten Verfahrens erläutern, ohne jedoch auf Einzelheiten einzugehen. Zum Beispiel wird man Ihnen sagen, dass am Vormittag schriftliche Aufgaben zu lösen seien, am Nachmittag die Rollenspiele folgen und man sich abends in der Hotelbar entspannen werde, um dann am anderen Tage mit den Rollenspielen fortzufahren. Lassen Sie sich nicht in die Irre führen. Denn Entspannung gibt es während des gesamten Assessment-

Centers nicht, die Unterhaltung an der Hotelbar kann (aber muss nicht) durchaus zum Testprogramm gehören. Auch wenn Sie sich nach dem Tagesprogramm ganz arglos mit einem der Beurteiler unterhalten, müssen Sie immer daran denken, dass auch dieses Gespräch analysiert werden könnte. Am Ende des Assessment-Centers werden Ihnen normalerweise die wesentlichen Beobachtungsergebnisse mitgeteilt, um Ihnen Gelegenheit zu einer Stellungnahme zu geben. Seltener kommt es vor, dass man Sie schriftlich benachrichtigt.
Ein scheinbar überflüssiger Aspekt wird übrigens leicht übersehen: die Garderobe. Viele Unternehmen legen Wert auf adrette Kleidung; legere Aufmachung ist also unangebracht. Manchmal finden Assessment-Center auch in Hotels statt, besonders wenn Beratungsunternehmen mit der Veranstaltung betraut wurden. Wenn Sie also im Hotel übernachten müssen, dann sorgen Sie auch für den folgenden Tag vor. Bedenken Sie: Angemessen gekleidet zu sein vermittelt auch ein gewisses Maß an Sicherheit.
Schließlich: Denken Sie immer daran, dass die Kostenfragen geklärt sind, bevor Sie losfahren. Wie beim Bewerbungsgespräch werden Ihnen etwaige Reisekosten und in diesem Fall auch die Übernachtungskosten erstattet. Ist das nicht der Fall, dann nehmen Sie von dem Assessment-Center Abstand.

Wichtig:

- Besondere Auswahlverfahren schrecken viele Bewerber ab – bis zur völligen Bewerbungsabsage. Dabei wird übersehen, dass diese Auswahlmethoden nur ein Teil des ganzen Verfahrens sind und das eigentliche Vorstellungsgespräch nicht ersetzen.
- Außerdem ist anzumerken, dass viele Auswahlverfahren, z. B. bestimmte Eignungstests oder spezielle Assessment-Center, selbst unter Personalfachleuten im Hinblick auf verwertbare Ergebnisse umstritten sind. Lassen Sie sich also nicht irritieren, bereiten Sie sich nicht speziell vor und betrachten Sie das Ganze so, als ob Sie in Ihrem gegenwärtigen Aufgabengebiet einen „Vorgang" zu bearbeiten hätten.
- Wenn Sie nur wegen eines schlechten Testergebnisses als Bewerber abgelehnt werden, dann ziehen Sie für sich positive Schlüsse daraus. Werten Sie das Testverfahren als Erfahrung für Ihre weiteren Bewerbungen.
- Nutzen Sie aber auch die Chance, zur Selbsterkenntnis, indem Sie sich ehrlich und selbstkritisch mit Testergebnissen auseinander setzen, die für Sie weniger vorteilhaft ausgefallen sind.

Das zweite Vorstellungsgespräch

Im zweiten Vorstellungsgespräch sagte einmal eine Bewerberin: „Ich danke Ihnen für die erneute Einladung, die mir zeigt, dass Sie meine Qualitäten erkannt haben und mich nun einstellen werden, das freut mich natürlich ganz besonders. Meine Steuerkarte und die sonstigen Unterlagen habe ich dabei.“ Der überraschte Personalchef entgegnete, dass man mehrere Bewerber zum zweiten Gespräch eingeladen habe, erst nach Abschluss dieses Verfahrens werde man sich entscheiden. Die Bewerberin fand sich nun in einer völlig unerwarteten Situation und war dadurch so verwirrt, dass sie während des ganzen Gesprächs ihre Fassung nicht wiederfand. Sie bekam dann auch eine Absage.

Eine solche Einstellung gegenüber dem zweiten Vorstellungsgespräch ist nicht selten, zeugt aber von mangelndem Realitätssinn, wobei man auch hier immer die Besonderheiten des Einzelfalles sehen muss. Manchmal gehen die ersten Gespräche so aus, dass man in der Tat als Bewerber den Eindruck gewinnen kann, dass ein zweites Gespräch bereits so etwas wie ein Vertragsangebot ist. In anderen Fällen wird von vornherein gesagt, dass man mit allen Bewerbern, die in die engere Wahl kommen, ein zweites Gespräch führen wird.

Der Regelfall ist, dass der Arbeitgeber beim ersten Gespräch (bitte erinnern Sie sich daran, dass dies ein erstes *Informations*gespräch ist) die in Betracht kommenden Bewerber gerne persönlich kennen lernen möchte, um sich einen Eindruck zu verschaffen. Wenn z. B. auf eine Stellenanzeige 100 Zuschriften eingehen, dann werden vielleicht die ersten 10 zum ersten Vorstellungsgespräch eingeladen. Bei diesem könnte sich dann ergeben, dass drei von den zehn besonders geeignet sind, mit diesen drei Bewerbern wird dann ein zweites Gespräch geführt. Damit sind aber die anderen sieben nicht aus dem Rennen, denn es kann ja immerhin einer von den dreien abspringen, weil er oder sie etwas anderes gefunden oder nach dem ersten Gespräch kein Interesse mehr hat. In der Praxis sieht das meistens so aus: Der Personalleiter notiert sich nach dem ersten Gesprächsdurchgang die intern gefundenen Entscheidungen auf den Bewerbungsanschreiben (die in der Firma verbleiben). Haben – wie im obigen Beispiel – drei sehr gut abgeschnitten, dann werden sie in die engste Wahl genommen und zum zweiten Gespräch eingeladen. Sind vielleicht noch zwei weitere zu berücksichtigen, dann wird „Reserve“ vermerkt, für den erwähnten Fall, dass man mit den sehr guten Bewerbern im zweiten Gespräch nicht weiterkommt. Eine solche Verfahrensweise kann hinsichtlich der Ent-

scheidung auch zeitliche Verzögerungen nach sich ziehen, weshalb Sie nicht ungeduldig sein sollten, besonders dann nicht, wenn Sie wissen, dass Sie in engerer Wahl sind.
Das zweite Vorstellungsgespräch schließt sich fachlich, persönlich und von der Vorgehensweise an das erste an. Der Arbeitgeber will mit den guten Bewerbern ein vertiefendes Gespräch führen, sowohl in fachlicher wie auch in persönlicher Hinsicht. Das zweite Vorstellungsgespräch hat im Regelfall zwei Ergebnisse:

- Die Bekanntgabe, dass man weiterhin an Ihnen als Bewerber interessiert ist und sich in Kürze wieder melden wird
- Ein konkretes Vertragsangebot

Der erste Fall ist gegeben, wenn der Arbeitgeber mehrere Bewerber zum zweiten Gespräch eingeladen hat und nach Abschluss der „zweiten Auswahlrunde“ gerne noch einmal mit allen Entscheidungsträgern beraten will, wer denn nun letztendlich der oder die Beste ist. Der zweite Fall ist häufig anzutreffen, wenn sehr wenige oder gar nur ein Bewerber zum zweiten Gespräch eingeladen worden sind und man sich intern bereits einig ist, wen man nehmen wird. Konkrete Vertragsangebote im zweiten Gespräch können aber auch zeitliche Gründe haben, z. B. wenn man weiß, dass ein guter Bewerber, den man gern engagieren möchte, eine längere Kündigungsfrist einzuhalten hat. Ein weiteres Zuwarten mit einer Entscheidung könnte deshalb nicht vertretbar sein, weshalb man sich seitens des Arbeitgebers für eine rasche, kombinierte Lösung entschlossen hat: den Bewerber noch einmal intensiver kennen zu lernen und ihm gleich anschließend – unter der Voraussetzung natürlich, dass der bisherige positive Eindruck mindestens bestätigt wird – ein Vertragsangebot zu machen.
Viele Bewerber übersehen die Bedeutung des zweiten Vorstellungsgespräches, auch und besonders unter Verkennung der manchmal nicht ganz einfachen Entscheidungsfindung beim Arbeitgeber. Diese wird umso komplizierter, je qualifizierter die Position ist.
Das zweite Vorstellungsgespräch zeichnet sich im Normalfall dadurch aus, dass man mit dem Bewerber oder der Bewerberin ein vertiefendes Gespräch führen möchte, insbesondere mehr über fachliche Qualifikationen wissen will und auch gezielter auf vertragliche Konditionen eingeht. Es kann aber durchaus auch eine zusätzliche Prüfung sein, in fachlicher wie in persönlicher Hinsicht. Aus dem ersten Gespräch hat sich der Arbeitgeber einen ersten (hier positiven) Eindruck des Bewerbers verschafft und könnte z. B. sagen: „In vertrieblicher Hinsicht ist der Mann ja ein Ass, aber wir sollten noch mal gezielt abfragen, wie seine Kenntnisse und Erfahrungen im Telefonmarketing sind, das kam letztes Mal nicht so deutlich heraus.“ In persönlicher Hinsicht könnte

man gezielter nachfragen, ob Sie als einziger Mann mit 12 Frauen zusammenarbeiten könnten oder als einzige Frau in einer reinen Männerriege oder ob Sie sich vorstellen könnten trotz Ihrer familiären Situation auch mal in einem Zweigwerk 100 km entfernt einzuspringen.
Allgemein sei für Sie als Bewerber Folgendes festgehalten: Das zweite Vorstellungsgespräch ist für Sie ein Erfolg und eine Chance. Die erste Hürde haben Sie mit Ihrer erfolgreichen Bewerbung genommen, die zweite liegt mit dem Informationsgespräch hinter Ihnen, auch hier haben Sie überzeugt. Die dritte und letzte Hürde zu nehmen liegt also ganz an Ihnen. Schließen Sie deshalb beim zweiten Vorstellungsgespräch an das erste an und lassen Sie sich durch nichts aus der Ruhe bringen. Machen Sie vor allem nicht den Fehler, sich auf den „Lorbeeren" des ersten Gespräches auszuruhen, sondern nutzen Sie Ihre Chance, den guten Eindruck als Bewerber noch zu verstärken. Und glauben Sie niemals, dass Sie mit der Einladung zu einem zweiten Vorstellungsgespräch bereits den Vertrag in der Tasche hätten.

Erweiterter Teilnehmerkreis

Die ersten Bewerbungsgespräche führt meistens der Personalleiter allein oder zusammen mit einem Fachabteilungsleiter. In vielen Fällen sind diese Personen auch im zweiten Gespräch Ihre Ansprechpartner. Das hängt von den internen Gegebenheiten ab. Wenn ein Personalleiter mit einem Abteilungsleiter über eine Einstellung allein entscheiden kann, sind deren Entscheidungen maßgeblich. Ist aber der Abteilungsleiter nur zur fachlichen Beurteilung des Bewerbers zum ersten Gespräch hinzugezogen worden, während der Vertrag jedoch vom Hauptabteilungsleiter und dem Personalchef oder auch vom Geschäftsführer unterschrieben werden muss, dann müssen Sie im zweiten Gespräch damit rechnen, dass auch der Hauptabteilungsleiter und/oder der Geschäftsführer selbst anwesend ist. Das hängt oft auch von der Art der Position ab. Bei qualifizierten Positionen kann es vorkommen, dass sogar der Firmeninhaber oder ein Mitglied des Vorstandes am zweiten Gespräch teilnimmt oder auch, dass es zu einem dritten Vorstellungsgespräch kommt. Dazu ein Beispiel:

Ein Bewerber, Jurist, 44 Jahre alt, bewarb sich in einem internationalen Unternehmen als Justitiar einer GmbH. Das erste Bewerbungsgespräch führte der Geschäftsführer mit dem Personaldirektor. Es verlief positiv und hatte nur fachliche Themen zum Inhalt. Das zweite, etwas speziellere Gespräch führte der Personaldirektor allein mit dem Bewerber, hierbei ging es nur um vertragliche Fragen und um die Zusammenarbeit mit den verschiedenen Unternehmensteilen. Beim dritten Gespräch wurde der Bewerber allen Direktoren vorgestellt, die dann Fragen an ihn richteten. Danach fiel in diesem Gremium die Entscheidung, die positiv war.

Rechnen Sie also beim zweiten Vorstellungsgespräch oder auch einem möglichen weiteren immer damit, dass mehr Personen beteiligt sind, als Sie bereits kennen. Dies interpretieren leider viele Bewerber immer wieder als Misstrauen ihnen gegenüber, was nicht selten zu Verstimmungen führt. Richten Sie sich bitte auch darauf ein, dass Sie neu hinzugekommenen Gesprächspartnern Dinge wiederholen, die Sie bereits im ersten Gespräch erläutert haben. Das ist reine Höflichkeit, bei der man aber durchaus in Schwierigkeiten kommen kann, wenn man sich nicht strikt an das hält, was man früher schon gesagt hat. Und es gibt durchaus Bewerber, die sich einschüchtern lassen durch die Anwesenheit von Personen mit Titel, etwa Doktor oder Professor, und in geschraubte Redeweise verfallen, nur um Eindruck zu machen. Die ganz einfache Formel lautet: Richten Sie sich beim zweiten Vorstellungsgespräch auf mehrere, auch neue Gesprächspartner ein, hören Sie genau zu, was diese von Ihnen erfragen, und antworten Sie entsprechend. Scheuen Sie sich nicht, etwas aus dem ersten Gespräch zu wiederholen, aber ergänzen Sie diese Ausführungen nicht.

Gezieltere Arbeitgeberfragen

Da das zweite Bewerbungsgespräch dazu dient, die Ergebnisse des ersten zu ergänzen und zu vertiefen, stellt der Arbeitgeber Ihnen jetzt auch Fragen danach, wie denn Ihre Facherfahrungen mit den unternehmensspezifischen Besonderheiten in Relation zu setzen sind. Zum Beispiel könnte er, wenn Sie sich im Finanzwesen bewerben, erfragen, ob Sie Kenntnisse im online banking haben, und falls nein, wie rasch Sie sich einarbeiten können. Oder Sie werden als Vertriebsfachmann mit der Frage konfrontiert, wie man von produktbezogener Arbeitsweise auf eine kundenbezogene umsteigen könnte. Hier sind dann Ihre Fachkenntnisse, Erfahrungen und Ideen gefragt.
Stellen Sie sich auch darauf ein, dass man Ihnen sehr gezielte Fragen zu sehr speziellen Problemen vorlegt; dann will man die Bandbreite Ihrer Kenntnisse erforschen. Bei einer Bewerbung im Bereich Controlling könnte das z. B. heißen: „Welche Vorteile sehen Sie in der Vollkosten- und in der Deckungs-

beitragsberechnung?“ Im Bereich Verkauf: „Ziehen Sie Direct-Mailing dem Telefonverkauf vor?“ Oder auch: „Wissen Sie, welche rechtlichen Gefahren das Telefonmarketing birgt?“ (Man darf nicht ohne weiteres Waren per Telefon anbieten, allenfalls an Gewerbetreibende, die schon einmal Kunden waren oder kraft ihres Gewerbes/Berufes mit solchen Angeboten rechnen müssen.)
Nicht selten wird auch versucht, anhand konstruierter, aber betriebsbezogener Beispiele herauszufinden, wie Sie sich fachlich und persönlich verhalten würden.

Beispiel: „Bei uns ist kürzlich der Fall eingetreten, dass eine Abteilung Personalausfälle hatte. Eine andere wurde um Ersatz gebeten, niemand war bereit einzuspringen. Wenn Sie Abteilungsleiter der gefragten Abteilung wären, was würden Sie dann machen?" Diese Frage geht bereits sehr in den Bereich der Bewerberpersönlichkeit, weil analytisches Denkvermögen, Durchsetzungskraft und Führungseigenschaften gefordert sind.

Die rein persönlichkeitsbezogenen Fragen sollen Aufschluss geben über Eigenschaften wie Durchsetzungsfähigkeit, Verantwortungsbewusstsein, Loyalität, Entscheidungssicherheit usw. Von Interesse ist natürlich auch, ob ein Bewerber menschlich ins Unternehmen, in die spezielle Abteilung/Gruppe oder an den speziellen Arbeitsplatz passt. Hier sind Faktoren wie Umgänglichkeit, Flexibilität, Kollegialität und Hilfsbereitschaft gefragt.
Richten Sie sich also im zweiten Bewerbungsgespräch in fachlicher und persönlicher Hinsicht auf sehr gezielte Fragen ein, die nicht immer taktisch veranlasst sein müssen, sondern einen ganz praktischen, alltäglichen Hintergrund haben können.

Gezieltere Bewerberfragen

Neben der Vertiefung einer Bewerbung für den Arbeitgeber im zweiten Vorstellungsgespräch bietet dieses auch dem Bewerber selbst die Möglichkeit zu gezielteren Nachfragen. Diese werden sich in aller Regel auf die Bereiche „Fachliches“ und „Vertragliches“ konzentrieren.
Das Fachliche betrifft in erster Linie Ihr persönliches Arbeitsumfeld. Bitten Sie um erschöpfende Auskunft zu folgenden Fragen: Wie sieht die exakte Stellenbeschreibung aus? Welchen Stellenwert hat die Position im Unternehmens-

gefüge? Arbeite ich im Team oder überwiegend selbstständig? Mit wie viel Kollegen teile ich das Arbeitszimmer? Welche Möglichkeiten bietet das Unternehmen zur Berufsweiterbildung?
Da die Beantwortung dieser Fragen von erheblicher Bedeutung für Ihre berufliche Zukunft ist, sollten Sie in aller Freundlichkeit, aber mit Nachdruck auf Ausführlichkeit bestehen und sich nicht mit Halbheiten oder Vertröstungen begnügen.
Erst wenn Sie sicher sind, dass alle diese Probleme befriedigend geregelt sind, treffen Sie Ihre Entscheidung.
Zunächst aber muss noch der Vertrag diskutiert werden.
Wenn man Ihnen im zweiten Bewerbungsgespräch ein Vertragsangebot vorlegt, dann ergeben sich gewöhnlich nur noch Verständnisfragen zum Vertrag. Ist das nicht der Fall, sollten Sie zu Ihrer eigenen Sicherheit, eingedenk Ihres Besitzstandes bzw. Ihres Verbesserungswunsches, vertragliche Einzelheiten genau abfragen. Anders als beim ersten Gespräch kann man sich für den zweiten Termin durchaus einen Zettel mit bestimmten Fragen zum Vertrag vorbereiten, obwohl diese Methode auch hier taktisch nicht klug ist. Durch klug gebündelte „Kompaktfragen“ können Sie ganze Blöcke abfragen, z. B. zu Zusatzleistungen oder tarifvertraglichen Bestimmungen. Der Arbeitgeber wird Ihnen antworten, mit gezielten, kurzen Fragen fassen Sie ggf. nach. Diese Vorgehensweise – richtig angewandt – lässt erkennen, dass Sie wissen, worauf es ankommt, und sich nicht mit Unwesentlichem aufhalten.
Der Regelfall wird aber sein, dass der Arbeitgeber von sich aus auf die Vertragskonditionen eingeht. Vor allem wird er die Gehaltsfrage, meist in Form eines Angebotes, zur Sprache bringen.
Gehen Sie in das zweite Gespräch mit einer ganz klaren Gehaltsvorstellung. Im ersten Gespräch wurden ja bereits Grundtendenzen in dieser Hinsicht festgestellt, jetzt müssen Sie konkret werden, entweder mit einer Forderung oder in Form einer Reaktion auf ein diesbezügliches Arbeitgeberangebot. Wenn Sie darin nicht sofort Ihre Wünsche erfüllt sehen, dann machen Sie – wie schon an früherer Stelle erwähnt – nicht den Fehler, sich nur am monatlichen Gehalt zu orientieren, sondern ziehen Sie sämtliche Neben- und Zusatzleistungen in Betracht. Dazu gehört auch, dass man Ihnen nach erfolgreicher Probezeit eine Gehaltserhöhung garantiert; jedenfalls sollten Sie versuchen, das auszuhandeln.
Schädlich, weil töricht, sind Fragen nach Nebensächlichkeiten, vor allem, wenn sie privaten Hintergrund haben. So hat ein Bewerber auf eine leitende Position z. B. einmal gefragt, wie es denn mit kurzzeitigem Urlaub wäre, am 10. Mai hätte seine Freundin Geburtstag, an diesem Tag würde er gern frei haben oder Urlaub nehmen, ansonsten ab und an auch gern mal ein verlängertes Wochenende machen. Ein anderer Bewerber für die gleiche Position fragte,

welche Tageszeitungen und Fachjournale die Firma ihm bezahle, weil er dann einige seiner Abos abbestellen könne. So etwas kann einer Vertragsanbahnung hinderlich sein.

Besichtigung des Arbeitsplatzes

Der Wunsch nach Besichtigung des Arbeitsplatzes ist berechtigt, sollte aber – wie schon früher erwähnt – erst dann geäußert werden, wenn feststeht, dass man wirklich als Bewerber in der engsten Wahl ist. Wenn Sie bereits jetzt einen Arbeitsplatz haben, den Sie mitgestalten konnten, dann wird Ihr Wunsch, die neue berufliche Umgebung genauer kennen zu lernen, stärker ausgeprägt sein als bei einem Bewerber, der an seinem Arbeitsplatz kein persönliches Interesse hat. Hier spielt natürlich auch die Position eine Rolle. Bei leitenden Positionen wird der Arbeitgeber meistens schon von sich aus am Ende des zweiten Gespräches bzw. wenn feststeht, dass Sie der neue Stelleninhaber sein werden, das Ansehen des neuen Arbeitsplatzes anbieten. Bei einer Tätigkeit im Großraumbüro dagegen ist die Besichtigungsneigung bei den Bewerbern verständlicherweise eher gering.
Dennoch: An Ihrem Arbeitsplatz verbringen Sie üblicherweise sieben bis acht Stunden am Tag, da liegt es nahe, dass man sich dort einigermaßen wohl fühlen und auch mit den Kolleginnen und Kollegen gut auskommen möchte. Deshalb sollten Sie, wenn eine Entscheidung für Sie so gut wie feststeht, Ihre neue „Wirkungsstätte“ in Augenschein nehmen.
Wenn der Arbeitgeber das nicht möchte, dann fügen Sie sich dem, er wird dafür gute Gründe haben, z. B. dass Sie erst nach einem definitiven Vertragsabschluss den Mitarbeitern vorgestellt werden sollen, oder aber, dass Mitarbeiter im Unternehmen noch keine Kenntnis vom Bewerbungsverfahren haben sollen. Letzteres kann, muss aber nicht unbedingt ein Indiz für ein gestörtes Betriebsklima sein. Wird Ihnen jedoch die Besichtigung versagt mit dem Hinweis, der jetzige Mitarbeiter habe den Platz noch inne und man wünsche eine Begegnung mit dem Nachfolger zu vermeiden, dann besteht die Möglichkeit, dass man sich im Unguten von ihm getrennt hat. Jedenfalls sollten Sie aus dieser Reaktion Rückschlüsse ziehen.
Dass die Besichtigung des Arbeitsplatzes auch zu einer Bewerberfalle werden kann, übersehen fast alle Bewerber. Manchmal lassen sich Bewerber zu Gesprächen mit den Mitarbeitern am neuen Arbeitsplatz hinreißen, was den begleitenden Personalchef dann eher in Verlegenheit bringen kann. Deshalb gilt: Seien Sie stets höflich und freundlich, aber vermeiden Sie immer

Gespräche mit Betriebsangehörigen. Andere Bewerber lassen sich bei der Besichtigung des neuen Arbeitsplatzes dazu verleiten, von ihrem alten Arbeitsplatz zu erzählen, und kommen darüber leicht zu kritischen Ausführungen über ihren jetzigen Arbeitgeber. Schon manch einer hat sich hier „die Zunge verbrannt", wenn er ungewollt seinen eigentlichen Bewerbungsgrund (Unzufriedenheit mit dem jetzigen Arbeitgeber) verriet.
Gravierende Fehler bei der Besichtigung des neuen Arbeitsplatzes machen viele Bewerber auf leitende Positionen. Hier muss man immer wieder feststellen, welche Bedeutung Statussymbole im Büro haben können. Der eine hatte einen runden Besuchertisch und möchte einen solchen wieder haben, der andere hatte Zimmerpalmen und echte Gemälde im Büro, und wieder ein anderer bestand auf einem Perserteppich, in seiner Firma das Statussymbol für Leitende mit Sonderbefugnissen.
Eine Medizinerin bemerkte einmal in einem Unternehmen, in dem man ihr als gute und erfolgreiche Bewerberin ein traumhaftes Büro anbot, dass ihr das nicht gefalle. Das Büro habe dunkle Möbel, das finde sie nicht motivierend, sie verlange (wörtlich!) den Umtausch in helle und freundliche Möbel. Es kam bei dieser Dame zu einer sehr raschen Trennung innerhalb der Probezeit.
Richten Sie sich in Bezug auf Ihren Arbeitsplatz deshalb stets nach den Gegebenheiten bei Ihrem neuen Arbeitgeber und verscherzen Sie sich nicht die Zusage durch Forderungen nach Äußerlichkeiten. Wenn Sie erst mal im Unternehmen arbeiten, lässt sich so etwas in aller Ruhe und auf angemessene Weise regeln. Gewinnen Sie erst einmal einen Überblick auch über andere Arbeitsräume, äußern Sie dann ggf. Wünsche. Übrigens: Je besser Sie als Mitarbeiter sind, umso weniger wird der Arbeitgeber geneigt sein, Ihnen einen Wunsch in Bezug auf Ihren Arbeitsplatz abzuschlagen.
Schließlich sollten Sie bei der Besichtigung des neuen Arbeitsplatzes nicht vergessen, dass es auch wegen des Rauchens zu Konflikten kommem kann. Wenn Sie als Nichtraucher mit einem Raucher zusammenarbeiten müssen oder umgekehrt und der Rauch wird als störend empfunden, sind Schwierigkeiten vorprogrammiert. Klären Sie das nach der Besichtigung des Arbeitsplatzes, soweit diese Thematik nicht schon im Bewerbungsgespräch selbst erörtert wurde.

Fragen zum Prozedere

Auch nach dem zweiten Bewerbungsgespräch stellt sich die Frage nach dem weiteren Vorgehen. Dies entfällt natürlich, wenn Ihnen nach dem zweiten Termin gleich ein Vertragsangebot gemacht wird oder wenn der Arbeitgeber von sich aus die Thematik anspricht, was eigentlich der Regelfall ist. Gegenüber dem ersten Gespräch werden jetzt die Entscheidungsfristen kürzer sein. Es ist also durchaus möglich, dass man Sie nach dem zweiten Bewerbungsgespräch kurz im Raum alleine lässt, sich intern berät und Ihnen dann an Ort und Stelle ein konkretes Vertragsangebot macht, damit Sie z. B. fristgerecht bei Ihrem jetzigen Arbeitgeber kündigen können. Es kann aber auch sein, dass sich das zweite Bewerbungsverfahren in die Länge zieht, entweder weil es im Unternehmen schwierig ist, alle Gesprächsteilnehmer unter einen Hut zu bringen oder weil es schwierig ist, die Termine für die anderen Bewerber zu koordinieren.

Lassen Sie sich bitte nicht irritieren, wenn es sogar noch zu einem dritten Bewerbungsgespräch kommt, sondern bewerten Sie das vielmehr positiv. In manchen Unternehmen möchte der Geschäftsinhaber selbst oder der Geschäftsführer die neuen Mitarbeiter persönlich kennen lernen, vielleicht war er zum zweiten Gespräch nicht im Hause. Deshalb entspringt ein drittes Bewerbungsgespräch meist eher reiner Höflichkeit als internen Gründen. Nur in ganz seltenen Fällen wird im dritten Durchlauf das eigentliche Auswahlverfahren noch einmal aufgegriffen, z. B. dann, wenn im zweiten Gespräch drei sehr gute Bewerber (von 15 im ersten) gehört worden sind, von denen zwei abgesagt haben. Wenn Sie als der verbleibende dritte Kandidat nicht hundertprozentig den Erwartungen des Arbeitgebers entsprechen, wird man geneigt sein, zum Vergleich noch einmal den einen oder anderen Bewerber aus dem ersten Gespräch einzuladen, bevor man eine endgültige Entscheidung trifft. Üben Sie sich also in Geduld.

Wichtig:

- Das zweite Vorstellungsgespräch bringt Sie Ihrem Ziel näher. Sie haben es geschafft, in die Endauswahl der Bewerber zu kommen. Doch: Machen Sie jetzt keinen Fehler, sondern nutzen Sie diese Chance für sich und Ihr berufliches Vorhaben.
- Das zweite Vorstellungsgespräch dient in aller Regel der Vertiefung der Kenntnisgewinnung über die ausgeschriebene Position und über vertragliche Konditionen. Gehen Sie nicht unvorbereitet an dieses Gespräch heran; handeln Sie souverän.
- Wiegen Sie sich vor allem nicht in der Sicherheit, man hätte sich schon für Sie entschieden. Ihnen als klugem Bewerber wird es gelingen, durch geschickte Fragestellungen und überlegte Antworten auch im zweiten Vorstellungsgespräch noch weitere Pluspunkte zu sammeln.

Die Entscheidungskriterien

Wie entscheidet ein Arbeitgeber bei der Bewerbungsauswahl? Das ist eine Frage, die für viele Bewerber ein Buch mit sieben Siegeln ist. Nur die wenigsten Bewerber wissen eigentlich, dass die Entscheidung über einen Bewerber nicht nur sehr schwierig ist, sondern sich nach ganz bestimmten Kriterien richtet. (Nicht selten findet man auch Witzeleien, die Auswahl würde nach Schönheit oder gar nach Tierkreiszeichen getroffen!)
Natürlich spielt auch persönliche Sympathie eine gewisse Rolle. Der häufig kolportierte Extremfall wäre, dass sich ein Personalchef für eine Bewerberin entscheidet lediglich aufgrund ihrer optischen Vorzüge und ihres besonderen Entgegenkommens auf privater Ebene. Es ist ja auch kein Geheimnis, dass hin und wieder – hauptsächlich bei innerbetrieblichen Bewerbungen – Positionen auf diese Weise besetzt werden. Wie solche Situationen allerdings zu lösen sind, zeigt folgendes Beispiel:

Ein Personalchef erlaubte sich einmal, einer fachlich sehr guten Bewerberin anzubieten, den nach Abschluss des erfolgreichen Bewerbungsverfahrens angebotenen Arbeitsvertrag im Rahmen eines abendlichen Essens, zu dem er sie einlud, durchzusprechen. Das kam ihr zwar unüblich vor, doch dachte sie in erster Linie daran, den Job zu bekommen, und willigte ein. Beim Essen hielt der Personalchef dann Lobreden auf die zweifellose Attraktivität der Bewerberin und meinte, sie werde sicherlich wissen, wie man heute an einen Job komme. Die junge Frau verstand sofort, verließ entrüstet das Lokal und bekam eine Absage. Sie wollte sich den Job aber nicht entgehen lassen und sah – völlig berechtigt – nicht ein, nur abgelehnt worden zu sein, weil sie dem Personalchef nicht gefällig war. Sie wandte sich an die Geschäftsführung mit dem Ergebnis, dass sie eingestellt und der Personalchef entlassen wurde.

Die echten Entscheidungskriterien sind ohnehin von Seriosität geprägt und so sind denn auch die meisten Bewerber, während sie auf die Entscheidung warten, damit beschäftigt, die Aspekte zu erwägen, die für oder die gegen sie sprechen. Natürlich sind derartige Überlegungen vergeblich. Denn in den meisten Fällen kann ein Bewerber gar nicht einschätzen, nach welchen Kriterien der Personalleiter urteilen wird. So sollten die Bewerber sich besser damit auseinander setzen, ob sie die ausgeschriebene Tätigkeit wirklich annehmen wollen, nachdem sie in den Bewerbungsgesprächen nähere Einzelheiten dazu erfahren haben.

Die Bewerberentscheidung

Besonnene Arbeitgeber machen dem Bewerber am Ende des Vorstellungsgesprächs folgenden Vorschlag: „Sie haben heute eine ganze Menge an Einzelheiten über die Position, für die Sie sich beworben haben, erfahren. Uns ist an einer dauerhaften Zusammenarbeit gelegen, deshalb wäre es gut, wenn Sie sich für Ihre endgültige Entscheidung noch einmal überlegen, ob Ihnen die Tätigkeit zusagt. Wir finden es deshalb fair und auch sinnvoll, Ihnen die Gelegenheit zu geben, noch einmal in sich zu gehen. Lassen Sie uns Ihre Entscheidung in zwei oder drei Tagen wissen, wir melden uns dann umgehend."

Viele Bewerber missverstehen dieses gut gemeinte und natürlich auch wohlüberlegte Angebot und sagen z. B.: „Ja, was soll ich da noch überlegen, ich habe mich hier beworben und dabei bleibe ich auch." Sie übersehen dabei, dass es durchaus angebracht sein kann, nach einem Gespräch die einzelnen Fakten noch einmal für sich zu prüfen, zu analysieren und Vor- und Nachteile eines Stellenwechsels abzuwägen. Das gilt besonders dann, wenn man die Branche wechselt, ein völlig neues Berufsfeld übernimmt oder auch in eine andere Stadt oder gar ins Ausland wechselt.

Nehmen Sie deshalb immer das Angebot zu einer Bedenkzeit an. Lassen Sie sich nicht auf Kompromisse ein, die Ihnen später vielleicht Nachteile bringen. Auch wenn Sie z. B. arbeitslos sind und unbedingt wieder eine Aufgabe brauchen, tun Sie sich keinen Gefallen damit, die erste beste Stelle anzunehmen, um dann möglicherweise noch in der Probezeit zu einem anderen, besseren Arbeitgeber zu wechseln. Das macht sich später auch im Lebenslauf nicht besonders gut.

Die Arbeitgeberentscheidung

Weil der Arbeitgeber eine Vielzahl von Bewerbern kennen lernt, hat er für seine Auswahl die besten Vergleichsmöglichkeiten, aber die Wahl ist umso schwieriger, je geringer die Qualifikationsunterschiede sind. Dafür hat er klar vorgegebene Kriterien, nach denen er seine Entscheidung trifft:

- objektive Kriterien, das heißt fachbezogene Aspekte
- subjektive Kriterien, das heißt personen- bzw. bewerberbezogene Aspekte
- unternehmensbezogene Kriterien, das heißt gemischte Aspekte, die sich aus organisatorischen und persönlichen Belangen ergeben können

Die Freiheit der Wahl des Arbeitgebers ist jedoch da eingeschränkt, wo die Mitbestimmungsrechte des Betriebsrates betroffen sind.

Objektive Kriterien

Bei den objektiven, das heißt fachbezogenen Kriterien ist zu prüfen, ob der Bewerber im Hinblick auf seine Ausbildung, seine berufliche Erfahrung und etwaige positionsbezogene Zusatzkenntnisse geeignet ist, die ausgeschriebene Position zu besetzen. Viele Personalleiter machen sich vor der Entscheidung ein exaktes Raster zum Bewerberprofil (siehe Beispieltabelle). Die Bezeichnungen B1 und Folgende stehen für die Bewerber.

Position: Auftragssachbearbeiter im Verlag

Anforderungen objektiv	B1	B2	B3	B4	B5	B6	B7
Abitur	+	+	+	+	+	–	–
Ausbildung als Verlagskaufmann	+	+	+	+	–	+	–
Berufserfahrungen mehr als 3 Jahre	+	+	+	2	+	+	1
SAP-Kenntnisse	+	+	–	–	–	+	+
Englisch sehr gut	+	+	–	+	–	+	+
Fachgespräch	+	+	+	–	+	+	–

Die Bewerber 1 und 2 erfüllen die vorgegebenen Anforderungen. Der dritte Bewerber hatte keine SAP-Kenntnisse und konnte nur ausreichend Englisch, ließ aber im Bewerbungsgespräch durchblicken, dass er andere EDV-Programmkenntnisse habe und sich rasch in SAP einarbeiten könne, auch sein Englisch könne er aufpolieren.

Der vierte Bewerber hatte keine SAP-Kenntnisse, nur zwei Berufsjahre Erfahrung und überzeugte im Fachgespräch nicht. Bewerber 5 überzeugte zwar im Fachgespräch, hatte aber drei Minuspunkte bei den fachlichen Anforderungen, während Bewerber 6 alle Voraussetzungen erfüllte, aber kein Abitur, sondern nur einen Realschulabschluss hatte. Der siebte Bewerber zeichnete sich nur durch sehr gute Englisch- und verlagsbezogene SAP-Kenntnisse aus. Die Auswahl zum zweiten Bewerbungsgespräch fiel auf die Bewerber 1, 2 und 6, wobei sich im Ergebnis Bewerber 6 durchsetzte, der dann auch die Position bekam, weil er persönlich am besten geeignet erschien. Damit sind wir bei den persönlichen Auswahlkriterien, die neben den fachlichen einen wichtigen Beurteilungsaspekt für die Bewerbungen darstellen.

Subjektive Kriterien

Die subjektiven, das heißt personenbezogenen Kriterien kann ein Arbeitgeber im Grunde erst im Bewerbungsgespräch ermitteln. Er kann sich aber auch durch aufmerksames Lesen der Bewerberzeugnisse und der Anschreiben ein erstes Urteil bilden. Wenn z. B. Flexibilität im Hinblick auf die Arbeitszeit gefordert wurde und ein Bewerber geschrieben hat, er sei zeitlich ungebunden und auch gerne bereit, bedarfsorientiert zu arbeiten, auch am Wochenende, dann ist das ein deutliches Indiz für Flexibilität. Auch für die subjektiven Kriterien gilt, dass die Beurteilung sich immer danach richtet, was in der ausgeschriebenen Position gefordert ist. Neben Führungsfähigkeiten, Verantwortungsbewusstsein und Kreativität können das sein: Durchsetzungsvermögen, Konfliktbereitschaft und Teamgeist ebenso wie Loyalität, Offenheit und Belastbarkeit. Der Arbeitgeber wird bei der persönlichen Beurteilung einerseits im Auge haben, was der bisherige Stelleninhaber kraft seines persönlich motivierten Einsatzes geleistet (oder auch nicht geleistet) hat (Vergleichsbeurteilung), und andererseits, was er vom neuen Mitarbeiter erwartet (Erwartungsbeurteilung). Der persönliche Beurteilungsfaktor ist neben dem fachlichen zu sehen; er kann aber sehr großes Gewicht haben, wenn jemand nicht alle fachlichen Voraussetzungen erfüllt, jedoch persönlich überzeugt und man davon ausgehen kann, dass er die gestellten Aufgaben bewältigen wird. In aller Regel aber müssen die fachlichen Voraussetzungen erfüllt sein. Erst wenn man zwei oder drei gleichgewichtige Bewerber hat, gibt die persönliche Beurteilung den Ausschlag. Wenn sich z. B. jemand als Außendienstmitarbeiter bewirbt und alle fachlichen Voraussetzungen erfüllt, dann wird im Bewerbungsgespräch zu prüfen sein, ob dieser Bewerber auch persönlich für die Aufgabe geeignet ist. Ein eher schüchterner und zurückhaltender Mensch wird hier weniger erfolgreich sein als jemand, der vor Dynamik und Selbstbewusstsein nur so sprüht.

Für Sie als Bewerber ist Folgendes wichtig zu wissen: Die fachlichen Beurteilungskriterien können Sie nicht beeinflussen, sie stehen fest anhand Ihrer Unterlagen oder durch Ihre ergänzenden Erläuterungen im Bewerbungsgespräch. Auf die Beurteilung Ihrer Persönlichkeit können Sie jedoch Einfluss nehmen, indem Sie Ihr Interesse an der ausgeschriebenen Position dokumentieren und dadurch, dass Sie bestimmte Eigenschaften unter Beweis stellen, die für die Ausübung dieser Position unerlässlich sind.

Für manchen Arbeitgeber zählt die Persönlichkeit mehr als alles andere. Was nutzt es ihm, wenn er einen fachlich versierten Mitarbeiter gewinnt, der nicht mit Menschen umgehen kann oder vielleicht selbst voller Probleme steckt? Deshalb kommt der Beurteilung subjektiver Kriterien bei der Bewerberauswahl sehr hohe Bedeutung zu.

Unternehmensbezogene Kriterien

Neben den personenbezogenen Kriterien spielen bei der Entscheidung des Arbeitgebers für einen Bewerber auch ganz spezifische, unternehmensbezogene Aspekte eine Rolle. So mancher Bewerber, der alle fachlichen Voraussetzungen erfüllt und persönlich gut abgeschnitten hat, stand vor einem Rätsel, wenn er eine Absage bekam.

Der Hintergrund ist folgender: Die objektiven, einzig auf die Tätigkeit bezogenen Kriterien genügen nicht, um eine befriedigende Zusammenarbeit zu gewährleisten; der Bewerber muss auch ins Unternehmensgefüge passen. Es ist also darauf zu achten, dass der neue Mitarbeiter mit dem Abteilungsleiter X gut zusammenarbeitet, mit einem bestimmten Team oder auch nur mit einem ganz speziellen Kollegen. Zu denken ist auch daran, dass sich manchmal zwei Mitarbeiter einen Arbeitsplatz teilen, sich ergänzen und kooperativ arbeiten müssen. Es wird dann in aller Regel wenig Sinn haben, z. B. Jung und Alt zusammenzusetzen oder Raucher und Nichtraucher oder einen ausgesprochenen Arbeitsmenschen (Workaholic) mit einer Person, die – aus welchen Gründen auch immer – an feste Arbeitszeiten gebunden ist. Ein erfahrener älterer Mitarbeiter wird nicht ohne weiteres stillhalten, wenn er mit einem jüngeren Kollegen konfrontiert wird, der vor Ideen nur so sprudelt und bereits im Vorstellungsgespräch durchblicken ließ, wie er die angebotene Position mit Leben erfüllen werde. Natürlich liegt es in einem solchen Falle am Arbeitgeber selbst, Prioritäten zu setzen. Will man einen innovativ und kreativ denkenden neuen Mitarbeiter haben oder einen, der sich den betrieblichen Begebenheiten nur anpasst?

Dies sind nur Beispiele, die Ihnen als Bewerber verdeutlichen sollen, dass der Arbeitgeber bei seiner Bewerbungsentscheidung ganz interne, für Sie nicht erkennbare, Gründe haben kann. Im Bewerbungsgespräch werden Sie das kaum erfahren. Wenn Sie aber gefragt werden, ob Sie besser mit Frauen oder mit Männern zusammenarbeiten können oder eher im Team oder lieber für sich arbeiten, dann sind dies deutliche Indizien dafür. Werden Sie auf Derartiges im Gespräch aufmerksam, dann fragen Sie an geeigneter Stelle nach, wer denn Ihre neuen Vorgesetzten und Mitarbeiter sein werden.

Für Sie als Bewerber ist es wichtig zu wissen, dass es auch rein unternehmensbezogene Kriterien geben kann, die absolut nichts gegen Ihre Person oder Ihr fachliches Können aussagen. Lassen Sie sich deshalb auch bei gutem Gefühl nach einem Bewerbungsgespräch bei einer Absage nicht entmutigen.

Besonderheiten bei innerbetrieblichen Bewerbungen

Viele Arbeitgeber machen sich zunächst einmal Gedanken darüber, wer aus dem eigenen Unternehmen in Betracht kommen könnte, wenn eine frei werdende Position besetzt werden muss. Deshalb wird der Arbeitgeber von sich aus mit Mitarbeitern das Gespräch suchen, die er gerne auf der Position hätte. Selbst wenn feststeht, wer in Betracht kommt, muss die Stelle immer betrieblich ausgeschrieben werden, sofern dies durch Betriebsvereinbarung festgelegt ist. Es handelt sich also um einen Pro-forma-Akt, der als solcher natürlich nur wenigen Eingeweihten bekannt ist. Wenn Sie sich dann in Unkenntnis dieser Fakten bewerben, ist Ihre Bewerbung vergebens.
Andererseits sind interne Bewerber immer wieder irritiert, wenn sie am Wochenende die intern ausgeschriebene Position in der lokalen Presse finden. Das ist ein klares Zeichen dafür, dass man die Position extern besetzen möchte. Wenn aber die Betriebsvereinbarung zur internen Stellenausschreibung besteht, müssen auch interne Bewerber im Auswahlverfahren berücksichtigt werden, was dann nur halbherzig passiert, weil man die Form wahren muss, aber im Grunde gar keine internen Bewerber auf der Stelle haben will. Dem Betriebsrat gegenüber muss der Arbeitgeber dann seine fachliche Entscheidung zur Einstellung begründen, wenn er sich nach einem Vergleich für einen externen Bewerber entschieden hat.
Ansonsten gelten bei der Auswahl innerbetrieblicher Bewerber in fachlicher, persönlicher und unternehmensbezogener Hinsicht die üblichen Kriterien, wovon die auf das Unternehmen bezogenen die größte Bedeutung haben. Wenn Sie sich z. B. als Sekretärin des Vertriebsleiters auf eine Sekretariatsstelle im Personalwesen bewerben, dann könnte das eine sichere Absage bedeuten, denn der Arbeitgeber möchte nicht, dass eine interne Person, möglicherweise noch mit vielfältigen Kontakten im Haus, auf eine Vertrauensposition wechselt, in deren Bereich die Bearbeitung der Gehälter aller Mitarbeiter liegt.
Die Entscheidungskriterien des Arbeitgebers bei einer innerbetrieblichen Bewerbung sind immer fach- und personenbezogen, in sehr hohem Maße aber auch unternehmensbezogen. Bevor Sie sich auf eine interne Stellenausschreibung bewerben, sollten Sie deshalb immer das Gespräch mit Ihrem Personalleiter oder dem Geschäftsführer suchen. Ergibt sich aus diesem Gespräch, dass es keinen Zweck hat, sich auf eine interne Stellenausschreibung zu bewerben, weil schon jemand für die Stelle vorgesehen ist, dann verzichten Sie. Ermutigt man Sie jedoch zur Bewerbung, dann nehmen Sie die Gelegenheit wahr. Nutzen Sie aber zugleich das Vorgespräch mit dem Personalleiter zur Begründung Ihrer Bewerbung.

Besonderheiten bei Bewerbungen bei Personalberatern

Wenn man sich auf Stellenanzeigen beworben hat, die von Personalberatern geschaltet worden sind, muss man mit einem doppelten Auswahlverfahren rechnen. In der Regel legen die Personalberater ihre Entscheidungen den Auftraggebern, also den Unternehmen, vor. Dort kommt es dann erneut zu einem Gespräch, mit oder ohne Beteiligung des Personalberaters, oder bei diesem mit Beteiligung eines Unternehmensvertreters. Der Personalberater selbst trifft keine Entscheidung, das wird von vielen Bewerbern immer wieder verkannt. Er erarbeitet lediglich die Vorbereitung einer Arbeitgeberentscheidung, indem er in Form eines Gutachtens eine Bewerberanalyse erstellt, die für den Arbeitgeber Grundlage für ein weiteres, qualifiziertes Bewerbungsgespräch ist. Die Entscheidungskriterien des Personalberaters kann der Arbeitgeber übernehmen, er muss es aber nicht. Üblicherweise läuft das Verfahren folgendermaßen ab: Der Personalberater wählt unter den Bewerbern zwei oder drei aus, die er für geeignet hält, sie dem Arbeitgeber besonders zu empfehlen. Mit diesen wird dann ein weiteres Gespräch vereinbart, das aber im Hause des Arbeitgebers stattfindet. Hier werden dann spezielle Themen, vor allem unternehmensbezogene Fragen, erörtert. Die Entscheidung über Ihre Einstellung trifft allein der Arbeitgeber, nicht der Personalberater.

Die Mitbestimmung des Betriebsrates

Hier gehen wir ein auf die gesetzlich vorgeschriebene Mitbestimmung der Arbeitnehmervertretung. In der privaten Wirtschaft ist das der Betriebsrat, in öffentlich-rechtlichen Unternehmen der Personalrat. In den nachfolgenden Ausführungen wird der Einfachheit halber nur vom Betriebsrat gesprochen. Wenn Ihnen ein Arbeitgeber nach dem Bewerbungsgespräch mitteilt, man habe sich für Sie entschieden, dann besteht noch kein Grund zum Jubeln, denn den Arbeitsvertrag haben Sie ja noch nicht. Dieser wird in den meisten Fällen erst erstellt, wenn auch der Betriebsrat zugestimmt hat. Bei leitenden Angestellten oder Mitarbeitern in so genannten Tendenzbetrieben (Verlage, kirchliche, politische oder karitative Einrichtungen z. B.) entfällt die Mitbestimmung üblicherweise. Ansonsten gilt, dass der Betriebsrat eine Woche Zeit hat, sich mit einer beabsichtigten Einstellung zu befassen. Diese Frist sollte man als Bewerber bei etwa einzuhaltenden Kündigungsfristen einkalkulieren.

Nach dem Betriebsverfassungsgesetz (v. 25.9.2001) § 99 hat der Betriebsrat ein Mitbestimmungsrecht in personellen Angelegenheiten, zu denen nicht nur Einstellungen, sondern auch Versetzungen und tarifliche Umgruppierungen gehören. Der Arbeitgeber hat den Betriebsrat vor der Einstellung zu unterrichten, ihm die erforderlichen Bewerbungsunterlagen vorzulegen und Auskunft über die Person der Bewerber zu erteilen. Darüber hinaus muss der Arbeitgeber unter Vorlage der erforderlichen Unterlagen Auskunft über die Auswirkung der geplanten Personalmaßnahme geben und die Zustimmung des Betriebsrates einholen. Nach § 99 Abs. 3 Betriebsverfassungsgesetz muss der Betriebsrat innerhalb einer Woche eventuelle Verweigerungsgründe zur Einstellung mitteilen. Äußert sich der Betriebsrat innerhalb dieser Frist nicht, dann gilt nach dem Gesetz seine Zustimmung als erteilt. Erst wenn der Betriebsrat zugestimmt hat, kann der Arbeitgeber einen Arbeitsvertrag an den Bewerber aushändigen.

Verweigert der Betriebsrat seine Zustimmung, dann kann er das nur aus den im Betriebsverfassungsgesetz vorgeschriebenen Gründen tun. Dazu gehört u. a., dass der Arbeitgeber bei seiner Personalauswahl gesetzliche Vorschriften missachtet hat, der neue Mitarbeiter den Betriebsfrieden stören würde oder z. B. durch seine Einstellung Arbeitsplätze von internen Mitarbeitern gefährdet werden. Ebenso kann der Betriebsrat seine Zustimmung verweigern, wenn der Arbeitgeber eine interne Stellenausschreibung unterlassen hat, zu der er z. B. aufgrund einer Betriebsvereinbarung verpflichtet gewesen wäre.

Bei einer Zustimmungsverweigerung kann der Arbeitgeber sich die fehlende Zustimmung des Betriebsrates auf Antrag vom örtlich zuständigen Arbeitsgericht ersetzen lassen. Dem Arbeitgeber fällt dabei die Beweislast darüber zu, dass der Betriebsrat die Zustimmung zu einer bestimmten Einstellung zu Unrecht verweigert hat. Lehnt das Arbeitsgericht den Antrag des Arbeitgebers ab, dann darf er die Einstellung nicht vornehmen; stimmt es zu, kann die Einstellung normal vorgenommen werden. Natürlich ist es für einen Bewerber unerfreulich, nach einer positiven Bewerbungsentscheidung vom Arbeitgeber vertröstet zu werden, weil der Betriebsrat nicht zugestimmt hat und nun das Arbeitsgericht eine Entscheidung herbeiführen muss. Viele Personalleiter versuchen deshalb bei Schwierigkeiten, sich im Vorfelde mit dem Betriebsrat auseinander zu setzen, z. B. indem sie erreichen, dass bei nur einer infrage kommenden Bewerbung eine interne Stellenausschreibung unterbleiben kann, ohne dass der Betriebsrat später einschreitet.

Der Arbeitgeber kann aber auch eine so genannte „Eileinstellung" vornehmen, z. B. wenn er den neuen Mitarbeiter dringend benötigt, weil jemand im Betrieb vorzeitig ausgefallen ist. Hier regelt § 100 des Betriebsverfassungsgesetzes, dass eine Personalmaßnahme vorläufig erfolgen kann, wenn der Betriebsrat seine Zustimmung verweigert oder sich noch gar nicht geäußert hat. Über die

Sach- und Rechtslage ist der betroffene Bewerber umfassend aufzuklären. Auch der Betriebsrat ist unverzüglich zu informieren und muss sich umgekehrt seinerseits umgehend dem Arbeitgeber mitteilen, wenn die vorläufige Einstellung aus seiner, des Betriebsrates, Sicht sachlich nicht gerechtfertigt ist. Gegen eine solche Entscheidung kann dann der Arbeitgeber wiederum innerhalb von drei Tagen das Arbeitsgericht anrufen und sich die Zustimmung des Betriebsrates ersetzen sowie feststellen lassen, dass die vorläufige Personalmaßnahme sachlich dringend notwendig war. Unterliegt der Arbeitgeber mit seinen Anträgen, dann endet die vorläufige personelle Maßnahme mit Ablauf von zwei Wochen nach Rechtskraft der Entscheidung.
Seien Sie bei solchen Einstellungsvoraussetzungen (hier also vorläufige Einstellung) *immer* vorsichtig. Zum einen wirft es nicht gerade ein gutes Licht auf das Betriebsklima, wenn der Arbeitgeber am Betriebsrat vorbei eine Einstellung vornimmt, möglicherweise auch noch mit dem saloppen Hinweis, das werde sich schon alles regeln. Und zum anderen haben Sie – abgesehen von der Schadensersatzpflicht des Arbeitgebers – als Bewerber das Risiko zu tragen, wenn Sie Ihren Arbeitsplatz gekündigt haben, jedoch die neue Tätigkeit nicht antreten können, weil der Betriebsrat seine Zustimmung verweigert hat. Solche Fälle sind zwar in der Praxis selten, trotzdem sollten Sie sich immer absichern. Ganz wichtig, und dies wird immer wieder vergessen, ist es für Bewerber, mindestens eine Woche Entscheidungszeitraum durch die Mitbestimmungsphase einzuplanen. Verkannt wird dabei in erster Linie das interne Verfahren zwischen dem Arbeitgeber und dem Betriebsrat bei der Bewerberauswahl.
Als guter Bewerber oder als gute Bewerberin sollten Sie sich deshalb auf solche zeitlichen, internen und/oder gesetzlichen Besonderheiten einstellen und – wie erwähnt – stets vorsichtig sein, wenn Ihnen ohne weitere Bemerkungen ein Arbeitsvertrag in Aussicht gestellt wird. In aller Regel bedeutet dies, dass der Arbeitgeber von sich aus interne Fragen wie die Mitentscheidung von Fachkollegen oder die Mitbestimmung des Betriebsrates bereits geklärt hat. Dennoch sollten Sie bei Zweifeln und besonders dann, wenn das Prozedere nicht ausdrücklich angesprochen wurde, von sich aus nachfragen, ob im Unternehmen ein Betriebsrat besteht, der über die Einstellung mitzubestimmen hat. Klugerweise stellen Sie die Frage aber so, dass nicht Ihr Interesse am Betriebsrat, sondern das an der endgültigen Vertragsentscheidung im Vordergrund steht.

Die Zusage

Die lang ersehnte Zusage, dass Sie als Bewerber nun endlich der begehrten Position sicher sein können, erfolgt üblicherweise in schriftlicher Form. Entweder erhalten Sie vom Arbeitgeber gleich den Arbeitsvertrag in zweifacher Ausfertigung, mit der Bitte, ein Exemplar unterschrieben wieder zurückzusenden, oder Sie erhalten einen Brief, in dem ein Vertragsangebot angekündigt wird. Dieser sieht dann etwa wie der auf der folgenden Seite aus.

Auf einen solchen Brief haben schon viele Bewerber irritiert reagiert, weil sie sich darüber gewundert haben, warum denn nicht gleich der Arbeitsvertrag mitgeschickt worden ist. Die Gründe hierfür wurden Ihnen oben erläutert. Entweder ist die Mitbestimmung des Betriebsrates abzuwarten oder die zweite Unterschrift, z. B. die des Geschäftsführers, kann noch nicht beigebracht werden, weil dieser auf Reisen ist. Wenn Sie in einem solchen Fall selbst unter Fristzwang kommen, z. B. weil Sie bei Ihrem jetzigen Arbeitgeber kündigen oder einem anderen Arbeitgeber absagen müssen, jedoch zuvor gern den endgültigen Vertrag in Händen hätten, dann sollten Sie dies offen mit dem Arbeitgeber besprechen. Da er ja daran interessiert ist, Sie als den erfolgreichsten Bewerber aus dem ganzen Auswahlverfahren zu bekommen, wird er sich in aller Regel sehr kooperativ zeigen.

Wenn z. B. die Aushändigung des Vertrages nur daran scheitert, dass die zweite Unterschrift fehlt, dann kann man sich damit behelfen, dass der Arbeitgeber einen verbindlichen Brief schreibt, in dem er Ihnen die Einstellung bestätigt und eventuell den Vertrag blanko, ohne Unterschriften, beifügt, damit Sie schon einmal sehen, was darin enthalten ist.

Bei mündlichen Zusagen sollten Sie immer vorsichtig sein. Zwar muss man sich darauf verlassen können, wenn ein Personalleiter sagt, dass Sie in jedem Fall eingestellt werden, doch ist es immer sicherer, einen klaren Vertrag in Händen zu haben. Oft hängt es von der Situation ab, wie man eine Zusage macht, und dies wird dann meistens auch bereits im Vorstellungsgespräch mit dem Bewerber besprochen. Mündliche Zusagen erfolgen entweder nach dem Vorstellungsgespräch, verbunden mit der Ankündigung, dass Sie in Kürze ein Vertragsangebot bekommen, oder telefonisch. Wenn z. B. vereinbart worden ist, dass sich eine Firma rasch nach Abschluss des Bewerbungsverfahrens beim Bewerber meldet, dann kann es sein, dass der Personalleiter oder das Sekretariat bei Ihnen anrufen und mitteilen, dass die Wahl auf Sie gefallen ist. Manche Bewerber reagieren bei solchen Anrufen völlig überrascht. Dazu ein Beispiel:

Ein Personalleiter rief bei einer jüngeren Bewerberin (Bewerbung als Sekretärin mit qualifizierter Ausbildung und Sprachkenntnissen) am

Zusage

Wacker-Immobilien GmbH
Hannover

18. April 20..

Herrn
Rolf-Thomas Schüttenberg
Wilhelmstraße 55

31275 Lehrte

Ihre Bewerbung als Kundenberater

Sehr geehrter Herr Schüttenberg,

wir freuen uns, Ihnen mitteilen zu können, dass die mit Ihnen geführten Bewerbungsgespräche zu einem positiven Ergebnis führten. Wir werden Sie zum 1. Juli 20.. als Kundenberater in unserem Hause engagieren. Einen Arbeitsvertrag werden wir Ihnen in Kürze zusenden. Sollten Sie noch irgendwelche Fragen haben, so können Sie uns jederzeit anrufen.

Mit freundlichen Grüßen

Wacker-Immobilien GmbH
Personalleitung

ppa. Anton Buchner

Abend des Tages, an dem das zweite Bewerbungsgespräch stattgefunden hatte, zu Hause an, weil er dachte, dass sie sich freuen würde, noch am selben Tag die positive Nachricht zu erhalten. Es meldete sich deren Lebensgefährte, und zwar ziemlich unwirsch. Es kam zu folgendem Dialog:

Personalleiter (P): Ich hätte gern Frau Gabriele Lange gesprochen.
Lebensgefährte (L): Worum geht es denn, wer sind Sie denn überhaupt?
P (vorsichtig, nicht zu viel sagen zu wollen): Hier ist die Firma X, mein Name ist Müller, Frau Lange erbat meinen Anruf.
L: Da kann ja jeder kommen, sicher wollen Sie etwas anbieten, Versicherungen oder so?
P: Nein, es geht um eine Beschäftigungsmöglichkeit, ist denn Frau Lange im Hause?
L: Na, wenns sein muss, warten Sie bitte.
Bewerberin (B): Lange, wer ist dort?
P: Frau Lange, hier ist Müller von der Firma X, wir haben heute mit Ihnen gesprochen wegen der Tätigkeit als Sekretärin.
B (fällt ihm ins Wort): Ja und, was ist damit, ist noch was unklar?
P: Frau Lange, ich wollte Ihnen eigentlich nur sagen, dass wir uns für Sie entschieden haben.
B: Das überrascht mich ja total, damit habe ich ja überhaupt nicht gerechnet, wieso ist denn die Wahl auf mich gefallen?
P: Wir hatten von Ihnen einen sehr guten Eindruck und wollen Sie gern engagieren. Frau Lange, ich will Sie jetzt nicht länger aufhalten, sondern wollte Ihnen nur unsere Entscheidung mitteilen. Sie bekommen in den nächsten Tagen einen Vertrag, dann können wir ja nochmal telefonieren.
B: Na, o. k. dann werde ich erst mal prüfen, was Sie mir so zu bieten haben, besten Dank, auf Wiederhören.

Peinlich für die Bewerberin war, dass sie erstens im Gespräch selbst hatte erkennen lassen, dass sie die Stelle haben wollte und sich wegen ihrer guten Voraussetzungen auch ziemlich sicher war, dass die Wahl auf sie fallen würde. Zweitens hatte sie eine möglichst rasche Nachricht über die Arbeitgeberentscheidung erbeten. Stellen Sie sich deshalb als Bewerber immer auf Anrufe des Arbeitgebers ein, bei dem Sie sich beworben haben. Informieren Sie bitte auch Ihren Ehe- oder Lebenspartner, dass Sie auf einen für Sie wichtigen Anruf warten, und stellen Sie sicher, dass man sich bei einem solchen Anruf angemessen verhält. Falls Sie Interesse daran haben zu wissen, ob die Bewerberin aus dem Beispielsfall den Job bekommen hat: Nein!

Erstens hörte sie auf ihren Freund, der meinte, was denn das für ein Arbeitgeber sei, der abends noch zu Hause anrufe, und zweitens passten ihr marginale Vertragskonditionen nicht. So kann man natürlich auch anderen Bewerbern den Weg zum Erfolg ebnen.
Kündigen Sie nie Ihren jetzigen Arbeitsvertrag, bevor Ihnen nicht entweder ein neuer Arbeitsvertrag vorliegt oder zumindest eine verbindliche schriftliche Einstellungszusage mit den ausgehandelten Konditionen. Gehen Sie auf Nummer Sicher und fragen Sie zur Not noch einmal telefonisch nach, was die eine oder andere Vertragsklausel genau beinhaltet.

Die Absage

Absagen auf Bewerbungsgespräche werden in den meisten Fällen nicht begründet. Sie bekommen entweder Ihre Bewerbungsmappe ohne Anschreiben zurückgesandt oder mit einem hektographierten Begleitbrief, in dem nur Floskeln stehen. In vielen Fällen wählen die Personalbüros standardisierte Absagebriefe, in anderen ganz individuelle. Doch täuschen Sie sich nicht, wenn Sie einen individuellen Absagebrief bekommen. Sollten Sie anhand der Formulierungen der Meinung sein, dass sich der Arbeitgeber ganz besonders mit Ihnen auseinandergesetzt hat, so muss das nicht richtig sein. Manche Arbeitgeber haben bis zu 20 individuelle Absagebriefe in ihrem Textverarbeitungssystem gespeichert, die nach Ordnungskriterien aufgebaut sind, z. B. allgemeine Absage ohne Bewerbungsgespräch, Absage nach erstem Gespräch, Absage nach zweitem Gespräch usw. Wenn Sie als abgelehnter Bewerber deshalb aus einer Absage für sich etwas lernen wollen, z. B. was Sie beim nächsten Mal besser machen könnten, dann werden Sie das kaum anhand der Absagebriefe können.
Nur selten werden Ihnen Arbeitgeber die Wahrheit darüber sagen, warum Ihre Bewerbung keinen Erfolg hatte, schon, um lästige Rückfragen zu vermeiden. Auch absolut ungeeignete Bewerber oder solche mit unangenehmem Verhalten bekommen meistens höfliche Briefe mit Floskeln. Nachfolgend einige Beispiele aus Absagebriefen:

> Wir konnten Ihre Bewerbung leider nicht berücksichtigen aufgrund der Vielzahl der eingegangenen Bewerbungen.

> Wir konnten Ihre Bewerbung leider nicht in die engere Auswahl nehmen.

Wir haben uns leider für einen anderen Bewerber entschieden, der unseren Vorstellungen am besten entsprach. Unsere Entscheidung beinhaltet selbstverständlich keinerlei Aussagen über Ihre fachlichen Qualifikationen oder Ihre Person.

Sie merken anhand dieser wenigen Beispiele leicht, dass alle Formulierungen Höflichkeitsfloskeln sind. Nur in Ausnahmefällen kommt es vor, dass man eine tatsächlich ehrliche Bewerbungsabsage bekommt. Auch dazu ein Beispiel:

Ihre Bewerbungsunterlagen haben auf uns einen sehr guten Eindruck gemacht, der sich in beiden Vorstellungsgesprächen bestätigte. Wenn wir Ihnen heute dennoch eine Absage erteilen müssen, so nur deshalb, weil ein weiterer Mitbewerber den Vorteil für uns hatte, bereits sehr lange in einer ähnlichen Position tätig gewesen zu sein und auch sofort bei uns anfangen kann. Wir haben uns diese Entscheidung nicht leicht gemacht, bitten Sie um Verständnis für diese und danken Ihnen noch einmal für das an unserem Hause gezeigte Interesse.

Natürlich können auch solche Briefe nur vorgetäuscht sein. Dies bemerkte einmal ein Bewerber recht ironisch in einem zweiten Bewerbungsbrief, als die gleiche Position, für die er mit einer ähnlichen wie der oben genannten Begründung abgelehnt worden war, noch einmal in der Zeitung ausgeschrieben war. Hintergrund war, dass der eingestellte Bewerber nach kurzer Probezeit von sich aus wieder ging. Seien Sie deshalb als Bewerber generell vorsichtig, Absagen zu kommentieren oder dem Arbeitgeber belehrende oder enttäuschende Briefe zu schreiben. Es bringt Ihnen nichts. Wen der Arbeitgeber ablehnt, den will er nicht haben. Damit müssen Sie sich abfinden. Auch mit der Tatsache, dass der Personalleiter in der Regel keine Zeit haben wird, Ihnen am Telefon die Ablehnungsgründe lang und breit zu erläutern, auch hier werden Sie nur selten die Wahrheit erfahren. Trotzdem kommt es ziemlich oft vor, dass abgelehnte Bewerber beim Arbeitgeber anrufen und nach Gründen der Ablehnung fragen. Meistens kombinieren Sie das dann mit dem Hinweis, die Bewerbungsunterlagen dort zu behalten, falls sich wieder einmal eine Möglichkeit ergeben sollte. Das verkennt aber die Realitäten, weil die wenigsten Arbeitgeber größeres Interesse daran haben, auf längerfristige Belange von Bewerbern Rücksicht zu nehmen.
Tatsächlich aber haben einige Arbeitgeber eine Kartei oder Datei mit Bewerberreserven. Das gilt jedoch nur für diejenigen Bewerber, die man wirklich schweren Herzens abgelehnt hat und für eventuelle Fälle gern im Auge behalten möchte. Es kann ja sein, dass ein eingestellter Bewerber die Probezeit nicht übersteht oder dass eine Mitarbeiterin schwanger wird und man qualifizierten

Ersatz benötigt. Dann kann es schon hilfreich sein, auf Bewerber zurückgreifen zu können, von deren Qualifikationen man sich bereits in einem Bewerbungsgespräch überzeugt hat.
Der Arbeitgeber wird üblicherweise mit der Absage auch Ihre Bewerbungsunterlagen zurücksenden und nur das Anschreiben in seinen Akten behalten. Viele Arbeitgeber vergessen indes die Rückgabe der Bewerbungsmappe. Nach einer Absage können Sie deshalb durchaus schriftlich oder telefonisch darum bitten, dass man Ihnen Ihre Unterlagen zurücksendet. Ansonsten gilt die goldene Regel: Wenn Sie als Bewerber abgelehnt worden sind, dann sind Sie eben abgelehnt. Finden Sie sich damit ab, suchen Sie weiter und versuchen Sie auf keinen Fall, beim ablehnenden Arbeitgeber irgendwelche Rechte, Ansprüche oder gar Forderungen geltend zu machen.

Wichtig:

- Nicht nur der Arbeitgeber muss sich für den Bewerber entscheiden, auch Sie müssen nach dem letzten Vorstellungsgespräch überlegen, ob Sie die besprochene Position annehmen wollen oder nicht.
- Der Arbeitgeber orientiert sich bei seiner Entscheidung an objektiven und subjektiven Kriterien, aber auch an unternehmensbezogenen Gegebenheiten.
- Drängen Sie nicht auf eine Entscheidung, indem Sie schriftlich oder telefonisch nachfragen. Bedenken Sie, dass an der Entscheidungsfindung immer mehrere Personen beteiligt sind und dass zusätzlich der Betriebsrat gehört werden muss.

Anhang: Bewerben im Internet

Elke Eßmann

Der Trend zur Online-Kommunikation ist unumkehrbar. Millionen von Privatleuten nutzen das Internet, immer mehr Unternehmen, nicht nur aus der Computer- oder Multimedia-Branche nennen in ihren Stellenanzeigen die Adresse ihres elektronischen Postfachs oder präsentieren sich online. Nach jüngsten Untersuchungen gibt es allein in Deutschland 6 Millionen Menschen, die das Internet nutzen; auf der ganzen Welt sind es etwa zehnmal so viele.

Auch für die Bewerbung gewinnt das Internet zunehmend an Bedeutung und eröffnet neue hochinteressante Chancen für die Stellensuche. Innovative Unternehmen und moderne Bewerber wissen vor allem den Zeitvorteil des neuen Mediums zu schätzen. Statt Berge von Zeitungen zu durchforsten oder beim Arbeitsamt Schlange zu stehen, können Arbeitssuchende bequem vom Schreibtisch aus in den weltweiten Netzen und Datenbanken stöbern, haben blitzschnell Zugang zu Daten und Fakten und können sich per Mausklick aktuelle Stellenanzeigen auf den Bildschirm holen.

Im Internet gibt es schon heute Tausende von Jobangeboten. Allein die Bundesanstalt für Arbeit ist mit mehr als 200 000 offenen Stellen vertreten. Aber auch Informationen über Unternehmen oder Bewerbungstipps sind im Internet zu finden. Weitere interessante Möglichkeiten: Sie können beispielsweise Anfragen oder Bewerbungen per E-Mail versenden, elektronische Stellengesuche aufgeben oder sich per Abo die neuesten Stellenangebote Ihrer Branche in die persönliche Mailbox schicken lassen. Der Nutzen ist enorm, der Aufwand und die Kosten sind dagegen vergleichsweise gering.

Auch wenn Sie sich bei Ihrer Stellensuche nicht ausschließlich auf das Internet verlassen sollten, ein Blick ins World Wide Web lohnt sich für alle Berufe und längst nicht mehr nur für den Multimedia-Experten. Wer alle Möglichkeiten bei der Jobsuche ausschöpfen möchte, sollte es nicht versäumen sich auf den Informationshighway zu begeben. Am Ende dieses Kapitels ab Seite 286 finden Sie einen Überblick über die interessantesten Internetadressen rund um die Jobsuche.

So kommen Sie ins Internet

Technische Grundlagen

Einfach ausgedrückt, ist das Internet ein Netzwerk von zahlreichen Computern, die über Telefonleitung untereinander Informationen, Nachrichten oder elektronische Briefe austauschen können. Jeder, der einen leistungsfähigen Computer besitzt (Windows-PC oder Macintosh), kann einen Internetanschluss haben. Den Kontakt zur Außenwelt verschafft die Telefonleitung, Ihr normaler Hausanschluss. Um Ihren Computer mit der Telefonleitung zu verbinden, benötigen Sie entweder ein Modem oder eine ISDN-Karte, sofern Sie über einen ISDN-Anschluss verfügen. Wenn Sie mit der Technik Digital Subscriber Line (DSL) mit Hochgeschwindigkeit im Netz surfen wollen, benötigen Sie einen DSL-Anschluss, der allerdings noch nicht bundesweit verfügbar ist.
Sollten Sie über eine ISDN-Telefonverbindung verfügen, liegt es nahe den Zugang zum Internet über ISDN zu suchen. Auch wenn Sie gleichzeitig surfen und telefonieren wollen, ist ein ISDN-Anschluss sinnvoller. Das Problem bei einem Modem ist nämlich, dass Ihr Telefon besetzt ist, solange Sie im Internet unterwegs sind. Andererseits kosten sowohl das Gerät als auch die monatliche Grundgebühr weniger. Ein leistungsfähiges Modem ist schon ab € 50 zu haben.
Damit Sie ins Internet kommen, müssen Sie sich außerdem bei einem Internet-Anbieter anmelden, der Ihnen die Infrastruktur für die Reise ins Netz der Netze zur Verfügung stellt. Über diesen Zugang können Sie sich dann via Modem oder ISDN einwählen. Die Tarife der verschiedenen Diensteanbieter (Service-Provider) unterscheiden sich beträchtlich. Sie sollten daher die unterschiedlichen Bedingungen sorgfältig miteinander vergleichen und überlegen, was für Ihre Nutzungszwecke am günstigsten ist. Die gängigen bundesweit vertretenen Online-Dienste wie AOL oder T-Online bieten neben dem Internetzugang inklusive persönlicher E-Mail-Adresse vielerlei nützliche Angebote, die von der Telefonauskunft bis zu touristischen Hinweisen reichen. In der Regel surfen Sie jedoch mit einem billigen lokalen Provider genauso gut und sparen dabei. Welcher Provider der richtige ist, hängt vor allem vom individuellem Nutzungsverhalten und persönlichen Präferenzen ab. Die im Folgenden aufgeführten Zugangsmöglichkeiten sollen Ihnen als Orientierungshilfe dienen und die Entscheidung etwas leichter machen.

Internet-by-Call

Wer nur gelegentlich im Internet surft, für den ist ein Internet-by-Call-Anbieter am besten geeignet. Dabei zahlt man lediglich für die online verbrachte Zeit; eine Anmeldung ist meist nicht notwendig.

Feste Verträge

Für diejenigen, die viel im Netz unterwegs sind und sich langfristig an einen Provider binden wollen, sind feste Verträge eine gute Möglichkeit. Hierbei zahlt der Kunde eine monatliche Grundgebühr sowie eine zeitabhängige Gebühr.

Flatrate

Wer im Monat mehr als 50 Stunden im Netz verbringt, für den ist eine Flatrate ein geeignetes Tarifmodell: Statt der üblichen Abrechnung nach Onlinezeit zahlt der Kunde bei diesem Abrechnungsmodus nur einen festen monatlichen Pauschalpreis und kann dann nach Lust und Laune ohne Zeitbeschränkung im Internet surfen.
Viele Provider verschenken Freistunden, um neue Kunden zu werben. Nutzen Sie solche Angebote beziehungsweise testen Sie vor Ihrer Entscheidung mehrere Provider und vergleichen Sie die Leistungen.

Zum Navigieren im Netz benötigen Sie schließlich noch die passende Software, die die Daten des World Wide Web auf dem Bildschirm grafisch aufbereitet und damit lesbar macht. So ein Programm nennt man Browser. Die beiden meistgenutzten kostenlosen Browser sind zurzeit der Netscape-Navigator und der Microsoft Internet Explorer. Auch Programme zum Senden und Empfangen von E-Mails sind hier enthalten. Einen Browser bekommen Sie in der Regel über Ihren Online-Provider; sie sind aber auch immer wieder auf den CDs enthalten, die Computerzeitschriften beiliegen. Außerdem können Sie einen Browser auch übers Internet auf Ihren PC herunterladen (download). Den Netscape-Navigator rufen Sie unter http://www.netscape.com/ ab, den Internet-Explorer gibt es unter http://www.microsoft.com

Internetcafés

Auch wenn Sie sich keinen Internetanschluss zulegen wollen, brauchen Sie nicht auf die Angebote des weltweiten Datennetzes zu verzichten. In allen größeren Städten gibt es inzwischen Internetcafés, die Interessierten Computer mit der entsprechenden Hard- und Software gegen eine Nutzungsgebühr zur Verfügung stellen. Manche bieten auch Computerseminare für Neulinge an. Wer im Internetcafé online gehen will, zahlt zwischen 2 und 5 € pro Stunde. Auch die Bibliotheken rüsten auf, in einigen stehen bereits Computer mit Internetzugang zum öffentlichen Gebrauch zur Verfügung, ebenso in zahlreichen Filialen von Kaufhof/Horten und in den Karstadt-Cyberbars. Ein weiterer unkomplizierter Weg ins Internet führt über die

Universitäten. Studenten und Angestellte der Unis können oft über ihr Institut und das an die Uni angeschlossene Rechenzentrum einen Internetzugang bekommen.

Im Internet navigieren

Haben Sie sich bei Ihrem Internetanbieter eingewählt und den Browser gestartet, können Sie mit dem Surfen im Internet beginnen. Dank der grafisch gestalteten Oberfläche ist es gar nicht so schwer, sich im Internet zu bewegen. Um eine Seite Ihrer Wahl im Web anzusteuern, geben Sie einfach den URL, also die Adresse einer Internetseite, in das dafür vorgesehene Adressfeld ein und drücken die Taste *Return.* Eine gültige WWW-Adresse wäre zum Beispiel: http://www. arbeitsamt.de. Der Browser baut dann die gewünschte Verbindung auf. Wichtig ist, dass man bei der Eingabe der Adresse genau auf die richtige Schreibweise achtet. Wird ein Buchstabe oder auch nur ein Punkt falsch eingegeben, findet der Browser die Seite nicht.
Die erste oder Hauptseite eines Anbieters wird auch als Homepage bezeichnet. Von hier aus kann man durch Anklicken der so genannten Hyperlinks weiterblättern. Hyperlinks sind Verweise, die meistens farbig gekennzeichnet oder unterstrichen auf dem Bildschirm erscheinen. Wenn Sie an einer Internetseite besonders interessiert sind, können Sie sie auch ausdrucken (Befehl *Drucken* in der Menüleiste) oder auf der Festplatte oder einer Diskette abspeichern (Befehl *Datei/Speichern unter*). Das ist sinnvoller als sie zu lesen, während sie online sind, und spart Kosten. Um ein aufgerufenes Dokument in Ruhe zu lesen, können Sie auch vorübergehend offline gehen (Befehl *Datei/Offline gehen*) und sich anschließend wieder einwählen.
Wie aber kommen Sie an Informationen, wenn Sie keine Internetadresse parat haben? Im Internet gibt es komfortable Möglichkeiten etwas zu suchen. Leistungsstarke Suchmaschinen helfen Ihnen beispielsweise, Stellenangebote aufzuspüren. Suchmaschinen sind große Verzeichnisse, in denen die Internetseiten nach Stichworten katalogisiert sind, die der Nutzer bei seiner Recherche abfragen kann. Der Browser hat unter dem Menüpunkt „Suchen" bereits einige der Suchadressen integriert. Andere können Sie gezielt aufrufen. Die Bedienung der Dienste ähnelt sich, meist kann man einen oder mehrere Suchbegriffe in ein vorgegebenes Eingabefeld schreiben und dann per Mausklick die Suche starten. Wenn Sie Stellenangebote ausfindig machen möchten, können Sie es mit Suchbegriffen wie „Stellenangebote", „Arbeit", „Karriere" oder „Job" probieren. Die Ergebnisse werden dann auf einer neu erzeugten Internetseite dargestellt. Mit der Maus können sie Querverweise (Links) anklicken und die Internetseiten laden, die Sie sich ansehen möchten. Für die Stellen-

suche im deutschsprachigen Raum eignen sich besonders Suchdienste wie Google, Altavista oder Fireball, aber auch die amerikanischen Suchdienste Lycos und Yahoo haben inzwischen deutsche Filialen ins Leben gerufen.

E-Mails versenden und empfangen

Jeder, der über einen Internetanschluss verfügt, hat eine E-Mail-Adresse und kann elektronische Post empfangen und an andere Internet-Teilnehmer versenden. Einen elektronischen Brief zu schreiben ist so einfach wie Korrespondenz auf Papier, nur viel schneller. Binnen Minuten erreicht eine E-Mail den Empfänger: Der elektronische Brief landet in seiner Mailbox, unabhängig davon, ob sein Computer eingeschaltet ist oder nicht. Sobald Sie ans Netz gehen, können Sie Ihre Post abrufen und die eingegangenen Nachrichten per Mausklick auf Ihren Bildschirm holen. Die Briefe können gespeichert und ausgedruckt werden.

Der Aufbau einer E-Mail entspricht dem eines „normalen" Briefes. Es gibt die Nachricht, einen Absender, und man benötigt natürlich die Empfängeradresse. Adressen im Internet sind nach dem folgenden Prinzip aufgebaut: Dem Namen des Benutzers folgt der Name des Internetanbieters, bei dem der Benutzer mit dem Internet verbunden ist, also zusammengesetzt: Name@Name des Computers. Das Zeichen @ steht für das englische „at", also das deutsche „bei" und wird auf der Tastatur mit der Tastenkombination *Alt Gr* und *Q* eingegeben. Ein Beispiel: silke.meyer@t-online.de

Eine E-Mail sollten Sie grundsätzlich immer offline schreiben. So sparen Sie Kosten und können in aller Ruhe eine Bewerbung oder Anfrage verfassen. Um eine E-Mail einzugeben, müssen Sie zunächst Ihren Browser öffnen und die entsprechende Seite aufrufen (in Netscape: *Datei/Neu*). Geben Sie dann zunächst die Adresse des Empfängers in das dafür vorgesehene Adressfeld ein und anschließend Ihre Nachricht in das Textfeld. Wählen Sie sich danach bei Ihrem Internetanbieter ein und klicken Sie, wenn Sie online sind, auf das Feld *Senden*.

Genauso einfach können Sie Ihre eigene E-Mail-Post durchsehen. Sie brauchen nur das entsprechende Feld Ihres Browsers (*Abrufen*) mit der Maus zu aktivieren. Daraufhin werden die neuen Nachrichten abgerufen und in Ihrer INBOX aufgelistet. Wenn Sie selber Post verschicken oder eventuell sogar ein Stellengesuch im Internet aufgegeben haben, sollten Sie daran denken regelmäßig im Postfach nachzusehen.

Den Text einer E-Mail können Sie eingeben wie einen ganz normalen Brief; auch formale Hervorhebungen, wie Unterstreichen oder Fettdrucken sind möglich. Allerdings haben Sie bei einer E-Mail nicht die ausgefeilten Gestaltungsmöglichkeiten, die komfortable Textverarbeitungsprogramme bieten. Wenn es Ihnen – beispielsweise für das Versenden einer Bewerbung – besonders wichtig ist, auch eine optisch ansprechende E-Mail zu versenden, gibt es eine gute Möglichkeit. Sie können mit den meisten E-Mail-Programmen auch Anlagen, so genannte „Attachments“, anfügen. Der kurzen E-Mail kann auf diese Weise eine komplette, gut gestaltete Bewerbung beigegeben werden, die Sie in Ihrem Textverarbeitungsprogramm erstellt haben. Wenn Sie einen Scanner besitzen, können Sie sogar Dokumente mit Unterschriften und ein Foto beifügen. Das Verfahren ist ganz einfach: Man schreibt die E-Mail wie gewöhnlich, hängt eine Datei an (auf die Büroklammer klicken) und verschickt das ganze „Paket“.

Stellensuche im Internet

Der virtuelle Stellenmarkt

Der Stellenmarkt im Internet ist ebenso vielfältig wie unübersichtlich. Man sollte wissen, was man sucht, und sich vorab informieren, wo man das Gesuchte finden kann. Die allgemeinen Suchmaschinen bieten zwar eine erste Orientierung, wenn man sie unter Stichworten wie „Job“, „Beruf“ oder „Stellenmarkt“ Anbieter heraussuchen lässt. Doch dieser Einstieg über Suchmaschinen braucht recht viel Zeit und Geduld, denn das Angebot ist vielfältig und qualitativ sehr unterschiedlich. Allzu viele Links enden in einer Sackgasse, weil die Anbieter entweder nur über wenige Stellenangebote verfügen oder zu stark spezialisiert sind.

Wenn Sie sich unnütze Ausflüge auf schlechte Homepages zweitklassiger Jobbörsen ersparen wollen, ist der Einstieg über so genannte Linkseiten zu empfehlen: Es gibt inzwischen eine ganze Reihe solcher gut aufbereiteter Übersichtsseiten, die sich speziell dem Thema Jobsuche widmen und über Links einen bequemen Zugang zu den virtuellen Stellenmärkten und sonstigen Informationen rund um die Stellensuche bieten (siehe auch Abbildung 1). Diese Verzeichnisse sind nach Kriterien wie Branchen, Bundesländern, Bewerbungstipps, Jobbörsen, suchenden Unternehmen o. Ä. aufgeschlüsselt oder bieten zum Teil sogar Kurzbeschreibungen zu den Stellenanbietern, sodass die Orientierung trotz der Fülle an Angeboten schon viel leichter fällt.

Generell bietet es sich an, zunächst die seriösen und für Ihr Berufsfeld relevanten Jobbörsen abzuklappern. Solche Stellenvermittler schießen seit circa zwei Jahren wie Pilze aus dem Boden und haben sich den unterschiedlichen

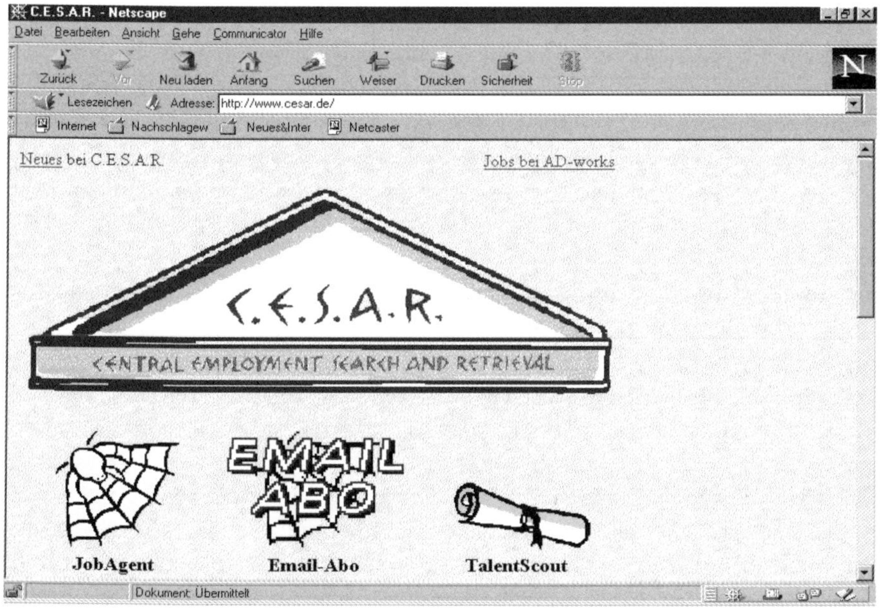

Abb. 1: Mit Linkseiten wie dieser können Sie sich einen Überblick über den virtuellen Stellenmarkt verschaffen

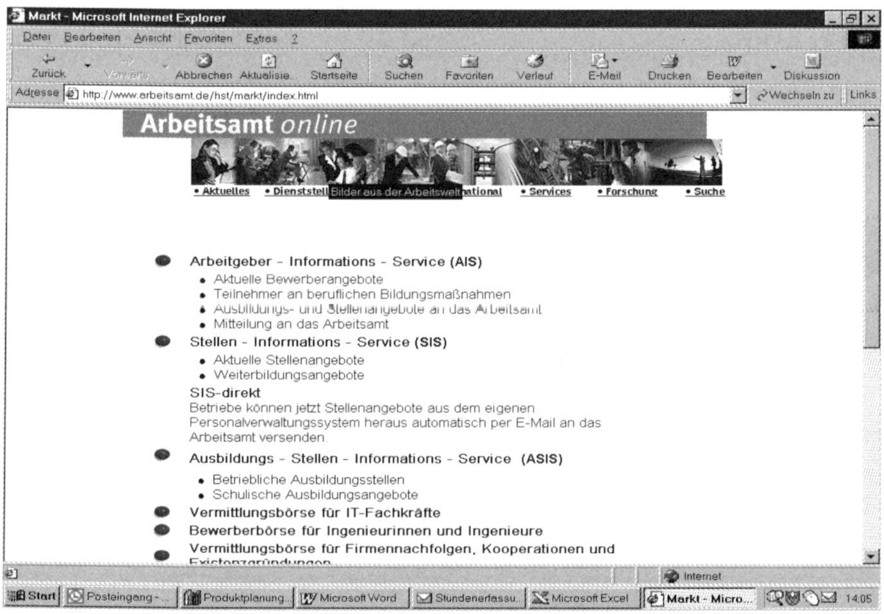

Abb. 2: Das Serviceangebot des Arbeitsamtes im Internet

Bedürfnissen der Stellensuchenden angepasst. Es gibt einige große Anbieter, die branchenübergreifend arbeiten. Den bei weitem größten Stellenmarkt im deutschen Internet verwaltet die Bundesanstalt für Arbeit. Einen Eindruck vom Internetservice des Arbeitsamtes gibt Ihnen Abbildung 2. Der Stellen-Informations-Service (SIS), der täglich aktualisiert wird, hält etwa 360 000 Angebote aus allen Branchen bereit. Einen Rundumschlag bietet auch der wohl bekannteste und größte unter den Privaten: Jobpilot (siehe Abbildung 3). Viele der kleineren Jobbörsen bedienen jedoch ein spezielles Publikum. Es gibt Stellenanbieter, die sich auf akademische Führungskräfte spezialisiert haben, andere wenden sich vor allem Hochschulabsolventen, wieder andere haben sich auf eine bestimmt Branche festgelegt; hier sind die Medien- und Computerfachvermittler besonders stark vertreten. Auch Studentenjobs, Traineestellen für Jungakademiker oder Praktika werden über die Stellenmärkte vergeben.

Wem es zu mühselig ist, die einzelnen Anbieter anzusurfen, kann sich die passenden Annoncen auch von speziellen Suchmaschinen heraussuchen lassen. Europas größte Job-Suchmaschine ist der ZEIT-Robot, der ähnlich den allgemeinen Suchmaschinen Informationen der Internet-Jobvermittler sammelt und sortiert. Nutzer brauchen nur einen Suchbegriff einzugeben und erhalten einen schnellen Überblick über einen großen Teil der Stellenanzeigen im deutschsprachigen Internet. Weitere Internetadressen von Suchmaschinen und Stellenbörsen finden Sie im Adressteil ab Seite 286.

Einer der großen Vorteile bei der Stellensuche im Internet ist also, dass sich hier sehr zielgerichtet suchen lässt. Die meisten, besonders die größeren Jobbörsen, bieten eine effiziente Benutzerführung. Man muss sich nicht alle Angebote ansehen, sondern kann sich die Stellenanzeigen nach bestimmten Kriterien vorauswählen lassen. Solche Kriterien sind zum Beispiel Branche, Postleitzahl o.Ä. Auf diese Weise findet man viele Stellen, die man beim Durchblättern der Zeitung vielleicht übersehen hätte (siehe auch Abbildung 4).

Bei der Vielzahl der privaten Jobvermittler, die sich mittlerweile im Netz tummeln, ist es nicht leicht, die professionellen Anbieter von den Amateuren zu trennen, die lediglich Zeitungsannoncen kopieren und ihr Angebot nicht auf dem aktuellen Stand halten. Bei manchen Diensten werden die einmal ins Netz gegebenen Informationen nur teilweise oder unregelmäßig aktualisiert. Von seriösen Anbietern kann man erwarten, dass die Stellenangebote mit dem Datum ihrer Veröffentlichung versehen sind. Auch an der Anzahl der Stellenangebote und an der Aufbereitung erkennt man einen guten Stellenanbieter. Vorsicht ist also geboten. Nicht jedes Jobangebot, das auf dem Bildschirm erscheint, verweist auf eine freie Stelle. Daher der Tipp: Bevor Sie eine Bewerbung losschicken, sollten Sie sich erst beim Unternehmen vergewissern, ob die Stelle auch noch frei ist.

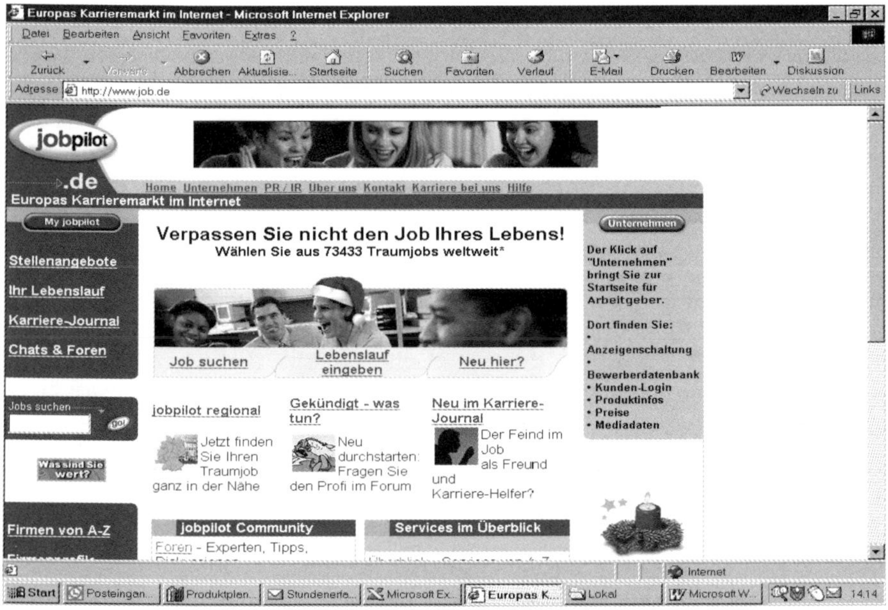

Abb. 3: Die Homepage eines privaten Stellenanbieters

Abb. 4: Suchkriterien einer Stellenbörse

Mit virtuellen Stellenmärkten ist das Angebot für Jobsuchende im Internet aber noch längst nicht ausgeschöpft. Für jüngere Stellensuchende kann es sich beispielsweise lohnen, einmal bei den Unis reinzuschauen. Manche Hochschule bietet Jobvermittlerlisten mit interessanten Tipps. Auch ein Nachschauen bei Organisationen und Instituten der eigenen Berufssparte kann sich lohnen. Vom „Deutschen Institut für Ernährungsforschung" über die „Fraunhofer-Gesellschaft" bis zum Stellenservice der „Deutschen Gesellschaft für Psychologie" gibt es viele solcher spezialisierten Anbieter. Auf diese Weise kann etwa ein Konservator auf ein Angebot stoßen, indem er zum Beispiel das Deutsche Museum in München ansurft.
Eine weitere gute Adresse sind Fachzeitschriften, die häufig branchenspezifische Stellenangebote im Internet veröffentlichen. Ob „Natur", „Journalist", „Computerwoche" oder das „Deutsche Ärzteblatt" – hier gibt es Fachbörsen für die speziellen Branchen. Schließlich bieten auch Personalberater ihre Dienste verstärkt über das Internet an.
Wer sich nicht weit gestreut und auf gut Glück auf die Suche begeben will, der kann schließlich die Firmen seiner Wahl im Web auch direkt ansteuern. Immer mehr Unternehmen statten ihre eigene Homepage mit einem kleinen Stellenmarkt aus. Über Suchmaschinen lassen sich die Adressen leicht in Erfahrung bringen. Sie können aber auch auf gut Glück versuchen, die Internetadresse des Unternehmens zu erreichen. Bekannte Anbieter finden Sie oft unter ihrem Namen. Stellen Sie *www* davor und *de* dahinter. Also: *http://www.Firmenname.de*. Falls es mit der Endung *de* nicht klappt, probieren Sie es wahlweise mit *com*.

Nützliche Informationen rund um Jobsuche und Bewerbung

Für die Informationssammlung während der Stellensuche erweist sich das Internet als ein nahezu unerschöpflicher Fundus an Daten und Fakten. Ob Fortbildung, Zeitarbeit, Karriereberatung oder Persönlichkeitstests, zu all diesen Themen können Sie fündig werden. Auch wer etwas über das Bewerbungsverfahren wissen möchte, findet im Internet Tipps und Hinweise. Solche Informationen gehören zum Teil zum Serviceangebot der Jobvermittler. Wenn Sie das Internet nach Stellenangeboten durchforsten, stoßen Sie daher quasi automatisch auf allerlei Wissenswertes rund um das Thema Jobsuche (siehe Abbildung 5). Die ausführlichsten Tipps zum Thema Bewerbung von A wie Anschreiben bis Z wie Zwischenzeugnis gibt es derzeit bei Jobware. Auch Zeitschriftenverlage und Unis sind zum Teil mit Bewerberinformationen online vertreten. Personalberatungen halten zahlreiche, oft wirklich professionelle Tipps für Bewerber bereit. Auch für das Abrufen von Bewerbungstipps finden Sie im Anhang Seite 292 nützliche Adressen.

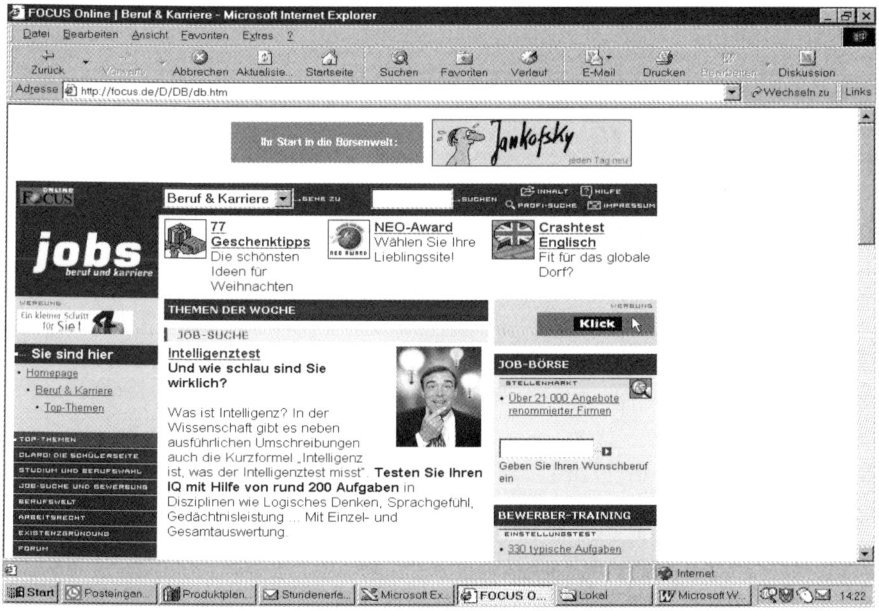

Abb. 5: Bewerbungstipps im Internet

Abb. 6: Firmeninformationen im Internet

Als besonders nützlich erweist sich das Internet, wenn Sie Informationen über eine Firma suchen, bei der Sie sich bewerben möchten. Dazu kann man zum einen versuchen, die Homepage der Firma direkt anzugehen. Meistens erhält man dann die wichtigsten Informationen über Mitarbeiterzahl, Produktpalette, Gründungsdatum, Firmengröße, Branche u. Ä. Wenn Sie sich bei einem Großunternehmen auf eine im Internet ausgeschriebene Stelle bewerben, sollten Sie natürlich die Homepage des Unternehmens besonders gut kennen. Eine große Sammlung aktueller Firmeninformationen finden Sie darüber hinaus bei speziellen Datenbanken, die zum Teil allerdings kostenpflichtig sind (z. B. Genios). Firmenporträts gibt es aber beispielsweise auch auf der Website des Hochschul-Anzeigers der F.A.Z. oder bei WISU (siehe auch Abbildung 6). Weitere Internetadressen finden Sie im Anhang Seite 286 ff.

Stellengesuch im Internet

Wer auf der Suche nach einer festen Anstellung ist, kann im Internet natürlich auch selber aktiv werden. Zahlreiche Jobvermittler bieten den Stellensuchenden die Möglichkeit eine Suchanzeige im Internet zu veröffentlichen – und fast immer kostenlos. Noch gibt es keine zuverlässigen Untersuchungen darüber, wie erfolgreich Internetanzeigen sind. Doch die Akzeptanz bei den Arbeitnehmern wie bei den Unternehmen steigt beständig. Auch die Arbeitgeber wissen zunehmend die Möglichkeit zu schätzen, im Internet mit vermindertem Zeitaufwand und unschlagbar kostengünstig nach Mitarbeitern zu suchen.
Anders als bei einem Stellengesuch in der Tagespresse, bei dem der Bewerber in wenigen Zeilen angibt, was er sucht und was er kann, gibt er bei den Onlinegesuchen in der Regel über Formulare ein komplettes Bewerberprofil ein. Darin geht es nicht nur um fachliche Schwerpunkte und das gewünschte Aufgabenprofil, sondern um den gesamten beruflichen Werdegang inklusive Ausbildung, Praktika und Zusatzkenntnisse (z. B. Sprachen, EDV). Auf diese Weise entstehen ganze Bewerberdatenbanken, die für Firmen und Personalberatungen eine Fundgrube darstellen, wenn sie ganz gezielt nach bestimmten Qualifikationen suchen. Diese ausführliche Form des Stellengesuchs hilft auch dem Bewerber, denn er kann dann nicht mehr daran scheitern, dass er gar nicht weiß, welche Positionen sich ihm bei seinen Qualifikationen bieten.
Genau wie in der Presse wird Ihr Stellengesuch nur dann erfolgreich sein, wenn Sie es an der richtigen Stelle veröffentlichen. Bevor Sie Ihre Anzeige aufgeben, sollten Sie zunächst sorgfältig prüfen, ob es sich um einen seriösen Stellenvermittler handelt, der sein Angebot ständig aktualisiert. Beachten Sie auch die Zielgruppe der Jobbörse, in der Sie Ihre Anzeige erscheinen lassen wollen. Grundsätzlich ist ein Gesuch natürlich am besten im Umfeld ähnlicher Anzeigen aufgehoben. Als einziger Bankkaufmann unter lauter Computerspezia-

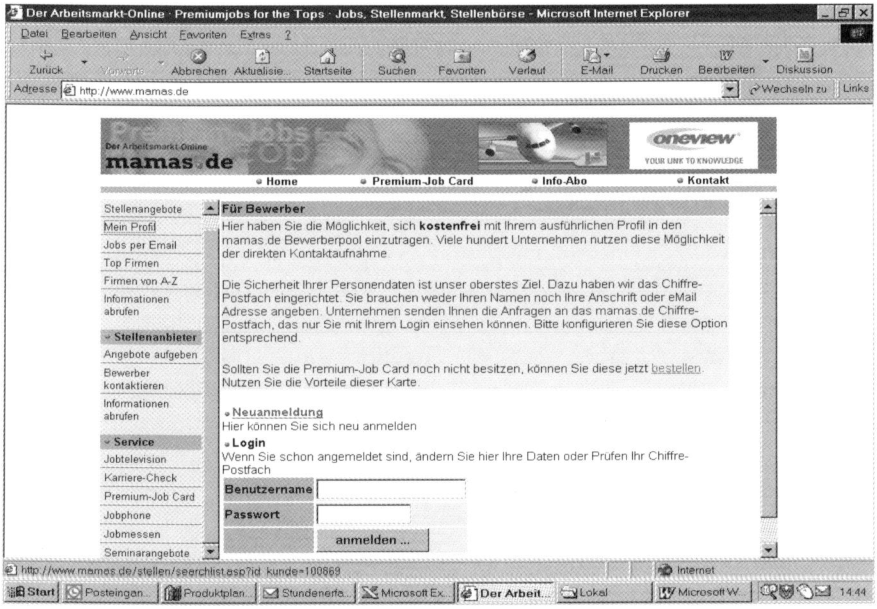

Abb. 7: Formular für ein Internet-Stellengesuch

Abb. 8: Abrufen von Stellengesuchen bei StepStone (nach Studienrichtung und Berufserfahrung vorausgewählt)

listen ist Ihre Chance relativ gering, dass Sie den „richtigen“ Arbeitgeber erreichen. Hingegen geben Jobbörsen für Hochschulabsolventen oder Führungskräfte dem Bewerber gute Chancen, eine enger begrenzte Lesergruppe anzusprechen.
Schließlich sollten Sie darauf achten, dass Ihr Stellengesuch alle notwendigen Angaben enthält (siehe dazu auch Seite 55 ff.). Am besten bereiten Sie Ihren Anzeigentext vor, bevor Sie online die Jobbörsen ansurfen. Sie können sich auch zunächst die Formularseite des entsprechenden Jobvermittlers ausdrucken lassen und dann offline in aller Ruhe überlegen, wie Sie sich präsentieren wollen. Genau wie bei einem Zeitungsinserat gehören auch im Internet möglichst präzise Angaben über Ihre Qualifikationen ebenso wie eine genaue Beschreibung des gesuchten Aufgabenbereichs zu den wichtigen Bestandteilen des Stellengesuchs. Da eine Internetanzeige überregional gelesen wird, ist es wichtig den bevorzugten Einsatzort anzugeben. Gut überlegen sollten Sie sich auch, in welcher Form Sie Ihre Adresse angeben wollen. Es ist nicht immer ratsam Anschrift und Telefonnummer zu nennen. Denken Sie daran, dass jeder, auch Ihr derzeitiger Arbeitgeber, die Anzeige lesen kann. Sie sollten es also bei einer E-Mail-Adresse belassen. Vorteilhaft ist das Vorgehen mancher Jobvermittler. Sie sammeln die eingehenden Angebote unter einem von Ihnen gewählten Passwort, das Sie wann immer Sie wollen abrufen können.
Besonders professionell wirkt es natürlich (vor allem, wenn Sie eine Stelle im Multimediabereich suchen), wenn Sie in Ihrer Anzeige auf eine eigene Homepage verweisen. Hier können Sie dann von Ihrem ausführlichen Lebenslauf über die Diplomarbeit bis hin zum Foto alles veröffentlichen, was in Ihrem Stellengesuch keinen Platz mehr hatte und für Ihren zukünftigen Arbeitgeber von Interesse sein könnte. Fast alle Internetanbieter geben ihren Kunden die Möglichkeit, kostenlos eine eigene Homepage zu veröffentlichen. Wie man das macht, können Sie in zahlreichen Computerfachzeitschriften nachlesen.

Bewerbung per E-Mail

Die Bedeutung der elektronischen Post, der E-Mail, für den betrieblichen und weltweiten Informationsaustausch wächst derzeit rasant. Wer sich per E-Mail bewirbt, zeigt, dass er auf der Höhe der Zeit ist und dass dieses neue Medium für ihn kein unbekanntes Terrain darstellt. Dennoch: Allzu leichtgläubig sollte man nicht auf die neue Technik vertrauen. Sich direkt per E-Mail zu bewerben ist derzeit nämlich noch längst nicht bei allen Firmen möglich. Vielen Personalabteilungen fehlt die notwendige Hardware um die elektronischen Offerten zu entziffern. Auch in manchen relativ fortschrittlichen Unternehmen stößt die E-Mail-Bewerbung auf wenig Gegenliebe. Der Grund: Eine Bewerbung auf dem Bildschirm gilt als weniger aussagekräftig als persönlich gestaltete Unterlagen im Brief. Wenn die Bewerbung eine Sache von Mausklicks wird, so befürchten die Personalabteilungen außerdem, könnte die Zahl der unqualifizierten Bewerber ansteigen. Viele Personalverantwortliche legen daher nach wie vor großen Wert darauf eine „richtige" Bewerbungsmappe in Händen zu halten.

Aber auch ein gegenläufiger Trend lässt sich feststellen: Einige Firmen nennen bereits Ihre E-Mail-Adresse in der Stellenanzeige, andere bieten sogar die Möglichkeit, sich per Fragebogen oder E-Mail online zu bewerben. Bisher bleibt das jedoch noch eine Ausnahme.

Richtig liegen Sie mit einer E-Mail-Bewerbung derzeit vor allem in innovativen Unternehmen und Branchen. International arbeitende Firmen, die ihre Mitarbeiter zum Teil im Ausland suchen, machen sich die Schnelligkeit dieser unkomplizierten Kommunikationsmöglichkeit gerne zu Nutze und akzeptieren die E-Mail ohne weiteres als vollgültige Bewerbung. Vor allem in der Computer- und Multimedia-Branche, also dort, wo bei den Bewerbern auch im Beruf der Umgang mit den elektronischen Medien verlangt und vorausgesetzt wird, kommen Sie mit einer E-Mail gut an.

Wenn Sie sichergehen wollen, dass Ihre E-Mail willkommen ist, fragen Sie vorab bei dem Unternehmen an, ob diese Form der Kommunikation angenehm ist.

Auch wenn Sie sich in anderen Branchen bewerben, können Sie von der neuen Technik Gebrauch machen. Obwohl die E-Mail eine vollständige Bewerbungsmappe in den meisten Fällen nicht ersetzen kann, lässt sie sich in jeder Phase der Bewerbung wirkungsvoll nutzen: immer dann, wenn Sie schnell und gezielt auf sich aufmerksam machen möchten. Eine E-Mail können Sie beispielsweise in folgenden Situationen versenden:

- Als Ankündigung Ihrer Bewerbung (siehe Abbildung 10): Schicken Sie vorab eine kurze elektronische Nachricht, in der Sie die Zusendung Ihrer vollständigen Bewerbungsunterlagen ankündigen. Auf diese Weise zeigen Sie nicht nur, dass Sie sich mit den neuen Medien auskennen, Sie können sich auch in Ihrem Bewerbungsbrief auf die E-Mail beziehen und haben gleich einen interessanten Aufhänger für Ihr Anschreiben.
- Als Blind- oder Kurzbewerbung: Verschicken Sie eine persönliche Kurzinformation per E-Mail und fragen Sie an, ob eine Vollbewerbung erwünscht ist. Diese Form der Bewerbung eignet sich besonders in schnelllebigen Branchen, in denen häufig kurzfristig neue Mitarbeiter gesucht werden, zum Beispiel in der Medien- oder Werbebranche sowie in Berei-

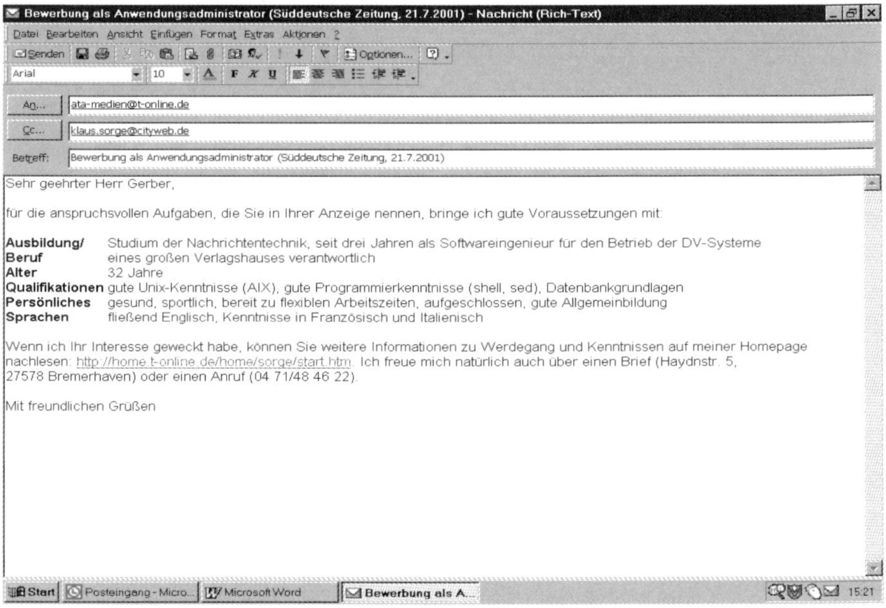

Bewerbung als Anwendungsadministrator (Süddeutsche Zeitung, 21.7.2001) - Nachricht (Rich-Text)

An...: ata-medien@t-online.de
Cc...: klaus.sorge@cityweb.de
Betreff: Bewerbung als Anwendungsadministrator (Süddeutsche Zeitung, 21.7.2001)

Sehr geehrter Herr Gerber,

für die anspruchsvollen Aufgaben, die Sie in Ihrer Anzeige nennen, bringe ich gute Voraussetzungen mit:

Ausbildung/ Beruf Studium der Nachrichtentechnik, seit drei Jahren als Softwareingenieur für den Betrieb der DV-Systeme eines großen Verlagshauses verantwortlich
Alter 32 Jahre
Qualifikationen gute Unix-Kenntnisse (AIX), gute Programmierkenntnisse (shell, sed), Datenbankgrundlagen
Persönliches gesund, sportlich, bereit zu flexiblen Arbeitszeiten, aufgeschlossen, gute Allgemeinbildung
Sprachen fließend Englisch, Kenntnisse in Französisch und Italienisch

Wenn ich Ihr Interesse geweckt habe, können Sie weitere Informationen zu Werdegang und Kenntnissen auf meiner Homepage nachlesen: http://home.t-online.de/home/sorge/start.htm. Ich freue mich natürlich auch über einen Brief (Haydnstr. 5, 27578 Bremerhaven) oder einen Anruf (04 71/48 46 22).

Mit freundlichen Grüßen

Abb. 9: E-Mail-Bewerbung

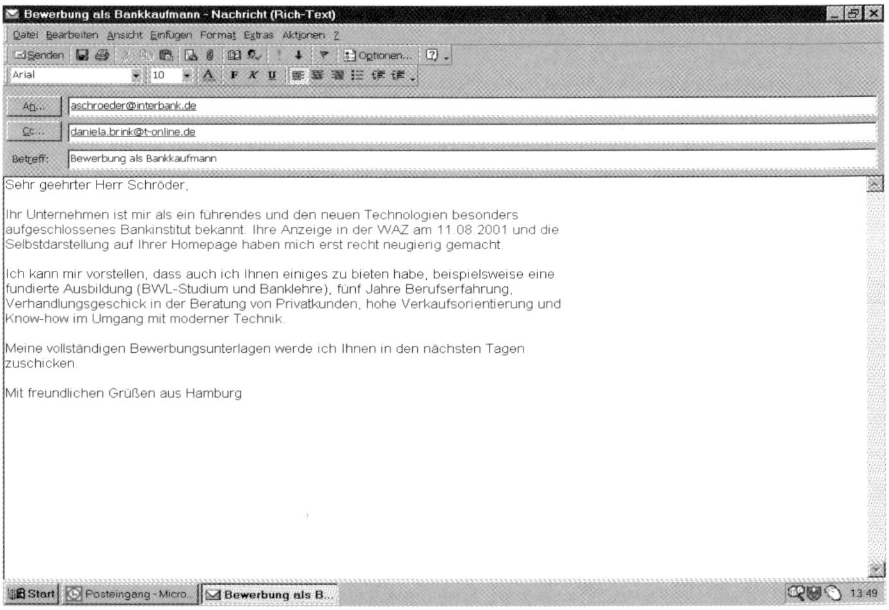

Bewerbung als Bankkaufmann - Nachricht (Rich-Text)

An...: aschroeder@interbank.de
Cc...: daniela.brink@t-online.de
Betreff: Bewerbung als Bankkaufmann

Sehr geehrter Herr Schröder,

Ihr Unternehmen ist mir als ein führendes und den neuen Technologien besonders aufgeschlossenes Bankinstitut bekannt. Ihre Anzeige in der WAZ am 11.08.2001 und die Selbstdarstellung auf Ihrer Homepage haben mich erst recht neugierig gemacht.

Ich kann mir vorstellen, dass auch ich Ihnen einiges zu bieten habe, beispielsweise eine fundierte Ausbildung (BWL-Studium und Banklehre), fünf Jahre Berufserfahrung, Verhandlungsgeschick in der Beratung von Privatkunden, hohe Verkaufsorientierung und Know-how im Umgang mit moderner Technik.

Meine vollständigen Bewerbungsunterlagen werde ich Ihnen in den nächsten Tagen zuschicken.

Mit freundlichen Grüßen aus Hamburg

Abb. 10: Ankündigung einer Bewerbung per E-Mail

chen der freien Mitarbeit, zum Beispiel für Journalisten. Um es dem Empfänger so einfach wie möglich zu machen können Sie schon einen Antwortbogen beifügen, auf dem die Personalabteilung nur noch ankreuzen und „zurückmailen“ muss. Auch der Hinweis, dass sich der Personalverantwortliche das komplette Profil des Bewerbers auf dessen eigener Homepage ansehen kann, macht sich gut (siehe Abbildung 9).

- Als Nachfassbrief: Wenn Sie Ihre Bewerbung bereits verschickt und einige Zeit nichts gehört haben, können Sie per E-Mail noch einmal auf sich aufmerksam machen und Ihr Interesse an der ausgeschriebenen Stelle betonen.
- Als Dankesbrief: In Amerika gehört es längst zum guten Ton sich im Anschluss an ein Vorstellungsgespräch schriftlich zu bedanken und sein Interesse an weiteren Gesprächen zum Ausdruck zu bringen. Auch deutsche Personalchefs wissen dies inzwischen zu schätzen.

Wie für das gesamte Bewerbungsprozedere gilt auch hier: Je aussagekräftiger und individueller Sie Ihr Schreiben gestalten, desto größer ist die Aussicht auf Erfolg. Worauf Sie bei einer Bewerbung achten sollten, können Sie auf Seite 114 ff. nachlesen. Achten Sie darauf, Ihre E-Mail formal korrekt und fehlerfrei zu verfassen und lassen Sie sich von der Unkompliziertheit und Schnelligkeit der elektronischen Post keinesfalls dazu verleiten, nachlässig zu werden. Bleiben Sie bei der förmlichen Anrede und vergessen Sie auch den „Betreff“ nicht, er erleichtert dem Empfänger das Durchsehen seiner Post. Wichtig ist auch, dass Sie neben Ihrer E-Mail-Adresse Ihre Anschrift und Telefonnummer angeben. Wenn Sie Wert darauf legen, ein optisch perfektes Schreiben zu verschicken, besteht die Möglichkeit, einen „klassischen“ Brief als „Attachment“ an die E-Mail anzuhängen.

Wichtig:

- Das Stellenangebot im Internet ist vielfältig und unübersichtlich. Nutzen Sie systematisch Suchmaschinen und Linkseiten, beschränken Sie sich auf seriöse Jobbörsen.
- Viele Anbieter platzieren Ihr Stellengesuch kostenlos in ihrer Jobbörse. Achten Sie darauf, dass Ihre Anzeige in einem geeigneten Umfeld verwandter Berufe erscheint.
- Die Bewerbung per E-Mail ersetzt in den meisten Branchen (noch) nicht die Zusendung einer herkömmlichen Bewerbungsmappe. Fragen Sie im Zweifelsfall bei der Firma nach, ob eine vollständige Bewerbung per E-Mail erwünscht ist.

Die wichtigsten Adressen

Suchmaschinen

C.E.S.A.R. JobAgent: *http://www.cesar.de*
Hier können Sie den größten Teil der Stellenbörsen im deutschsprachigen Teil des Internet nach Stellenangeboten absuchen lassen. Ausführliche Auflistungen und Beschreibungen der Jobbörsen im Internet bieten eine gute Orientierung. Auch ausländische Stellenmärkte und Personalberater sind auf Linkseiten zusammengestellt. Als weiteres Plus gibt es Bewerbungstipps.

JobRobot: *http://www.jobrobot.de*
Die deutsche Job-Suchmaschine JobRobot durchforstet mehr als 190 Online-Stellenmärkte und stellt die ermittelten Informationen mithilfe von direkten Links zusammen. Optimieren können Sie Ihre Suche durch Eingabe der gewünschten Branchen und Postleitzahlen. Stellengesuche können kostenlos veröffentlicht werden.

Jobworld: *http://www.jobworld.de*
Die Suchmaschine durchsucht rund 30 Online-Stellenmärkte. Unter der Suchoption Profisuche können Sie genau festlegen, welche der Jobbörsen Sie durchsuchen möchten.

Zeit-Robot: *http://www.jobs.zeit.de*
Die Zeit-Suchmaschine durchforstet rund 850 Stellenmärkte und Homepages des deutschen Internets nach Suchkriterien wie Beruf oder Branche und deckt damit rund 80 Prozent der angebotenen Stellen ab. Darüber hinaus bietet die Zeit ein Abonnement von Job-Newslettern und die kostenlose Zusendung von Stellenangeboten per E-Mail.

Stellenbörsen im deutschen Internet

Arbeitsamt: *http://www.arbeitsamt.de*
Die Bundesanstalt für Arbeit ist mit dem Stellen-Informations-Service (SIS), einer Datenbank mit über 360 000 Stellenangeboten, der größte Jobvermittler im Internet und bietet ein Spektrum aller Branchen. Das umfangreiche Serviceangebot reicht von der Berufsberatung bis zu Jobs und Praktika im Ausland.

Informationen über Firmen

Fraunhofer-Institut für Arbeitswirtschaft und Organisation:
http://www.e-business.iao.fhg.de
Hinter dieser Adresse verbirgt sich der Electronic Business Server mit Adressen deutscher Unternehmen im Internet, die nach Branchen, Postleitzahlen oder Stichworten abrufbar sind.

Gesellschaft für betriebswirtschaftliche Informationen:
http:///www.gbi.de/default.htm
Die Gesellschaft für betriebswirtschaftliche Informationen bietet Zugang zu einer breiten Palette von Wirtschaftsdatenbanken und Pressearchiven. Die Suche ist kostenpflichtig, Anmeldung online. Zahlung per Rechnung, Cash-Depot oder Visa-Card.

Genios: *http://www.genios.de*
Die kostenpflichtige Datenbank bietet detaillierte Firmenprofile. Zahlung per Rechnung, Kreditkarte oder Bankeinzug. Sofortanmeldung online.

German Business-Net: *http://www.german-business.de*
Interaktive Firmensuche per Suchmaschine, die direkt zu den Homepages deutscher Firmen im Internet führt.

Hochschul-Anzeiger: *www.chancen.net*
Die Website des Hochschul-Anzeigers der F.A.Z. bietet Informationen über Unternehmen von A bis Z.

WISU-Firmenguide: *http://www.wisu.de*
Dieser Service für Bewerber listet etwa 100 Unternehmen verschiedener Branchen auf, die regelmäßig Bedarf an Wirtschaftswissenschaftlern haben. Die Bewerbungshilfe nennt Daten wie Umsatz- und Mitarbeiterzahlen, die Kontaktperson in der Personalabteilung, Einstellungskriterien u. Ä.

Bewerbungstipps

Focus Online: *http://www.focus.de*
Diese Website bietet unter der Rubrik „Beruf & Karriere“ ein umfassendes Angebot zu Beruf und Karriere. Dazu gehören auch ausführliche Hinweise zu Bewerbungsunterlagen, Vorstellungsgesprächen und Einstellungstests.

Forum Jobline: *http://www.forumjobline.de*
Ausführliche Beratung zu zahlreichen Aspekten des Bewerbungsverfahrens, zurzeit noch im Aufbau.

Junge Karriere: *http://www.jungekarriere.com*
Neben ausführlichen Bewerbungstipps gibt es Hinweise zu folgenden Themen: Studium, Bewerbung, Berufseinstieg, Arbeitsmarkt, Gehalt, Management, Weiterbildung.

Hochschul-Anzeiger: *http://www.chancen.net*
Hier gibt es Tipps und Informationen zu den Themen Studium, Berufseinstieg, Karriere und Unternehmensgründung.

Königsteiner Agentur: *http//www.koenigsteiner-agentur.de*
Die hier enthaltenen Bewerbungstipps können auch als Broschüre bestellt werden.

StepStone: *http://www.stepstone.de*
In Zusammenarbeit mit dem Büro für Berufsstrategie Hesse/Schrader bietet StepStone nach eigener Aussage „eine rasche Orientierung über alle Stationen der erfolgreichen Bewerbung“

Schlusswort

Bei einem Personalleitertreffen einer Branche sagte einmal ein Personalchef: „Im Grund ist es doch ganz einfach bei uns als Bewerber Erfolg zu haben: Eine flott aufgemachte Bewerbung, gutes und überzeugendes Verhalten im Bewerbungsgespräch, und schon ist die Position sicher!" Wenn es denn so einfach wäre, werden Sie jetzt als gestresster Bewerber sagen. In der Tat, leicht ist es nicht heute eine Tätigkeit zu finden, zumal die Arbeitgeber in Zeiten hoher Arbeitslosigkeit quer durch alle Berufe eine sehr große Auswahl haben. Dennoch ist an der oben genannten Aussage ein Quäntchen Wahrheit.

Mit dem Handbuch Bewerbungen sollte versucht werden Ihnen Ängste und Unsicherheiten zu nehmen, wie sie in Bewerbungssituationen immer auftreten. Sie sollten die Hintergründe erfahren, wie eine Bewerbung beim Arbeitgeber behandelt und bewertet wird, und mit Tipps und manchen Tricks sollten Sie Hilfestellung für eine erfolgreiche Bewerbung bekommen. Das Buch wurde auf der Grundlage einer mehr als 25-jährigen Erfahrung des Autors im Personalwesen und einer mehr als zehnjährigen Tätigkeit als Personalchef geschrieben und hat deshalb sehr starke Praxisbezüge. Alle Beispiele sind echt, auch wenn Sie es mitunter nicht glauben wollen.

Viele Bewerber machen sich gar nicht bewusst, dass die Arbeit eine elementare Größe in unserem Leben ist. Durch berufliche Tätigkeit erzielen wir Einkommen. Mit diesem Einkommen bestreiten wir unseren Lebensunterhalt und leisten uns darüber hinaus – je nach Höhe des Einkommens – das, was unseren persönlichen Neigungen entspricht. Der eine reist gern in die Ferne, der andere betreibt teure Hobbys, und wieder andere sind bestrebt zu sparen, um sich ganz bestimmte Wünsche erfüllen zu können.

Dieser Bewerbungsratgeber will Ihnen ein Begleiter sein auf dem Weg zum beruflichen Erfolg – auf dass Sie glücklich an Ihrem Ziel ankommen. Der Schriftsteller Curt Goetz hat einmal gesagt: Man sollte die Dinge so nehmen, wie sie kommen, aber man sollte auch etwas dafür tun, dass die Dinge so kommen, wie man sie nehmen möchte.

Register

Kursiv gesetzte Einträge verweisen auf Informationen und Mustertexte zu einzelnen Berufen.

Geschichten erzählen

4

So lebten die Menschen in der Welt nach 1945

ÖBV

Pädagogischer Verlag

NEUE RECHTSCHREIBUNG

Liebe Leserinnen und Leser,

in diesem Heft findet ihr Geschichten, die Interessantes aus der Geschichte erzählen. Alle ausgewählten Erzählungen wollen Geschichte lebendig und verständlich machen. Ein wichtiges Ziel der Herausgeber war Erzählungen zu finden, die nicht immer die großen Persönlichkeiten der Geschichte in den Mittelpunkt stellen, sondern in erster Linie Menschen, die Geschichte im Rahmen ihrer Möglichkeiten mitgestaltet oder auch nur erlitten haben.
Die Erzählungen eignen sich zum Lesen daheim oder zum Auswerten im Geschichtsunterricht. Wir laden euch ein das eine oder andere Buch, aus dem sie entnommen sind, zu besorgen und sie weiterzulesen. Egal wie ihr sie nutzt, die Geschichten wollen euch zum Nachdenken und zum Weitererzählen oder Erfinden eigener Erzählungen anregen, vor allem aber sollen sie Spaß machen.

Die Herausgeber